JN412189

北學思想硏究

北學思想研究

초판 1쇄 발행일 2017년 02월 28일

지은이 | 김인규
발행인 | 최원필
발행처 | 심산출판사
주　소 | 서울시 은평구 불광동 219-7 예은 101호
전　화 | 02-357-0633
팩시밀리 | 02-357-0631
E-mail | simsan@korea.com
등록번호 | 제1-2114호(1996년 11월 28일)

ISBN 978-89-94844-47-3 93150

* 책값은 뒤표지에 표시되어 있습니다.

* 이 도서는 2016년 영산대학교 교내연구비 지원에 의하여 수행되었음.

北學思想研究

김인규 지음

심산

● 자서

필자가 군 생활을 마치고 3학년으로 복학할 때인 1985년, 나의 은사(恩師)이신 남상락(南相樂) 선생님이 처음으로 성균관대 한국철학과에 부임하셨다. 선생님은 그 해 '한국실학사상특강'을 강의하셨는데, 나는 당시 유학과에 재학 중임에도 불구하고 처음 부임하신 선생님이 어떤 분이신가 궁금해서 수강 신청하게 되었다.

그런데 첫 수업시간에 들어간 필자는 적잖이 당황하고 말았다. 선생님께서는 수업을 토론식으로 진행한다는 것이었고, 게다가 첫 번째 발표할 사람으로 필자를 지목하셨기 때문이었다. 글쓰기 연습이라 해야 고작 '리포트' 몇 장 써내는 정도였던 필자에게 '실학의 개념'을 정리하여 30분간 발표하라는 것은 참으로 난감하기 이를 데 없었다. 근 1주일 동안 도서관에서 살다시피 해서 겨우 발표문을 작성하여 많은 학생 앞에서 발표하려는데, 왜 그렇게 긴장되고 떨리는지, 필자의 생애에 가장 긴장된 순간이 아니었나 여겨진다. 선생님은 발표를 다 들으시고, 이어 '토론의 장(場)'으로 우리를 이끌어 주셨으며, 발표에 대한 장단점을 조목조목 지적하시면서 자상함을 잊지 않으셨다. 이때 처음 선보인 선생님의 강의 방식은 초등학교부터 대학 2학년 때까지 줄곧 선생님들의 일방적인 강의에 길들어져 있던 필자에게 실로 신선한 충격이 아닐 수 없었다. 선생님은 이 토론식 수업을 통해, 학생 스스로 감발(感發)·홍기(興起)할 수 있도록 해 주셨다. 이를 계기로 필자는 대학원에 진학하려는 다음을 굳혔고, 선생님을 은사로 모시고 '한국실학'을 평생 전공으로 선택하였다. 그 결과 1999년 2월에 「북학사상연구(北學思想硏究)」로 박사학위를 취득하게 되었다. 그리고 분에 넘치게 이 논문이 1999년 4월 '한국사상사학회'가 수여하는 제2회 논문상을 받는 영광까지 안았다. 실로 부끄러운 마음 금할 수 없지만, 이는 필자에게 앞으로 더 많은 공부를 하라는 채찍으로 여기고 수상하게 되었다.

그리고 이미 2000년에 학위논문을 『북학사상의 철학적 기반과 근대적 성격』이라는 제목으로 간행한 바 있다. 학위논문이 「북학사상연구(北學思想硏究)—학문적 기반과 근대적 성격을 중심으로」이었음에도 불구하고 『북학사상연구』로 하지 않고 『북학사상의 철학적 기반과 근대적 성격』이라고 한 것은 본인 스스로 생각하기에 미진한 감이 있었기 때문이다. 이에 그동안 연찬했던 원고를 보완하여 이제 감히 『북학사상연구』라 하였다.

이미 학계에 유봉학 교수의 『연암일파 북학사상 연구』가 상재된 바 있다. 그러나 이 책이 역사학자의 관점에서 연암을 중심으로 북학사상을 논구하였다면, 이 『북학사상연구』는 철학 연구자의 관점에서 홍대용을 중심으로 북학사상의 철학적 배경과 북학사상의 전개 과정을 논구한 것임으로 두 책 사이에는 일정한 간극이 있다.

마지막으로 이 책을 출간하면서 고마운 분들을 잊을 수 없다. 오늘날 필자가 대학 강단에 설 수 있도록 정신적 · 물질적 도움을 아끼지 않으신 모교의 여러 선생님과 큰형님 내외분께 감사의 말씀을 드린다. 항상 술자리에서 학문과 세상사에 관해 토론을 아끼지 않은 외우(畏友) 이상익(李相益) · 최영성(崔英成) 동학에게도 이 자리를 빌려 고마움을 전한다. 아울러 불황에도 기꺼이 이 책의 출판을 맡아준 심산의 최원필 사장께 감사의 마음을 전한다.

2017년 초봄에

천성산(千聖山) 자락에서 김 인 규

目次

자서 • 4

제1장 서론: 북학사상의 형성배경 11
1. 문제의 제기 • 11
2. 북학사상의 형성배경 • 23

제2장 북학의 연원과 그 先河 35
1. 북학의 연원과 그 의미 • 35
2. 북학의 先河 • 38
1) 최치원의 시무책 • 39
2) 조헌의 시대인식과 「동환봉사」 • 46

제3장 북학사상의 철학적 기반 70
1. 개방적 학문관 • 70
1) 주자학 말폐에 대한 비판과 實用之學 • 70
2) 개방적 학문태도와 以天視物 • 83
2. 과학적 자연관 • 95
1) 북학파의 자연관 형성에 끼친 漢譯西學書 • 95
2) 음양오행론에 대한 새로운 이해 • 102
3) 과학적 사유의 모색 • 121
3. 근대적 인간관 • 135
1) 인물성동론에서 인물균론으로 • 135
2) 성선에 대한 회의 • 146

제4장 북학파의 역사인식과 북학론 155
1. 화이관의 비판적 성찰 • 155
1) 화이의 개념과 전통 • 155
2) 도학파의 조선중화주의 • 160
2. 화이론의 변용과 주체의식 • 165
1) 전통적 화이론의 변용 • 165
2) 자주적인 역사의식 • 173
3. 북학론의 제기 • 181
1) 북학의 정당화 • 181
2) 북학의 대상과 내용 • 188

제5장 북학사상의 전개양상과 근대적 성격 196
1. 이용후생론 • 196
1) 이용후생론의 이론적 기반 • 196
2) 과학기술론 • 202
3) 전제 및 농업발전론 • 209
4) 사공업 및 해외통상론 • 217
2. 사회개혁론 • 226
1) 직분주의의 선하 - 유수원 • 226
2) 북학파의 사민에 대한 인식 • 240
3) 인재등용론 • 250
4) 국방개혁론 • 258
3. 북학사상의 근대적 성격 • 264

제6장 결론: 북학사상의 현대적 의의 270

참고 문헌 • 274

〈부록 1〉 조선 후기 한역서학서가 실학파의 자연관에 끼친 영향 • 282
〈부록 2〉 조선 후기 신분제 개혁론의 새로운 지평 • 312
〈부록 3〉 조선 후기 실학파의 민에 대한 인식과 정치권력론의 새로운 지평 • 340

찾아보기 • 368

제1장

서론
북학사상의 형성배경

1. 문제의 제기

일반적으로 실학(實學)은 조선 후기, 즉 임진왜란(1592년)을 전후로 싹이 터 영·정조시대에 전성을 이루었던 새로운 학문 경향을 지칭하는 개념이다.[1] 조선의 개국과 함께 치국이념(治國理念)으로 채택된 주자학(朱子學)이 조선 중기의 융성기를 지나 학설이 다양화되고 이론이 정밀화되는 발전을 계속하였으나, 다른 한편으로 사변적(思辨的) 내지 관념적 체계에 사로잡히게 됨으로써, 현실 사회와 유리된 채 폐쇄적이고 권위주의적인 공론을 일삼는 폐단에 빠져 있었다.

따라서 실학이 형성하게 된 주된 원인으로 첫째로 조선 중엽 이후로 사화(士禍)와 당쟁(黨爭)의 연속과 임진왜란과 병자호란 등 외침으로 정치기강의 문란과 피폐할 대로 피폐한 사회·경제적 혼란에 대한 반성과 둘

---

1) 남상락, 「한국실학사상의 철학적 고찰」, 성균관대 석사학위논문, 1971 참조.

째, 종래의 성리학이 본래의 취지와 다르게 날이 갈수록 점점 유학의 정신과 동떨어진 공리공담(空理空談)으로 흘러 절박한 현실에 도움이 되지 못한 데 대한 불만, 셋째 청나라의 고증학 및 서구 과학문명의 수용에 따른 영향 등을 들 수 있다. 이러한 복합적인 원인으로 발생한 실학은 실로 추상적인 공론을 배격하고 보다 현실적인 제도개혁을 통해 당시 도탄 속에 허덕이는 백성들을 널리 구제하고자 하였던 것이다.[2)]

이러한 학풍을 지칭한 것으로 '실학' 이라는 용어를 처음으로 쓴 것은 1930년대 문일평(文一平) 정인보(鄭寅普) 최남선(崔南善) 등 민족주의 사학자들이다. 이들은 조선의 고유한 학문이라는 의미로 '조선학(朝鮮學)' 이라는 개념을 정립하면서 이와 같은 조선 후기의 학문 경향을 '실학' 이라고 정의하였던 것이다.

그러나 '실학' 이라는 용어는 시대에 따라 각기 다른 의미로 사용됐다. 즉 한국사상사에서 실학이라는 단어는 여말선초(麗末鮮初)부터 쓰여 왔다. 여말선초의 유학자들은 유학 즉 성리학이 도덕과 정치에 유용 · 유익한 생활관과 경세론을 제공해 주는 실제적 사상이란 의미에서 실학이라고 하였다.[3)]

성리학을 실학이라고 여겼던 대표적인 인물로 고려 말의 익재(益齋) 이제현(李齊賢, 1287～1367)을 들 수 있다. 그는 공민왕에게 올린 상소에서 "전하께서 진실로 학교를 넓히시고 상서(庠序)를 늘리시며 육예(六藝)를 존중하시고, 오교(五敎)를 밝히시어 선왕의 도를 천명하신다면 누가 진유(眞儒)를 배반하고 석자(釋子)를 좇으며, 실학(實學)을 버리고 장구를 익히겠습니까? 장차 조충전각(雕蟲篆刻)하던 무리가 모두 경명행수(經明行修)의 선비가 될 것입니다."[4)]라고 하여, 장구지학(章句之學)을 버리고 '경명

---

2) 남상락, 상게논문, 〈서론〉 참조.

3) 조광, 「조선후기 실학의 발전」, 『한국사』(35), 국사편찬위원회, 1998, 208쪽 참조.

행수'의 실학으로 돌아갈 것을 장려하였다. 양촌(陽村) 권근(權近, 1352~1409)도 이러한 취지에서 다음과 같이 말하였다.

> 생각건대, 삼대의 학교는 모두 인륜을 밝히던 곳이고, 육경의 글 또한 그 도를 밝힌 것이다. 이 학교에 거하면서 글을 읽는 사람은 마땅히 그 도 구하기를 생각하고, 또한 인륜을 두터이 하기를 생각하여, 신하가 되어서는 충성을 다하고 아들이 되어서는 효도를 다하여, 장유·붕우에 이르기까지 가는 곳마다 각각 그 직분을 다하여야 할 것이니, 이것이 곧 유자의 실학이다.[5]

즉, 인륜도덕의 실천을 두터이 하고 각자 처한 바의 직분을 다하는 것이 유자의 실학이라고 하였던 것이다.[6]

이들뿐만 아니라 조선 성리학의 양대 산맥인 퇴계(退溪) 이황(李滉, 1501~1570)이나 율곡(栗谷) 이이(李珥, 1536~1584)도 수기안인(修己安人)의 설(說)인 성리학을 실학으로 인식하고 있었다. 이황은 제자인 황준량(黃俊良)과 「백록동규집해(白鹿洞規集解)」를 논함에 있어 다음과 같이 말했다.

> 지(知)를 말할 것 같으면 사물에 나아가서 궁리하고 격물할 것을 말하고, 행(行)을 말할 것 같으면 성의·정심·수신으로 말미암은 뒤에 국가에 미루어 나가고 천하에까지 이르렀으니, 가르침에 순서가 있고 배움에 실천을 힘씀이

---

4) 『櫟翁稗說』, 「前集(一)」, "殿下誠能廣學校, 謹庠序, 尊六藝, 明五敎, 以闡先王之道, 孰有背眞儒而從釋子, 捨實學而習章句者哉? 將見彫蟲篆刻之徒, 盡爲經明行修之士矣"

5) 『陽村集』, 卷14, 「永興府學校記」, "惟三代之學, 皆所以明人倫, 六籍之書, 亦所以明斯道, 居是學而讀是書者, 當思有以求其道, 亦思有以厚其倫, 爲臣盡忠, 爲子盡孝, 以至長幼朋友, 隨所往而各盡其職, 此乃儒者之實學也"

6) 남상락, 『동서철학과 한국실학사상의 탐구』, 도서출판 다운샘, 2000, 307쪽 참조.

다.[7)]

즉, 사물에 나아가 지극한 이치를 탐구하고 자신을 성실히 하여 온 세상에 실천하여 나가는 무실(務實)을 말하였다. 그리고 이이는 「성학집요(聖學輯要)」에서

> 몸소 올바르게 행동하는 자는 반드시 성리를 정밀히 하며, 성리를 정밀히 하는 것은 궁행(躬行)을 바르게 하기 위한 것이다. 그런데 도리어 몸소 행동하는 것을 불문에 부치는 것은 무엇 때문인가.[8)]

라고 하여, 성리(性理)를 밝힘은 궁행(躬行)을 바르게 하는 현실적 행위와 직결시키고 있다. 이처럼 성리학은 현실을 토대로 하여 이루어진 의리(義理)의 학문으로서 특색을 갖고 있다.[9)]

반면에 조선 후기에 접어들어 예(禮) 지향적 수기의 예론을 전개하였던 명재(明齋) 윤증(尹拯, 1629～1711)은 예학을 실학이라고 인식하였다. 이러한 조선 왕조의 성리학자들은 대체로 주자를 유일한 기준으로 삼아 유학을 해석하면서 자신의 학문 체계를 실학이라고 인식하였던 것이다.[10)] 따라서 이들이 말하는 실학은 조선 후기 실학의 의미와 다르다. 이들이 말한 실학은 사장지학(詞章之學)을 배격하는 뜻에서 정주학을 의미하였던 것이다.

---

7) 『退溪全書』 卷19, 「答黃仲擧論白鹿洞規集解」 "以言乎其知, 則就事物而言窮格, 以言乎其行, 則由誠意正心修己以後, 推之於國家, 而達之於天下, 其敎之有序而學之務實也."

8) 『栗谷全書』 卷20, 「聖學輯要」, 〈窮理章第四〉 "正躬行者, 必精性理, 精性理, 爲正躬行設也. 反置躬行於不問, 何爲耶?"

9) 남상락, 전게서, 299-300쪽 참조.

10) 조광, 같은 곳.

그러나 '실학' 이란 본시 의(義)와 리(理)가 원만히 조화된 공맹지도(孔孟之道)를 본령으로 삼고 있으므로, '의' 와 '리' 를 분리해서 말할 수 없다. 『서경(書經)』의 말을 빌리면 정덕(正德) · 이용(利用) · 후생(厚生)이 겸비되어야 하는 것이다. 이와 같은 뜻은 영 · 정시대의 실학자 홍대용(洪大容)이 잘 말해 주고 있다. 그는 다음과 같이 말했다.

> 학문에는 세 가지 등급이 있으니 의리의 학문 · 경제의 학문 · 사장의 학문 등이 있다. (……) 학문을 세 가지 등급으로 구분하는 것은 세속 선비의 고루한 소견이다. 만일 의리를 버린다면 경제는 공리에 흐르고, 사장은 부조(浮藻)에 빠지게 될 것이니, 어찌 학문이라 할 수 있겠는가. 또 경제가 아니면 의리를 펼 데가 없고, 사장이 아니면 의리를 볼 수 없을 것이다. 요컨대, 이 세 가지에서 하나라도 버린다면 학문이라 할 수 없으니, 의리가 그 근본이 아니겠는가.[11]

즉, 의리의 학문〔義理之學〕이 비록 경제(經濟)나 사장(詞章)의 학문에 의해 드러나는 것이지만, 이를 근본으로 하지 않으면 '경제' 는 공리(功利)에 빠지고 '사장' 은 부조에 젖는다고 하여 의리를 근본으로 한 경제와 사장을 말함으로써 실학의 개념을 분명히 하였다. 또한 박지원(朴趾源)도 "이용(利用)과 후생(厚生) 중 하나라도 닦여지지 않는 것이 있으면 위로 정덕(正德)을 해치게 된다."[12]라 하여, '이용 · 후생' 과 '정덕' 의 관계를 말하고 있는 것이다. 이와 같은 사실은 실학사상이 단순히 "잘 먹고 편안하게 잘 살자" 라는 물질주의가 아니라 "올바르게 잘 살도록 하자" 는 정의

---

11) 『湛軒書』 外集, 卷7, 「燕記」, 〈吳彭問答〉, "學有三等, 有義理之學, 有經濟之學, 有詞章之學. (……) 學分三等, 世儒之陋見. 含義理則經濟淪於功利, 而詞章淫於浮藻, 何足以言學? 且無經濟則義理無所措, 無詞章則義理無所見. 要之, 三者舍一, 不足以言學, 而義理非其本乎"

12) 『北學議』, 「北學議序」, "夫利用厚生, 一有不修, 則上侵於正德"

가 내재한 사상이다. 반계(磻溪) 유형원(柳馨遠, 1622~1673)이나 성호(星湖) 이익(李瀷, 1681~1763)이 토지제도를 토대로 치세를 논하고 있지만, 그들이 말하는 토지문제는 무조건 많이 확충하고 많이 생산하자고 하는데 주안을 둔 것이 아니라, 모든 백성이 고르게 잘 살자고 하는 의미에서 균전론(均田論)과 영업전(永業田) 제도를 주창한 것이다.[13)]

그러나 본서에서 다루고자 하는 '실학'의 개념은 조선조 후기 17세기 이후 사회에서 출현한 현실 개혁적 사유 형태를 지칭하는 말이다. 먼저 실학의 개념 정의에 있어 호암(湖岩) 문일평(文一平)은 '수학호고 실사구시(修學好古 實事求是)'[14)]에서 유래된 실사구시의 학풍이라 하여 "실학은 곧 실사구시의 학문이다." 고 하였다.[15)]

이러한 실학에 대한 우리 학계의 연구는 1950년대 이후 괄목할 만한 진전을 보였다. 천관우가 '실정(實正)·실증(實證)·실용(實用)'이라는 삼실론(三實論)을 제창한 이래[16)] 한우근이 명말청초의 경세치용학에 대한 검토를 하면서 '경세치용학(經世致用學)'이라는 정의를 내리고 삼실론을 비판하면서 논쟁이 일기 시작했다. 한우근은 실학의 개념을 다음과 같이 논하였다.

(실학이란) 멀리는 중국 삼대의 학(學)을 가리키는 한편, 가까이는 송·원대(宋元代)의 정주학을 가르쳤다는 사실이었다. 그리고 명말 청초에 있어서는 왕학(王學)을 배격하고 송학복고(宋學復古)를 제창하는 때에 다시 실학이 일컬어진 것임에 대하여 우리나라 있어서는 왕학〔陽明學〕이 아니라 이조 후기에 있

---

13) 남상락, 전게서, 287-288쪽 참조.

14) 『漢書』「河間獻王傳」 참조.

15) 『湖岩全書』 제2권, 文化·風俗篇, 朝鮮日報社 참조.

16) 千寬宇, 「磻溪 柳馨遠硏究」, 『歷史學報』 제2·3집, 역사학회, 1952 참조.

어서 공담(空談)으로 화(化)한 성리학(性理學)과 예론(禮論)·사장(詞章)의 학(學)으로 타(墮)한 학풍을 배격하여 다시 실학이 제창되어졌던 것이다.[17)]

실학이란 궁경행수(窮經行修)의 학이요, 그 이른바 '실(實)' 이란 인의예지(仁義禮智)의 사덕(四德)을 무득체인(務得體認)한다는 의미의 실(實)이요, 그것은 바로 여대(麗代) 사장(詞章)의 학(學)을 배격하는 정주학(程朱學)을 가리킨 이름이요, 또한 그것이 수덕정심(修德正心)하는데 그치지 않고 '병용민족(兵勇民足)' 하여 예악(禮樂)이 홍(興)할 수 있게끔 하는 치국(治國)의 도(道)로서, 나아가서는 천하를 평정하는 즉 이른바, 수신·제가·치국·평천하의 원리의 학으로서의 '실학' 이었음을 명백히 한 것이라고 생각하는 바이다.[18)]

이로써 보면 한우근은 '실학은 정주학을 의미하는 것' 으로 보았던 반면 천관우는 "우리나라의 실학이란 임진왜란 이후에 싹이 터서 영·정조 때 전성을 이룬 학술사상이 한 경향을 말하는 것이다."하고, 그 내용은 이우성이 『향토서울』 제17집에서 세 가지로 분류하여 ① 토지개혁 및 행정기구·기타 제도상의 개혁에 치중하는 경세치용파(經世致用派), ② 농업의 진흥뿐만 아니라 상공업의 유통 및 생산기구 일반 기술면의 혁신을 지표로 하는 이용후생파(利用厚生派), ③ 경서·전고·금석학 등 고증 관계를 일삼는 실사구시파(實事求是派)의 설을 찬동하고 있다. 여기서 천관우는 실학을 학문의 대상이나 방법이 뚜렷한 학문의 한 영역을 말한 것이 아니요, 한 시대의 사조나 학풍으로 보아야 하므로 특징을 요약하여 설명하기가 어렵다고 하였다.[19)]

17) 韓㳓劤, 「李朝 '實學' 의 개념에 대하여」, 『震檀學報』 제19호, 1960년, 43쪽.
18) 韓㳓劤, 상게논문, 33쪽 참조.
19) 千觀宇, 「柳馨遠 - 새 學風의 先驅者」, 『韓國의 人間像』, 新丘文化社, 1965년, 300쪽.

위에서 언급한 천관우와 한우근의 논쟁에서 알 수 있듯이, 실학에 대한 개념 정의에 따라 실학의 어의(語義)와 성격, 실학파의 범위와 유파, 근대사상과의 연관성 문제 등에 대해 서로 다른 결론을 도출할 수 있다. 즉 천관우는 조선 후기 새로운 학문 경향인 실학이 성리학과의 일정한 차별성을 잘 드러내 주고 있으므로 이를 특정한 역사현상을 지칭하는 개념으로 인정하자고 하였다. 그는 근거로 '근대지향의식(近代志向意識)' 과 '민족의식' 을 갖는 개신유학(改新儒學)의 성격이 강하다는 점을 들고 있다. 이에 대해 한우근은 종래의 유학 즉 성리학이 노·불(老佛)과의 차별성을 강조하여 스스로를 실학이라고 해왔으므로 그것을 조선 후기에 한정시켜 사용할 수는 없다고 하였다. 전자의 경우 성리학과 조선 후기 실학의 차이를 강조하는 입장이고, 후자는 본질적 차이를 부정하는 입장이라고 할 수 있다.[20]

1960년대 이후에는 주로 조선 후기 사회에 대한 내재적 발전론의 관점이 수용되고 자본주의 맹아를 찾는 사회경제사 연구가 농업·상공업분야에서 활발해지면서,[21] 사회변화를 이끌어가는 사회사상으로 실학사상의 성격을 규정하기에 이르렀다. 그 대표적인 경우로 김용섭이 '근대적 성격' [22]으로 정의한 것과 천관우가 '근대지향의식과 민족의식을 갖는 개신유학(改新儒學)' [23]으로 정의한 것을 들 수 있다.[24]

그러다 1970년대 후반부터 철학 분야에서도 어느 정도 실학에 대한 접

20) 金文鎔, 「洪大容의 實學思想에 관한 硏究」, 고려대 박사학위논문, 1995, 1-2쪽 참조.

21) 대표적인 저서로는 金容燮, 『朝鮮後期農業史硏究』(I·II), 일조각, 1970; 姜萬吉, 『朝鮮後期 商業資本의 發達』, 고려대 출판부, 1973; 宋贊植, 『朝鮮後期 手工業에 관한 硏究』, 서울대 출판부, 1973; 劉元東, 『朝鮮近代經濟史硏究』, 일지사, 1977.

22) 金容燮, 「最近 實學硏究에 關하여」, 『歷史敎育』 제6집, 역사교육연구회, 1962.

23) 千寬宇, 「韓國實學思想史」, 『韓國文化史大系』(VI), 고려대 민족문화연구소, 1970.

24) 池斗煥, 「朝鮮後期 實學硏究의 問題點과 방향」, 『泰東古典硏究』 제3집, 한림대 태동고전연구소, 1987. 2쪽 참조.

근이 있었다. 먼저 윤사순은 「실학의 경학적 특색」과 「실학사상의 철학적 성격」에서 실학적 경학의 특색을 주자학을 반대하는 것으로 논증하고, 실학의 철학적 성격을 통계적 접근을 통하여 '주기설(主氣說)'로 규정하였으며,[25] 이을호는 실학의 철학적 특색을 '탈성리학적(脫性理學的)'이라고 정의하였다.[26] 이어 정구복은 실학연구의 문제점과 방향을 정리하면서, 실학을 '중세체제를 탈피하려는 조선 후기 새로운 학문 경향'이라고 규정짓고 있다.[27] 특히 1980년대를 거쳐 오늘날에는 이전의 실학연구에 대한 반성과 함께 다시 한 번 질적 심화가 모색되는 단계라고 할 수 있다.[28]

한편 북학파만을 실학으로 규정지어야 한다는 연구 성과가 발표되어 주목을 끌었다. 지두환은 「조선후기 실학연구의 문제점과 그 방향」에서 실학을 북학파로 한정해야 한다고 하였다. 그는 이유로 '조선 성리학 시기에 해당하는 이수광(李睟光)·유형원(柳馨遠)·박세당(朴世堂)·이익(李瀷)·안정복(安鼎福) 등은 모두 성(性)=리(理)로 보고 있기 때문에 성리학자인 것을 부정할 수 없다. 이에 반해 북학사상 시기에 해당하는 홍대용(洪大容)·박지원(朴趾源)·박제가(朴齊家)·정약용(丁若鏞)·김정희(金正喜)·최한기(崔漢綺) 등은 고증을 통해 성리학적 이기철학(理氣哲學)을 이루는 오행설(五行說)을 부정하거나, 성(性)을 기호(嗜好)로 보거나, 이학(理學) 자체를 불교의 영향으로 보아 부정하는 등 성(性)=리(理)라는 것을 부정하며 탈성리학적 입장을 가지는 탈성리학자인 북학사상가들이다."[29]라고 하여, 탈성리학적인 요소를 실학으로 정의하였다. 이러한 지

25) 尹絲淳, 「實學的 經學觀의 特色」, 『實學論叢』, 전남대, 1975; 「實學思想의 哲學的 特性」, 『亞細亞研究』 통권 56호, 고려대, 1975.

26) 李乙浩, 「實學思想의 哲學的 側面」, 『韓國思想』 제13집, 1975.

27) 鄭求福, 「實學」, 『韓國史研究入門』, 지식산업사, 1981.

28) 金炫榮, 「실학연구의 반성과 전망」, 『韓國中世社會 解體期의 諸問題(上)』, 한울, 1987.

두환의 연구 성과는 성리학과 북학의 사유체계의 차이를 뚜렷하게 구별하는 데 매우 의미 있는 것이라 할 수 있다. 그러나 새로운 시도임에도 불구하고, 논리적으로 충분히 설명하지 못함으로써 사상사적 연속성을 애써 외면했다는 지적을 면키 어렵다고 본다.

이런 가운데 성호학파(星湖學派)와 대별되는 북학파에 대한 관심이 고조되어, 북학사상의 형성과정과 그 철학적 특성에 대한 연구가 진행됐다. 먼저 유봉학 · 정옥자 · 안재순 등은 낙론의 인물성동론이 인물균론(人物均論; 洪大容의 경우)과 인물막변론(人物莫辨論; 朴趾源의 경우)[30]으로 변용되고 여기서 다시 이용대상으로서 물(物)이라는 새로운 물론(物論)에까지 나아감으로써 북학사상(北學思想)이 태동했다는 주장을 폈다.[31] 특히 유봉학은 인물성동론과 북학파의 관계를 인물성동론이 물성중시를 낳았고, 물성중시가 상수학(象數學)과 경제지학(經濟之學)에 대한 관심으로 이어졌다고 보았다.[32]

---

29) 池斗煥, 「朝鮮後期 實學研究의 問題點과 방향」, 『泰東古典研究』 제3집, 한림대 태동고전연구소, 23-24쪽.

30) 특히 유봉학은 「北學思想의 形成과 그 性格」에서 연암의 "故易曰, 天造草昧. 草昧者, 其色皀而其形也霾, 譬如將曉未曉之時, 人物莫辨. 吾未知, 天於皀霾之中, 所造者, 果何物也(『熱河日記』, 「山莊雜記」 〈象記〉)"라는 말을 인용하여, 사람과 사물의 근원적 차별이 없다고 하는 人物莫辨論의 근거로 제시하였다. 그러나 위에서 연암이 말한 '人物莫辨' 의 본뜻은 '사람과 사물의 근원적 차별이 없다' 는 것이 아니다. 이를 번역하면 "초매란 것은 빛이 검고 형태는 안개 낀 듯하여 마치 동일 틀 무렵 같아서 사람이나 물건을 분간할 수 없다. 나는 알지 못하겠다. 하늘이 캄캄하고 안개 낀 듯 자욱한 속에서 만들어 낸 것이 과연 어떤 물건일까?"라고 해야 할 것이다. 여기서 연암은 검은 안개가 자욱한 새벽 어떤 사물도 분간할 수 없는 상황을 설명하고 있는 것이다. '분간할 수 없는 것' 과 '차별이 없는 것' 은 명백히 다른 의미이다. 따라서 위의 인용문의 '人物莫辨' 을 홍대용의 '人物均論' 과 같은 맥락에서 해석할 수는 없을 것이다.

31) 유봉학, 『燕巖一派 北學思想 研究』, 一志社, 1995, 80-86쪽 참조.
鄭玉子, 『조선후기 역사의 이해』, 一志社, 1994, 151-153쪽 참조.
安在淳, 「朝鮮後期 實學派의 思想的 系譜」, 『東洋哲學研究』 第12輯, 東洋哲學研究會, 1991, 72-76쪽 참조.

반면 허남진·김용헌 등은 유봉학 등과 다른 관점에서 이를 비판하였다. 허남진은 중국을 통해 유입된 천문학을 비롯한 서양과학의 영향을 받아 새로운 세계관을 가지게 되었고, 새로운 세계관을 기존의 인물성동론과 결합한 결과[33]로 보았으며, 김용헌은 서양과학의 수용 내지 실학적 학문관을 정당화하기 위해 낙론(洛論)의 인물성동론을 끌어들여 자기식으로 개조했다고 보았다.[34] 그러나 이들 두 사람은 북학론의 기본적 계기를 연행(燕行)을 통해 외국의 선진문물을 접할 기회가 많았던 낙학(洛學)의 상황적 요인으로 규정하여, 사상의 내재적 발전 계기를 그다지 중요하게 평가하지 않았다.

이상익은 「낙학에서 북학으로의 사상적 발전」이라는 논문을 통해 북학론의 대두 요인을 기본적으로 낙하(洛下)의 상황적 요인으로 설정하면서, 사상적 연관 관계를 유봉학 등과 다른 관점에서 해명하였다. 즉 그는 종래에 기호학파 내에서 낙학의 특성을 '주기파 내의 주리파' 라고 보는 관점을 비판하고, 또한 낙학의 인물성동론 자체와 북학파의 인물균론을 연결하는 것도 반대하였다. 그리하여 그는 낙학에서 북학으로의 사상적 발전계기를 인물성동론이 아닌 낙학(洛學)의 기중시론(氣重視論)과 기중시론(器重視論)으로 설정하였다.[35]

그러나 이상의 연구들은 각각 옳고 그름을 떠나 북학사상 전반에 대한 포괄적 해명이라는 관점에서 본다면 일정한 한계를 지니고 있다. 특히 이제까지 북학파에 대한 연구는 주로 개개인의 인물에 관한 연구가 주류를 이루고 있다는 데서 예견되는 바이다.[36] 본서에서는 북학사상의 형성배

32) 유봉학, 전게서, 98-101쪽 참조.

33) 許南進, 「朝鮮後期 氣哲學 硏究」, 서울대 박사학위논문, 1994, 59쪽.

34) 金容憲, 「서양과학에 대한 홍대용의 이해와 그 철학적 기반」, 『철학』 제43집, 한국철학회, 1995 봄, 33쪽 참조.

35) 李相益, 「洛學에서 北學으로의 思想的 發展」, 『철학』 제46집, 1996년 봄호. 9쪽 참조.

경, 북학파의 학문관 · 자연관 · 인간관 등 철학적 기반, 북학파의 역사의식, 북학파의 이용후생론과 사회개혁론 등 종합적이고도 체계적인 해명을 통해 북학사상의 진면목을 밝히는 주안점을 두고자 한다. 지금으로부터 2세기 전에 '북벌(北伐)' 이라는 폐쇄적인 정책에 맞서 '북학(北學)' 을 표방했던 북학사상을 재음미하는 것은 오늘날 국제적인 '경쟁' 과 '개방' 이 날로 격화되고 심화되는 '개혁' 과 '개방' 의 시대에 사는 우리들에게 좋은 길잡이가 될 것으로 보이기 때문이다.

본서에서는 북학파의 대표적 인물이라고 할 수 있는 담헌(湛軒) 홍대용(洪大容, 1731~1783), 연암(燕巖) 박지원(朴趾源, 1737~1805), 초정(楚亭) 박제가(朴齊家, 1750~1805), 냉재(冷齋) 유득공(柳得恭, 1749~1807)을 중심으로 다음과 같은 논지로 북학사상의 전모를 밝혀 보고자 한다. 그뿐만 아니라 후대 인물인 다산(茶山) 정약용(丁若鏞, 1762~1836), 혜강(惠岡) 최한기(崔漢綺, 1803~1877)와 비교를 통해 논지의 명확성과 북학사상의 영향에 대해 고찰할 것이다.

첫째, 북학파의 철학적 기반을 학문관 · 자연관 · 인간관을 중심으로 고찰하고자 한다. 먼저 북학파의 개방적인 학문 태도와 방법론을 고찰하고, 이어 홍대용과 박지원에서 보이는 과학사상을 중심으로 한 그들의 자연관의 특징에 대해 살펴보고자 한다. 그리고 기존의 성리학적 인간관과 다른 북학파 인간관의 특징을 고찰할 것이다.

---

36) 북학파에 대한 종합적인 연구 성과로 유봉학 교수의 학위논문 1편만이 있을 뿐이다. 그나마 필자가 사학 전공자인 까닭에 북학사상의 형성배경과 전개양상에 무게중심이 있으며, 북학파의 철학적 특성에 대한 천착이 미진한 감이 없지 않다.

그리고 북학파 개인에 대한 學位論文으로, 朴洪植, 「朝鮮朝 後期儒學의 實學的 變容과 그 特性에 관한 硏究 - 星湖 · 湛軒 · 茶山 · 惠岡의 哲學思想을 中心으로」, 성균관대 박사학위논문, 1993; 許南進, 「朝鮮後期 氣哲學 硏究」, 서울대 박사학위논문, 1994; 金文鎔, 「洪大容의 實學思想에 관한 硏究」, 고려대 박사학위논문, 1995 등을 들 수 있다.

둘째, 북학파가 북학론을 주장하게 된 배경과 원인으로, 역사적 상황에 대한 새로운 인식, 과학적 사유에 의한 세계관의 변화와 그에 따른 화이관의 변모를 중심으로 고찰하겠다.

셋째, 북학사상의 사회적 전개를 이용후생론 및 사회사상을 중심으로 간략히 고찰하고자 한다. 아울러 북학사상의 근대적 성격을 고찰함으로써, 북학사상이 시대정신의 반영과 미래지향적인 측면을 규명해 보고자 한다.

2. 북학사상의 형성 배경

북학사상을 고찰하기에 앞서 북학파가 활동했던 시대 상황과 그들의 학문적 배경에 대해서 간략히 살펴보고자 한다. 북학파가 활동했던 18세기에는 양란(兩亂) 이후 피폐한 사회・경제적 문제가 어느 정도 극복되었으며, 이러한 극복과정에서 이루어진 부(富)의 편중은 또 다른 사회 문제를 배태하고 있었다. 즉 17～18세기 이래의 농촌사회에서는 커다란 변동이 일어나고 있었다. 17세기부터 보급된 이앙법의 전국적인 실시는 농촌사회의 중요한 변화를 가져왔다. 이앙법에 영향에 대해 이익은 다음과 같이 말하였다.

> 남쪽 지방에서 모두 모내기〔移秧〕을 하니, 이앙의 작업량은 파종보다 5분의 4나 감소한다. (……) 5, 6월 사이에 반드시 못자리를 하였다가 비가 오기를 기다려서 옮겨 심고 북돋아 주면 가을에는 배나 더 거둘 수 있다. 하물며 들에는 물을 대는 도랑이 있음에랴! 힘 안 들고, 해도 없이 아래로는 백성의 재산이 넉넉하여지고, 위로는 국가의 비용이 풍부하여질 것인데 어찌 금할 수 있으랴?[37]

즉, 이앙법의 실시로 말미암아 유휴 농업노동력이 발생한 점이다. 종전의 직파법보다 농업노동력이 80%나 감소했지만 소출은 두 배로 증가하게 된 것이다.

이앙법(移秧法)에 의한 광작농업(廣作農業)의 발달은 결과적으로 자작농(自作農)의 일부를 부농층(富農層)으로 상승시켰으며, 자가소비(自家消費)를 넘어 쌀을 상품으로 생산하는 일종의 기업농으로까지 발전하기에 이르렀다.

이러한 노동력의 감소는 광범위한 농민층의 분화를 촉진시켰다. 즉 농민들은 농토를 떠나 도시나 광산에 유입되어 임금노동자가 되거나 거리의 유랑배(流浪輩)가 되었지만, 대부분의 농민이 농업노동자가 될 수밖에 없었던 점이다. 이러한 저간의 사정에 대해 이익은 다음과 같이 말하였다.

> 우리 마을을 보면 지난해 몇 호(戶)가 파산하였는데 올해 또 몇 호가 파산하였다. 땅이 많던 자는 줄어들고 땅이 적던 자는 땅이 없어졌다. 땅이 이미 없으니 어찌 파산하지 않겠는가?[38]

이처럼 토지에서 농민들의 유리 현상을 일으킨 일차적인 현상은 이앙법의 실시에서 비롯된 것이다. 따라서 이앙법은 한편으로 노동력이 적게 들고 광작농업이 가능해짐에 따라 토지를 잃고 농촌을 떠나는 유리현상이 빚어졌던 반면 다른 한편에서는 소작경영이나 상업적 농업을 통해 부를 축적해 가는 경영형 부농(富農)이나 서민지주(庶民地主)가 나타나고 있

---

37) 『星湖全書』 五, 「僿說」, "南方是盡移秧, 移秧功力, 比播種減五之四, (……) 五六月間必有水秧, 而待濕旋移秧苗, 秋必倍收. 况郊野灌渠. 唾掌無譬下, 而饒民財上, 而豊國用何, 可以禁之."

38) 『星湖全書』 七, 「藿憂錄」, "予一里觀之去年幾戶破, 今年幾戶又破, 破者自多田至少田, 自少田至無田, 田旣無矣奈何不破."

었다.[39]

따라서 경작지를 잃은 소작농들은 상공업 인구로 전환되거나, 유리민(遊離民) 혹은 기업농의 노동자로 전락하게 하는 등 농민의 토지 이탈을 가져오고 농민 분화를 촉진하는 작용을 하였다.[40] 이러한 상태에서 화폐경제의 발전은 상업자본의 성장과 함께 고리대 자본으로 관료양반 · 지주 · 상인들의 치부욕을 자극해 토지의 독점을 더욱 촉진했다. 성호(星湖) 이익도 사치와 낭비가 조장되고 고리대가 성행하여 농민들이 토지와 재산을 잃고 비참한 상태에 이른다고 하여 화폐유통의 폐해에 대해 비판하고,[41] 당시 활성화된 상업 현상에 대해 다음과 같이 말하였다.

> 오늘날 멀거나 가깝거나 잠깐 사이에 (물건을) 운반할 수 있으며, 부녀자나 어린애나 작은 이익도 잘 말할 수 있으므로 이익 남길 만한 곳이 없고, 지혜를 쓸데가 없다. (……) 귀한 집 총각이 몸은 서당에 있으나, 상점에서 물가가 오르고 내리는 것을 모르고 있으면, 그들 사이에서 비웃음을 받는다. 그러므로 언제 어디서나 이욕(利欲)의 싸움터가 아닌 곳이 없게 되어 풍속이 드디어 크게 변하였다. 더구나 사람들은 생업(生業)에 편안하지 못하고 생업이 자주 단절됨으로써 도적은 날로 번성하고 나라의 세금은 해마다 줄어드니 누가 돈 때문에 이 지경에 이르렀다고 하지 않겠는가?[42]

---

39) 金容傑, 「星湖哲學思想에 관한 硏究」, 성균관대 박사논문, 1988, 7쪽.

40) 姜萬吉, 『韓國近代史』, 창작과 비평사, 1984, 70-73쪽 참조.

41) 『星湖僿說類選』 卷2 下, 「錢害」 참조.

42) 『星湖全書』 七, 「錢論」, "今也則遠邇爭騖於晷刻, 婦孺談入於毫芒, 利無所隱, 智巧罔功 (……) 貴遊總角, 身居軒堂, 而廛市低昂, 迷者取譏. 故咫尺之地, 圭撮之間, 莫非利欲之市場, 而民風遂大變矣. 加之人不安業, 恒産屢折, 盜賊日以繁, 邦賦歲以縮, 孰不曰錢使之至於此極乎."

즉, 이익은 당시 화폐의 광범위한 유통과 상업의 진흥으로 말미암아 아녀자를 막론하고 모든 백성들이 이익만을 추구하였기 때문에 마을의 풍속이 무너지고 안정된 마음으로 생업에 종사할 수 없게 되었다고 여겼다.

따라서 당시 육의전(六矣廛)을 비롯한 시전상인(市廛商人)들은 토지에서 유리된 농민들이 도시로 모여들어 도시 주변에 난전(亂廛)을 형성, 큰 위협을 받게 되자 금난전권(禁亂廛權)을 강화하여 그들의 이익을 꾀하고자 하였다. 그러나 금난전권의 행사에 따라 시전상인들의 횡포가 심해짐으로써 물가가 계속 앙등(仰騰)하여 도시 빈민층과 영세상인, 그리고 소생산층의 생활을 크게 압박하는 폐단이 발생하였다. 이에 번암(樊巖) 채제공(蔡濟恭, 1720~1799)은 금란전권의 폐해를 다음과 같이 지적하였다.

도성에 사는 백성의 고통으로 말한다면 도고(都賈)가 가장 심합니다. 우리나라의 난전(亂廛)을 금하는 법은 오로지 육전이 위로 나라의 일에 수응하고 그들이 이익을 독차지하게 하자는 것입니다. 그런데 요즈음 빈둥거리며 노는 무뢰배들이 삼삼오오 떼를 지어 스스로 가게 이름을 붙여 놓고 사람들의 일용품에 관계되는 것들을 제각기 멋대로 전부 주관을 합니다. 크게는 말이나 배에 실은 물건부터 작게는 머리에 이고 손에 든 물건까지 길목에서 사람을 기다렸다가 싼값으로 억지로 사는데, 만약 물건 주인이 듣지 않으면 곧 난전이라 부르면서 결박하여 형조와 한성부에 잡아넣습니다. 이 때문에 물건을 가진 사람들이 간혹 본전도 되지 않는 값에 어쩔 수 없이 눈물을 흘리며 팔아버리게 됩니다. 이에 제각기 가게를 벌여 놓고 배나 되는 값을 받는데, 평민들이 사지 않으면 그만이지만 만약 부득이 사지 않을 수 없는 경우에 처한 사람은 그 가게를 버리고서는 다른 곳에서 물건을 살 수가 없습니다. 이 때문에 그 값이 나날이 올라 물건값이 비싸기가 신이 젊었을 때에 비해 3배 또는 5배나 됩니다. 근래에 이르러서는 심지어 채소나 옹기까지도 가게 이름이 있어서 사사로이 서

> 로 물건을 팔고 살 수가 없으므로 백성들이 음식을 만들 때 소금이 없거나 곤궁한 선비가 조상의 제사를 지내지 못하는 일까지 자주 있습니다. 이와 같은 모든 도고(都賈)를 금지한다면 그러한 폐단이 중지될 것이지만 입을 다물고 있는 것은 단지 원성이 자신에게 돌아올까 겁내는 것에 지나지 않습니다. …… 형조와 한성부에 분부하여 육전 이외에 난전이라 하여 잡아오는 자들에게는 벌을 주지 말도록 할 뿐만이 아니라 반좌법(反坐法)을 적용하게 하시면, 장사하는 사람들은 서로 매매하는 이익이 있을 것이고 백성들도 곤궁한 걱정이 없을 것입니다. 그 원망은 신이 스스로 감당하겠습니다.[43]

즉, 채제공이 정조에게 아뢴 비와 같이 금란전권 때문에 도시민의 생필품마저 시전(市廛)의 전매품(專賣品)으로 전락했기 때문에 독점가격이 형성되어 도시민들에게 큰 타격을 주었을 뿐만 아니라 영세상인층의 몰락을 가져와 결국 국익에도 아무런 도움이 되지 못한다고 하였다. 이에 임금은 조정의 의견을 받아들여 육의전을 제외한 시전의 금난전권을 폐지하는 통공정책(通共政策)을 실시하였다.

특히 통공정책은 영세상인층 및 소생산층의 꾸준한 성장 앞에서 특권상업을 크게 제한한 획기적인 정책으로, 그 결과 도시에서 사상인층(私商

---

43) 『正祖實錄』 권32, 정조 15년 1월 25일 경자 1번째기사, "若論都下民瘼, 都庫爲最. 我朝亂廛之法, 專爲六廛之上應國役, 使之專利也. 近來游手無賴之輩, 三三五五, 自作廛號, 凡係人生日用物種, 無不各自主張. 大以馬馱船載之産, 小而頭戴手提之物, 伏人要路, 廉價勒買, 而物主如或不聽, 輒稱亂廛, 結縛歐納於秋曹京兆, 故所持者, 雖或落本, 不得不垂涕泣賣去. 於是乎各列其肆, 以取倍價, 平民輩不買則已, 若係不得不買者, 則捨其廛, 更不可從他求得. 以故, 其價日增, 凡物之貴, 較視於臣之年少時, 不啻爲三五倍. 近日則甚至蔬菜甕器, 亦有廛號, 不得私自和賣, 民生之食而無鹽, 窮士之停廢祭先者, 往往有之. 凡此都庫, 禁之則當止, 而猶且噤默者, 不過怵畏怨聲之歸於己耳. (……) 宜使平市署, 考出數三十年以來零瑣新設之廛號, 一倂革罷, 分付秋曹京兆, 六廛外以亂廛捉納者, 非徒勿施, 施以反坐, 則商賈有和賣之利, 民生無艱窘之患. 其怨則臣可自當之矣."

人層)의 활동이 한층 더 활발해졌다.[44]

이러한 상업자본 성장에 의한 상인 및 상인화(商人化)한 중인(中人)들의 사회 진출은 경제에만 국한된 것이 아니었다. 홍경래(洪景來, 1771~1812)가 주도한 평안도 농민 봉기에서 평안도 상인들이 물력을 동원하여 이에 적극적으로 참가한 사실이 입증해 주듯이, 일정하게 정치세력으로 성장하고 있었던 것이다. 유수원(柳壽垣, 1694~1755), 박지원, 박제가 등 실학자들은 상업을 장려하였을 뿐 아니라 양반층의 상인화를 적극적으로 주장하였는데, 이는 상업 억제정책에도 불구하고 상업과 상인들의 세력이 무시할 수 없을 정도로 성장하고 있었다는 사실을 반영한 것으로 볼 수 있다.

한편, 수공업계는 왕조 초기에 강화하였던 관청수공업계가 무너지면서 민간수공업으로 발전하여, 관청 수공업의 부역동원에서 해방된 수공업자들이 종래 주문생산단계에서 상품생산단계로 나아가게 되었다. 특히 가내수공업의 단계를 벗어난 민간수공업의 일부 영역은 관청수공업을 압도하면서 자본주의적 경영방식으로 이행하고 있었으며, 광업 부분에 있어서도 왕조 초기의 폐광정책이 지양되고 광산개발이 활발해져 민간자본이 설점수세(設店收稅) 정책을 통해 민간자본이 제한된 조건 속에서나마 광산에 투입되었다.[45] 정부의 허가에 의한 광산 이외에도 개인에 의한 잠채(潛採), 사채(私採)가 상당히 발전하고 있었다. 이러한 사실은 1788년 우정규(禹禎圭, 1718~?)가 자본가의 투자와 자본주의적 경영방식에 의한 광산경영을 주장하였던 데서 엿볼 수 있는데,[46] 우정규의 주장은 당시 광산에서도 자본주의적 경영방식이 성장하고 있었음을 반영하고 있다. 이

44) 姜萬吉, 전게서, 82-87쪽 참조.

45) 姜萬吉, 전게서, 99 · 107쪽 참조.

46)『備邊司謄錄』正祖 28年 8月 18日條 참조.

처럼 북학파들이 활동하였던 18세기 후반의 사회·경제적 여건은 상업이 활발해지고, 수공업 및 광업에 있어 미약하나마 자본주의적 맹아(萌芽)가 움트는 시기로 파악할 수 있다.

북학파들이 성장, 활동하였던 서울의 도시 분위기를 금릉(金陵) 남공철(南公轍, 1760~1840)이, "서울은 돈을 가지고 살아가고 8도는 곡식을 가지고 살아간다."[47]고 할 정도로 서울의 상업은 활성화되었다. 이러한 서울의 전경(全景)은 박제가의 시 속에 잘 나타나 있다.

六曹高臨白道傍	육조는 높다랗게 한길 가에 늘어섰고
七門聳出丹霞裏	칠문은 우뚝 붉은 노을 속에 솟았도다.
民惟五部之統轄	주민은 오부가 통할하고
兵乃三營所管理	병정은 삼영에서 관리하네.
戢戢瓦鱗四萬戶	즐비한 4만 호 기와지붕
髣髴淪漪隱魴鯉	잔잔한 물결 속의 고기 비늘 같구나.
(……)	(……)
梨峴鐘樓及七牌	이현·종루 및 칠패는
是爲都城三大市	서울의 세 군데 큰 저자
百工居業人磨肩	백공들이 조업함에 사람 어깨 서로 부딪치고
萬貨趨利車連軌	각색 상품들 이익 좇아 수레바퀴 연이어졌네.[48]

4만 호 이상이나 되는 옥와(屋瓦)가 즐비한 당시 서울의 광경은 당시 수

---

47) 『金陵集』 卷10, 「擬上宰相書」, "生民之業, 京師以錢, 八道以穀"

48) 『貞蕤集』 詩集 卷3, 51b 「城市全圖應令」, "六曹高臨白道傍. 七門聳出丹霞裏. 民惟五部之統轄, 兵乃三營所管理. 戢戢瓦鱗四萬戶, 髣髴淪漪隱魴鯉 (……) 梨峴鐘樓及七牌, 是爲都城三大市. 百工居業人磨肩, 萬貨趨利車連軌."

도로서 번화함을 잘 보여주고 있다. 특히 이현(梨峴)·종루(鐘樓)·칠패(七牌)를 도성 내의 3대시(大市)라고 하고, 3대시 주변에는 온갖 수공업자들이 조업을 하고 있으며, 온갖 상품들이 시장에서 상인들에 의해 활발하게 거래되고 있음을 잘 보여 준다.

이러한 도시적 분위기에서 성장, 활동한 북학파의 학맥은 대체로 당시 집권파인 서인 노론계열에 속하였다. 홍대용(洪大容)은 증조가 참판을 지내고 부조(父祖)가 지방 수령을 역임하였던 사환가(仕宦家) 출신이었다. 그의 숙부 홍억(洪檍, 1722~1809)이 1765년(영조 41) 연행사(燕行使)의 서장관(書狀官)으로 연경(燕京)에 가게 되자, 자제군관(子弟軍官)의 자격으로 수행하여 당시 중국의 명유인 육비(陸飛), 엄성(嚴誠), 반정균(潘庭筠) 등과 교유하였으며, 특히 중국의 천문대인 흠천감(欽天監)을 방문, 서양 선교사로 천문(天文)·역법(曆法)에 정통하였던 흠천감 감정(監正) 유송령(劉松齡, Augustinus von Halberstein)과 부정(副正) 포우관(鮑友管, Antonius Gogeisl)을 만나 천문·역법에 대해 토론하기도 하였다.

박지원(朴趾源)은 선조(宣祖)의 부마(駙馬)인 금양위(錦陽尉) 박미(朴瀰)의 후손으로, 조부가 지돈녕부사(知敦寧府事)를 지냈으며, 삼종형(三從兄) 명원(明源)은 영조의 부마였다. 1780년(정조 4) 박명원이 진하사(進賀使)로 입연(入燕)할 때 수행하여 청(淸)의 실상을 목도하고 '이용후생(利用厚生)'의 실학에 뜻을 굳혔다.

한편, 박제가(朴齊家)는 승지(承旨)를 지낸 박평(朴坪)의 서얼(庶孼)로, 노론계임에도 불구하고 신분상 한계를 지니고 있었다. 그러나 이러한 신분상 한계에도 불구하고 홍대용·박지원 등과 교유하였으며, 정조 2년(1778) 진주사(陳奏使) 채제공(蔡濟恭)의 별뢰관(別賚官)으로 이덕무(李德懋)와 함께 청나라에 가서 이조원(李調元), 반정균(潘庭筠) 등과 교유하고 연경의 새로운 문물을 접하였다. 그 뒤 1790년(정조 14)에 진하사(進賀使)

와 동지사(冬至使)를 수행하고, 1801년(순조 1)에 사은사(謝恩使)를 따라 입연(入燕)하는 등 무려 4차례나 연경에 들어가 청의 눈부신 발전을 목도함으로써, 이들 세 사람 중에서 북학에 가장 철저하였던 것으로 보인다. 이처럼 북학파는 적어도 한 번 이상 연경을 여행한 경험이 있으며, 이러한 연유로 청(淸)의 눈부신 발전상을 보고 북학을 적극적으로 주장하였던 것이다.

북학파 실학자의 사상적 연원을 살펴보면, 홍대용은 미호(渼湖) 김원행(金元行, 1702~1772)으로부터 학문적 영향을 받았다. 김원행은 도암(陶庵) 이재(李縡, 1680~1746)의 문인이자 농암(農巖) 김창협(金昌協, 1651~1708)의 주손(胄孫)으로 가학(家學)을 계승하였다. 이재는 김창협의 문인이요, 낙론의 대표적 학자로 인물성동론(人物性同論)을 지지하였으며, 김원행은 스승인 이재를 따라 낙론을 지지하였다.

김원행의 학통은 연원상으로 퇴계학파와 관련성이 있다. 이른바 '절충파(折衷派)' 라고 불리는 김창협계 일군(一群)의 학자들은 김창협의 스승인 정관재(靜觀齋) 이단상(李端相, 1628~1669)과, 이단상의 스승인 청음(淸陰) 김상헌(金尙憲, 1570~1652), 김상헌의 스승인 월정(月汀) 윤근수(尹根壽, 1537~1616)로 거슬러 올라가는 학맥을 계승함으로써, 퇴계(退溪) 이황(李滉, 1501~1570)으로 거슬러 올라간다. 이들이 퇴계 · 율곡의 성리설을 절충하게 된 것도 우연만은 아니라 하겠다. 김창협계 학자들은 다른 한편으로 율곡(栗谷) 이이(李珥, 1536~1584)를 조종(祖宗)으로 하여 사계(沙溪) 김장생(金長生, 1548~1631), 우암(尤庵) 송시열(宋時烈, 1607~1689) 등으로 이어지는 기호학파(畿湖學派)의 학맥도 계승하고 있으니, 이들 가운데 일계가 김원행 · 홍대용 등으로 이어진다.

16~7세기에 사단칠정론(四端七情論)과 인심도심설(人心道心說)을 가지고 논쟁하던 성리학은 18세기에 접어들면서 인물성동이(人物性同異)

문제를 둘러싼 호락논쟁(湖洛論爭)으로 전개되었다. 1706년 주자주(朱子註)에 대한 해석 문제가 발단되어 수암(遂庵) 권상하(權尙夏, 1641~1721) 문하의 남당(南塘) 한원진(韓元震, 1682~1751)과 외암(巍巖) 이간(李柬, 1677~1727) 사이에 벌어진 논쟁은, 이후 호서지방(湖西地方)의 권상하계의 학자들과 낙하(洛下)의 김창협(金昌協), 김창흡(金昌翕, 1653~1722)계 학자들 사이의 논쟁으로 확대되었다. 인물성이론을 주장하는 호론(湖論) 쪽에서 한원진(韓元震), 윤봉구(尹鳳九, 1683~1767)와 그 문도(門徒)가 중심이 되었으며, 이간(李柬)을 대표로 하는 인물성동론은 낙하(洛下)의 김창흡(金昌翕), 어유봉(魚有鳳, 1672~1744), 이재(李縡), 박필주(朴弼周, 1665~1748)와 그의 문도가 지지하였다. 홍대용(洪大容)의 스승인 김원행(金元行)과 그의 영향을 받은 박윤원(朴胤源, 1734~1799) 등이 18세기 중반부터 낙론계를 이끌어 갔던 점을 고려해 볼 때, 일단 홍대용의 심성론이 낙론계의 영향을 받았으리란 것을 쉽게 짐작할 수 있다.[49]

박지원(朴趾源)의 학맥을 살펴보면, 동종(同宗)인 박윤원은 홍대용과 동문수학한 처지로 박지원가(朴趾源家)와는 친근한 사이였고, 박지원의 숙부 박사근(朴師近)은 낙론의 거두였던 여호(藜湖) 박필주(朴弼周)의 양자였다. 또 그의 고모가 김창협의 고제(高弟) 어유봉(魚有鳳)의 집안으로 출가하였으며, 그 자신은 어유봉의 고제이며 사위인 유안재(遺安齋) 이보천(李輔天, 1714~1777)의 사위이기도 하였다. 이처럼 그는 자신뿐만 아니라 처가까지 당시 낙론의 중요 인물이었던 김창협 및 어유봉가와 밀접한 관계를 맺고 있음을 알 수 있다.[50] 이들의 학문 연원을 도표로 나타내면 다음과 같다.

49) 유봉학, 「北學思想의 形成과 그 性格」, 『韓國史論』 제8집, 1982.
50) 유봉학, 전게논문, 250쪽 참조.

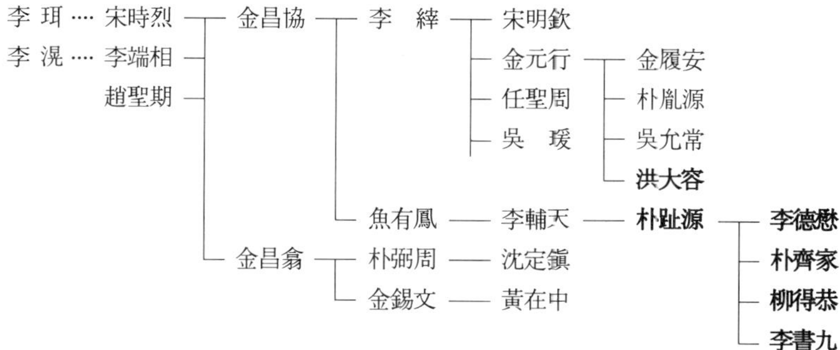

한편 박제가(朴齊家)는 18세 때 9세 연장인 아정(雅亭) 이덕무(李德懋)를 만나 이내 막역(莫逆)한 사이가 되었으며, 19세 때 이덕무의 소개로 박지원의 문하에 들어가 이덕무(李德懋)·유득공(柳得恭)·이서구(李書九) 등과 교유하였다. 그는 이들 세 사람과 함께 '연암문하의 사걸(四傑)'이라는 평판을 얻었으며, 3인의 공동시집이 '건연집(巾衍集)'이라는 제호로 중국 시단에 알려지기도 하였다.

따라서 이들 홍대용·박지원·박제가 등은 이처럼 인물성동론을 주장하는 낙론적 분위기 속에서 성장했으며, 박제가를 제외한 두 사람의 초기 저작에는 심성론(心性論)에 있어 인물성동론(人物性同論)을 주장하는 경향을 보여주고 있다. 이러한 학적 연관에도 불구하고, 이들 북학파의 주된 관심사는 당시 학문의 주류를 이루는 '성리학'보다는 '실학'에 뜻이 있었다. 이들은,

> 나는 10세 때부터 고학(古學)에 뜻을 두어 장구(章句)나 우유(迂儒)의 학문을 아니 하기로 맹세하고 군국경제(軍國經濟)의 학을 사모하였다.[51]

---

51) 『湛軒書』 外集 卷1, 49a 「杭傳尺牘」 〈與汶軒書〉, "容自一數歲, 有志於古學, 誓不爲章句迂儒, 而兼慕軍國經濟之業."

글을 읽고도 실용을 알지 못하는 것은 강학(講學)이라고 할 수 없다. 강학을 귀하게 여기는 까닭은 실용을 위해서다.[52]

어려서는 문장(文章)에 힘썼으나, 자라면서 경제지술(經濟之術)을 좋아하였다.[53]

고한 것은 단적으로 이들 북학파의 학문관이 '문장지학(文章之學)' 과 같은 공소(空疏)한 학문보다 당시 백성들의 삶을 윤택하게 하고, 나라 살림을 넉넉하게 할 수 있는, 즉 '유민익국(裕民益國)' 할 수 있는 '실용지학(實用之學)' 에 관심이 있었다는 것을 말해 준다.

52) 『燕巖集』 卷10, 13a 「原士」, "讀書而不知實用者, 非講學也. 所貴乎講學者, 爲其實用也"
53) 『貞蕤集』 文集 卷2, 「小傳」, "幼而學文章之言, 長而好經濟之術"

제2장

북학의 연원과 그 선하

1. 북학의 연원과 그 의미

'북학(北學)' 이란 문자적으로는 '북쪽의 문물을 배운다' 는 의미이다. 박제가가 『북학의(北學議)』의 자서(自序)에서, "맹자(孟子)가 진량(陳良)에 대해 말한 것을 취하여 '북학의' 라 이름하였다."[1]고 하였다. 여기서 박제가가 말한 '맹자가 진량에게 말한 것' 이란 『맹자』에 보이는데 맹자는 다음과 같이 말했다.

> 나는 예법문화를 써서 야만 풍속을 변화시킨다는 말은 들었으나 야만 풍속에 변화되었다는 말은 듣지 못했다. 진량은 초나라에서 태어났으나 주공(周公)과 중니(仲尼)의 도를 기뻐하여 북으로 중국에 가서 배웠거늘 북쪽 지방의 학자도 혹 앞설 수 없었다.[2]

1) 『北學議』〈自序〉, "取孟子陳良之語, 命之曰, 北學議"

2) 『孟子』「滕文公上」 제4장, "吾聞用夏變夷者, 未聞變於夷者也. 陳良, 楚產也, 悅周公仲尼之道, 北學於中國, 北方之學者, 未能或之先也"

위의 인용문에 의하면, '북학' 이란 후진 문화권에 사는 사람이 선진 문화권에 가서 그 나라의 선진 문물을 배운다는 의미를 함축하고 있다. 박제가는 이러한 의미를 취하여, 당시 후진국인 조선이 청조(淸朝)의 선진 문물제도를 배워야 한다는 취지에서 『북학의』를 저술하였던 것이다.

박제가는 「북학변(北學辨)」에서 "하사는 중국에도 오곡이 있는가 하고, 중사는 중국 문장이 우리나라보다 못하다 한다. 또 상사는 중국에 성리학이 없다고 한다. 과연 이들의 말과 같다면 중국에 한 가지도 볼 만한 것이 없고, 내가 말하는 중국의 모든 제도를 배워야 한다는 것도 있을 리 없다."[3]라고 하여, 당시 조선인의 대청 인식을 단적으로 표현하고, 이어 당시 조선의 선비들이 중국 학문과 사상을 알지 못하면서 "중국의 도학과 문장은 본받을 만한 것이 없다고 단언하고 천하의 공론마저 믿지 않는다." 고 비판하였다.[4]

그는 당시 조선의 폐쇄성을 지적하고, 중국 문물제도의 우수성을 다음과 같이 말하였다.

> 무릇 우리나라의 훌륭하다는 기예(技藝)를 다 움직여도 중국의 한 부분에 불과할 터인데 서로 비교하려는 것은 이미 자신을 알지 못함이 심한 것이다.[5]

즉, 박제가는 중국의 한 지방의 기예만 하더라도 우리나라 전체의 기예보다 뛰어난데 이를 비교하는 것은 자신을 너무도 모르는 소치라고 하였다. 당시 사람들은 중국에도 퇴계와 같은 학자가 있으며, 문장에는 간이

---

3) 『北學議』「北學辨一」, "下士, 見五穀, 則問中國之有無, 中士, 以文章爲不如我也. 上士, 謂中國無理學, 果如是, 則中國遂無一事, 而吾所謂可學之存者. 無幾矣."

4) 같은 곳.

5) 같은 곳.

(簡易) 같은 사람이 있고, 명필로서 한호(韓濩)보다 나은 사람이 있다고 하면 화를 내다가 만주 사람은 말소리가 개 짖는 듯하고, 그들의 음식은 냄새가 고약하여 가까이할 수 없다고 하면 크게 기뻐하여 그 말을 옮기기에 분주하다고 하였다.[6]

그리고 자신이 직접 눈으로 확인한 중국의 우수한 문물제도를 설명하면 사람들은 평소 생각과 아주 다르다며 이상한 얼굴로 돌아가며, 도리어 '호국(胡國)을 우단(右袒)한다' 며 비난한다. 그는 이러한 태도에 대해,

> 아아, 나를 찾아왔던 사람들은 모두가 장차 유도(儒道)를 밝히고 백성을 다스릴 사람인데 고루(固陋)함이 이와 같으니, 오늘날 우리나라의 풍속이 진흥하지 못하는 것이 당연하다.[7]

고 하였던 것이다. 이러한 박제가의 생각은 『북학의』 곳곳에서 찾아볼 수 있는데, 이는 그만큼 당시 조선인의 대청 의식이 어떠하였는가를 가늠할 수 있는 좋은 자료이다.

따라서 박제가를 비롯한 북학파가 배우고자 한 '북학' 의 의미는 무엇인가? 이는 당시 낙후된 조선을 일신(一新)하고자 선진화된 중국의 문물제도를 수용해야 한다는 '학중국(學中國)' 을 의미하는 것이다. 그리고 배움의 대상도 정치 · 교육 · 과거제는 물론이고 음악 · 역법 · 산수 · 화폐 · 농사 · 주거 · 궁실 · 목축 · 군사학, 심지어 밭 갈기 · 누에치기 · 그릇 굽기 · 아궁이 · 거름 만드는 법에 이르기까지 이용후생(利用厚生)할 수 있는 모든 부분에 해당한다고 하겠다.

그러나 '북학' 에 대한 논의는 북학파만의 전용물은 아니었다. 정약용

---

6) 『北學議』「北學辨二」.

7) 같은 곳, "嗚呼, 夫此人者, 皆將與明此道治此民也, 其固如此, 宜今俗之不振也."

도 일찍이 『경세유표(經世遺表)』에서 "이용감(利用監)을 설치하고 북학의 방법을 의론하여 부국강병을 도모하는 것은 바꿀 수 없을 것이다."[8]고 하여, 북학은 부국강병을 위한 부동의 원칙이며, 바꿀 수 없는 신념이라고 하였다.[9]

2. 북학의 先河

박제가는 그의 『북학의』에서 "나는 어렸을 적에 최고운(崔孤雲)과 조중봉(趙重峯)의 사람됨을 사모하여 비록 세대는 다르지만, 한 번 말채찍을 잡아 그분들의 뒤를 따르고 싶었었다."[10]고 하여, 고운(孤雲) 최치원(崔致遠, 857~?)과 중봉(重峯) 조헌(趙憲, 1544~1592)을 북학의 연원으로 삼고 있다. 그는 두 사람을 추존하는 이유를 다음과 같이 말하였다.

> 고운은 당(唐)나라에 가서 진사(進士)가 된 다음, 본국으로 돌아왔다. 그는 신라의 풍속을 혁신(革新)하여 중국과 같이 문명(文明)을 진보시킬 것을 생각하였다. (……) 중봉은 질정관(質正官)으로 연경에 다녀왔는데, 그가 지은 「동환봉사(東還封事)」는 매우 정성스러웠다. 남을 보면 나를 깨우치고 잘하는 것을 보면 그와 같이 할 것을 생각하고, 화하(華夏)의 제도를 인용하여 오랑캐의 풍습을 변화시키려고 애썼다. 압록강 동쪽에서 천여 년 동안 내려온 이 조그마한 모퉁이를 변화시켜 중국과 같은 문명에 이르게 하려던 사람은 오직 이 두 사람뿐이었다.[11]

8) 『經世遺表』 卷1, "開利用之監, 議北學之法, 以圖其富國强兵, 斯不可易也."

9) 金龍德, 「重峯 趙憲硏究」, 『亞細亞學報』 第1輯, 1965, 98쪽 참조.

10) 『北學議』 「序文」, "余幼時, 慕崔孤雲趙重峯之爲人, 慨然有異世執鞭之願."

즉, 고운과 중봉이 당시 중국에 들어가 중국의 선진문물을 우리나라에 적용해 문명의 나라로 변화시키려고 한 것을 높이 평가하고 있다. 따라서 박제가는 '북학'의 연원을 최치원과 조헌에 두고 있으며, 이 두 사람을 힘써 배우고자 하였다.

여기서 박제가는 조헌에 대해 「동환봉사(東還奉事)」라고 구체적인 서목(書目)을 언급하였지만, 최치원에 대해서는 전혀 언급하지 않았다. 짐작건대 이는 진성여왕(眞聖女王)에게 올린 「시무십조(時務十條)」가 아닌가 여겨진다. 애석하게도 최치원의 「시무십조」는 현재 전하지 않기 때문에 개혁사상의 전모를 파악할 수 없는 것이 안타까울 뿐이다.

1) 최치원의 시무책

최치원의 시무책을 이해하기 위해 먼저 시무책이 어떠한 성격을 지닌 것이며, 어떠한 배경 아래 나오게 되었는지 먼저 살피지 않을 수 없다. 이 문제가 풀려야 시무책의 내용과 역사적 의의가 좀 더 명확해지기 때문이다.[12]

최치원이 시무책을 올린 시기는 진성여왕 8년(894) 2월로 되어 있는데, 이 시기는 최치원이 893년 후반기쯤 하정사(賀正使)로 당나라에 갔다가 그 이듬해 하정사의 임무를 수행하고 돌아온 뒤에 올린 것으로 보아야 한다. 따라서 그가 당나라에서 돌아온 직후 올린 시무책은 당시 당나라의

11) 같은 곳, "孤雲爲唐進士, 東還本局, 思有以革新羅之俗, 而進乎中國, (……) 重峯以質正官入燕, 其東還封事」, 勤勤懇懇, 因彼而悟己, 見善而思齊, 無非用夏變夷之苦心. 鴨水以東千有餘年之間, 有以區區一隅, 欲一變而至中國者, 惟此兩人而已."

12) 최치원에 관한 기술은 전적으로 崔英成의 박사학위 논문(「崔致遠의 哲學思想 硏究 - 三敎觀과 人間主體를 중심으로」, 성균관대, 1999, 215-239쪽)에 전적으로 의지하였음을 밝혀 둔다.

정치 · 사회적 분위기와 매우 관련이 있을 것이다. 그가 지은 『사산비명』을 보면, 그는 헌강왕에 대하여 여러 가지로 칭송하면서, "천성이 화풍(華風)을 답습하였다."[13], "화풍(華風)으로 신라의 폐습을 일소(一掃)하였다."[14]고 하였다. 이것은 비록 헌강왕에 대한 찬사에서 비롯된 것이기는 하지만, 최치원의 개혁사상이 기본적으로 유교이념과 당나라의 정치 현실에 뿌리를 두고 있음을 우회적으로 보여주는 것이라고 하겠다.

당시 당나라는 안사(安史)의 난(755~763) 이후 번진(藩鎭: 節度使)의 할거와 환관(宦官)의 전횡이 극심하여 정치적 혼란상이 극심하였으며, 관료와 군대의 수가 늘어나 국가의 재정은 도탄 위기에 빠져 있었다. 관료들은 국가 재정을 조금이라도 메우기 위해 오로지 백성들에게 부담을 지웠기 때문에 그 부담을 견디지 못한 농민들이 유민(流民)이 되어 떠돌았으며, 더러는 산 속에 숨어 들어가 도적의 무리가 된 자도 적지 않았다. 이런 가운데 역대 황제들은 거의 환관에 의해 옹립되었으며, 도처에서 일어나는 도적을 소탕하기 위해서 절도사(節度使)의 힘을 빌려야 했기 때문에 저들의 전횡에서 벗어날 길이 막연하였다.

특히 의종(懿宗) 뒤를 이어 13세에 즉위한 희종(僖宗)의 시대가 되자, 환관들이 정치를 좌우하여 천하가 크게 어지러워졌으며, 도적 떼가 각처에서 일어나고 번진들이 크게 발호했지만 이를 억제할 힘이 없었다. 즉위한 직후 연년(連年)의 흉작에 시달리고 있던 산동(山東) 지방에서 왕선지(王仙芝)의 반란이 일어났고, 황소(黃巢)가 이에 응하여(875년) 황소의 난이 10년 동안 지속되었다.[15] 결국, 당시 번진의 양웅(兩雄)인 주전충(朱全忠) · 이극용(李克用)의 힘을 빌려 황소의 난을 평정하기는 했지만, 당나

13) 『譯註 崔致遠全集(1)』, 「大崇福寺碑銘」 "獻康大王, (……) 性襲華風, 躬滋慧露"

14) 『譯註 崔致遠全集(1)』, 「智證大師碑銘」 "太傅大王, 以花風掃弊"

15) 貝塚茂樹, 『中國의 歷史(中)』(李龍範 編譯), 중앙일보사, 1983, 129-130쪽 참조.

라는 이미 나라가 망하는 길로 접어들어 돌이키기 어려운 지경이었다.

이런 가운데 즉위한 소종(昭宗)은 성품이 영명(英明)하였으며, 학문을 좋아하고 유학(儒學)을 중시하였다. 그는 황제의 명령이 시행되지 않고 조정의 권위가 날로 떨어지는 것을 절감하고 이를 회복하려고 하였다. 그가 제위(帝位)에 오르자 많은 사람들은 태평한 세상이 올 것이라 크게 기대하였다고 한다.[16] 사서(史書)에 의하면, "소종은 등극(登極)한 이래, 여러 현인(賢人)과 호걸들을 등용하여 꿈속에서까지 나라를 바로잡고자 했다."[17]고 할 정도였다. 그러나 전대(前代)의 무종(武宗)과 같은 강단(剛斷)이나 용기가 있었지만, 안으로 극성한 환관들에게 눌리고 밖으로 군벌(軍閥) 절도사들에게 겁박(劫迫)을 당하다가, 끝내 뜻을 이루지 못한 채 시해(弑害) 당하는 비운의 주인공이 되었다. 그 뒤 아무런 실권이 없는 애제(哀帝)가 즉위하였다가 3년 뒤 20대 290년 만에 당나라는 멸망하였다.

희종(僖宗) 이후 당나라의 실정은 진성여왕(眞聖女王) 즉위 이후 어지러운 신라 정세와 거의 다를 바 없었다. 당시 신라는 진성여왕의 향락과 무능으로 안으로 각간(角干) 위홍(魏弘)과 같은 폐신(嬖臣)이 이미 국정 농락의 단초를 연 바 있었고, 밖으로 강성한 호족들이 세력을 떨쳐 왕명이 제대로 하달되지 못함으로써, 신라는 겨우 경주를 중심으로 그 부근 일대만 통치권이 미치는 참담한 지경에 이르렀다. 환관의 전횡 대신 폐신의 국정 농단(壟斷)이라는 차이만 있을 뿐, 당시 당나라와 신라의 실정이 거의 다를 바 없었다.

그런데, 소종(昭宗)이 즉위한 뒤 입당(893년)하였던 최치원은 당시 국제무대인 당나라 정세를 '중흥의 시기'로 보고, "전쟁과 흉년 두 재앙이

16) 『舊唐書』 卷20(上), 「昭宗本紀」, "帝攻書好文, 尤重儒術, 神氣雄俊, 有會昌之遺風. 以先朝威武不振, 國命寖微, 而尊禮大臣, 詳延道術, 意在恢張舊業, 號令天下. 即位之始, 中外稱之"
17) 曾先之, 『十八史略』 卷5, 〈昭宗紀〉 참조.

서국(西國: 당나라)에서 멈추고 동국(東國)으로 건너왔다."고 진단하였다. 따라서 당시 소종의 치세(治世)가 '중흥의 정치'를 향하고 있음을 보고 들은 그로서는 더할 나위 없이 그로부터 구폐책(舊弊策)을 찾아야 했다.

따라서 최치원의 시무책은 당시 매우 혁신적인 내용을 담고 있었을 것으로 추정할 수 있다. 이에 대해 이기백 교수는 고려 성종(成宗) 때 명신(名臣) 최승로(崔承老, 927~989)가 경주 출신 육두품 계열 후예인 것에 주목하고, 그가 시무책을 올림에 있어 전배(前輩)인 최치원의 시무책에서 지대한 영향을 받아 이를 확대, 심화시켰을 것으로 추단(推斷)하고, 최승로의 시무책을 토대로 ① 과거제의 실시 ② 왕권의 강화 ③ 하급귀족의 존중 ④ 지방 호족세력의 발호 억제 등을 들었다.[18]

'과거제 실시'는 곧 골품(骨品)에 따라 인재를 등용하는 당시 제도를 개혁하라는 의미와 다른 것이 아니다. 이는 당시 학식과 경륜을 겸비하고 골품제라는 사슬에 얽매여 중용(重用)되지 못한 채 암울한 심서(心緖)를 간직해야 했던 육두품 계열을 중심으로 공통된 인식이라 할 수 있다. 따라서 골품의 열세를 당나라의 권위와 학문의 힘으로 만회하려는 생각에서 입당 유학하였던 육두품 계열의 학인들에게 당나라에서 시행된 '과거제'를 이상적인 제도로 인식하였던 것은 당연한 이치였다.

그러나 최치원은 유학도였던 만큼 인재 등용에 있어 과거제 못지않게 '선사(選士)'와 '지인(知人)'을 무엇보다 중요하게 여겼다.[19] 이것은 『예기(禮記)』에서 이른바 "향(鄕)에 명하여 뛰어난 선비를 논하여 사도(司徒)에게 천거하는데 이를 선사(選士)라고 한다. 또 사도가 선사 중에 우수한

18) 李基白, 「新羅統一期 및 高麗初期의 儒教的 政治理念」, 『大東文化硏究』 제6 · 7합집, 성균관대학교 대동문화연구원, 1969~1970. 150-152쪽 참조.

19) 『桂苑筆耕集』 卷7, 「吏部裵瓚尙書」, "伏以, 禮稱選士, 實資秀孝之科, 書貴知人, 允屬銓衡之職"

자를 선정하여 국학(國學)에 천거하는데 이를 준사(俊士)라고 한다."[20]라 한 것과, 또 『서경(書經)』에 이른바 "인재를 알려면 명철해야 하나니, (그래야만) 능히 사람을 벼슬시킬 수 있다."[21]고 한 것에 근거를 두고 있다. 이는 추천을 통해 수재(秀才)와 효렴지인(孝廉之人)을 발탁하는 천거제(薦擧制)의 이념적 바탕이 된다.

그러나 신라 말기 어지럽고 혼탁한 정황에 비추어, 추천제를 시행했더라도 그 본래의 취지를 잘 살리기는커녕, 도리어 집권층의 자의적(恣意的)인 악용으로 인해, 인재 등용을 더욱 문란하게 할 것임은 명약관화(明若觀火)한 일이 아닐 수 없었다. 이러한 까닭에, 육두품 계열에게 천거제보다 과거제의 전면적인 실시가 신라의 실정에 적합한 것으로 받아들여졌고, 과거를 주관할 전형(銓衡)의 직책도 중시되었음직하다. 특히 육두품 계열의 학자들 중 당나라 빈공과(賓貢科)에 급제한 사람들이 많았는데, 이들은 당나라에서 과거제의 실시로 인해 유고적 관료제도가 정착된 것을 익히 보아 왔던 터라, 인재 등용을 논함에 있어 자연스럽게 과거제를 바람직한 제도로 선호했을 것이다.

'왕권의 강화'는 바꾸어 말하면 존왕사상(尊王思想)과 연결되는 것으로서, 역시 유교이념에 바탕을 둔 것이다. 당시 시대적 상황으로 미루어 볼 때, 왕권 강화의 절박함이 한층 더하였을 것으로 본다. 신라사회는 지방 호족 세력의 할거(割據)로 말미암아, 이미 중세의 골품제적 귀족사회가 점차 붕괴하여 가는 과정에 놓여 있었으며, 또한 주군(州郡)의 공부(貢賦)도 제대로 거둘 수 없어, 나라의 재용(財用)이 매우 곤궁한 실정이었다. 게다가 전국 각지에서 일어난 반란 등으로 인해 민심이 조정으로부터 완전히 등을 돌린 상태였다. 이러한 즈음 최치원은 국가적 파탄(破綻) 상태

20) 『禮記』「王制」, "命鄕論秀士, 升之司徒曰選士, 司徒論選士之秀者, 而升之學曰俊士"
21) 『書經』「皐陶謨」, "知人則哲, 能官人"

를 수습하고 이반된 민심을 되돌리기 위해, 종래 골품을 중심으로 한 폐쇄적인 귀족정치의 행태를 지양함과 동시에 지방 호족세력의 발호를 억제함으로써, 왕권을 강화하고 국왕의 강력한 통치 아래 중앙집권적 정치체제를 구축하고자 하였을 것이다. 또 '무당무편(毋黨毋偏)' 해야 왕권이 존중되고 왕도(王道)가 홍기할 수 있다는 판단에서 탕평책(蕩平策)의 실시 역시 강력하게 주장하였을 것으로 짐작된다. 그가 중앙집권적 정치체제의 구축을 염원하였다고 할 때, 지방 호족세력의 억제를 부르짖었을 것은 사리로 보아 너무 당연하다.

특히 자신이 당(唐)에 있을 때 황소토벌군(黃巢討伐軍) 총사령관이었던 고변(高駢)의 막하(幕下)에서 몸소 군(軍) 생활을 경험하고 군사행정에 관여하였던 만큼, 번진제도(藩鎭制度)의 개혁 및 지방 호족세력의 억제에 대해 누구보다 강력하게 건의할 수 있었을 것이다.[22] 그리고 민생의 안정과 조세 수입의 확보라는 두 가지 측면에서 세제(稅制) 개혁이 제기되었을 것으로 짐작된다. 진성여왕 때 이르면 지방 호족의 할거와 도적 떼의 창궐로 인하여 징세(徵稅)의 기반이 송두리째 흔들렸다. 국고(國庫)가 바닥이 날 정도로 궁핍하기 이를 데 없는 재정 상태는 실로 나라의 존립 자체를 위협하기에 이르렀던 것이다.[23] 이에 농민층에 대한 수탈을 방지하여 민생 안정을 도모하고 텅 빈 국고를 채우기 위해서 어떠한 방식으로든지 징세에 대한 개혁 필요성이 긴급히 요청되었을 것임은 더 말할 나위가 없다. 이 문제에 있어서 아마도 당나라 덕종(德宗) 때 재상 양염(楊炎)의 건의로 새롭게 실시된 양세법(兩稅法)[24]이 많은 참고가 되었으리라 본다.[25]

---

22) 그의 이러한 태도는 당시 崔彦撝나 崔承祐와 같이 육두품 계열의 지식인 상당수가 지방의 신흥 호족세력과 연계하여 反新羅的 태도를 취했던 것과 매우 대조적이라 할 수 있다.

23) 『三國史記』 卷11, 眞聖王 3年(889)條, "國內諸州郡, 不輸貢賦, 府庫虛竭, 國用窮乏, 王發使督促. 由是, 所在盜賊蜂起"

물론 이 제도 역시 시행 과정에서 여폐(餘弊)와 문제점이 적지 않게 드러나기는 했지만, 기본 취지가 위에서 말한 두 가지 효과를 거두는 데 있었으므로, 장점을 수용하도록 건의하였을 법하다.

'하급귀족의 존중' 은 중국에 유학하고 돌아온 육두품 계열의 신진 학자들을 국왕의 측근에 포진함으로써 보필(輔弼)에 만전을 기하고자 했을 것이다. 이것은 유교적 정치이념에 입각한 이들이, 서학(西學)에서 온축(蘊蓄)한 학식과 경륜을 바탕으로 당시 국왕의 핵심 인재 역할을 하려 했던 데서 비롯되었을 것이다.

그런데 서학파를 등용함에서 유학자들만으로 국한한 것은 아니라고 짐작된다. 여기에 중국에 유학한 승려들을 발탁하여, 국왕의 측근에서 자문(諮問)에 응하도록 하는 방안이 있는데, 이것은 바꾸어 말하면 곧 국사(國師) 및 왕사(王師) 제도의 기능 확대, 강화책이라고 할 수 있을 것이다.[26] 이는 "풍속을 교화하는 데 필요한 것은 현인(賢人)을 높임에 힘쓰는

24) 당나라는 安史의 난을 겪은 뒤 백성의 流亡이 날로 심하였으며, 均田制가 완전히 붕괴되고 莊園이 형성되기에 이르렀다. 租·庸·調 세법은 백성의 流亡 등으로 인해 많은 문제점을 드러냈다. 즉, 세를 부과할 田地가 없는데 호적에 실려 있는 인구수대로 실제 재산상황과 관계없이 징수하였기 때문에, 하층민의 부담이 倍加되고 빈부격차가 크게 벌어지는 등 사회적 모순이 두드러지고 徵稅基盤이 무너져 갔다. 이에 덕종은 780년에 재상 楊炎의 건의에 따라 조·용·조 제도를 폐지하고 兩稅法이란 新法을 시행하였다. 이는 낡은 호적을 정리하여 토지와 재산을 기준으로 현주지에 따라 부과하는 것으로서, 매년 6월과 11월에 현물이 아닌 錢으로 징수하였는데, 상인들로부터 賣上高에 따라 조세를 징수한다는 데 특징이 있었다. 이 양세법은 莊園의 형성과 상업의 발전이라는 새로운 변화에 대처하려는 경제정책의 일대 전환으로서, 課稅의 대상을 사람(노동력)으로부터 토지 및 재산으로 전환하였다는 데 의미가 있다. 이 세법은 이후 稅制의 기본이 되어 明代에 들어 一條鞭法이 실시될 때까지 시행되었다.

25) 金福順, 「崔致遠의 經世觀」, 『孤雲 崔致遠과 韓國思想』, 성균관 유교사상연구원, 1996, 17쪽.

26) 許興植, 「高麗時代의 國師·王師制度와 그 機能」, 『歷史學報』 제67집, 역사학회, 1975 참조.

일이다."[27]고 한 최치원의 지론이 구체화된 것으로, 최치원이 본 '현자(賢者)'는 당시 서학(西學)하고 돌아온 유(儒)·석(釋)을 가릴 것 없이 육두품 계열의 인물들을 가리키는 것이라고 해도 과언이 아닐 것이다. 특히 국사나 왕사의 경우, 거의 서학파 선사(禪師)들이었던 점으로 볼 때, 국사·왕사제의 확대와 기능 강화 방안에는, 지방의 호족 세력과 연계하고 있던 선종 세력을 중앙 정치무대로 끌어들이려는 의도가 담겨 있었을 것으로 해석된다.

위에서 논한 바와 같이 최치원의 시무책은 유교적 정치사상이 적극적으로 반영되었을 것으로 짐작된다. 즉 그의 시무책은 유교적 정치이념에 입각한 결정체(結晶體)로서, 무엇보다 중앙집권적 관료정치를 희구하는 성향이 농후하였으며, 특히 최치원 자신이 6두품이라고 하는 신분적 제한 때문에 자신의 경륜을 펴지 못한 것을 골품제도 개혁하려고 한 그의 개혁사상은 뒤에 서얼이라는 신분적 제약 때문에 자신의 경륜을 펼칠 장을 잃어버렸던 박제가에게 깊은 인상을 남겼을 것이다.

2) 조헌의 시대인식과 「동환봉사」

조헌이 살았던 16세기 후반기는 국내외 정세가 매우 복잡다단했던 시기였다. 국내적으로 정치 기강이 해이해져 지배층의 착취와 압박이 가중되고, 백성들은 도탄에 신음하던 때였다. 대외적으로 16세기 초엽 이래 더욱 창궐하기 시작한 왜구의 노략질이 도를 넘어 연해(沿海) 지방이 황폐해지기 시작했으며, 북방(北方)의 여진(女眞)도 그 세력을 확장하여 변방(邊方)을 위협하고 있던 시기였다. 이러한 상황 속에서 지배층은 당파

27) 『譯註 崔致遠全集(2)』, 279쪽 "化俗所資, 尊賢是務"

적 이익에 급급한 채 국가와 민족 안위에는 관심이 없었다.

먼저 대내적인 문제로 당시의 공물제도를 들 수 있다. 일찍이 조광조(趙光祖)도 공물(貢物)의 폐단에 대한 개선책을 말했으나 시행되지 않았으며, 이이(李珥)도 「동호문답(東湖問答)」에서 그 폐단과 시정책(是正策)을 역설하였으나 시행되지 않았다. 이러한 내정의 폐단으로 인해 당시 백성들의 생활은 이루 말할 수 없는 지경에 이르렀던 것이다. 이에 대해 조헌은 다음과 같이 말하였다.

> 오늘날 민생의 곤궁함과 국운의 기울어져 가는 모양은 마치 백만억 창생(蒼生)이 바야흐로 밑이 뚫려 물이 스며드는 배를 타고 항해(航海)하다 풍랑을 만나 노(楫)마저 잃은 것과 같다.[28)]

조헌은 나라와 백성이 이렇게 위기에 처한 근본 원인은 바로 공납(貢納)이나 진상(進上)의 폐단 때문이라고 보았다. 그는 "만일 임금께서 벌거벗고 굶주린 농촌의 부녀자들이 머리털을 쥐어뜯으며 발을 구르고 통곡하면서 당신들이 요구한 물건을 못 구한 사정을 호소하는 정상을 본다면, 어찌 원한에 찬 물건들을 긁어다 잔뜩 앞에 차려놓고 즐길 수 있겠습니까?"[29)]라고 일침을 가한 바 있다. 백성들은 굶주리고 있는데 집권자들은 과도한 진상을 요구하고, 이들이 공납한 물건들을 앞에 차려 놓고 어떻게 즐길 수 있느냐는 것이 조헌의 양심이었던 것이다. 그는 주자(朱子)의 말을 인용해, "재산이란 누구나 다 갖기를 원하는 것이다. 그러나 남의 사정을 헤아림 없이 전유하면, 백성들이 일어나 쟁탈하려 들 것이다."[30)]고 하

28) 『重峰集』 卷7, 11a 「論時弊疏」, "今日, 民生困極, 而國步斯頻之狀, 正如百萬億蒼生, 方在漏船之中, 中流遇風, 失其維楫."

29) 『重峰集』 卷7, 11a 「論時弊疏」 참조.

여, 무엇보다 위정자가 솔선수범할 것을 요구하였다.

> 우(禹)는 수레에서 내려와 죄인을 위해 울었고, 송나라 인종(仁宗)은 불고기를 먹지 않았으며, 홍치황제는 닭과 양의 도살을 줄이도록 하였다.[31]

위정자들은 사치를 버리고 옛 임금들과 같이 절검을 수범(垂範)해야 한다는 것이다. 그런 다음 백성들의 수탈을 완화하면 굶주리는 백성이 없어지게 된다고 보았다.

> 오늘날 백 명의 윤원형은 수탈과 주구(誅求)를 마음대로 하여 수레와 말을 차리고 궁실을 사치스럽게 꾸미며, 자식과 첩을 위해 잘 살 궁리만 하여 군민(軍民)들의 원한을 자아내는 것이 유례가 없을 정도다. 장차 안으로 큰 도적으로 시끄러울 것이고, 밖으로 외적의 침입을 막지 못할 것이다.[32]

조헌은 당시 위정자들의 사치와 방탕은 결국 내우외환(內憂外患)을 초래할 것임을 경고하였던 것이다. 이러한 수탈과 주구로 인해, 당시 국내 정세는 매우 심각하였다. 수탈당하는 백성이 토지로부터 이탈하는 것을 막기 위한 호패법의 굴레 속에서, 직업선택의 자유와 이주의 자유가 없는 절대다수의 사람들은 권리 없이 의무만을 강요당하고 있었다.[33]

이처럼 대내적인 사정뿐 아니라 대외적으로 문제가 노정되고 있었다.

---

30) 『重峰集』 卷7, 23a 「論時弊疏」, "財者, 人之所同欲, 不能絜矩而欲專之, 則民亦起而爭奪矣."

31) 『重峰集』 卷7, 9a 「論時弊疏」, "昔者, 大禹下車泣辜, 宋仁宗不食燒羊, 弘治皇帝命減雞羊之殺."

32) 『重峰集』 卷7, 17a 「論時弊疏」, "今有百元衡, 各肆誅求, 其輿馬宮室, 子妾百年之計, 無不日剝于軍民, 召敵讐不怠者, 未有甚於此時, 將有劇盜內煽, 外侮難禦.

33) 吳世昌, 「趙憲의 社會經濟思想」(『대구사학』 제7 · 8집, 대구사학회, 1973), 8-9쪽 참조.

1583(선조 16)년 여진족 니탕개(尼湯介)가 경원(慶源) 종성(鐘城) 등지의 번호(藩胡)와 반란을 일으켰고, 1585년(선조 18)에 풍신수길(豐臣秀吉)이 세력을 강화하기에 혈안이 되어 있는 등 남북(南北)에서 거대한 세력이 조선 침략을 계획하면서 힘을 집결시키고 있을 때 조선은 여전히 동서(東西)로 나뉘어 정쟁(政爭)에만 몰두하고 있었다.

이러한 대외적인 현상에 대해 이이(李珥)는 "아아! 도적들의 난이 무비(無備)한 가운데 일어나면, 승패와 안위는 호흡할 사이에 결판이 날 것인데, 의정부에 있는 자는 조용히 담소하며, 서서히 전규를 보고 중론을 보태어 절충하여, 한량없이 늦추고 있으니, 만약 조정의 의논이 정해지기를 기다린다면 변경(邊境)의 성들이 이미 깨어져 버리고 말 것입니다."[34]라고 하여, 여러 차례 지적한 바 있지만, 당시 집권층에 전혀 받아들여지지 않았다.

이이는 병조판서로 재직할 당시, 북변의 근심이 잦았으므로 근본적인 대책을 강구하도록 진언한 바 있었다. 그는 「시무육조소(時務六條疏)」에서 ① 현명한 이와 능력자를 임명할 것, ② 군민(軍民)을 양성할 것, ③ 재용(財用)을 풍족히 할 것, ④ 국경(國境)을 공고(鞏固)히 할 것, ⑤ 전마(戰馬)를 갖출 것, ⑥ 교화(敎化)를 밝힐 것을 주창하였다. 그러나 이이가 서거한 후 4년째인 1587년 드디어 무력으로 정권을 장악한 풍신수길(豐臣秀吉)이 사자를 보내 위협적인 언사로 조선의 통신사를 보내줄 것을 강요하였다. 이에 조정에서 방도를 찾지 못하고 당황하고 있을 때, 오직 조헌만이 왜(倭)의 형세와 국제적인 대국(大局)을 간파하여 위난극복(危難克服)의 대책을 극력 상소하였지만 받아들여지지 않았던 것이다.[35]

---

34) 『栗谷全書』 卷7, 「疏箚」 5, 〈陳時弊疏〉.

35) 李東俊, 「重峰 趙憲의 歷史意識과 國難對策」(『동대논총』 제6집, 동덕여대, 1976), 30쪽 참조.

조헌은 처음부터 왜의 침략 의도를 파악하고, 안으로 자강책(自强策)을 마련하는 동시에 통신사의 파견 요청을 결단코 거절해야 한다고 하였다. 그는 다음과 같이 말했다.

역대의 교린이 믿기만 하고 의(義)로써 하지 않았으며, 일을 도모함에 시초(始初)를 삼가지 않았기 때문에 스스로 후환을 불러 엎어져 망하는 화(禍)를 취했던 일을 청사(青史)에 명백히 볼 수 있었습니다. 양송(兩宋)이 금(金)과 원(元)에 대해 자강(自强)하기를 힘쓰지 않고 통호(通好)를 급선무로 하였으니, 불러들인 환란이 마침내 도읍과 궁실을 무너뜨리고 온 겨레를 포로로 하고야 말았습니다.[36)]

조헌은 자강하지 않고 통호만을 급선무로 한 것을 화를 자초하는 것이라 보았다. 그리고 왜가 우리나라에 사신을 파견할 때 같은 길로 보내지 않고 다른 길을 택한 것은 다분히 의도가 깔려 있다고 보았다. 그는 다음과 같이 말했다.

듣자온대 적사(賊使)는 한편으로 평의지(平義智)가 조령(鳥嶺)을 거쳐 왔고, 또 한편으로 류천조신(柳川調信)이 금산(金山), 황간(黃澗), 죽령(竹嶺), 이화현(伊火峴)을 거쳐 왔다 하니, 그 무리로 하여금 두루 살피게 하지 않음이 없습니다. 이름은 회사(回謝)로되 실은 길을 안내하려는 계책을 안고 있으니, 한심한 일이 아니오리까?[37)]

---

36) 『重峰集』 卷6, 34b 「請絶倭使」, "歷代交隣, 信不以義, 事不謀始, 自貽後患, 以取覆亡之禍者, 載在青史, 班班可見. 而兩宋之於金元, 不務自彊, 急先通好, 徵索之患, 終至於括盡都宮, 擧族俘虜."

37) 『重峰集』 卷8, 29b 「備倭之策」, "盖聞賊使一率義智, 而由鳥嶺一路, 一率調信, 而由金山黃澗竹嶺伊火之峴, 莫不以其黨遍窺, 名爲回謝, 而實抱引路之計, 可不爲寒心乎."

조헌은 만약 이들이 단순히 사신으로 온다면 함께 같은 길로 와야 마땅한데 서로 다른 길로 왔다는 것은 다분히 국내정세를 엿보아 그들이 침략해 올 적에 이들이 길을 안내하려는 의도가 숨어 있다고 본 것이다. 조헌의 예측은 적중되고 말았으니, 바로 1591년(선조24) 3월 풍신수길이 사신 현소(玄蘇)를 보내 명나라를 칠 길을 빌려 달라고 한데서 여실히 드러났던 것이다. 이에 대해 조헌은 다음과 같이 그 불가함을 밝히고, 명·유구와 함께 공동으로 대처해야 한다고 하였다.

> 오직 오랑캐 사신의 목을 베고 사지(四肢)를 나누어 명나라와 유구의 여러 나라에 보내어, 천하로 하여금 함께 노하기를 기약해서 왜적의 침입을 대비해야 합니다.[38)]

이러한 대내외적인 긴박한 상황 속에서 당시 집권층은 조헌의 상소를 두고 평지풍파(平地風波)를 만드는 것이요, 태평성대(太平聖代)에 가당치 않은 허망한 소리라고 비판하였다. 그러므로 당시 조헌에 대해 "공을 아는 자 또한 지나치다고 하였으며, 공을 모르는 자는 무리지어 비웃거나 꾸짖었다."[39)]고 평가하였다. 조헌이 조정에 올린 상소(上疏)로 1572년 6월에 왕이 절에 향(香)을 하사하고 자수궁(慈壽宮) 성수청(星宿廳)에 봉향하는 것을 반대하는 「논향축소(論香祝疏)」를 시작으로, 1591년에 「청참왜사소(請斬倭使疏)」에 이르기까지 무려 20여 차례에 이르렀지만 모두 받아들여지지 않았다. 선조는 다만 "간귀(奸鬼)로 폄하하고 아직도 조정을 경멸하고 있으니 다시 마천령을 넘고 싶은 모양"이라고 하였을 뿐이었다. 그

---

38) 『重峰集』 卷8, 2a 「請斬倭使疏」, "惟有亟斬虜使, 飛奏天朝, 分致賊肢于琉球諸國, 期使天下同怒, 以備此賊一事."

39) 『重峰集』 卷首, 1b 「抗義新編序」, "知公者, 亦以爲過, 不知者, 郡笑而衆罵之"

러나 조헌은 자신에 대한 어떠한 평가에도 괘념치 않고 오직 국가의 안위(安危)만 생각하여 지속적인 상소를 올렸으며, 유배지에서조차 시폐를 논하고 왜란의 대비책을 강구하도록 하였으니, 조헌의 강한 의기와 지극한 충정을 알 수 있다.

특히 조헌이 31세 때인 1574년 5월에 질정관(質正官)으로 성절사(聖節使) 박희립(朴希立)을 따라 명나라에 갔다가 귀국한 뒤, 시무(時務)에 절실한 문제를 다룬 「선상팔조소(先上八條疏)」와 「질정록(質正錄)」 1편을 올려 우리나라가 마땅히 명나라의 제도를 따라야 할 것이라고 건의하자, 선조는 "천 리 밖의 풍속이 같지 않은데, 만일 풍기(風氣)와 습속(習俗)의 특수성을 고려하지 않고 억지로 본받아 행하고자 하면 해괴한 결과만 초래할 뿐, 일에 합당치 못한 바가 있을 것이다."고 비답을 내리자, 위정(爲政)의 근본에 관계되는 문제를 다룬 후소(後疏)인 「의상십육조소(擬上十六條疏)」는 올리지 않았다고 하였다.

「선상팔조소」와 「의상십육조소」는 조헌 개혁안의 핵심으로서 선생의 경국제민(經國濟民)의 대의(大義)를 알 수 있는 명저(名著)다. 그러나 이는 선생이 살아있을 당시에는 알려지지 않다가 선생이 돌아가신 지 31년 만에 은봉(隱峰) 안방준(安邦俊, 1573～1654)에 의해 「동환봉사(東還封事)」로 합편(合篇) 간행되어 비로소 세상에 널리 알려지게 되었다. 안방준은 「동환봉사」의 후기에서 "후세에 선생을 알려고 하는 이들이 「항의신편(抗義新編)」에서 충절대의(忠節大義)를 보고, 「동환봉사」에서 경국제민(經國濟民)의 큰 뜻을 살필 것 같으면 비록 전집을 두루 다 보지 않더라도 선생의 대개(大槪)를 족히 알 수 있을 것이다."[40]고 하였다. 즉 조헌의 「항의신편」에서 충절대의(忠節大義)를, 그리고 「동환봉사」에서 경세사상(經

40) 『重峰集』 卷4, 48b 「東還封事跋」, "後之欲知生者, 當於抗義編, 觀其精忠壯節, 於此封事中, 考其經濟大志, 則雖不必遍觀全集, 而亦足以知先生之槩也."

世思想) 및 개혁사상(改革思想)을 엿볼 수 있다고 하였다.[41]

그리고 「동환봉사」는 모두 24조로 되어 있는데, 그 중에 관리임용제도의 개혁에 관한 〈내외서관지제(內外庶官之制)〉와 의관제도의 간소화를 논한 〈귀천의관지제(貴賤衣冠之制)〉, 재가녀(再嫁女)의 자손이나 서얼(庶孼)에 대한 금고(禁錮)의 불가를 주장한 〈취인지방(取人之方)〉, 과부의 재가를 허용하는 등 홀아비·홀어미를 없게 하여 민생의 안정을 기약해야 한다는 〈생식지번(生息之繁)〉, 정병의 양성과 그 방책을 논한 〈졸오지선(卒伍之選)〉, 군폐(軍弊)의 제거와 군사훈련의 강화를 논한 〈조련지근(操鍊之勤)〉, 변방 요충지를 지키는 수졸(戍卒)들에 대한 기본 대책을 강구를 비롯한 설험고수(設險固守)의 도를 논한 〈성대지고(城臺之固)〉 등이 있다.[42] 물론 「동환봉사」 이전에도 조헌은 평시에 국정에 대한 포부와 이상을 상소문으로 진계(陳啓)하였으며, 이러한 상소문에 나타난 그의 개혁정신은 이이의 「만언봉사(萬言封事)」에 담긴 내용과 취지가 비슷하거나 보다 더 구체적인 것이 많았다. 그러므로 반계 유형원은 이이의 「만언봉사」와 조헌의 「동환봉사」를 두고 '여수일출(如手一出)' 이라고 하였던 것이다.

조헌의 개혁사상은 백성을 사랑하는 민본정신에 입각하여 백성들의 경제생활을 안정시키고 국력을 배양시키는 데 목적이 있다. 이러한 의식은 당시 사림들의 보편적인 인식이지만, 특히 그에게 강화되어 나타나는 것은 그의 생애에서 보듯이 중앙보다 지방의 현감이나 교수직을 역임하면서 백성들의 참상을 목도할 기회가 많았던 까닭이었을 것이다. 그의 당대 현실에 대한 비판의식은 정치·경제·교육·사회문제 전반에 걸친 일대 개혁론으로 전개되고 있다.[43]

---

41) 최영성, 같은 책, 428쪽 참조.

42) 최영성, 같은 책, 429쪽 참조.

43) 吳錫源, 「文烈公 重峰 趙憲」(『東國十八賢』(하), 사단법인 율곡사상연구원, 1999) 참조.

(1) 공물 및 부역제도 개혁론

조헌은 백성을 괴롭히고 민생을 곤궁하게 하는 가장 큰 요인은 지방의 토산물을 바치는 진상(進上) 등의 공물(貢物) 제도와 노동력을 제공하는 군역(軍役)이나 부역(賦役) 제도의 불합리성과 잘못된 운영에 있다고 보았다. 특히 연산군 때 증정(增定)된 공안(貢案)은 폐단이 극심하여 개정의 여부가 조정의 논쟁이 되었던 것이다.

> 연산군의 공안이 경륜 있는 손에서 나오지 않고 식견 없는 사람에 의해 이루어져 전부 서리에게 위임하여 스스로 영리만 계책하였습니다. 따라서 큰 부(府)와 작은 읍(邑)에 부세가 균등하지 못하고 세목이 우모(牛毛)같이 많아서 자그마한 물품을 서울로 올려 보낼 때면 인정(人情)으로 쓰는 비용이 두 배에서 다섯 배가 됩니다. 세 명절에는 물가가 폭등하여 가죽 한 장 가격이 포목 한 동보다 비싸며 나머지 세세한 물건도 결세(結稅)로 바침으로 저축(杼柚)이 비어서 늙고 어린아이들이 추위에 떨어도 옷을 입을 수 없습니다.[44]

조헌에 의하면 당시 공안이 부세가 고르지 못할 뿐 아니라 그 조목도 번잡하여 물품 가격보다 이를 서울로 보내는 경비가 곱절이 넘는다고 하였다. 그러므로 마땅히 이를 개혁하여 과다한 공물과 비토산물의 징수를 혁파해야만 민생을 안정시킬 수 있다고 하였다. 그는 다음과 같이 지적하였다.

---

44) 『重峰集』 卷7, 6a 「論時弊疏」, "燕山貢案之定, 不出於經綸之手, 而成於無遠識之人, 一委胥吏, 俾自爲營利之計. 鉅府小邑, 頒物不均, 細分色目, 繁若牛毛, 一小物之陪京, 人情作紙, 費且倍蓰. 三名日方物之價, 濫觴尤極, 一皮之價, 或過一同, 其餘細物, 俱辦于八結, 則杼柚其空, 而布縷不及于老幼之寒者."

대개 물선(物膳)의 산출은 옛날에는 생산되던 것이 지금은 끊어져 없는 것도 있습니다. 그러나 유무를 묻지 않고 남김없이 책임을 지워 갖추게 하여 겨우 아침저녁을 이어가는 백성이 양식을 걸머지고 수일 걸리는 먼 곳에 가서 배의 가격으로 구합니다. 한 마리 물고기의 가격이 본 고장에서 쌀 한 되에 불과한데 멀리서 온 사람이 구함에 이르러서 반드시 4, 5말을 쓴 연후에야 살 수 있습니다. 그래서 품을 팔아도 지탱하기 어려워 부득이 고전(雇田)을 내서 지탱합니다.[45)]

공물과 진상물이 나지 않는데 진공(進貢)의 책임을 지우므로 이를 먼 곳에 가서 구하기 때문에 4~50배의 비용이 가중되는 폐단이 발생한다는 것이다. 여기에 현물을 직접 납공(納貢)함으로써 그것을 운송하는 데 드는 부역과 비용이 추가되고 중간에 서리들의 작폐가 일어나는 폐단까지 발생한다고 하였다.

그것을 운반할 때 지방 아전(色吏)의 양식과 서울 아전의(京吏)의 뇌물이 모두 백성에게서 나옵니다. 원거리의 물품은 얼음을 채워 짐이 무거운으로 등이 상하여 성한 말이 없고 역마가 지탱하기 어려우면 백성들의 소를 끌어냅니다. 황해 · 강원 · 충청 · 양남 지방의 역(驛)은 대소 사행(使行)과 왜 · 야인의 왕래에 또한 지탱할 수 없어서 열에 아홉 집은 비어 있습니다.[46)]

---

45) 『重峰集』 卷4, 18a-19b 「擬上十六條疏」 〈飮食之節〉, "盖物膳之出, 或有昔産今絶者. 而不問有無, 一切責辦, 僅保朝夕之民, 贏粮倍價, 而遠求於數日之程. 一魚之直, 在本土雖不過米升, 而及乎遠人之渴求, 則必用四五斗, 然後乃能買歸. 傭力難支, 則不得已雇田以支矣."

46) 『重峰集』 卷4, 19ab 「擬上十六條疏」 〈食色之節〉, "況其輸運之際, 色吏之粮, 京吏之賂, 一出於民. 而遠方之物, 則照氷重載, 馬無完背者, 故驛馬難支, 則刷及民牛. 黃海江原忠淸兩南之驛, 則大小使行及倭野人往來, 亦不能支, 而十室九空."

따라서 이러한 폐단을 해소하기 위해서 먼저 군주 자신이 어선(御膳)을 줄여 진상을 가볍게 하고, 바람직한 공납(貢納)제도로서 생물(生物)을 공납하는 조선 왕조의 공물 진상 대신 중국의 은납제(銀納制)의 실시를 제시하였다. 그는 다음과 같이 말했다.

> 신이 듣건대, 중국의 어선(御膳) 비용은 모두 백성의 부역에서 나오는데 은(銀)을 거두어 상선감(尙膳監)에 저장했다가 태감(太監)이 날마다 은을 내어 물선(物膳)을 시장에서 사고 감임(監飪)은 요리해서 올립니다. (……) 만약 생물을 올린다면 천만 리를 실어 나르는 수고가 조운(漕運)의 비용과 거의 같은데 은량으로 정하면 6백 마리의 말이 운반할 것을 1마리의 말로 운반할 수 있기 때문입니다. 이 법이 정해지자 백성은 갑절이나 더 내는 걱정이 없어지고, 역(驛)에서 거듭 운반하는 수고가 없어졌으며, 시전(市廛) 중에 백 가지 물품이 모두 구비되어 가격에 따라 은이 정해져 어선(御膳)을 올리기에 빠짐이 없습니다.[47]

이처럼 조헌은 중국에서 은(銀)을 사용함으로써 생물을 운송할 때 소요되는 이중의 경비와 부역이 없고 가격도 정해져 과중한 부담을 덜 수 있다고 하여 바람직한 공납제로 평가하였던 것이다. 이에 앞서 이이는 전결수(田結數)에 따라 중앙 각사에서 소요로 하는 재용을 배정하고 공물을 미곡으로 거두자는 대공수미법(代貢收米法)을 주장한 바 있었다.[48] 이에 조헌은 미곡 대신 은(銀)으로 대신하고자 한 것이다.[49]

47) 『重峰集』 卷4, 18ab 「擬上十六條疏」 〈飲食之節〉, "臣聞, 皇朝御膳之用, 皆出民賦, 而收銀以藏尙膳監, 太監逐日出銀, 以貿物膳于市, 而監飪以進云. (……) 若致生物, 則千萬里輸輓之勞, 幾與漕運之費等, 而折定銀兩, 則六百馬之所轉, 可轉以一馬矣. 此法一定, 民無倍出之患, 驛無重運之苦, 而市廛之中, 百物皆具, 隨價定銀, 自不闕其御膳矣."

48) 『栗谷全書』 卷7, 「疏箚」 5, 〈陳時事疏〉 참조.

이러한 공물(貢物)의 폐단 못지않게 부역(賦役)의 폐단도 심각하였다. 당시 양인이 담당해야 할 역(役)은 신역(身役)으로서 군역(軍役)과 호역(戶役)으로서 요역(徭役)이 있었다. 요역이란 전(田) 8결당 1부(夫)의 기준으로 민호가 보유하고 있는 전토의 다과에 따라 부과되고 1년에 6일 이내로 규정되어 있는 것이 원칙이었다. 그러나 요역은 실제로 지방관이 임의대로 징발할 수 있었으며, 권세가의 노비가 부담하야 할 요역도 소농민에게 전가되는 것이 다반사였다. 이러한 부역의 폐단에 대해 조헌은 다음과 같이 말했다.

> 오늘날 빈민이 많고 송곳을 꽂을 만한 땅도 없는데 일 년 동안 부역에 종사하는 날이 거의 한 달이 넘고 사소한 대출 양곡은 낭비가 많아 농량(農糧)을 이어가지 못하여 농상(農桑)이 성하지 못하기 때문에 많은 백성들이 추위와 굶주림에 놓여 있습니다. (……) 오늘날 빈민 남자는 겨우 강보를 면하게 되면 군정(軍丁)에 보충되고 한 집안에 군역에 응하는 자가 많아 이미 견딜 수 없게 되었습니다. 더구나 일족이 첩징(疊徵)의 근심으로 전택(田宅)을 모두 팔아도 오히려 지탱할 수 없어 유망(流亡)하는 사람이 날로 늘어나고 마을은 쓸쓸해져 갑니다.[50]

위에서 본 바와 같이 조헌은 부역의 폐단이 토지를 근거로 한 요역(徭役)이 되지 못하고 있음과 족징(族徵)과 인징(隣徵) 등 군포(軍布)의 징수과정에서 생기는 것임을 지적하였다. 그리고 잡다한 부역과 관리들의 부

49) 李錫麟, 『壬亂義兵將 趙憲研究』(신구문화사, 1993), 68쪽 참조.

50) 『重峰集』 卷5, 1ab 「擬上疏」, "今者貧民多無立錐之地, 而通計一年應役之日, 幾過一月. 些少出糶之穀, 盡歸濫費, 而不克爲農糧. 所以農桑不盛, 而人多凍餒. (……) 今者貧民, 男子纔免襁褓, 卽補軍丁, 一家之中, 應役者多, 已不可支. 而一族疊徵之患, 罄賣田宅, 猶不能支, 所以流亡日繁, 而閭井蕭然."

정으로 인해 군역(軍役)의 기피 현상이 촉진되고 노비와 승려가 증가하여 군정(軍丁)의 수가 오히려 감소하였던 것이다. 조헌은 다음과 같이 지적하였다.

> 아조(我朝)에 이르러 군역이 가장 고통스러워 백성들이 담당하고 지탱할 수 없습니다. 아들이 있는 자는 산승(山僧)이 되는 것을 허용하지 않으므로 천비(賤婢)에게 장가를 보내 처로 삼게 하고, 딸이 있는 자는 천노(賤奴)에게 시집을 보내 값을 받고 일변일족(一邊一族)의 비용을 면하고자 합니다.[51)]

즉, 과중한 군역을 피하고자 멀쩡한 양인(良人)이 노비가 되는 실정이었던 것이다. 조헌은 위 인용문의 세주(細註)에서 "사노(私奴)의 경우 1년 신역(身役)이 불과 2필이고, 일족에 미치는 폐해가 없는 데 비하여, 군보(軍保)의 경우 1년 신역이 5필에 달하고, 양인처(良人妻)인 경우 일족에 미치는 부담이 커서 파산하고 노비가 된다고 하였다. 따라서 조헌은 이러한 막중한 부담을 덜기 위해 균역법의 실시를 주장하였다.

> 정철은 정신이 청명하여 모든 일을 잘 처리하였으며 50관(官)의 요역을 불과 수일 안에 모두 균정하였습니다. 그러므로 궁핍한 백성의 부렴(賦斂)은 옛날과 비교하면 반감되었습니다. (……) 정철이 시행한 양도(兩道)의 균역법을 취하여 타도에도 법을 실시케 하면 목마른 백성들이 조금은 소생할 것입니다.[52)]

---

51) 『重峰集』 卷4, 30a 「擬上十六條疏」, 〈卒伍之選〉, "及乎我朝, 軍役最苦, 民不堪支, 有子者不許山僧, 則娶賤婢爲妻, 有女者嫁賤奴而受直, 冀免一邊一族之費."

52) 『重峰集』 卷5, 10b-32b 「辨師誣兼論學政疏」, "神氣精明, 能管庶事, 數月之內, 畢均五十官之徭, 窮閻箕頭之斂, 比舊半減. (……) 幷取鄭澈兩道均役之規, 命行于他道, 則涸轍喩喁者, 庶幾一日小鮮矣."

이처럼 조헌은 당시 정철(鄭澈, 1536~1593)이 실시한 균역법(均役法)을 전국적으로 확대하여 실시할 것을 주장하였던 것이다. 이처럼 조헌은 진상(進上)과 공물(貢物)의 개혁으로부터 부역에 대한 개혁론으로 이어졌으며, 근본 바탕은 양민(養民)과 안민(安民)이라는 민본주의에 있음을 알 수 있다.

(2) 신분제 개혁론

조헌의 신분관은 고청(孤靑) 서기(徐起, 1523~1591)와 구봉(龜峰) 송익필(宋翼弼, 1534~1599)과의 교우관계에서 알 수 있듯이 당시로서 매우 진보적인 성향을 보여 주고 있다. 물론 이러한 사상의 근저에 토정(土亭) 이지함(李之菡, 1517~1578)과 율곡(栗谷) 이이(李珥)의 영향도 일정 부분 반영된 것으로 이해할 수 있다. 특히 이지함과 같이 명리를 초월한 인사에게 오직 인간 자체가 문제지 신분은 관심사가 아니었다. 그러므로 이지함과 가까운 인사 중에 노예 신분의 영재들이 많았는데, 대표적인 예로 서기와 송익필을 들 수 있다. 이지함의 활달하고 자유로운 신분관이 조헌에게 큰 영향을 주었던 것이다.

특히 스승인 우계(牛溪) 성혼(成渾, 1535~1598)이 가노(家奴)를 통해 서신을 전달하자, 조헌은 가노를 반가운 친구같이 대하고, 음식을 차려 겸상을 했다는 일화가 전해오고 있으며,[53] 도망간 자신의 가노(家奴)에 대한 추쇄(推刷)에 있어서 인간적 대우를 통해 그를 감동시켜 자복시킨 일도 있다고 한다.[54] 이처럼 조헌은 매우 개방적인 신분관을 가지고 있었다. 그것이 집중적으로 표현된 것이 「동환봉사」에 있는 〈취인지방(取人之方)〉이다.

53) 『重峰集』 卷首, 1a 八圖, 〈賓禮師奴圖〉 참조.
54) 『重峰集』 附錄 卷4, 23a 遺事 참조.

국가가 인재를 취하는 제도는 무릇 백성 중에 준수한 자가 있으면 모두 들어 써야 한다. 서얼 중에 학식이 있는 자로 하여금 어린 아이들을 가르치게 하며, 유식한 자는 공정하게 천거하여 삼공(三公)을 보좌하게 해야 한다.[55)]

조헌은 신분의 귀천을 불문하고 능력에 따라 인재를 선발해야 하며, 서얼 중에서 학식과 지식이 있는 자는 스승으로 삼거나 공정하게 천거해서 삼공(三公)을 보좌하게 해야 한다는 실로 신분 평등을 주장한 것이다. 심지어 조헌은 "진실로 가르치는데 즐거워하는 자가 있다면 비록 사노(私奴)와 천한 종이더라도 몸을 관에 귀속시켜 급료를 주며, 경대부의 자제들이 절하고 가르침을 청한 뒤에 스승을 높이고 덕을 숭상하는 아름다운 풍속이 이루어질 것"[56)]이라고 하였다. 비록 사노(私奴)와 천복(賤僕)이라도 남을 가르칠 만한 자격만 갖추어져 있다면 신분을 해방시키고, 적당한 대우를 해서 고관 자제의 스승으로 모시게 해야만 '스승을 높이고 덕을 숭상(隆師尙德)'하는 아름다운 풍속이 일어날 수 있다는 것이다. 이러한 조헌의 신분제 개혁론은 당시 매우 파격적인 것임에 틀림없다.

이러한 자신의 주장에 대해 설득력을 더하기 위해 명(明)나라의 제도를 들어 설명하였다.

신이 본 바로는 중국의 인재 등용하는 길은 매우 넓어서 오직 재능이 있으면 문벌이나 지역을 논하지 않습니다. 손계호(孫繼皥) 같은 이는 장의사의 아들이었지만 지금은 수찬이며, 성헌은 여종의 아들이지만 현재 편수(編修)입니다.

---

55) 『重峰集』 卷4, 14b 「擬上十六條疏」, 〈取人之方〉, "國家取人之制, 凡民俊秀, 皆許赴擧, 庶孼有學者, 俾敎童蒙, 公薦有識者, 亦補臺官."

56) 『重峰集』 卷4, 15b 「擬上十六條疏」, 〈取人之方〉, "苟有樂於敎誨者, 則雖私奴賤僕, 官贖其身, 兼給其料, 使卿大夫之子, 納拜而請敎, 然後隆師尙德, 庶成美俗."

(……) 이는 중국이 어진 이를 세움에 모남이 없고 무리를 어루만지고 멀리 있는 사람을 부리는 방법입니다.[57]

중국에서 인재를 취할 적에 오직 능력만 보지 일체 다른 것을 보지 않기 때문에 많은 사람들을 어루만지고 먼 데 있는 사람을 이끌어 갈 수 있다고 하였다. 그리고 조헌은 이어 "인재란 고난 중에서 단련된 하층민 중에서 나올 것"[58]이라고 하여, 천민 출신의 인재 출현에 기대를 걸기도 하였다.[59]

조헌은 인재를 선발함에 있어 신분을 차별하지 않는 제도는 중국만 있는 것이 아니고 우리나라도 예로부터 있었다고 하였다.

옛날 삼국시대에 비록 작은 나라였지만 능히 각각 나라를 보전할 수 있었던 것은 사람을 쓰는데 간격이 없었기 때문입니다. 그런데 고려 중엽부터 권신들이 국정을 담당할 적에 충성스럽고 지혜로운 선비가 초야에서 일어나 시정(時政)에 방해가 될까 두려워하여 서얼(庶孽)의 과거를 폐한 것입니다. 이것이 우리 조선에 이르러 나라의 일을 도모하는 대신들이 다만 사사로이 자기 자손의 계책을 위하여 천만세에 사람을 잃어버릴까 하는 염려에 미치지 못하여, 재가(再嫁)한 사람의 자손과 함께 벼슬을 못하도록 법률도 정하였습니다.[60]

57) 『重峰集』 卷4, 14ab 「擬上十六條疏」, 〈取人之方〉, "臣竊見, 皇朝作人之路甚廣, 惟其有才者, 則不論其人之門地而用之. 如孫繼皐, 葬師之子, 而今爲修撰, 成憲, 丫頭之子, 而今爲編修. (……) 此皇朝之所以立賢無方, 而能撫衆馭遠也."

58) 이는 『孟子』, 「盡心上」에 "人之有德慧術知者, 恒存乎疢疾. 獨孤臣孽子, 其操心也危, 其慮患也深, 故達."의 내용과 일치한다.

59) 金龍德, 「北學思想의 源流硏究」, 『東方學志』 第15輯, 연세대학교 국학연구원, 1974, 76쪽 참조.

60) 『重峰集』 卷4, 15ab 「擬上十六條疏」, 〈取人之方〉, "昔三國雖小, 所以能各保方隅者, 以其用人之無間也. 盖自高麗中葉, 權臣當國, 將恐忠智之士, 起自草茅, 而有妨於世政, 謀廢庶

서얼과 재가 자손의 금고(禁錮)는 원래 없었던 것인데, 고려 중기부터 당시 집권층의 사사로운 마음에서 비롯되었다가, 조선에 들어와서 대신들이 인재가 버려지는 것도 알지 못한 채 다만 자신의 자손들에게 관로를 넓혀주기 위해 법률로 정했다고 하였다.

이러한 재가 자손들에 대한 금고의 폐단에 대해 조헌은 "우리나라 과부 중에 자식이 있는 자는 자식의 전도에 방해가 있을 것을 두려워하여 몰래 집안의 종과 간음하여 자식을 낳으면 밤에 몰래 버리는 자들이 많다. 내 생각으로 수절하지 않는 것을 구금하여 풍속을 상하게 하는 것보다 차라리 양민에게 재가를 허락하여 군역 부담자를 늘어나게 한다면 도움이 없지 않을 것이다."[61]라고 하였다. 당시 수많은 양반집 과부들이 자식의 장래에 누가 될 것을 꺼려 재가하지 못하고, 도리어 몰래 가노와 통하여 소생을 기아(棄兒)하는 사례가 흔하게 일어났기 때문에 차라리 재가를 불허할 것이 아니라 양정(良丁)에게 재가케 하여 군역 부담자를 늘리는 것이 국익에 도움이 된다 하였다.

조헌은 서얼(庶孼) · 공사천(公私賤)에게 과감하게 허통(許通) · 종량(從良)을 길을 터 주어 비대(肥大)한 노비의 수를 감축하여 군정(軍丁)의 수를 최대한 확보하고자 하였다. 그는 군역의 부조리와 신분제 개혁을 동시에 도모한 것이다. 그는 "사람을 대하는 데 귀천(貴賤) · 현우(賢愚)가 없이 한결같이 정성을 다한다면, 비록 근엄하고 말이 엄하더라도 사람이 감동하는 바가 그러하기를 기약하지 않더라도 그러할 것이다."[62]라고 하여,

---

蘖之科, 而賢路漸狹, 國日以衰. 至于我朝, 謀國大臣, 秪爲私己子孫之計, 而不及于萬世失人之憂, 幷與再嫁子孫而禁錮之"

61) 『重峰集』 卷4, 29b 「擬上十六條疏」, 〈生息之繁〉, "我國孀婦有子者, 恐其有妨前程, 陰奸族奴而生子夜棄者, 滔滔有之, 臣之愚意, 以爲與其拘禁失行, 以傷風化. 寧許嫁與良夫, 以息軍民, 則不爲無補也."

62) 『重峰集』 附錄 卷2, 「行狀」, "接人無貴賤賢愚, 一以至誠, 雖貌莊言厲, 而其所以感人者,

사람을 대할 때 신분의 상하를 가리지 않고 한결같이 신실하게 대하면 자연히 노비들이 감동할 것이라고 하였다.

이러한 천민(賤民)의 신분상승(身分上昇)에 의한 신분제의 모순을 해결하려고 한 조헌의 개혁안은 양반의 신분격하(身分格下)로서 신분제의 모순을 해결하려고 한 박제가의 신분제 개혁안과 비교하면 주장과 방법은 다르지만, 목적하는 바는 동일하다.[63]

이러한 조헌의 대책은, 당시 양반과 아울러 공사노(公私奴)의 농호(農戶)가 증가하는 데 비해 오히려 양인의 수가 줄어듦으로 병력(兵力)의 부족과 국방력의 약화를 초래하고 있었기 때문이었다. 따라서 조헌이 서얼이나 공사천(公私賤)에게 되도록 허통(許通)·종량(從良)의 길을 터주고자 한 것은 조헌의 인도주의 발로였으며, 또한 군정(軍丁)을 확보해 풍전등화와 같은 국운을 지키기 위한 애국심의 발로였던 것이다.

(3) 국방 강화론

앞에서 언급한 바와 같이 조헌에 있어서 천민의 신분상승은 두 가지 의미가 있다. 하나는 신분상승을 통한 점진적인 사민평등을 의미하며, 다른 하나는 양인(良人)의 수를 늘려 국방을 강화하는 것이다. 앞에서 언급한 바와 같이 당시 지나친 군역으로 인해 양인이 노비가 되는 일이 허다하였다. 따라서 양반과 노비의 증가는 결국 양인, 즉 군정의 감소로 이어져 군사력이 약화될 수밖에 없는 것이다.

> 지금 경작지를 개간하고 새로 호구(戶口)를 세우는 자들은 모두 양반이 아니면 사노(私奴)나 공노(公奴)들의 농호(農戶)이다. 반면에 양인의 농호는 날로

不期然而然."

63) 金龍德, 같은 논문, 81쪽 참조.

> 감축되어 정규군의 수는 20만 명을 넘지 못한다. 비록 온 집안을 이끌어 계산하더라도 40만을 넘지 않는다. 아아! 수십만 명이 비록 모두 정병이 된다 하더라도 설령 전조(前朝)의 말과 같이 왜선이 운집하여 삼도에 들이닥치고, 경기도와 황해도의 접경 지역에 몽고족과 홍건적이 두 경계의 땅에 봉기해 온다면, 20만 명으로 능히 방어하지 못할 것은 명백하다. 하물며 20만 명 가운데 1천 명도 쓸 만한 것이 없음에랴.[64)]

당시 양인은 점점 줄어, 정규군의 수가 20만도 되지 않았다는 것이다. 20만 명으로 만약 남북으로 외침이 있다면 방어할 수 없을 것인데, 그나마 20만 명 가운데 쓸 만한 사람은 1,000명도 되지 않았다는 것이다. 따라서 노비 수를 대폭 감축시켜 양인으로 신분 상승을 통해 군역의무를 담당할 자를 늘일 필요가 있었던 것이다.

중국에는 경상(卿相)에 이르더라도 감히 사노(私奴) 수십 인을 두지 못하는 데 비해, 우리나라의 경우 권세가는 물론이고 천얼(賤孼) 중에서 지나치게 많은 노비를 소유하고 있는 실정이었다. 그는 다음과 같이 말했다.

> 우리나라의 천얼(賤孼) 같은 무리 중에 사노(私奴) 백 명을 둔 자가 있으며, 훈귀가(勳貴家)는 비록 사노 천 명을 두고 있는 자가 있으면서 국세(國勢)의 고약(孤弱)함을 좌시하고 국가를 위하여 충성을 바치는 계책은 생각하지 않습니다. 지금 만약 위로부터 먼저 사노를 한정하는 제도를 만들어 내수(內需) 노비는 각 천 명으로 그치되 건장한 자를 뽑아 군정에 보충하고 공경(公卿) 이하도

64) 『重峰集』 卷4, 30b-31a 「擬上十六條疏」, 〈卒伍之選〉, "其新闢之田, 新立之戶, 則都是兩班與私奴內奴之田戶, 而良人田戶, 則日見消縮. 正軍之數, 不滿二十萬云. 雖幷戶率而計之, 不滿四十萬矣. 噫, 此數十萬者, 雖或盡是精兵, 設如前朝之末, 倭船雲集於下三道, 畿黃之境, 蒙古紅巾, 蜂午於兩界之地, 則以此二十萬, 不能分禦也明矣. 況於二十萬之中, 實無千人之可用者乎."

차례로 노비의 한계를 정해야 합니다.[65]

이처럼 먼저 군정 부족의 원인을 노비의 증가현상에 있다고 보아 우선 내수(內需) 노비부터 시작하여 노비의 수를 대폭 감축하여 남녀 각 1천 명만 남기고 나머지는 해방시켜 이를 군역담당자인 양인으로 돌리자고 하였다. 특히 그는 사노(私奴) 중에서 "건강한 자를 보병으로 편입시키고, 밭은 있는데 몸이 허약한 자는 병사를 거느리는 곳에 편입시키며, 밭이 없으나 신체가 건장한 자는 황무지를 개간시켜 세업전(世業田)으로 삼으며, 전답을 분배받기 전에는 관아(官衙)에서 의복과 양식을 나누어주며, 활과 화살을 공급하여 준다. 이렇게 하면 10년 안에 인구가 증가하고 10년간 군인들을 훈련한다면 20년 후에는 100만 명의 정병을 얻을 수 있을 것"이라고 확신하였다.[66] 이러한 조헌의 정병양성(精兵兩性)은 이이(李珥)의 10만 양병설과 궤를 같이한다고 하겠다.

앞에서 언급한 바와 같이 조헌의 군정(軍丁) 확보론은 당시 신분제도와 밀접한 관련이 있다. 그는 재가금지법 등 조선 사회의 엄격한 신분제가 군정 감소의 한 요인이 된다고 파악하고, 호구의 증가를 위해서 신분제에 구속되지 말고 재가를 허용해야 한다고 하였던 것이다. 그뿐만 아니라 과중한 공물의 납부를 개정하여 군인들이 경제적인 피폐로 도망가는 길을 막고, 관리들의 녹봉제도 시행으로 백성들을 토색(討索)하지 않도록 하면 군정이 확보되어 국방이 튼튼해질 것이라고 하였다. 이처럼 서얼과 천민

65) 『重峰集』 卷4, 30a 「擬上十六條疏」, 〈卒伍之選〉, "我國賤孼之屬, 或有私奴百數者, 勳貴之家, 雖有千數, 坐觀國勢之孤弱, 而不思爲國家獻忠之計. 今若自上先爲限奴之制, 內需奴婢, 止留各千, 抽其壯者, 以補軍丁, 而公卿以下, 以次定限."

66) 『重峰集』 卷4, 31b 「擬上十六條疏」, 〈卒伍之選〉, "姑擇有膂力者, 定爲步兵, 有田而身孱者, 定爲率丁. 其無田而身壯者, 許墾空地, 以爲世業. 田業未就之前, 官給衣粮, 又給弓矢, 十年生聚而十年教訓, 則百萬精兵, 可辦於二十年之後矣."

들에게 양인이 되는 길을 터주어 신분제를 개선하는 일은 조헌의 인도주의적 신조이기도 하였으며, 동시에 군역의 모순을 시정하여 체제의 안정을 이룩하는 긴요한 방책이기도 하였다.

이처럼 조헌은 당시 여러 가지 요인 등으로 군역 의무자들이 대부분 피역(避役)하여 군정(軍丁)의 확보에 문제점이 노정되고 각종 군폐로 인하여 군사 시설이 부족하고 군대의 기율이 약화되어 있는 가운데 남북의 방어체제가 붕괴되고 있음을 지적하였다. 그러므로 시급한 혁신책이 없으면 국가에 큰 변란이 있을 때 토붕(土崩)의 화를 면하기 어렵다고 하여 군제상의 개혁과 함께 국방 강화책을 제시하였던 것이다. 조헌에게 있어 가장 시급한 것은 군정의 확보였으며, 아울러 군비 강화를 통해 외적을 방어해야 한다고 하였다. 그리고 외적 방어에 성대(城臺)가 중요하므로 견고한 성의 축조를 강조하였다.

> 양계 지방에 비록 장성(長成)이 있으나 말이 뛰어넘을 수 있고, 비록 연대(烟臺)가 있으나 사람이 거처할 수 없습니다. (……) 또한 주진(州鎭)의 성은 높이가 고르지 않은 곳이 심히 많아 호구(胡寇)가 있으면 호령 한 소리에 올라갈 수 있습니다. 성안의 사람은 매우 적으니 비록 남녀를 다하더라도 성의 한 면도 지킬 수 없습니다. 슬프도다. 국가의 믿을 것이 사변의 허술한 수비에 그치며, 내지(內地)는 모두 막을 곳이 없어서 한 곳이 와해되어 팔뚝을 걷어붙이고 곧장 앞으로 가면서 방어할 곳이 없습니다.[67]

---

67) 『重峰集』 卷4, 37ab 「擬上十六條疏」, 〈城臺之固〉, "我國兩界之地, 雖有長城, 而馬可超升. 雖有烟臺, 而人不能居. (……) 且州鎭之城, 甚多齟齬之處, 如有胡寇, 則無非一呼而可登者. 城中人物, 到底蕭索, 雖盡男女, 或不能守城之一面矣. 嗚呼. 國家之所持者, 止於四邊粗有守備, 而內地則俱無限隔之處, 一處瓦解, 則掉臂直前, 而罔有能禦之地."

조헌은 당시 조선의 성곽과 봉수대가 매우 취약하므로 적(賊)을 막는 데 별 도움이 되지 않는다고 하였다. 그러므로 이를 견고하게 축조할 필요가 있다고 보았다. 그리고 남도의 해변에 성대를 축조해야 한다고 다음과 같이 말했다.

> 신이 생각건대, 북변 성대도 진실로 간절하지만 남도 해변의 성대는 더욱 쌓지 않을 수 없습니다. (……) 해변은 비록 넓어도 배를 댈 만한 곳이 적고 적(賊)의 배가 정박할 수 있는 곳은 어부들의 부락이 즐비한 곳인데 적이 와서 상륙하여 그곳을 마음대로 불살라 버린다면 성안의 사람들은 바람만 불어와도 궤멸될 것을 생각해야 할 것입니다. 만약 이러한 곳에 대(臺)를 쌓고 대(臺) 주위에 성을 쌓은 뒤 군기(軍器)를 많이 두어 위급할 때 백성들을 모아 엄히 지킨다면 저들은 본래 의심이 많은 왜인들이므로 비록 정박해서 성을 공격하고 싶어도 대 위의 사졸이 돌아갈 때 배를 파괴할까 두려워 감히 배를 버리고 상륙하지 못할 것입니다.[68]

이처럼 조헌은 외적을 방어하기 위해서 견고한 성곽이 중요함을 누차 강조하고, 특히 대왜지책(對倭之策)에 많은 관심을 나타냈다. 조헌은 당시 "아조의 사졸은 겨우 한두 보인(保人)에 그치는데 혹은 장비 지급이 불가능하여 마장(馬裝)과 기계(器械)를 스스로 구하여 지니도록 하지 않음이 없다."[69]고 하여, 당시 경제적 토대가 취약한 상황에서 군장비(軍裝備)를

68) 『重峰集』 卷4, 38ab 「擬上十六條疏」, 〈城臺之固〉, "臣愚又思, 北邊城臺, 固爲切矣, 南道海邊, 尤恐不可不築也. (……) 海邊雖廣, 少有泊舟之處, 賊舟可以下碇之處, 則漁人籬落, 多有櫛比者, 賊來登陸而肆其焚蕩, 則城中之人, 望風而思潰矣. 若於此地, 左右築臺, 圍臺設城, 多置軍器, 有急則收民嚴守, 則彼素多狐疑者, 雖欲下碇而趁城, 或慮臺上之卒破其歸舟, 不敢捨舟而登陸矣."

69) 『重峰集』 卷4, 33b 「擬上十六條疏」, 〈操鍊之勤〉, "我朝士卒, 止有一二保人, 而不能備給,

개인이 마련하는 상황에서 강군(强軍)이 될 수 없다고 인식하였다.

이처럼 조헌은 군정의 확보를 기반으로 하여 군마와 무기 등 군수물자를 충분하게 확보하고, 군비가 갖춰진 뒤에 군사들의 훈련을 강화하여 강병을 양성해야 한다고 하였다. 또한, 공정한 인사로 훌륭한 장수들을 선발하고 이들이 덕망과 엄격한 군령을 세워 군대의 위엄과 기강을 확립해야만 강한 군대가 될 수 있다고 하였다.

이러한 조헌의 주장은 뒤에 박제가를 비롯한 북학파의 축성(築城)에 영향을 주었을 것으로 보인다. 박제가는 중국의 제도를 배울 것과 우리나라 성(城)이 허술함을 지적하면서 벽돌과 회를 이용하여 견고한 축성을 주장하였다. 이러한 박제가의 축성에 관한 주장은 조헌의 성대(城臺)에 관한 견해와 밀접한 관계가 있다고 하겠다.

이처럼 최치원의 시무책과 조헌의 개혁론은 당시에 실현되지 못했지만, 후세에 끼친 영향은 결코 적지 않았다. 특히 최치원이 지향했던 개혁의 목표와 방향은 뒷날 고려 태조 왕건(王建)이 유교 정치에 관심을 두고 이를 위한 시책을 펴는 데 많은 영향을 끼쳤으며,[70] 광종(光宗) 시기의 정치적 변혁과 과거제 도입을 거치면서 유교적 정치이념을 실현할 수 있는 기반을 마련할 수 있게 하였다. 특히 경주계 유신(儒臣) 최승로(崔承老)가 올린 시무이십팔조(時務二十八條)의 이념적 배경이 되고,[71] 당시 새로운 지배 계층으로 성장하던 세력들에게 유교가 정치이념으로 신봉되어, 마침내 성종에 의해 일련의 유교적 시책들이 계속 시행되기에 이르렀던 것이다. 여기서 최치원의 시무책이 지닌 의의와 중요성을 찾을 수 있다 하

馬裝機械, 無不自具."

70) 李在云, 「高麗太祖의 政治思想 - 崔致遠의 思想과 관련하여」, 『白山學報』 제52호, 1999 참조.

71) 金福順, 「崔致遠과 崔承老」, 『慶州史學』 제11집, 경주사학회, 1992 참조.

겠다.

그리고 박제가는 '북학' 의 당위성을 설명하는 가운데, 중국의 선진 문물을 받아들여 우리나라를 혁신하고자 했던 인돌로 오직 최치원과 조헌 두 분이 있을 뿐이라고 하면서, 이들의 북학사상과 개혁정신을 계승해야 한다고 하였던 것이다.[72]

72) 김인규, 「중봉 조헌 개혁사상의 실학적 특성」, 『동양철학연구』 제41집, 동양철학연구회, 2005 참조.

제3장

북학사상의 철학적 기반

1. 개방적 학문관

1) 주자학 말폐에 대한 비판과 實用之學

북학파의 학문 태도에 있어서 두드러진 현상은 주자학말류(朱子學末流)에 대한 비판과 개방적인 학문 태도라 할 수 있다. 홍대용은 당시 학계의 무비판적 독존주자(獨尊朱子)의 풍토를 다음과 같이 말했다.

> 동방 유자들이 주자(朱子)를 숭봉(崇奉)하는 것은 중국 사람들이 따라올 바 아니다. 그러나 그저 존숭하여 받드는 것이 귀한 줄만 알고, 경의(經義)의 의심되고 논란되는 점에 대해서 부화뇌동(附和雷同)하여 한결같이 엄호하기만 하고 일세(一世)의 입을 막으려고 하니, 이는 향원(鄕原)의 마음으로 주자를 바라보는 것이다.[1)]

1) 『湛軒書』 外集 卷3, 37b 「乾淨錄後語」, "東儒之崇奉朱子, 實非中國之所及, 雖然惟知崇奉之爲貴, 而其於經義之可疑可議, 望風雷同, 一味掩護, 思以箝一世之口焉, 是以鄕原之心,

이는 당시 조선 학자들의 학문적 폐쇄성과 주자학의 교조성(敎條性)이 중국보다 더 고착되어 개방적인 학문 풍토가 결여되어 있음을 지적한 것이다.

여기서 홍대용이 비판하고자 한 것은 주자학의 본질이 아니라, '독존주자(獨尊朱子)' 만 외치는 당시 학자들의 학문하는 자세였던 것이다. 그는 당시 주자학말류의 학문 경향은 다음과 같이 비판하였다.

> 지금 학자들이 입만 열면, 성선(性善)을 말하고 말만 하면 반드시 정주(程朱)를 일컬으나 재주가 높은 자는 훈고(訓詁)에 빠지고, 지혜가 낮은 자는 명예와 이욕에 떨어지고 만다. 아아! 성인(聖人)이 좋은 줄 누구인들 모르랴마는 세상에 그에 알맞은 사람이 없고, 하류가 나쁜 줄 누구인들 모르랴마는 뭇 사람들 모두 하류로 돌아간다. 이는 다름 아니라 행하지 않음이다. 사람이 능히 아는 바를 행한다면, 어찌 옛사람에게 미칠 수 없겠는가? 정일(精一)을 읽으면 정일로 가야 하고 경의(經義)를 읽으면 경의로 가야 하는 것이니, 나는 자네에게 '행(行)' 이란 한 글자를 주는 바이다.[2]

이는 석실서원(石室書院)에서 동문수학한 주도이(周道以)에게 준 글로써, 당시의 학문 경향이 훈고(訓詁)와 명리(名利)를 추구하고 있음을 강하게 비판하고, '행(行)' 즉 유가이념(儒家理念)의 '구체적 실천' 을 강조하였다. 물론 구체적 실천을 강조한 것은 성리학파에서 항상 마찬가지였다. 그런데 홍대용이 여기서 강조하고자 한 것은 이론보다 적극적인 실천이

望朱子也."

2) 『湛軒書』 內集 卷3, 24b~25a 「贈周道以序」, "今之學者, 開口便說性善, 恒言必稱程朱, 而高者汨於訓詁, 下者陷於名利. 嗚呼, 孰不知聖人之可好, 而世無其人. 孰不知下流之可惡, 而衆皆歸之, 無他不行之過也. 人能行其所知, 何古人之不可及哉. 讀精一, 便去精一, 讀敬義, 便去敬義, 吾與子行之一字."

라 할 수 있다. 그러므로 그는 "쇄소(灑掃)를 먼저 하고 성명(性命)을 뒤로 하는 것이 초학자의 순서다."[3], "초학(初學)이 성명(性命)을 앉아서 논하는 것은 무익(無益)할 뿐만 아니라 또한 해롭다."[4]고 주장한다. 홍대용의 입장은 성명(性命)을 논하기 이전에 실사(實事)를 실천해야 한다는 것이다. 즉, 당시 학문 경향이 '행(行, 實踐)' 보다 '성명(性命)' 등과 같은 고담준론(高談峻論)을 일삼는 경향이 있었으며, 이러한 학문 경향에 대한 비판적인 시각이 당시에 존재하고 있었던 것을 홍대용은 다음과 같이 말했다.

> 우리나라 선배들의 명언(南冥 曺植을 지칭-筆者註)에 지금 사람은 손으로 쇄소(灑掃)할 줄도 모르면서 입으로는 성명(性命)의 원리를 말한다.[5]

이러한 홍대용의 지적은, 당시 형이상학적 사변(思辨)에 치우쳐 구체적인 현실 문제를 해결하지 못하는 기존의 학풍에 대한 비판이 상당히 보편화되었던 것으로 보인다.

홍대용은 18세기 당시 학계의 문제점을 『의산문답(醫山問答)』에서 다음과 같이 명쾌하게 비판하였다.

> 아아! 슬프다. 도술(道術)이 없어진 지 오래되었다. 공자(孔子)가 죽은 뒤 제자(諸子)들이 어지렵혔고, 주자(朱子) 문하의 말단 제유(諸儒)들이 혼란시켰다. 업적은 높이면서 진리는 잊고, 말을 익히면서 본의는 잊어버렸다. 정학(正學)을 부식한다는 것은 실상 자랑하려는 마음〔矜心〕에서 말미암고, 사설(邪說)을

3) 『湛軒書』 內集 卷4, 18a 「毉山問答」, "先灑掃而後性命, 幼學之序也."

4) 『湛軒書』 內集 卷2, 37a 「桂坊日記」, 二月十八日條, "初學之坐談性命, 非徒無益而又害之."

5) 『湛軒書』 外集 卷2, 27ab 「杭傳尺牘」, "我東先輩有名言曰, 今人手不知灑掃之節, 而口談性命之蘊."

물리치는 것도 실상 이기려는 마음〔勝心〕에서 말미암고, 인(仁)으로 세상을 구제하려는 것은 실상 권력을 유지하려는 마음〔權心〕에서 말미암고, 명철함으로 몸을 보전하려는 것은 실상 이기적인 마음〔利心〕에서 말미암았다. 이 네 가지 마음이 서로 따르니 참뜻은 날로 없어지고 온 천지는 물 흐르듯이 날로 허망한 데로 치닫는다.[6)]

위의 인용문에서 홍대용은 당시의 주자학파가 학문적 순수성을 상실하였을 뿐 아니라 학문의 독점화 · 허세화 현상을 초래하였으며, 벽이단론(闢異端論)도 권위주의적 · 독선적 경향을 띠게 되고, 경세론(經世論)도 권력을 유지하려는 명분론으로 변질하였으며, 수양론은 개인적 이기주의로 전락하였다고 보았다. 이러한 현상은 바로 긍심(矜心) · 승심(勝心) · 권심(權心) · 이심(利心)이라는 네 가지의 마음이 서로 번갈아 일어나기 때문이라는 것이다. 그러므로 조선의 주자학이 날로 진실성을 상실하고 허망한데로 흘러버렸다고 결론지었다.[7)]

즉 당시 주자학자들의 허위(虛僞)로 인해 내용보다 형식에 치우친 경향으로 나아갔다고 보았던 것이다. 그는 다음과 같이 말했다.

반평생 동안 정신을 소모하면서 백여 권의 쓸데없는 글을 지었으니, 사리(私利)를 위하는 문서로서 그저 사람의 의견만 어지럽혔을 뿐, 마침내 세상 교화에 도움이 없게 되었소. 아아! 이것은 실로 근세 유학자의 마음속에 도사린 불치의 고질병이오. (……) 그리고 차라리 사업에 게을리할지라도 오직 글 읽

6) 『湛軒書』 內集 卷4, 17a 「毉山問答」, "嗚呼哀哉, 道術之亡久矣. 孔子之喪, 諸子亂之, 朱門之末, 諸儒汨之. 崇其業而忘其眞, 習其言而失其意. 正學之扶實由矜心, 邪說之斥實由勝心, 救世之仁實由權心, 保身之哲實由利心. 四心相仍, 眞意日亡, 天下滔滔, 日趨於虛."

7) 朴洪植, 「朝鮮朝 後期儒學의 實學的 變容과 그 特性에 관한 硏究」, 성균관대 박사학위논문, 1993년, 48-49쪽 참조.

> 는 데 널리 못 할까 두려워하고, 차라리 본원은 날로 거칠어질지언정 오직 저술을 많이 못 할까 두려워하니, '행하고 남은 힘이 있으면 글을 배운다.' 는 성인의 훈계가 사라진 지 아아! 이미 오래되었도다.[8)]

홍대용은 지식인으로서 행세하기 위해서 학문의 본질적 연구나 내용과 관계없이 저술을 얼마나 많이 하느냐가 중요한 척도로 자리 잡고 있음을 비판하고, 아울러 이러한 경향은 "행하고 남음이 있으면, 글을 배우라(行有餘力, 則以學文)"[9)]는 성인(聖人)의 취지와 배치된다고 하였던 것이다.

이러한 경향은 박지원에 있어서 마찬가지다. 박지원은 성명(性命)·이기(理氣)나 떠들면서 실천을 소홀히 하는 당시 학풍에 대하여 다음과 비판하였다.

> 글을 읽고서 실용을 알지 못하는 것은 강학(講學)이라고 할 수 없다. 강학을 귀하게 여기는 까닭은 실용을 위해서다. 만일 고상하게 성명(性命)이나 말하고 극진하게 이기(理氣)를 변론하며, 각각 자기의 견해를 주장하여 서로 귀일 시키려고 힘쓴다면 변론하는 즈음에 혈기가 개입하여, 이기(理氣)를 말하자마자 성정(性情)이 먼저 어그러지니, 이것은 강학이 해친 것이다.[10)]

박지원은 실용을 외면하고 성명(性命)·이기(理氣)를 고담극변(高談極

---

8) 『湛軒書』 內集, 卷3, 22a 「與人書二首」, "半生耗神, 做得百十卷疣贅之書, 成就私利之契卷, 而徒亂人意, 卒無補於世教也. 嗚呼, 此實近世儒學心腹膏肓, 不治之疾也. (……) 寧本原之日荒, 惟恐著書之不多. 餘力學文, 聖訓之弁髦吁已久矣."

9) 『論語』 「學而」 제6장 참조.

10) 『燕巖集』 卷10, 13a 「原士」, "讀書而不知實用者, 非講學也. 所貴乎講學者, 爲其實用也. 若復高談性命, 極辨理氣, 各主己見, 務欲歸一, 談辨之際, 血氣爲用, 理氣纔辨, 性情先乖, 此講學害之也."

辨)하는 것을 탐탁하게 여기지 않을 뿐 아니라 자기의 견해를 고집하여 상대방의 의견을 자기의 의견에 귀일(歸一)시키려는 태도를 꼬집었다.[11] 이러한 비판은 당시 성리학자들에 대한 직접적인 비판으로 이어진다.

> 선비들이 혹 성명(性命)을 고상하게 말하면서 경제는 잊어버렸고, 혹 시문(詩文)의 화려함만 헛되게 숭상(崇尙)하여 정사(政事)에 시행됨이 없다.[12]

이는 당시 학자들이 입으로는 성명(性命)과 시문(詩文)을 요란하게 떠들기만 하고 실생활에 유용한 경세제민(經世濟民)과 정사(政事)에는 소원하였던 것을 비판하였던 것이다.

박제가도 "우리나라 사람들은 공언(空言)에 뛰어나지 않음이 없으나 실효에 부족하다."[13]라고 하여, 공담(空談)만 일삼고 실용을 하지 않은 당시 성리학자들을 비판하였던 것이다. 이러한 주자학말류에 대한 비판은 바로 '행(行: 실천)'의 강조로 이어졌다.

특히 북학파는 지행론(知行論)에 있어서, 실천을 강조하는 유가의 전통적 입장을 재확인하면서 보다 적극적인 실천론을 편다. 홍대용은 앎과 실천의 문제에 있어 먼저 안 다음에 실천하는 것〔先知後行〕을 고금의 공통된 의론이라고 하여 일단 수긍한다.[14] 그러나 앎이란, 이론 추구에 매달려

---

11) 물론 이러한 비판적인 경향이 북학파만의 전용물은 아니다. 일찍이 安邦俊도 「壬辰錄」에서 "세상에서 이른바 학문이란 과연 무엇인가. 一言一行을 예법에 알맞게 하며, 忠孝大節이 옛사람에게 부끄러움이 없는 자는 學行之士가 될 수 없고, 기억하고 외우는 것에 종사하여, 단지 입과 귀만 도우며, 소리 높여 性命을 말하고 말은 잘하나 행동이 어긋나는 것을 학문이라 할 수 있겠는가.(이상익 · 최영성 옮김, 『은봉야사별록』, 아세아문화사, 1996, 47쪽)"라고 비판한 바 있다.

12) 『燕巖集』 卷16, 23a 「課農小抄」 〈諸家總論〉, "或高談性命, 而遺於經濟, 或空尙詞華, 而罔施有政."

13) 『北學議』 「兵論」, "我國之人, 莫不長於空言, 而短於實效."

공리공담(空理空談)에 빠질 위험성을 항상 내포하고 있으며 앎의 완성이란 기대하기 힘들다는 것을 당시 주자학말류(朱子學末流)를 통하여 직시하였다. 이러한 맹점에 대한 깊은 회의에서 출발하여 홍대용은 '실천'을 강조하게 된다.

> 반분(半分)을 알았으면 반드시 계속하여 반분의 실천을 이루어야 한다. 반분을 실천한 뒤에야 바야흐로 앎의 전분(全分)을 말할 수 있으며, 실천도 또한 전분이 될 수 있는 것이다. (……) 아아! 반분의 실천을 먼저 하지 않고 전분의 진지(眞知)를 구하려고 하는 사람은, 나는 망상과 억측이 구하면 구할수록 더욱 멀어질 것임을 알았습니다.[15)]

이는 앎과 실천이라고 하는 지행병진(知行竝進)의 논리를 피력한 것이다. 즉 앎은 실천을 통해 이룰 수 있다고 보았던 것이다. 그는 독서를 통한 앎〔知〕이란 먼 길을 떠나는 데 있어서 '노정기(路程記)'이고, 실천〔行〕이란 말을 먹이고 수레바퀴에 기름칠하며 노정기에 따라 말을 몰고 달리는 것에 비유하여 설명하였다. 그러나 당시 지식인들은 골몰히 노정기만 강론하고 실천함이 없어, 멀리 가려는 계획이 끝내 성공할 수 없다고 하여 실천의 중요성을 강조하였다.[16)] 홍대용의 이러한 입장은 다음 실심(實心)·실사(實事)·실지(實地)라고 하는 삼실론에서 분명히 나타났다.

> 오직 실심·실사로써 날로 실지를 밟아 먼저 진실한 본령(本領)을 가진 뒤에

---

14) 『湛軒書』 外集 卷1, 12a 「杭傳尺牘」〈與鐵橋書〉, "先知而後行, 此古今之通義也."

15) 『湛軒書』 外集 卷1, 12a 「杭傳尺牘」〈與鐵橋書〉, "知得半分, 必繼以行, 得半分行, 得半分, 然後方可以語知之全分, 而行亦全分矣, (……) 嗟呼, 不先之以半分之行, 而欲求全分之眞知者, 吾知其忘想臆料, 愈求而愈遠矣"

16) 『湛軒書』 外集 卷1, 5b 「杭傳尺牘」〈與鐵橋書〉 참조.

야 모든 주경(主敬) · 치지(致知) · 수기(修己) · 치인(治人)의 방법이 바야흐로 실지 손쓸 곳이 있어, 공허한 그림자에 돌아가지 않을 것이다.[17)]

즉, 개인의 도덕적 수양과 지식의 탐구, 정치 · 경제의 모든 이론들은 실천이 수반될 때 비로소 생명력을 지닐 수 있다는 것이다. 따라서 이러한 홍대용의 주장은 「의산문답」에서 지적한 바와 같이, 당시 사상계의 허실(虛實)을 고려할 때 매우 설득력 있게 받아들여진다.

박지원도 앎과 실천의 문제에 있어 홍대용과 같이 노정기(路程記)에 빗대어 실천을 전제로 하지 않은 공부를 헛된 공부로 인식하였다. 그는 앎이 실천보다 선차적이며 이에 기초하지 않은 실천은 맹목적인 실천밖에 될 수 없다고 강조하였다.

대개 도라는 것은 길과 같다. 길을 가지고 비유해 보자. 사방으로 여행하는 사람은 반드시 지방까지 노정(路程)이 몇 리나 되고 식량을 얼마나 가지고 나서야 하며 도중에 정자 · 나루터 · 역말 등이 얼마나 멀고 가까운가 등을 차례대로 자세히 알고 있어야 한다. 그런 것이 눈에 훤하게 된 다음 실천으로 옮기면 언제나 안전하게 길을 가게 된다. 미리 명확한 지식을 가지고 있기 때문에 딴 길로 잘못 들어갈 까닭도 없고, 샛길로 빠져 방황할 까닭도 없고, 지름길을 찾다가 길을 잃을 위험도 없고, 길을 가다가 중간에 폐하는 근심도 없다. 이것이 앎과 실천이 결부되기 때문이다.[18)]

---

17) 『湛軒書』 外集 卷1, 42a 「杭傳尺牘」, 〈答朱郎齋文藻書〉, "惟其實心實事, 日踏實地, 先有此眞實本領, 然後凡主敬致知修己治人之術, 方有所措置, 而不歸於虛影."

18) 『燕巖集』 卷3, 21a 「爲學之方圖跋」, "夫道者猶途也. 請以途喩. 行旅之適乎四方者, 必先審問所向程里幾舍. 所費餱糧幾何, 所經亭津馹堠遠近次第瞭然, 吾目中夫然後, 脚踏實地, 素履坦坦, 其知也先明, 故不爲邪徑走造, 不爲別岐彷徨. 又無捷路榛蕪之險, 半途廢轍之患. 此知行所以兼致也."

여행에 앞서 목적지에 대한 사전 지식이 충분히 갖추어야만 올바른 여행을 할 수 있다는 것이다. 이는 앎과 실천이 결부되어야 한다〔知行兼持〕는 입장에 있음을 알 수 있다. 박지원은 행(行: 실천)에 앞서 지(知: 지식)의 선차성을 인정하고 있다.

> 어떤 사람은 실천하다 보면 스스로 알게 된다는 말도 하는데, 그것은 물속으로 잠수질해 들어가서 달을 건지려고 하고, 북을 짊어지고 아기를 찾는 것과 무엇이 다르랴. (……) 비유해서 말하면 서울에서 자란 젊은이가 농사에 힘을 많이 들여야 한다고 하니까 계절은 조금도 생각하지 않고 동지섣달에 밭을 갈고 씨를 뿌리는 데 손가락에 피가 나고 얼굴에 땀이 나도록 아무리 실천에 힘쓰고 있다 한들 앎에 무슨 소용이 있단 말인가?[19]

이는 맹목적인 실천이 얼마나 무의미한가, 실천에 앞서 앎〔지식〕이 얼마나 중요한가를 일깨워 주고 있는 것이다. 이처럼 홍대용과 박지원은 지 · 행의 문제에 있어 앎과 실천의 중요성을 동시에 역설하였던 것이다. 그리고 이들이 주장한 실천의 주된 목적은 백성들의 실생활에 유용한 학문, 즉 실용지학(實用之學)이었다. 이는 다음의 문장에서 쉽게 알 수 있다.

> 해를 마치도록 실오라기나 털끝처럼 분석한다 하더라도 실지에 있어서 자기의 수양과 한 가정, 한 나라의 홍망과 아무런 관계가 없을 뿐 아니라, 도리어 '서로 모여서 송사(訟事)한다' 는 조롱이나 받을 것이다. 그렇다면 차라리 음악 · 역법 · 산수 · 화폐 · 농사 · 군사학 등이 알맞은 대로 세상에 쓰이는 것만

---

19) 『燕巖集』 卷3, 21a 「爲學之方圖跋」, "或有行當自知之說, 則亦何異於泅水撈月, 負鼓覓子哉. (……) 譬若京坊子弟, 徒聞力穡之爲貴, 不待人時之敬授, 窮冬耕播, 血指汗顔, 則行雖力矣, 於知如何."

> 같지 못할 것이다. 익지 않은 오곡은 익은 돌벼만 못한 것이다. 하물며 불타 버린 나머지를 주워 모아서 한유(漢儒)의 번잡한 말을 억지로 갖다 붙이고, 글귀마다 해설하여 성인(聖人)의 마음을 얻고자 하여 그릇됨에 마음과 힘을 쓰겠는가?[20]

위의 인용문은 어떤 사람이 홍대용에게 『예서(禮書)』를 공부할 것을 당부하자 홍대용이 답변한 내용이다. 홍대용에 의하면, 익지 않은 오곡보다 익은 돌벼가 우리 배고픔을 면하는 데 유익한 것과 마찬가지로, 겉치레 학문보다 음악·역법·산수·화폐·농사·군사학 등 실용적인 학문을 연구하는 것이 더 이롭다는 것이다.

실용성을 중시하는 홍대용의 사상은 시의성(時宜性)을 강조한 그의 시대인식에 이미 잘 나타나 있다. 그는 "지금 세상에 살면서 옛 도를 회복시키려고 하면 반드시 재앙이 자신에게 미친다."[21]라고 하는 『중용(中庸)』 제28장의 말을 인용하여, 억지로 옛 제도를 회복시키려고 할 것이 아니라 시대에 알맞게 제도를 개선해 나가야 한다는 것이다. 이러한 관점에서 제기된 것이 홍대용의 정덕관(正德觀)이라고 할 수 있다.

> 아아! 흉년과 기아로 인하여 백성들이 흩어진 지 오래되었건만, 토지를 나눠주고 백성의 생활을 돌보아 주는 정책을 실행하지 않으면서 법도와 예의에 관한 가르침을 앞세운다면 어느 사람이 오활한 조치를 누가 비웃지 않겠는가.[22]

---

20) 『湛軒書』 內集 卷3, 19a 「書」 〈與人書二首〉, "窮年累世, 縷析毫分, 而實無關於身心之治亂, 國家之興衰, 而適足以來聚訟之譏, 則殆不若律曆算數錢穀甲兵之可以適用而需世, 猶不失爲稊稗之熟也, 況其掇拾於煨燼之餘, 而傅會以漢儒之雜, 欲其句爲之解, 而得聖人之心, 多見其枉用心力也."

21) 『湛軒書』 內集 卷4, 35a 「毉山問答」, "故曰, 居今之世, 欲反故之道, 災及其身."

홍대용은 정덕(正德)인 법도와 예의에 앞서 백성들 삶에 있어서 시급한 토지의 분배와 생활의 안정을 돌보아 주는 정책을 먼저 시행할 것을 주장하였다. 그리고 백성들 실제 생활에 유용한 학문인 음악 · 역법 · 화폐 · 농사 · 군사 등의 학문을 강조하였던 것이다.

> 정심 · 성의(正心誠意)는 실로 학과 행의 체(體)요, 개물성무(開物成務)는 학과 행의 용(用)이 아니겠는가? 읍양승강(揖讓升降)이 실로 개물성무의 급무이지만 음악 · 역법 · 산수 · 화폐 · 농사 · 군사가 어찌 개물성무의 큰 실마리〔大端〕가 아니겠는가? 이제 그대가 음악 · 역법 · 산수 · 화폐 · 농사 · 군사 따위를 소도(小道)로 삼는 것은 그럴듯하기는 합니다만 유독 자임(自任)한 것은 어찌하지 못하고, 읍양승강에 대한 가르침을 베푸는 것은 주각(註脚)에 주각을 붙이는 격이니, 나는 감히 알지 못하겠거니와, 일을 맡음에 주고 뺏음과 돕고 누름이 중정(中正)하여 치우침이 없는지요? (……) 오직 진정한 대업은 팽개치고 마음과 정신을 소모하여 약간의 사람에게 도움 됨을 거둔다면, 이것이 과연 남을 위하는 것이요? 자기를 위하는 것이요? 이 또한 과연 힘쓸 바를 안다고 할 수 있겠오?[23)]

위 인용문에서 살펴본 바와 같이 홍대용은 학문의 체계를 체(體)와 용(用)으로 구분하고, 정심(正心) · 성의(誠意)의 수양은 체에 개물성무(開物

---

22) 『湛軒書』 內集 卷3, 25b 「鄕約序」, "嗚呼, 匈年饑歲, 民散久矣. 不能施分田制産之政, 而先之以法度禮義之敎者, 人孰不笑其迂哉."

23) 『湛軒書』 內集 卷3, 22b 「與人書二首」, "正心誠意, 固學與行之體也. 開物成務, 非學與行之用乎. 揖讓升降, 固開物成務之急務, 律曆算數錢穀甲兵, 豈非開物成務之大端乎. 今高明以律曆算數錢穀甲兵爲小道則似矣. 獨無奈其自任, 而設敎揖讓升降註脚之註脚, 愚未敢知, 執事之與奪扶抑, 中正而無偏乎. (……) 惟捨却眞正大業, 瘁盡方寸性靈, 收拾得尺寸之補於人, 此果爲人乎爲己乎. 亦果謂知所務乎."

成務)의 실무는 용에 배당하였다. 그리고 용의 실무도 급무(急務)와 대단(大端)으로 나누어 읍양(揖讓)·승강(升降)의 예(禮)는 급무로 보고, 율력(律曆)·산수(算數)·전곡(錢穀)·갑병(甲兵)을 대단으로 열거하였다.

이를 도표로 나타내면 아래의 그림과 같다.

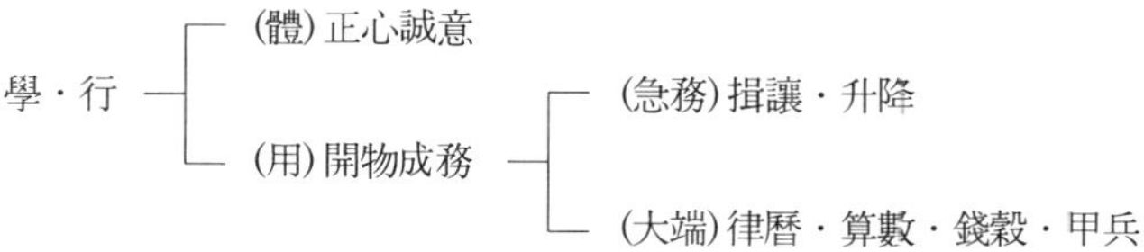

홍대용은 정심·성의의 내면적 수양과 개물성무의 사회적 실천을 체와 용으로 소통시키며, 사회적 실천에서 읍양·승강을 급무라고 하여 예의 중요성을 인정하면서 율력·산수·전곡·갑병을 대단이라고 중요성을 더욱 역설하였던 것이다.[24)]

이러한 학문 체계는 일찍이 홍대용이 청나라 학인(學人)인 오상(吳湘)·팽관(彭冠) 두 사람과 문답한 가운데 "학문을 삼등분하는 것은 세속 선비의 고루한 소견입니다. 만일 의리(義理)를 버린다면 경제(經濟)는 공리(功利)에 흐르고, 사장(詞章)은 부조(浮藻)에 빠지게 될 것이니, 어찌 학문이라 할 수 있겠습니까? 경제가 아니면 의리를 펼 데가 없고, 사장이 아니면 의리를 볼 수 없을 것입니다. 요컨대, 이 세 가지에서 하나라도 버린다면 학문이라 할 수 없으니, 의리가 근본이 아니겠습니까?"[25)]라고 하여, 학문을 의리학·경제학·사장학으로 삼등분하고, 의리를 근본으로 하면서 경제지학의 중요성을 강조한 것과 일맥상통하다 하겠다. 즉 홍대용은

---

24) 琴章泰, 『韓國實學思想研究』, 집문당, 1987. 55쪽 참조.

25) 『湛軒書』 外集 卷7, 2b 「燕記」 〈吳彭問答〉, "學分三等, 世儒之陋見. 舍義理則經濟淪於功利, 而詞章淫於浮藻, 何足以言學. 且無經濟則義理無所措, 無詞章則義理無所見. 要之, 三者舍一, 不足以言學, 而義理非其本乎."

백성들에게 시급한 학문인 음악 · 역법 · 화폐 · 농사 · 군사 등과 같은 후생론을 강조하면서 읍양승강도 개물성무의 급무로 인정하여 정덕도 결코 등한시하지 않고 있음을 알 수 있다.

실용적인 학문에 대한 입장은 박지원과 박제가에 있어서 마찬가지다. 박지원은 "대저 독서라는 것은 장차 무엇을 위함인가? 장차 문장을 풍부하게 하기 위함인가? 문명(文名)을 넓히기 위함인가? 강학론도(講學論道)는 독서의 사(事)요, 효제충신(孝悌忠信)은 강학의 실(實)이요, 예악형정(禮樂刑政)은 강학의 용(用)이다. 독서를 하고서 실용을 모르는 것은 강학이 아니다."[26]라고 하여, 강학의 실로 효제충신을, 강학의 용으로 예악형정을 들어 실(實)과 용(用)을 강조하였다.

그리고 『북학의』 서문에서 "학문하는 길에 방법이 따로 없다. 모르는 것이 있으면, 길가는 사람이라도 잡고 묻는 것이 옳다. 비록 종이라 하더라도 나보다 글자 하나라도 많이 알면 우선 그에게 배워야 한다. 자신이 남 같지 못한 것을 부끄러워하여 자기보다 나은 사람에게 묻지 않는다면 종신토록 고루하고 무식한 테두리에 자신을 가두는 것이다."[27]고 하여, 자신보다 하나라도 더 아는 사람에게 묻는 것이 학문의 도라는 실학적 자세를 강조하였던 것이다.

북학파의 이러한 실용지학에 대한 관심은 개방적인 학문관으로 이어져 청의 선진문물을 수용할 수 있는 전제(前提)가 되었다.

---

26) 『燕巖集』 卷10, 13a 雜著 「原士」, "夫讀書者, 將以何爲也. 將以富文術乎, 將以博文譽乎. 講學論道, 讀書之事也, 孝悌忠信, 講學之實也, 禮樂刑政, 講學之用也. 讀書而不知實用者, 非講學也."

27) 『燕巖集』 卷7, 5a 「北學議序」, "學問之道, 無他, 有不識, 執途之人而問之可也. 僮僕多識我一字, 姑學汝. 恥己之不若人, 而不問勝己, 則是終身自錮於固陋無術之地也."

2) 개방적 학문태도와 以天視物

앞에서 고찰한 바와 같이 홍대용을 비롯한 이들 북학파 학자들은 한결같이 주자학말류(朱子學末流)에 의해 공리공담으로 흐른 당시 학문의 말폐를 비판하였으며, 이러한 비판은 노(老)·불(佛)·육왕학(陸王學)을 비롯한 제 학문에 대한 개방적인 태도로 이어진다.[28]

홍대용은 노·불·육왕학에 대해 이단(異端)의 학문으로 규정하는 데 동의하면서 무조건 이단이라고 하여 거부할 것이 아니라, 오히려 이를 인정하고 수용하여 종합할 필요가 있음을 논하였다.

> 이단의 학문이 비록 여러 가지 있으나, 마음을 밝게 하고 세상을 구제하여, 몸을 닦고 남을 다스리는 데로 돌아감을 목적으로 하는 것은 한 가지이니, 나에게 있어서 나의 좋아하는 바를 따르고 저들에 있어서 선한 일을 할 수 있도록 허락한다면 무엇이 손상되겠습니까? 그르게 하기 어려운 것이 물(物)인데, 마음은 더욱 심합니다. 사람마다 각각 좋아하여 숭상하는 것이 따로 있거늘, 누가 이것을 똑같게 하겠습니까? 그런즉 각각 장점을 닦고 각각 능한 장점을 다하여 사욕을 버리고 풍속을 선량하게 하기를 목적으로 한다면 대동(大同)하

---

28)『湛軒書』外集 卷1, 51a「與孫蓉洲書」"老氏糟粕, 足爲文景之治, 禪家上乘, 不害王陸之高, 治如文景, 去衰亂遠矣, 高如王陸, 去流俗遠矣, 異學之行, 固何損於世乎."

이러한 점은 박지원에게 있어서도 마찬가지이다. 박지원은 자신을 "爲我하기는 楊朱와 같고, 兼愛하기는 墨子와 같고, 屢空하기는 顔子와 같고, 尸居하기는 老子와 같고, 曠達하기는 莊子와 같고, 不恭하기는 柳下惠와 같고, 飮酒하기는 劉伶과 같고, 寄食하기는 韓信과 같고, (……) 著書하기는 揚雄과 같고, 自比하기는 孔明과 같으니, 나는 그의 聖人일 것인저?(『燕巖集』 卷3, 「酬素玩亭夏夜訪友記」)"라고 하여, 그의 의식세계에 도가사상의 자유분방함이 자리하고 있음을 명료하게 보여준다. 이에 대해서는 文永午 교수가 「燕巖小說에서의 道敎思想硏究」를 비롯한 燕巖小說의 道家的 要素에 대해 많은 연구가 진행되었다(참고문헌 참조).

는 데 있어 무엇이 해롭겠습니까?[29]

이는 『논어』 「자장(子張)」 편의 "비록 작은 도(道)일지라도 반드시 가히 볼 만한 것이 있거니와 원대(遠大)한 것을 이루는 데 통하지 못할까 두려워하는 것이다. 이 때문에 군자(君子)가 하지 않는다."[30]고 한 것과 같이 하는 것으로, 홍대용은 개개인의 생각을 강제로 통일할 수 없으며, 이러한 다양성과 자유를 인정하는 것이 피할 수 없는 현실임을 인식하였던 것이다.

특히 홍대용은 노·불을 다음과 같이 이해하고, 노·불이 근본적으로 유학과 다르지 않다고 보았던 것이다.

유자는 '태극이 양의를 낳는다.' 라고 하고, 노씨는 '어떤 물건이 혼연히 이루어져 천지에 앞서 생겨났다.' 했으며, 불씨는 '어떤 물건이 천지에 앞서 있으니 무형하고 본래 고요하다.' 하니 원두(源頭)에서 나옴에 대한 설명이 이미 서로 가깝다. 유자의 진성(盡性)과 노씨의 재혼(載魂)과 불씨의 견심(見心)이 안을 향하여 마음을 쓴 것과 크게 다르지 않다. 또 (유자의) '하나로 꿰었다.' 하는 것과 (도가의) '성인은 하나를 안는다.' 것과, (불가의) '만법이 하나로 돌아간다.' 는 것도 수약(守約)의 본뜻은 다를 것이 없으며, (유가의) '몸을 닦아 백성을 편안히 한다.' 는 것이나, (도가의) '나는 함이 없어도 백성이 스스로 교화한다.' 는 것이나, (불가의) '자비로 중생을 제도한다.' 는 것도 만물을 구제하는 마음은 대략 같다.[31]

---

29) 『湛軒書』 外集 卷1, 51b 「與孫蓉洲書」, "是以異學雖多端, 其澄心救世, 要歸於修己治人, 則一也, 在我則從吾所好, 在彼則與其爲善, 顧何傷乎. 難齊者物, 而心爲甚. 人各有好尙, 孰能一之. 然則各修其善, 各效其能, 要以袪私而善俗, 則何害於大同乎."

30) 『論語』 「子張」, 제4장, "子夏曰 雖小道, 必有可觀者焉, 致遠恐泥, 是以, 君子不爲也."

31) 『湛軒書』 外集 卷1, 8ab 「杭傳尺牘」 〈與鐵橋書〉, "儒者曰, 太極生兩儀, 老氏曰有物混成,

근원적으로 유·노·불 삼교의 학문관을 동일한 시각에서 파악하고 있음을 알 수 있다. 이는 앞서 살펴본 바와 같이 홍대용의 '이단(異端)' 관에서 표출된 학문과 사상에 대한 자유와 다양성을 이끌어 내기 위한 전제로 보인다. 이는 홍대용이 "그(불교) 장점을 취하여 나의 마음 다스리는 공부에 도움이 되게 하면 무슨 나쁠 것이 있겠는가?"[32]라고 한 것이나, "이단의 학문이 여러 가지나 단점을 버리고 장점을 취한다면 대동(大同)에 무슨 해로움이 있겠는가?"라는 등 단편적 발언들에서 알 수 있다.

한편 1766년 홍대용의 나이 36세 때 중국 연행 길에서 만난 중국학자 육비(陸飛), 엄성(嚴誠), 반정균(潘庭筠)과 양명학에 대해 나눈 대화 속에서 다음과 같은 내용은 본 주제와 관련하여 주목을 끈다.

> 양명은 세상에 드물게 볼 수 있는 호걸스러운 선비입니다. 일찍이 그의 글을 읽고 마음으로 그 사람에게 감복하여 생각하기를, 저승에서 다시 일어날 수 있다면 반드시 그를 위하여 채찍을 잡겠노라 하였습니다. 양지(良知)의 학문은 더없이 높고 깊어 탁연히 실지로 얻은 것이 있어 결코 후세의 말로만 능히 떠드는 선비 따위가 흉내 낼 수 있는 것이 아닙니다. (……) 사공(事功)의 빛나는 것으로 말하면 바로 실지로 얻은 공효이니, 앉아서 공언(空言)을 하고 구구한 훈고(訓詁)나 일삼는 학자들로서 진실로 감히 만분의 일에도 견주지 못할 것입니다. (……) 만약 사공(事功)을 가지고 말한다면 후세의 유자들이란 대개 궁벽하게 틀어박혀 독선기신(獨善其身)하는 사람이 많아서 비록 재능이 있다 하더라도 장차 어디다 베풀어 쓰겠습니까?[33]

先天地生, 佛氏曰, 有物先天地, 無形本寂廖, 其說出源頭, 旣其相近. 儒者之盡性, 老氏之載魂, 佛氏之見心, 其用心於內者, 亦不懸殊. 曰一以貫之, 曰聖人抱一, 曰萬法歸一, 其守約之旨, 則無異. 曰修己以安百姓, 曰我無爲而民自化, 曰慈悲以度衆生, 其齊物之心, 則略同."

32) 『湛軒書』 外集 卷2, 18a 「杭傳尺牘」 〈乾淨衕筆談〉, "取其長以補吾治心之功, 亦何傷乎."

33) 『湛軒書』 卷3, 20b~21a 「杭傳尺牘」, "陽明間世豪傑之士也. 愚嘗讀其書, 心服其人, 以爲

주자 문하의 말학들이 그저 구이(口耳)로 기송(記誦)하고 훈고(訓詁)하는 것만 숭상하여 사설(師說)을 어지럽혔다. 양명이 시속(時俗)을 미워하여 치양지(致良知)의 학설을 제창하였으니, 이것은 시대를 근심하고 세도(世道)를 걱정한 뜻이다.[34]

홍대용에 의하면, 왕수인(王守仁)이 치양지(致良知)를 주장한 근본 동기는 주자학말류가 구이(口耳)로 기송(記誦)하고 훈고(訓詁)하는 것만 숭상하여 사설(師說)을 어지럽히므로, 시대를 걱정하고 세도(世道)를 걱정한 때문이라고 보았다. 따라서 홍대용의 주자학말류에 대한 비판의 주된 논거는 '좌담공언(坐談空言)' '구이기송(口耳記誦)' '훈고(訓詁)' 에 있었으며, 양명학을 다소 긍정적으로 평가한 근거는 '사공(事功)' '실득(實得)' 에 있었다.

그러나 홍대용이 양명학을 전적으로 긍정하는 것은 아니다. 그는 "사물의 이치는 나의 마음에 있으므로 밖에서 찾을 수 없다."고 하는, 왕수인의 '치양지설(致良知說)' 에 대해 다음과 같이 비판하였다.

지금 만일 강학(講學)하는 것을 제쳐놓고 고요히 눈감고 앉아 오로지 본심(本心)이나 양지(良知)에 뜻을 기울인다면, 비록 한때 집중시킨 힘으로 다소 마음이 맑아지고 깨우쳐 해득하게 되는 공이 있다 하더라도, 일의 변동이 복잡하게 몰리게 되면 마침내 혼란에 빠질 것이다.[35]

九原可作必爲之執鞭矣, 其良知之學, 亦是窮高極深, 卓有實得, 非後世能言之士, 所可彷彿也. (……) 若其事功之炫赫, 乃其實得之餘波, 彼坐談空言, 區區爲訓詁之學者, 固不敢比方其萬一. (……) 若以事功而言, 則後世儒者, 多窮而獨善, 雖有才具, 將安所施乎."

34) 『湛軒書』 外集 卷1, 4b 「杭傳尺牘」, 〈與篠飮書〉 "朱門末學, 徒尙口耳記誦訓詁, 汨其師說. 陽明嫉俗, 乃致良知, 此其憫時憂道之意."

35) 『湛軒書』 外集 卷1, 4b 「杭傳尺牘」 〈與篠飮書〉, "今若姑捨講學, 靜坐瞑目, 專意於本心良

이것은 그 용공(用功)이 비록 간편한 듯하고 효과가 빠른 듯해도 오직 색(色)을 버리고 눈에만 밝음을 찾는 것이니 오색(五色)의 변화를 이루다 볼 수 없을 것이요, 오직 소리를 버리고 귀에서 들음을 구하는 것이니 오성(五聲)의 변화를 이루다 들을 수 없을 것이며, 오직 맛을 버리고 입에서 맛의 구별을 찾는 것이니 오미(五味)의 변화를 이루다 맛볼 수 없을 것이다.[36)]

즉, 홍대용이 비록 양명학을 사공(事功)과 실득(實得)이라는 측면에서 긍정적으로 평가하였지만, 강학을 제쳐두고 전적으로 본심(本心)이나 양지(良知)만 일삼게 되면 그에 따른 혼란이 상당히 심할 것이라고 하여, 즉물궁리(卽物窮理)를 배제하는 치양지설(致良知說)의 문제점을 명확하게 지적하여 비판하고 있다. 즉 현상 세계는 끊임없이 변화하기 때문에 단지 내 마음속의 양지(良知)만으로 다양한 객관 세계의 모든 변화를 설명할 수 없다는 것이다. 그러므로 홍대용은 "먼저 궁리의 공부를 하지 않으면, 동쪽을 가리키면서 서쪽이라 하고, 도둑을 자기 자식이라 여기지 않겠는가?"[37)]라고 하여, 학설상에 있어서 심즉리(心卽理)나 치양지보다 오히려 즉물궁리를 지지하였던 것이다.

홍대용의 서학(西學)에 대한 관심은 전적으로 서양과학에 쏠려 있었고, 서양종교에 대해서 오히려 비판적이었다.[38)] 홍대용은 다음과 같이 말했다.

知之間, 則雖一時凝定之力, 稍有澄化, 悟解之功, 而事變紛沓, 卒已汨亂."

36)『湛軒書』外集 卷1, 4b「杭傳尺牘」〈與蓧飮書〉"此其用功, 雖若簡切, 責効雖若巧速. 惟捨其色, 而求明於目, 五色之變, 不可勝見也. 捨其聲, 而求聰於耳, 悟性之變, 不可勝聽也. 捨其味, 而求辨於口, 五味之變, 不可勝嘗也."

37)『湛軒書』外集 卷1, 4a「杭傳尺牘」〈與蓧飮書〉"不先之以窮理之功, 其不至於指東爲西, 認賊爲子乎."

38) 이에 대해서는 김태준,『洪大容評傳』(민음사, 1987) 제5장, 6절,「북경 천주당 방문기」141-151쪽에 잘 정리되어 있다.

서양 사람의 학문은 비록 불교를 배척하나 그의 말인즉 불교의 하승(下乘: 小乘)에서 나온 것입니다. 요사이 듣건대 중국에서 그 학문을 높이는 사람이 많으므로 이단(異端)보다 해가 심합니다. 그러나 정밀하고 교묘한 산술(算術)과 의상(儀象)은 실로 중국이 아직 발명하지 못한 것입니다.[39]

세상 사람들은 옛 습관에 안착하여 살피지 않는다. 이치가 눈앞에 있는데 일찍이 연구하여 찾지 않기 때문에 일평생을 하늘을 이고 땅을 밟건만 실정에 캄캄하다. 오직 서양 어떤 지역은 지혜와 기술이 정밀하고 소상하여 측량에도 해박하고 자세하다. 땅을 지구(地球)라고 하는 설은 다시 의심할 여지가 없다.[40]

홍대용은 서양종교〔천주교〕를 불교의 하승(下乘)에다 비유하여 폄하하였지만, 서양의 과학은 동양에서 아직 발명하지 못한 것이라 하여 동양에 서양의 우월성을 분명히 밝혔다. 따라서 홍대용에 있어서 서양과학의 수용 여부는 이미 논란의 대상조차 되지 않았던 것이다.

이러한 개방적인 학문태도는 박지원과 박제가에 있어서도 엿볼 수 있다. 박지원은 「열하일기」에서 다음과 같이 말했다.

아아! 슬프다. 중국의 학술이 쇠망하였구나. 천하의 학문이 한 갈래로 나오지 않게 되어, 주희(朱熹)와 육구연(陸九淵)의 나뉨이 벌써 수백 년이 되어 서로를 원수처럼 헐뜯으며 미워하더니, 명(明)의 말기에 이르러서 천하의 학자가 모두 주자를 숭배하였으므로, 육씨를 따르는 이가 드물게 되었다. 그러다가

---

39) 『湛軒書』 外集 卷1, 47b 「杭傳尺牘」, 〈與孫蓉洲書〉, "泰西人之學, 雖極力闢佛, 而其言則出於佛教之下乘. 近聞中國多崇其學, 害甚異端. 若其算術儀象之巧, 實是中國之所未發."

40) 『湛軒書』 內集 卷4, 21b 「毉山問答」, "世之人安於故常習而不察, 理在目前, 不曾推索, 終身戴履, 昧其情狀. 惟西洋一域, 慧術精詳, 測量該悉. 地球之說, 更無餘疑."

청(淸)이 주인이 되자 학술의 종주(宗主)가 있는 곳과, 당시 그를 따르는 수효가 많고 적음을 살펴서 많은 편을 좇아 힘껏 숭배하였다.[41)]

박지원은 먼저 당시 중국의 고루한 학풍에 대해 비판하고, 이어 조선의 선비들에게 주자학 이외의 학문에 대해서 귀를 기울일 것을 당부하였다.

만일 그들 중 터놓고 주자를 반박하는 이를 만나거든, 그가 보통의 선비가 아닌 줄 알고 부질없이 이단이라고 배척하지 말며, 달을 잘하여 점차 속에까지 스며든다면, 아마 이로 인하여 천하의 대세를 엿볼 수 있을 것이다.[42)]

박지원은 당시 중국이 이미 주자학 일변도로 변한 현실에서 만일 주자학 이외의 학설을 말하는 사람을 만나면 무턱대고 이단(異端)이라 배척하지 말라고 하여, 이단의 학문에 대한 개방적인 태도를 보여주었던 것이다.

박제가도 당시 조선의 학풍을 "우리나라에 사람마다 정주(程朱)의 학설을 말할 뿐이며, 나라 안에 이단이 없으므로 사대부는 감히 강서(江西: 陸九淵) · 여요(餘姚: 王守仁)의 학설을 논하지 못한다. 그러나 어찌 도(道)가 한 길로만 나와 그런 것이겠는가?"[43)]라고 하여, 주자학 일변의 폐쇄적인 학문 경향을 비판하였다. 따라서 이러한 학문 풍토 속에서 진정한 사회발전을 기할 수 없다고 하여 다음과 같이 말했다.

---

41) 『燕巖集』 卷14, 4a 「熱河日記」 〈審勢編〉, "嗚呼. 中州道術陵遲, 天下之學不出于一, 而朱陸之分, 皆將數百年, 互相訾謷疾如仇敵, 至皇明季世, 天下學者莫不宗朱, 而爲陸者鮮矣. 及淸人入主中國, 陰察學術宗主之所在, 與夫當時趨向之衆寡, 於是從衆而力主之."

42) 『燕巖集』 卷14, 4a 「熱河日記」 〈審勢編〉, "如逢肆然駁朱者, 知其爲非常之士, 而毋徒斥以異端, 善其辭, 令徵質有漸, 庶幾因此而得覘夫天下之大勢也哉."

43) 『北學議』 「北學辨一」, "我國人說程朱, 國無異端, 士大夫不敢爲江西餘姚之說者. 豈其道於一而然歟."

아아! (나를 찾아왔던) 이 사람들 모두 장차 유도(儒道)를 밝히고 백성들을 다스릴 사람인데 고루함이 이와 같으니, 오늘날 우리나라 풍속이 진흥(振興)하지 못하는 것이 당연하다.[44]

위의 인용문은, 박제가가 중국을 방문하고 온 이후 당시 선비들이 박제가로부터 중국의 실상을 전해 듣고 그들이 평소에 생각했던 중국과 다르기 때문에 믿지 못하고, 오히려 박제가더러 "호국(胡國)을 우단(右袒)한다."고 한 데 대한 그의 독백이다. 이는 조선 학문의 폐쇄성이 초래한 결과로서, 박제가가 학문 및 사상의 개방을 역설하게 된 근본 원인이기도 하였다.

한편, 박제가는 주희 자신이 가장 심혈을 기울였다는 『대학(大學)』의 주석에 대해 비판하고 있다. 주희는 『대학』 고본(古本)에 착간(錯簡)과 궐문(闕文)이 있다고 보았다. 그리하여 주희는 『대학』을 경(經) 1장과 전(傳) 10장으로 나누어 전 10장을 경 1장에 대한 해설이라고 보았으며, 전(傳)에 격물치지(格物致知)에 대한 해설이 빠졌다고 하여, 스스로 한 장을 지어 삽입하여 보망장(補亡章)이라고 하였다. 이에 대해 박제가는 "경(經)의 글은 차례가 지극히 명백하며 곡진한 뜻이 있다. 후세의 주소가(注疏家)의 범례에 따라 증자(曾子)의 글을 논하면 결코 안 된다."[45]라고 하여, 주희(朱熹)의 『대학장구(大學章句)』에 대해 비판을 하였다. 이러한 진술은 박제가의 학문관에 있어서 비판적인 태도를 엿볼 수 있는 대목이라 하겠다. 이러한 비판적인 태도는 당시 이단으로 인식되던 청(淸)의 학문에 대해,

---

44) 『北學議』「北學辨一」, "嗚呼. 夫此人者, 皆將與明此道治此民者也, 其固如此, 宜今俗之不振也."

45) 『貞蕤文集』 卷4, 「答金大雅正喜」, "經文極明其序次, 曲有意義. 決不可以後世注疏家凡例, 論曾子之文也."

"참으로 백성에게 이로운 것이라면 비록 법이 이적(夷狄)한테서 나왔다 하더라도 성인이 장차 취할 것이다."[46]라고 하여, 청(淸)에 대한 개방적인 태도로 이어진다.

이러한 북학파의 개방적인 학문 태도는 기본적으로 '이천시물(以天視物)'이라고 하는 관점에 입각하고 있다. 그리고 이러한 객관적인 기준을 제시한 이는 바로 홍대용이다. 홍대용은 「의산문답」에서 허자(虛子)가 "천지간의 생물 중에 오직 사람이 귀하다. 금수나 초목은 지혜도 깨달음도 예법도 의리도 없다. 사람은 금수보다 귀하고, 초목은 금수보다 천하다."고 하여 물(物)의 차별성을 강조한 데 대해 다음과 같이 말했다.

> 너는 진실로 사람이다. 오륜(五倫)과 오사(五事)는 사람의 예의이고, 떼를 지어 다니면서 서로 불러 먹이는 것은 금수의 예의이며, 떨기로 나서 무성한 것은 초목의 예의이다. 사람의 관점에서 물(物)을 보면 사람이 귀하고 물이 천(賤)하나, 물의 관점에서 사람을 보면 물이 귀하고 사람이 천하다. 하늘에서 보면 사람과 물은 균등하다. (……) 지금 그대는 어찌 하늘에서 물을 보지 않고 사람의 관점에서 물을 보는가?[47]

여기에서 '사람의 관점에서 사물을 본다'는 것은 사람의 가치 기준으로 사물을 평가한다는 것이고, '사물의 관점에서 사람을 본다'는 것은 사물의 가치 기준으로 사람을 평가하는 것이다. 이처럼 '가치 기준'을 어디에 두느냐에 따라 '가치의 판단'이 달라지는 만큼, '사람'이나 '사물'이

46) 『北學議』「尊周論」, "苟利於民, 雖其法之或出於夷, 聖人將取之."

47) 『湛軒書』內集 卷4, 18b~19a「毉山問答」, "爾誠人也. 五倫五事, 人之禮義也. 群行呴哺, 禽獸之禮義也. 叢苞條暢, 草木之禮義也. 以人視物, 人貴而物賤, 以物視人, 物貴而人賤. 自天而視之, 人與物均也. (……) 今爾曷不以天視物, 而猶以人視物也."

라는 주관적 가치 기준을 떠나 '하늘〔自然〕' 이라고 하는 '제3의 관점', 즉 '객관적 가치 기준' 을 마련할 것을 주장하였던 것이다. 그리고 이때 '만물이 균등하다' 는 것은 만물의 가치론적 무차등성을 의미한다. 따라서 '관점의 상대화' 를 통해 가치의 절대성을 부정하고, '관점의 객관화' 를 통해 인식 및 가치평가의 객관성을 확보하고자 하였던 것이다.[48)]

홍대용은 '관점의 객관화' 를 떠나 가치 기준을 어디에 두느냐에 따라 가치판단이 달라짐을 다음과 같이 말했다.

> (物은) 대저 지혜가 없는 까닭에 거짓이 없고, 깨달음이 없는 까닭에 하는 짓도 없다. 그렇다면 물이 사람보다 훨씬 귀하다. 봉황은 높이 천 길을 날고 용은 날아서 하늘에 있으며, 시초(蓍草)와 울금초는 신을 통하고, 소나무와 잣나무는 재목으로 쓰인다. 사람의 유(類)와 견주어 어느 것이 귀하고 어느 것이 천하냐?[49)]

사람들은 금수가 지혜를 가지고 있지 않다는 의미에서 금수를 천하게 여기지만 오히려 금수는 지혜가 없기 때문에 남을 속일 줄 모른다. 사람은 하늘을 날 수 없는 데 비해 봉황과 용은 하늘을 날며, 사람은 신을 통할 수 없고 집 짓는 재목으로 쓰일 수 없는데 비해 초목은 신을 통하고 재목으로 쓰인다. 따라서 금수와 초목의 덕목으로 가치 기준을 삼으면 사람이야말로 천(賤)한 존재라는 것이다. 따라서 홍대용은 "어찌하여 하늘의 입장에서 물을 보지〔以天視物〕 않고, 오히려 사람의 입장에서 물을 보느냐〔以人視物〕" 고 강변하였던 것이다. 이렇듯 귀천(貴賤)을 비롯한 제반 가치는 기

---

48) 金文鎔, 「洪大容의 實學思想에 관한 硏究」, 고려대 박사학위논문, 1995, 33쪽 참조.

49) 『湛軒書』 內集 卷4, 18b 「毉山問答」, "夫無慧故無詐, 無覺故無爲. 然則物貴於人亦遠矣. 且鳳翔千刃, 龍飛在天, 蓍鬯通神, 松栢需材, 比之人類, 何貴何賤."

준에 따라 상대적일 수밖에 없다는 것이 홍대용의 생각이었던 것이다.

홍대용의 이러한 이천시물(以天視物)은 장자적(莊子的) 사유와 매우 유사한 점이 있다.[50] 그는 스스로 유자임을 분명히 하면서 한편으로 사상 전개의 방법론상에서 장자와 접합하고 있는 것이다. 그의 「의산문답」에 보이는 허자의 학문에 대한 실옹의 비판이 유가의 학문에 대한 장자의 비판과 유사하고, 허자의 인식지평의 한계를 지적하기 위한 실옹의 비유가 장자가 사용한 비유와 비슷하다. 그리고 이러한 형식적인 면뿐 아니라, '이천시물' 과 '이도관물(以道觀物)' 이라고 하는 '객관적 관점의 확립' 을 주장한 점에서 홍대용과 장자(莊子)의 유사성을 발견할 수 있다.

홍대용은 인 · 물(人物)이 가치상에서 차이가 없을 뿐 아니라, 때로는 물이 사람보다 귀하여, 성인들은 물을 본받아 문물을 제정하였다고 하였다.[51] 그리고 장보(章甫: 殷의 갓)나 위모(委貌: 周의 갓)로 대변되는 '중화(中華)' 의 문화나 문신(文身)이나 조제(雕題)와 같은 '오랑캐' 의 문화가 모두 자기 나름의 습속이라는 점에서 마찬가지라고 하였다.[52]

이러한 언급들은 "미꾸라지나 원숭이도 경우에 따라서 사람보다 나을 수 있고", "모장(毛墻)과 여희(麗姬)의 아름다움도 물고기나 새 등의 짐승에게 가치 없는 것"[53]이라고 한 장자(莊子)의 언급과 매우 유사하다. 이와

50) 이에 대해서 이해영, 「洪大容의 批判意識」, 『대동문화연구』 제29집, 성균관대 대동문화연구원, 1994; 송영배, 「홍대용의 상대주의적 思惟와 변혁의 논리 – 특히 『莊子』의 상대주의적 문제의식과의 비교를 중심으로」, 『한국학보』 제74집, 일지사, 1994 참조.

51) 『湛軒書』 內集 卷4, 19a 「毉山問答」, "古人之澤民御世, 未嘗不資法於物. 君臣之儀, 盖取諸蜂. 兵陳之法, 盖取諸蟻. 禮節之制, 盖取諸拱鼠. 網罟之設, 盖取諸蜘蛛. 故曰, 聖人師萬物."

52) 『湛軒書』 內集 卷4, 36b 「毉山問答」, "實翁曰, 天之所生, 地之所養, 凡有血氣, 均是人也. 出類拔萃, 制治一方, 均是君王也. 重門深濠, 謹守封疆, 均是邦國也. 章甫委貌, 文身雕題, 均是習俗也. 自天視之, 豈有內外之分哉."

53) 『莊子』 「齊物論」, "民寢濕, 則腰疾偏死, 鰌然乎哉. 木處, 則惴慄恂懼, 猨猴乎哉."; "毛墻麗姬, 人之所美也. 魚見之深入, 鳥見之高飛, 麋鹿見之決驟."

같은 사상내용의 유사성은 다음에서 언급할 관점의 유사성과 밀접한 연관이 있다고 하겠다. 장자는 다음과 같이 말했다.

> 도(道)로써 보면 물(物)에 귀천이 없고, 물로써 보면 물이 귀하고 인간이 천하며, 세속으로써 보면 귀천이 자기에게 있지 않다.[54]

장자(莊子)에 의하면, 만물은 각자 자신의 관점에서 자신이 귀한 존재라고 여기나, '도(道)' 의 관점에서 보면 각양각색의 만물은 귀천의 차이가 없다는 것이다. 이때 도(道)라는 것은 구체적인 내용을 가지는 특정한 이치 혹은 세계관이기에 앞서, 만물의 차원을 초월하는 제3의 입각점이라는 의미를 가진다. 이러한 측면에서 장자의 '도(道)' 는 홍대용의 '천(天)' 과 다르지 않고, 홍대용의 '이천시물' 은 장자의 '이도관지' 과 유사하다 할 수 있다.

홍대용은 이러한 '이천시물' 의 방법으로 자연과 인간 · 사회를 보고자 하였다. 그는 「의산문답」의 모두(冒頭)에서 이천시물론을 전개함으로써 이것이 자신의 새로운 세계관 형성의 방법론임을 분명히 하였다. 그는 옛사람들의 전해 오는 말만 믿는 것이 어찌 지금 눈으로 확인할 수 있는 실경(實境) 만하겠느냐고 반문하고, 허영에 현혹되어 정실(情實)을 살피지 않는 것은 커다란 미혹이라고 단언하였다. 그는 '이천시물' 의 방법으로 새로운 세계관을 확립하려고 하였던 것이다.[55]

따라서 홍대용의 객관적 대상 세계에 대한 관심의 증대는 과학적 성과에 적지 않은 업적을 남기기도 하였다. 그는 젊어서 혼천의(渾天儀) 등 천문 관측기구의 제작에 참여하고 그것을 소장하기도 하였으며, 「의산문답

54) 『莊子』 「秋水」, "以道觀之, 物無貴賤, 以物觀之, 物貴而自賤, 以俗觀之, 貴賤不在己."

55) 金文鎔, 전게논문, 33-36쪽 참조.

(毉山問答)」·「주해수용(籌解需用)」 등 자연과학 방면의 저술을 남기기도 하였다. 물론 이러한 연구 성과가 오늘날 얼마만큼 정밀하냐 하는 것은 별로 문제가 되지 않는다. 당시 과학 수준을 참작한다면 홍대용의 연구는 매우 의미 있는 작업이라 할 수 있다.

박지원도 홍대용과 마찬가지로 객관적인 관점에서 사물을 보고자 하였다. 그가 "물의 입장에서 나를 보면 나도 물의 하나이다."[56]고 한 것도 바로 관점의 상대화를 강조한 것이라고 하겠다.

북학파의 이러한 관점의 상대화는 결국 이용후생론적 학문관으로 연결된다. 따라서 북학파의 학문관에서 드러나는 실용적 경향은 일정 부분 이러한 관점의 상대화와 객관화에 기인하는 것이라고 하겠다. 특히 북학파의 '이천시물' 의 학문 방법은 자연관에 있어서 기존의 형이상학적 자연관을 배제하고 과학적인 자연관을 확립하는 계기가 되었다.

2. 과학적 자연관

1) 북학파의 자연관 형성에 끼친 漢譯西學書

한역서학서가 우리나라에 전래된 기록으로 1603년 북경에 사신으로 다녀온 이광정(李光庭, 1552~1627)이 〈세계지도〉를 들여온 것이 처음이며,[57] 이듬해인 1604년에 황중윤(黃中允, 1577~?)이 「양의현람도(兩儀玄覽圖)」를 들여왔다고 한다.[58] 그러나 초기 서학관계 연구에 관심을 보인

---

56) 『燕岩集』 卷2, 17b, 「答任亨五論原道書」, "卽物而視我, 我亦物之一也."

57) 이수광, 『芝峰類說』, 권2, 「諸國部」, '外國', 36-37쪽 참조.

58) 최동희, 『서학에 대한 한국 실학의 반응』, 고려대학교 민족문화연구원, 1988, 18쪽 참조.

인물로 1610년과 1614년 두 차례 중국을 다녀온 허균(許筠, 1569~1618)을 들 수 있으나, 실질적인 인물은 『지봉유설(芝峰類說)』을 쓴 이수광(李睟光, 1563~1682)이라 하겠다. 특히 1614년에 이수광이 쓴 『지봉유설』「제국부」, '외국' 조에 『천주실의(天主實義)』의 핵심 내용이 요약되어 있을 뿐 아니라 저자인 마테오리치에 대해 자세히 기록되어 있는 것으로 보아 『천주실의』가 조선에 유입된 것이 1614년 이전이었던 것으로 추증할 수 있다.[59] 이는 마테오리치가 북경에서 활약한 것이 1601년 이후라는 점을 고려할 때 조선에 서학이 도입하기 시작한 것은 10년 정도밖에 차이가 나지 않는 비교적 빠른 편이었다는 것을 알 수 있다. 그 뒤 1630년 진주사(陳奏使)로 가서 선교사 로드리게스(João Rodrigues, 陸若漢)를 만나기도 한 정두원(鄭斗源, 1581~?)에 의해 『치역연기(治曆緣起)』와 마테오리치(Matteo Ricci, 利瑪竇)의 천문서(天文書) 및 원경서(遠鏡書), 천리경설(千里鏡說), 알레니(J. Aleni, 艾儒略)의 『직방외기(職方外紀)』, 『서양국풍속기(西洋國風俗記)』, 『만국전도(萬國全圖)』, 홍이포(紅夷砲), 자명종 등이 도입되었다. 그리고 소현세자(昭顯世子, 1612~1645)가 1645년에 귀국하면서 아담 샬로부터 천문, 산학, 천주교 서적과 지도, 천주상 등을 선물로 받아 귀국하였고, 숙종(肅宗) 연간의 노론 4대 신의 한 사람인 이이명(李頤命, 1658~1722)이 1704년 연행사로 북경에 가서 예수회 선교사 수아레즈(Joseph Suares, 蘇霖), 쾨글러(Lgnatius Koegler, 戴進賢)와 천문 역법을 토론하고 귀국하면서 마테오리치와 알레니의 천주교 · 천문 · 역산 관련 학술 서적을 들여왔다.

특히 청나라에서 1645년에 서양 역법인 시헌력(時憲曆)을 채택한 이래 조선 왕조는 1645년 5월에 봉림대군(鳳林大君)과 함께 귀국한 한홍일(韓

59) 이 외에도 柳夢寅이 1621년에 쓴 『於于野談』에 『천주실의』의 내용이 요령있게 요약되어 있다.

興一, 1587～1651)이 인조(仁祖)에게 글을 올려 서양의 역법을 받아들일 것을 공식적으로 요청하였고,[60] 같은 해 12월에는 관상감(觀象監) 제조(提調)인 김육(金堉, 1580년～1658) 역시 인조에게 새로운 역(曆)의 필요성을 역설하고 있다.[61] 이처럼 다년간의 노력 끝에 1653년(효종 4년) 서양 역법에 따른 달력을 만들어 다음 해부터 공식적으로 사용하기에 이르렀다. 이러한 서양 역법의 수용으로 인해 서양 과학의 우수성은 이미 국가적인 차원에서 인정받은 셈이었으므로, 실학파 학자들은 서양의 과학적 성과를 흡수하는 데 적극적이었다. 그러므로 이익은 "지금 시행하고 있는 시헌력은 서양인 아담 샬이 만든 것으로 역도의 극치를 이룬다. 해와 달의 교차 및 일식과 월식에 있어서 조금도 틀리지 않는다. 성인이 다시 태어난다 해도 반드시 따를 것이다."[62]라고 하여, 서양의 천문·역법에 대해 얼마나 신뢰하고 있는지 잘 보여주고 있다고 하겠다. 이로 미루어 볼 때 17세기 초부터 한역서학서가 우리나라에 유입되었음을 알 수 있다.[63]

당시 실학파들이 즐겨 본 서적으로 『천주실의(天主實義)』와 『직방외기(職方外紀)』를 비롯해, 종교 및 윤리서에 해당하는 『교우론(交友論)』, 『변학유독(辨學遺牘)』, 『기인십편(畸人十篇)』, 『칠극(七克)』, 『성세추요(盛世芻蕘)』, 『영언려작(靈言蠡勺)』과 자연철학 및 과학사상을 다룬 『만물진원(萬物眞原)』, 『동문산지(同文算指)』, 『태서수법(泰西水法)』, 『천문략(天問

60) 『仁祖實錄』, 23년 6월 甲寅조 참조.

61) 『仁祖實錄』, 23년 12월 丙辰조 참조.

62) 『星湖僿說』「天地門」〈曆象條〉, "今行時憲曆, 卽西洋人湯若望所造, 於是乎, 曆道之極矣. 日月交蝕, 未有差謬. 聖人復生, 必從之矣."

63) 17세기에 이미 김만중(金萬重, 1637~1692)은 지구 구형설을 옹호하기 시작했으며, 김석문(金錫文, 1568~1735)은 『오위역지(五緯曆指)』 등을 통해 접한 서양의 우주설을 주체적으로 수용하여 지구 자전설을 포괄하는 새로운 우주관을 구성하기까지 했다.(金容憲, 「최한기의 서양 우주설 수용와 기학적 변용」, 『실학의 철학』, 예문서원, 1996)

略)』, 『건곤체의(乾坤體義)』, 『기하원본(幾何原本)』 등이었다.

이익은 『천주실의』를 비롯해, 『태서수법』, 『천문략』, 『건곤체의』, 『기하원본』, 『직방외기』, 『방성도해』, 『치력연기』, 『주제군징』 등의 한역서학서를 통해 서양의 과학 · 기술에 대해 적극적으로 수용하려는 개명한 사상가였다. 이러한 단적인 예는 이익의 『성호사설』의 「천지문」 223항이 모두 천문 · 역법 · 지리 · 수리 등 서양의 과학 · 기술에 대해 언급한대서 알 수 있다.[64]

홍대용은 연행사를 따라 북경에 가서 세 차례에 걸쳐 흠천감(欽天監)의 감정(監正) 할러슈타인(A. Hallerstein, 劉松齡), 부감(副監) 고가이슬(A. Gogeisl, 鮑友管) 등 서양 성직자들을 만나 역법(曆法)에 관해 물은 적이 있다. 이때 필담을 적은 「유포문답(劉鮑問答)」에 "지금 서양의 법은 산수를 근본으로 하고 기구를 도구로 하여 만물을 헤아리고 만상을 살핀다. 천하의 멀고 가까움, 높고 깊음, 크고 작음, 가볍고 무거움을 모두 눈 앞에 모아 손바닥 위에서 가리키는 것과 같으니, 한나라나 당나라에 없었던 것이라고 해도 망언이 아니다."[65]라고 하여 서양의 과학 기술을 높이 평가하였으며, 반정균(潘庭筠), 엄성(嚴誠) 등 중국 학자들과의 필담에서 "논천(論天), 역법(曆法)에 있어서 서양의 법이 고원하여 전에 밝히지 못한 것을 밝혔다."[66]고 하였다. 무엇보다 홍대용은 사설 천문대인 농수각(籠水閣)를 설치하여 혼천의(渾天儀), 후종(候鐘), 혼상(渾象), 측관의(測觀儀), 구고의(勾股儀) 등을 갖추고 천문학을 연구하였을 정도였으며, 『수리정온(數理精蘊)』을 참고해 『주해수용(籌解需用)』을 저술했을 만큼 수학에 조예가 있었다.

---

64) 이광래, 「한국의 사양사상 수용사」(열린책들, 2003) 137쪽 참조.

65) 『湛軒書』 外集 卷7, 「燕記」, 〈劉鮑問答〉, 270쪽.

66) 『湛軒書』 外集 卷2, 「杭傳尺牘」 〈乾淨衕筆談〉

최한기는 지금까지 알려진 120여 권의 저술 가운데 절반가량이 자연과학 분야에 해당할 만큼 과학사상에 관심이 많았다. 이미 1836년에 쓴 『추측록(推測錄)』에서 지구회전설을 시작으로 1857년 『지구전요(地球典要)』, 1867년 『성기운화(星氣運化)』에 이르기까지 태양중심설은 물론이고 뉴턴의 만유인력의 법칙도 받아들일 만큼, 서구의 천문학과 지리학에 대한 수용 의지는 남달랐으며, 이러한 그의 지적 호기심은 서양 근대 과학의 수용은 의학의 분야에서도 이루어졌다. 그는 음양오행설이 기저를 이루고 있는 동양 의학에 대해 회의적인 시각으로 바라본 반면 해부학을 근간으로 하는 서양의학에 대해 찬사를 보냈던 것이다.[67]

이처럼 한역서학서를 통해 서학을 이론적으로 분석하기 시작한 사람은 이익을 필두로, 홍대용, 박지원, 정약용, 최한기 등으로 서학 연구가 본격적으로 이루어졌다. 이들은 공통으로 주자학의 반경험론적 경향과 형이상학적 심성론의 천착에 반대하였으며, 초기 유교의 경세론을 바탕으로 이론을 세우고 과학 기술 분야에 깊은 관심을 가졌다. 과학 기술 분야에 관심을 기울인 태도는 구체적인 생산 기술에 대하여 군자의 일이 아니라고 생각했던 초기 유학의 입장에서 벗어난 태도라 하겠다.[68]

그러나 무엇보다 홍대용을 비롯한 실학파의 자연관 형성에 지대한 영향을 끼친 한역서학서(漢譯西學書)로 『공제격치(空際格致)』와 『담천(談天)』을 들 수 있다.[69]

---

67) 최한기의 자연관과 관련된 선행 연구로는 李賢九, 「崔漢綺 氣學의 成立과 體系에 관한 硏究」(성균관대 박사학위논문) ; 辛源俸, 「惠岡의 氣化的 世界觀과 그 倫理的 含意」(정문연 한국학대학원 박사학위논문) ; 權五榮, 「惠岡 崔漢綺의 學問과 思想 硏究」(정문연 한국학대학원 박사학위논문) ; 金容憲, 「崔漢綺의 西洋科學 受容과 哲學 形成」(고려대 박사학위논문) 등이 있다.

68) 이현구, 「서양 과학과 조선 후기 실학」, 『실학사상과 근대성』(예문서원, 1998) 123-125쪽 참조.

『공제격치』(1633년 간행)는 17세기 초반 바뇨니(Alphonsus Vagnoni, 高一志, 1566～1640)가 저술한 것으로 아리스토텔레스의 『기상학(*Meteorologica*)』을 저본으로 해서 천둥 · 번개 · 지진 · 폭풍 · 해류 등과 같은 지상계에서 여러 가지 자연 현상들을 설명해 놓은 일종의 지구과학 개설서다. 특히 이 책의 전반부인 「원행성론(元行性論)」과 「지론(地論)」 부분은 우주 중심에 정지해 있는 구형의 지구를 전제로 기독교적 신의 섭리가 조화롭게 펼쳐져 있음을 입증하기 위하여 사원소(四元素)설에 뿌리를 둔 서양의 중세적인 우주론을 논증하는 내용으로, 서양과학의 소개를 통해 기독교적 신의 섭리를 전파하려는 예수회 선교사들의 의도가 다분히 깔려 있다. 『공제격치』 전반부에 담긴 가장 핵심적인 내용은 흙(土), 물(水), 공기(氣), 불(火) 네 가지 원소의 본질적인 성질을 기술하고, 그것에 절대적인 무게라는 본성과 그에 상응하는 우주 내에서의 본연의 위치를 본성으로 부여하였다. 즉 가장 무거운 본성을 지닌 흙은 본연의 위치가 우주의 중심이며, 가장 가벼운 불은 우주의 중심에서 먼 바깥이 본연의 위치가 된다. 그리고 상대적으로 중간 정도의 무거움과 가벼움을 지닌 물과 공기는 각각 중간의 위치를 본연의 위치로 가진다고 하였다. 그러므로 무거운 흙으로 이루어진 땅은 우주의 중심에서 사방으로 흙이 몰려들어 뭉쳐진 곳이므로 당연히 구형일 수밖에 없는 것이다.[70)]

특히 『공제격치』에서 사원행(四元行) 이론을 통해 의도했던 또 하나의 중요 내용은 기(氣)가 지니는 전통적인 기능과 의미를 부정하고 단지 물질적인 것에 지나지 않는다고 규정하였다. 「기행유무(氣行有無)」에서 기가 없으면 새가 날 수 없는 것과 채찍을 휘두르면 소리가 나는데 이것은

69) 물론 이들 책 외에도 여러 저서들이 있지만, 논문의 전개상 이 두 책을 중심으로 고찰하고자 한다.

70) 권오영, 『최한기의 학문과 사상 연구』, 집문당, 1999. 296-298쪽 참조.

채찍과 기(氣)라는 두 물질이 부딪혀 소리가 나는 것, 양쪽이 문이 있는 경우 한쪽의 문을 닫으면 반대쪽의 문이 열리는 것 등 모두 물질적인 기에 의해서 그러하다는 것이다. 이러한 기에 대한 인식이 홍대용이나 최한기에 있어서 기에 대한 인식을 새롭게 하게 된 연유가 된다고 하겠다.

1859년 간행된 『담천』은 허셸(J. F. W. Herschel, 候失勒, 1792～1871)의 『천문학개요(*The Outlines of Astronomy*)』(1849)의 한역서학서로, 이전에 중국에서 번역 간행된 서양 천문학 서적은 코페르니쿠스(Copernicus, Nicolaus, 1473～1543), 티코 브라헤(Tycho Brahe, 1546～1601), 케플러(Johannes Kepler, 1571～1630)의 천문학 수준을 벗어나지 못했던 것에 비해, 이 책은 뉴턴(Isaac Newton, 1642～1727)의 근대 역학(力學)을 기초로 코페르니쿠스의 태양중심설을 비교적 체계적으로 소개했고, 칸트(Immanuel Kant, 1724～ 1804)의 성운가설을 상세히 논증했으며, 서구 과학자들의 근대적 관측 기록에 근거한 천체 배치와 별들에 관한 내용을 담고 있다. 특히 『담천』 제8권에서 "뉴턴에 의하면 하늘에 있는 모든 물질은 서로 섭인(攝引)하는 힘이 있는데, 질(質)의 중량에 정비례하고 떨어진 거리의 제곱에 반비례한다."고 하여, 뉴턴 역학인 만유인력법칙의 원리를 기초로 천체를 설명하였다. 이 외에도 18 · 19세기에 발견된 천왕성과 해왕성에 관한 내용과 달의 분화구와 오행성, 및 태양흑점의 상세한 모양, 화성과 목성 사이에 존재하는 소행성대에 관한 내용, 항성의 시차, 관행차, 혜성의 생성원인, 항성계 · 변성 · 쌍성 · 성단 · 성운 등등 최한기를 비롯한 19세기 조선의 학자들이 이전에 전혀 접해보지 못한 새로운 지식들이 수록되어 있었다.[71] 즉, 『담천』에 수록되어 있는 "옛사람들이 은하수를 논할 때, 모두 기라고 하였으나, 근대에 망원경이 나와 수많은 별

71) 이현구, 「최한기의 기학과 근대과학」(『계간 과학사상』 1999, 가을) 82쪽 참조 ; 박권수, 「최한기의 천문학 저술과 기륜설」(『계간 과학사상』 1999, 가을) 94쪽 참조.

들이 모여 있는 것임을 알았다. (……) 더욱 정밀한 망원경으로 관찰하여 은하도 한계가 있고, 텅 빈 공간에 펼쳐진 것이 아님을 알았다. 한계 밖에 다시 수많은 성기(星氣)가 있으니, 은하도 하나의 성기이며, 무수한 성기는 무수한 은하인 것이다."[72], "뉴턴(柰端)은 천공에 있는 모든 물질은 각 점이 모두 서로 끌어당기며, 끌어당기는 힘은 질량에 정비례하고 서로 떨어진 거리의 제곱에 반비례한다고 하였다."[73]라고 하여, 이미 전통 천문학이 공박할 수 없는 수준의 지식과 자료를 토대로 이루어졌을 뿐만 아니라, 망원경에 의한 관측 결과를 증거 자료로 제시했기 때문에 당시로서 최신의 천문학 서적이었다고 하겠다.

2) 음양오행론에 대한 새로운 이해

(1) 음양오행론의 본질과 전개

음양론(陰陽論)과 오행론(五行論)은 본래 각기 독립된 자연관으로서, 비록 이러한 개념이 나타난 시기는 확실하지 않으나, 서주(西周) 말기에 종교적 세계관이 동요함에 따라 자연계 자체에서 자연현상의 변화와 근원을 탐구하기 시작함으로써 비로소 생겨났다고 보인다.[74]

음양오행론의 본래 의미는 햇볕의 변화와 연관된 음양론(陰陽論)과 수·화·목·금·토의 다섯 가지를 물질의 근원적 성질로 본 오행론(五行論)이 결합한 것이다. 이러한 음양오행론이 후대로 내려오면서 본래적

---

72) 『談天』 序, "古人論天河, 皆云是氣, 近代遠鏡出, 則知爲無數小星. (……) 而測以更精之遠鏡, 知天河亦有盡界, 非布滿虛空也. 而其界外別有無數星氣, 意天河亦爲一星氣, 無數星氣卽無數天河."

73) 『談天』 권8, 「動理」, "柰端言, 天空諸有質物, 各點具互相攝引, 其力與質之多少有正比例, 而與相距之平方有反比例"

74) 『辭海』 (哲學分册) 124쪽 참조.

의미는 점차 사라지고, 음양오행을 우주의 원리 또는 우주의 구조로 설명하기에 이르렀다. 마침내 한대(漢代)에 이르러는 음양의 개념에 '양존음비(陽尊陰卑)'의 가치개념을 도입하여 차등적 신분질서를 정립 내지 공고히 하였다. 그뿐만 아니라 오행의 개념이 인간의 구체적 행위규범인 오상(五常)과 연결되고, 말기에 신비주의와 결합하여 참위설의 한 부분으로 변형되는 데까지 이르렀다. 즉 음양오행론이 천인감응설(天人感應說)과 결합된 신비주의적 사상으로 발전한 것이다. 송대(宋代)에 이르러서는 주돈이(周敦頤, 1017～1073)의 「태극도설(太極圖說)」에서 음양오행론이 태극-음양-오행이라는 우주의 생성원리로 제시된 이래, 음양오행론은 성리학의 중심과제로 대두되어 이론적으로 천착 되었다. 이제 그 과정을 좀 더 구체적으로 살펴보자.

춘추시대의 기록인 『국어(國語)』에서 "유왕 3년 서주(西周) 세 내에서 지진이 났다. 백양보가 말하기를, 주(周)는 장차 망할 것이다. 대저 천지의 기운은 차례를 잃지 않는데, 만약 차례를 잃으면 백성들은 어지러워진다. 양(陽)이 잠복하여 나올 수 없고, 음(陰)이 숨어 올라가지 못하면 이에 지진이 있게 된다."[75]고 하였다. 즉 일체의 현상을 상반되는 음·양이라는 두 세력의 대립적 상호작용으로 설명한 것이다. 이러한 음양론의 전개양상은 「역전(易傳)」에 의해 한 층 더 구체화된다. 『주역(周易)』「계사전(繫辭傳)」에서 "한 번 음하고 한 번 양하는 그것을 일러 도(道)라 한다. (……) 음과 양의 헤아릴 수 없는 그것을 일러 신(神)이라 한다."[76]고 하여 상반상성(相反相成)하는 음양의 두 기(氣)로서 우주의 생성변화를 설명하였다.

---

75) 『國語』, "幽王三年, 西周三川皆震, 伯陽父曰 周將亡矣. 夫天地之氣, 不失其序, 若過其序, 民之亂也. 陽伏而不能出, 陰遁而不能蒸, 於是有地震."

76) 『周易』「繫辭傳」上, 제5장, "一陰一陽之謂道, (……) 陰陽不測之謂神"

「역전」 전반에 걸쳐 나타나는 음양의 개념은 우주의 두 원리 또는 원동력으로, 양(陽)은 하늘 · 남성 · 홀수 · 능동성 · 더위 · 밝음 · 건조 · 굳음 등을 의미하고, 음(陰)은 땅 · 여성 · 짝수 · 수동성 · 추위 · 어두움 · 습기 · 부드러움 등을 의미한다. 이 두 개 원동력의 상호작용으로 우주의 삼라만상이 전개된다는 것이다.[77)]

특히 「역전」에서 말한 음양론의 가장 큰 특징은 양자가 서로 대립 투쟁하는 모순관계가 아니라 '일음일양지위도(一陰一陽之謂道)' 라는 상반상성하는 대대관계(對待關係)로 설명된다는 것이다.[78)] 「계사전」에서 다음과 같이 말했다.

> 건곤은 역(易)의 문이다. 건은 양물(陽物)이고 곤은 음물(陰物)이다. 음양이 덕을 합하고 강유가 체가 있음으로써, 천지의 모든 일에 체달하고 신명의 덕에 통달하게 된다.[79)]

「계사전」에서 건곤이 음양을 대표하는 것으로 보았다. 천지만물은 음양의 합덕(合德)에 의해 전개되는 바, 음양의 원리에 통달하면 천지만물은 물론이요 근원으로서 신명한 덕에 통달할 수 있게 된다는 것이다. 「계사전」에는 아울러 음 · 양의 개념을 유 · 강(柔剛)과 인 · 의(仁義)의 개념으로 파악하기도 하였다.

> 하늘의 도(道)를 세워 음과 양이라 하고, 땅의 도를 세워 유와 강이라 하며,

---

77) 馮友蘭 著, 鄭仁在 譯, 『中國哲學史』 형설출판사, 1987. 193쪽 참조.

78) 崔英辰, 「易學思想의 哲學的 探究」, 성균관대 박사학위논문, 1989.

79) 『周易』 「繫辭傳」 下, 제6장, "乾坤, 其易之門也. 乾陽物也, 坤陰物也, 陰陽合德, 而剛柔有體, 以體天地之撰, 以通神明之德."

사람의 도를 세워 인과 의라고 한다.[80]

특히 『주역』「계사전」에서 양의 수를 홀수로 음의 수를 짝수로 나타내고, 천지의 수 55가 천지를 변화하게 하는 상수적(象數的) 원리가 된다고 하였다.[81]

이러한 이론이 전국시대 말 추연(鄒衍, B.C. 305?~240?)을 대표로 하는 음양가에 의해 더욱 발전되었으니, 음양을 만물을 구성하는 두 개의 기로 파악하고, 오행과 음양을 수로 연결시킨 것이다. 추연은 음양 두 기의 변화와 오덕(五德)의 상생 · 상승(相生相勝)에 의해 왕조가 교체된다는 오덕종시설(五德終始說)을 주장하였다. 추연은 "천지가 나누어진 이래 오덕이 서로 전환하여 정치에 각각 적의(適宜)함이 있어 응부(應符)함이 이와 같은 것이다."[82]고 하였다. 즉 추연에 의하면 각각의 왕조는 화 · 수 · 목 · 금 · 토의 오행의 덕 가운데 하나를 갖추고 있으며, 덕을 잃으면 오행이 상승(相勝)하는 것처럼 다음 덕을 지닌 왕조에 의해 교체된다는 것이다.

이러한 오행종시설을 더욱 체계화한 것이 『여씨춘추(呂氏春秋)』이다. 『여씨춘추』에 의하면, 황제(黃帝) 때 토(土)의 기운이 성하였고, 우(禹)가 일어날 때 목(木)의 기운이 우세하였으며, 탕(湯) 때에 금(金)의 기운이 우세하였고, 문왕 때에 화(火)의 기운이 우세하였다. 화(火)를 이길 수 있는 것은 수(水)이기 때문에, 앞으로의 통일 왕조는 수덕(水德)을 발휘하는 세상이 될 것이며, 그다음에는 수덕(水德)의 세상을 이어 토덕(土德)이 지배하는 세상이 올 것이라는 것이다.[83] 음양오행론은 이와 같이 오덕종시설

80) 『周易』「說卦傳」, 제2장, "立天之道, 日陰與陽. 立地之道, 日柔與剛. 立人之道, 日仁與義."

81) 『周易』「繫辭傳」 上, 제9장, "天一 地二 天三 地四 天五 地六 天七 地八 天九 地十 天數五 地數五 五位相得 而各有合 天數二十有五 地數三十 凡天地之數 五十有五 此所以成變化而行鬼神也"

82) 『史記』 卷74, 「孟子荀卿列傳」, "天地剖判以來, 五德轉移, 治各有宜, 而符應若茲."

로 전개됨으로써, 본래의 의미는 점차 사라지고 신비화되기 시작하였던 것이다.

특히 동중서(董仲舒, B.C. 179～104)에 이르러, 음양오행의 개념은 소박한 자연개념을 완전히 상실하고 가치개념이 부여된 형이상학적 관념론으로 변질되었다. 그는 "위에 있는 모든 것은 아래에 대해 양(陽)이 되고, 아래에 있는 모든 것은 위에 대해 음(陰)이 된다."[84]고 보았다. 그는 존비(尊卑)의 위계라는 관점에서 음양론을 전개함으로써, 종래에는 주로 횡적(橫的)인 관계로 인식되었던 음양의 관계를 상하의 관계로 대치하였던 것이다.[85] 그는 오행의 개념을 '오상(五常: 인 · 의 · 예 · 지 · 신)'이라는 윤리의 덕목과 결부시켰다. 그는 다음과 같이 말했다.

> 하늘에는 오행이 있다. 첫째는 목이요, 둘째는 화요, 셋째는 토요, 넷째는 금이요, 다섯째는 수다. 목은 오행의 시작이요, 수는 오행의 마침이요, 토는 오행의 중간이다. 이것은 하늘이 차례한 순서다. 목은 화를 낳고, 화는 토를 낳고, 토는 금을 낳고, 금은 수를 낳고, 수는 목을 낳는다. 이것은 아버지와 아들의 관계다. 항상 아버지를 인하여 아들을 부리니, 이것이 천지의 도다. (아들은 항상 아버지에게 의지하고, 아버지는 항상 아들에게 지시한다. 이것이 하늘의 도다.)[86]

---

83) 『呂氏春秋』「應同篇, "凡帝王者之將興也, 天必先見祥乎下民. 皇帝之時, 天先見大蚓大螻, 皇帝曰 土氣勝. 土氣勝, 故其色尙黃, 其事則土. 及禹之時, 天先見草木秋冬不殺, 禹曰 木氣勝. 木氣勝, 故其色尙青, 其事則木. 及湯之時, 天先見金刃生於水, 湯曰 金氣勝. 金氣勝, 故其色尙白, 其事則金. 及文王之時, 天先見火赤鳥銜丹書集於周社, 文王曰 火氣勝. 火氣勝, 故其色尙赤, 其事則火. 代火者必將水. 天且先見水氣勝. 水氣勝, 故其色尙黑, 其事則水. 水氣至而不知數備, 將徒于土."

84) 『春秋繁露』「陽尊陰卑」, "諸在上者, 皆爲其下陽. 諸在下者, 皆爲其上陰."

85) 馮友蘭 · 더크보드 저, 강재륜 역, 『중국사상사』, 일신사, 1984, 200쪽 참조.

86) 『春秋繁露』「五行之義」, "天有五行, 一曰木, 二曰火, 三曰土, 四曰金, 五曰水. 木五行之始

이처럼 동중서는 음양오행의 소박한 자연관을 탈피하고, 음양오행에 '양존음비' 의 가치규범과 '오상' 의 윤리규범을 결합함으로써, 이른바 '과학적 세계관' 과 거리가 멀어지게 된 것이다. 이처럼 한대(漢代) 이후 음양오행사상은 자연을 있는 그대로 파악하는 것이 아니라, 인간의 가치규범과 결부시켜 관념적으로 이해하였던 것이다.

이러한 음양오행론에 대한 이해는 한대(漢代)의 감응설(感應說)과 같은 신비적인 이해는 퇴색되고, 송대(宋代) 성리학에 있어서 사물의 생성변화와 인간을 가치를 질서 지우는 윤리적 개념으로 이해되었다. 주돈이(周敦頤, 1017~1073)는 「태극도설」에서 다음과 같이 말했다.

> 무극(無極)이면서 태극이다. 태극이 움직여 양을 낳는다. 움직임이 극에 달하면 고요해지니, 고요하여 음을 낳는다. 고요함이 극에 달하면 다시 움직인다. 한 번 움직이고 한 번 고요함이 서로 뿌리가 된다. 음으로 나뉘고 양으로 나뉘어 양의(兩儀)가 선다. 양이 변하고 음이 합하여 수 · 화 · 목 · 금 · 토를 낳아서 다섯 기가 순차적으로 펴지고 사시(四時)가 행해진다. 오행은 하나의 음양이요, 음양은 하나의 태극이다. 태극은 본래 무극이다. 오행이 생김에 각각 성(性)이 하나씩 있다. 무극의 진(眞)과 음양 · 오행의 정(精)이 묘하게 합하고 응결되어, 건도(乾道)는 남성을 이루고 곤도(坤道)는 여성을 이룬다. 두 기가 서로 감응하여 만물을 화생하니, 만물이 나고 나서 변화가 끝이 없다.[87]

也, 水五行之終也, 土五行之中也, 此其天次之序也. 木生火, 火生土, 土生金, 金生水, 水生木,. 此其父子之序也. 常因其父以使其子, 天地道也."

87) 『性理大全』 卷1, 「太極圖」, "無極而太極. 太極動而生陽, 動極而靜, 靜而生陰, 靜極復動, 一動一靜, 互爲其根. 分陰分陽, 兩儀立焉. 陽變陰合, 而生水火木金土, 五氣順布, 四時行焉. 五行一陰陽也, 陰陽一太極也, 太極本無極也. 五行之生也, 各一其性, 無極之眞, 二五之精, 妙合而凝, 乾道成男, 坤道成女, 二氣交感, 化生萬物. 萬物生生, 而變化無窮焉."

위의 인용문에서 알 수 있듯이, 주돈이에 의하면 태극은 음양으로, 음양은 다시 오행으로 분화되며, 이러한 분화와 교감에 의하여 만물의 생성변화가 끝없이 전개된다는 것이다. 또 주돈이는 결국 음양을 '인의(仁義)' 라는 윤리적 관념과 결부시켜 「태극도설」을 끝맺음하고 있다.

주희(朱熹, 1130~1200)는 "모든 것이 음양이다. 음양 아닌 사물은 없다."[88], "만물에 음양 · 건곤 아닌 것은 하나도 없다. 지극히 미세한 초목 · 금수에 이르기까지 암컷과 수컷, 음과 양이 있다."[89]고 하여, 모든 사물을 대립적인 음양의 구조로 파악하고 있다. 주희는 대대(對待)와 소장(消長)이라는 이중적 관점에서 음양을 이해한다. 대대란 상반상성(相反相成)의 논리로서 음양이 짝을 이루어 교감함으로써 만물을 낳는 것을 말하며, 소장이란 물극필반(物極必反)의 논리로서 교감에 의해 생긴 존재는 생장쇠멸의 순환적 변화를 겪는다는 것이다.[90] 주희는 다음과 같이 말했다.

> 음양은 하나라고 볼 수 있고, 두 개라고 볼 수 있다. 두 개라고 본다면, 음으로 나뉘고 양으로 나뉘어 양의가 서는 것이다. 하나라고 본다면 단순히 하나의 줄어듦과 자라남에 지나지 않는다.[91]

위에서 음양을 두 개로 볼 수 있다는 것은 대대의 관점을 말하는 것이며, 하나로 볼 수도 있다는 것은 소장〔순환〕의 관점을 말하는 것이다. 주

---

88) 『朱子語類』 卷65, 「淳錄」, "都是陰陽, 無物不是陰陽."

89) 『朱子語類』 卷85, 「砥錄」, "無一物不有陰陽乾坤, 至於至微至細草木禽獸, 亦有牡牝陰陽."

90) 주희는 對待의 관점에서 말하는 陰陽은 天地, 男女, 父子, 君臣 등 對立的 實體를 의미하는 것으로서, 이때의 陰陽은 二元的 關係라고 하였다. 반면에 消長의 관점에서 말하는 陰陽은 밤과 낮, 春夏秋冬, 生長衰滅 등 한 실체[個體]의 자라남과 줄어듦을 의미하는 것으로서, 이때의 陰陽은 一元的 關係라고 하였다.

91) 『朱子語類』 卷65, 「文蔚錄」, "陰陽, 做一箇看亦得, 做兩箇看亦得. 做兩箇看, 是分陽分陰, 兩儀立焉. 做一箇看, 只是一箇消長."

희는 이러한 음양의 대립적인 상호작용으로 만물의 생성변화가 전개된다고 보았다.

> 음양은 기이며, 오행의 질(質)을 낳는다. 하늘과 땅이 사물을 낳으매 오행만 선행한다. 땅은 토이며, 토는 다시 허다한 금·목의 유를 포함한다. 하늘과 땅 사이 일에 오행 아닌 것이 무엇이겠는가? 오행·음양 일곱 가지가 곤합(滾合)하니, 이것이 바로 사물을 낳는 재료이다.[92]

주희에 의하면 음양은 기이며, 이러한 음양에 의해 오행의 질이 생성된다고 보고,[93] 음양오행의 일곱 가지가 사물을 생성하는 재료라고 하였다. 이는 다음의 말에서 더욱 명백해진다.

> 음양은 기이며 오행은 질이다. 질이 있으므로 사물이 나올 수 있는 것이다. 오행이 비록 질이나 따로 또 오행의 기가 있어야 사물을 만들어 내는 것이 바야흐로 가능하다. 그러나 음양 두 기가 나뉘어서 다섯으로 되는 것이지 음양과 별도로 오행이 있는 것은 아니다.[94]

이처럼 주희는 음양과 오행의 관계를 별개의 것으로 보지 않고 음양 두

92) 『朱子語類』 卷94, 「謨錄」, "陰陽氣也, 生此五行之質. 天地生物, 五行獨先. 地卽是土, 土便包含許多金木之類. 天地之間, 何事而非五行. 五行陰陽, 七者滾合, 便是生物底材料."

93) 성리학에서 氣가 엉긴 것이 質이요, 質이 흩어진 것이 氣로서, 氣와 質은 可易的인 관계라고 본다. 氣에는 淸濁이 있고, 質에는 粹駁이 있는데, 淸한 기를 타고난 사람은 지혜롭고, 濁한 기를 타고난 사람은 어리석으며, 粹한 질을 타고난 사람은 어질고, 駁한 질을 타고난 사람은 고약하다고 한다. 그러나 濁駁한 기질은 淸粹한 기질로 변할 수 있다고 보는 바, 그리하여 '氣質變化' 라는 수양론이 성립한다.

94) 『朱子語類』 卷1, 「高錄」, "陰陽是氣, 五行是質. 有這質, 所以做得事物出來. 五行雖是質, 他又有五行之氣, 做這事物方得. 然却是陰陽二氣截做這五箇, 不是陰陽外別有五行."

기가 나뉘어서 오행의 기가 되며, 오행의 질에다 또 오행의 기가 있으므로 사물이 나올 수 있다는 것이다. 따라서 주자는 대립적인 음양 두 기가 서로 감응하여 사물을 낳게 한다고 하였다.

> 하늘과 땅은 단지 일기(一氣)이며, 스스로 음양으로 나뉜다. 음양 두 기가 서로 감응함으로 인하여 만물을 생성하는 까닭에 사물에 일찍이 대립(짝)하지 않는 것이 없다. 하늘의 짝은 땅이며, 삶의 짝은 죽음이다. 말하는 것과 침묵하는 것, 움직이는 것과 고요한 것 모두가 그러하다. 이것은 그 씨앗이 그러한 때문이다.[95)]

대립적인 음양 두 기가 서로 배척하는 것이 아니라 감응하고 조화하여 사물을 생성한다는 것은 음양대대론으로서, 이러한 관점에서 음양은 상호 불가결한 것으로 인식된다. 그러나 주희는 음양순환론의 관점에서 음양을 선악이라는 가치론적 관점에서 파악한다. 주희는 『주역』 곤괘(坤卦) 초육(初六)에 대한 해설에서 다음과 같이 말했다.

> 대저 음양이라는 것은 조화의 근본이니 음양이 서로 없을 수 없다. 또한 줄어듦과 자라남에는 일정함이 있어서 사람이 덜고 보탤 바 아니다. 그러나 양은 생(生)을 주관(主管)하고 음은 살(殺)을 주관한 즉, 선과 악의 나뉨이 있다.[96)]

위의 인용문에서, 음양이 조화의 근본으로서 서로 없을 수 없다는 것은

---

95) 『朱子語類』 卷53, 「明作錄」, "天地只是一氣, 便自分陰陽. 緣有陰陽二氣相感, 化生萬物, 故事物未嘗無對. 天便對地, 生便對死, 語默動靜皆然. 以其種如此故也."

96) 『周易』 坤卦, 象曰 初六, 本義, "夫陰陽者, 造化之本, 不能相無, 而消長有常, 亦非人所能損益也. 然陽主生, 陰主殺, 則其類有淑慝之分焉."

대대의 관점에 입각한 말로서, 음양대대론은 조양율음(調陽律陰)의 논리로 연결된다. 그러나 양은 자라남 즉 생(生)을 주관하므로 선하고 음은 줄어듦 즉, 살(殺)을 주관하므로 악하다는 것은 순환〔消長〕의 관점에 입각한 말로서, 음양순환론은 억음존양(抑陰尊陽)의 논리로 연결된다.[97] 이러한 맥락에서 음양론은 단순히 존재론적 의미만을 가지는 것이 아니라, 가치론을 포함한 이론으로 발전되었던 것이다. 한국 성리학파의 음양론도 대체로 이상에서 고찰한 주희의 관점을 벗어나지 않는다고 하겠다.

(2) 음양오행론의 비판

북학파는 성리학파처럼 음양오행을 실체의 개념으로 보지 않고, 있는 그대로 자연 현상이나 사물로 보고 있다. 홍대용은 "음양에 얽매이고 의리에 집착하여 천도를 살피지 않는 것은 선유(先儒)의 허물이다."[98]라고 하여, 성리학자들이 기존의 음양론이나 의리론에 얽매여 천도를 관찰하지 못했다고 비판하고, 다음과 같이 말했다.

> 만물이 봄과 여름에 화생하는 것을 교(交)라 하고, 가을과 겨울에 거두어 저장하는 것을 폐(閉)라 했으니, 옛사람이 말을 세움에 각각 까닭이 있다. 그러나 근본을 미루어 본다면 실상 태양 빛의 얕음과 깊음에 속할 뿐이다. 천지 사이에 별도로 음양 두 기가 있어서 때에 따라 나타나기도 하고 숨기도 하여 조화를 주장한다는 것은 후세 사람들의 말이다.[99]

97) 李相益, 『歷史哲學과 易學思想』, 성균관대 출판부, 1996, 130-138쪽 참조.

98) 『湛軒書』 內集 卷4, 27b 「毉山問答」, "拘於陰陽, 泥於義理, 不察天道, 先儒之過也."

99) 『湛軒書』 內集 卷4, 30a 「毉山問答」, "萬物化生於春夏, 則謂之交. 萬物收藏於秋冬, 則謂之閉. 古人立言, 各有爲也. 究其本, 則實屬於日火之淺深, 非謂天地之間, 別有陰陽二氣, 隨時生伏, 主張造化, 如後人之說也."

홍대용은 음양을 형이상학적 실체로 보는 것을 반대하고, 단순히 태양빛과 연관된 본래적인 의미로 파악할 뿐이다. 홍대용의 이러한 사실적 이해의 태도는 장차 천문학에 있어서 지구설(地球說), 자전설(自轉說), 무한우주설(無限宇宙說) 등으로 발전하는 토대가 된다.

박지원도 「호질(虎叱)」에서 창귀(倀鬼)와 범의 입을 빌려 기존의 음양론에 대해 신랄하게 비판하고 있다. 「호질」에서 창귀는 범에게 다음과 같이 말했다.

> 일음일양(一陰一陽)을 도(道)라 하옵는데 유자가 이를 꿰뚫으며, 오행이 서로 낳고, 육기(六氣)가 서로 이끌어 주옵는데 유자가 이를 이끌어 주옵나니, 먹어서 이보다 더 맛 좋은 것은 없으리라.[100]

유자라고 일컬어지는 성리학자들이 음양오행론에 대해 꿰뚫고 있을 뿐 아니라 이를 조화시키기 때문에 다른 짐승들보다 맛이 있을 것이라고 비아냥대자, 이에 범은 화를 내면서 다음과 같이 말했다.

> 음과 양이란 것은 한 기운의 줄어듦과 자라남인데 그들이 둘로 나뉘었으니, 고기가 잡될 것이다. 오행은 자리가 정해져서 비로소 서로 낳는 것이 아니거늘 이제 그들은 구태여 자(子) · 모(母)로 나누고, 심지어 짜고 신 맛에 이르기까지 분배시켰으니, 그 맛이 순하지 못할 것이다. 육기(六氣)는 제각기 행하는 것이어서 남이 이끌어 줌을 기다릴 것이 없거늘, 이제 그들이 망령되이 재성보상(財成輔相)이라 일컬어서 사사로이 제 공을 세우려 하니, 그것을 먹는다면 딱딱하여 가슴에 체하거나 구역나서 순조롭게 소화되지 못할 것이다.[101]

---

100) 『燕巖集』 卷12, 42a 「熱河日記」 〈虎叱〉, "一陰一陽之謂道, 儒貫之, 五行相生, 六氣相宣, 儒導之, 食之美者, 無大於此."

박지원은 범의 입을 빌려 '음양은 한 기운의 즐어듦과 자라남이요, 오행은 서로 낳는 것이 아니며, 육기도 제각기 행하는 것이지 어떤 외부의 작용이 따르는 것' 이 아니라는 것이다. 이처럼 박지원은 음양오행론 자체를 부정하고, 당시 성리학자들이 지나치게 음양오행론을 관념화시킨 것을 비판하였던 것이다.

정약용도 음양에 대한 인식에서 북학파들과 궤를 같이한다. 그에 의하면 음양론은 단지 '빛과 그늘' 로 이해되고 있다. 『중용』의 '天命之謂性' 에 대하여 주희는 "하늘이 음양오행으로써 만물을 화생(化生)하는데 기(氣)에 의해 형체를 이루고 이(理)가 부여된다." 고 주석하여, 인간이나 사물의 형질을 구성하는 질료로써 음양과 오행을 제시하였었다. 이에 대해 정약용은 다음과 같이 말했다.

> 음양이란 이름은 햇빛에 비치고 가려짐에서 비롯된다. 해가 숨은 것은 음이라 하고, 해가 비치는 것을 양이라 이른다. 본래 체질(體質)이 없고 단지 명암(明暗)만이 있을 뿐이니, 이것을 가지고 만물의 근원이 된다고 할 수는 없을 것이다.[102)]

즉, 정약용은 음양이라고 하는 것은 해가 비추느냐 그렇지 않으냐에 달려 있다고 하여, 음양을 자연현상으로 보고 만물의 근원으로 여기지 않았다. 그리고 오행에 대해서 단지 우리의 실생활에서 접할 수 있는 다섯 가지 요소로 본다. 홍대용은 다음과 같이 말했다.

---

101) 『燕巖集』 卷12, 42a 「熱河日記」〈虎叱〉, "陰陽者, 一氣之消息也, 而兩之, 其肉雜也. 五行定位, 未始相生, 乃今强爲子母, 分配鹹酸, 其味未純也. 六氣自行, 不待宣導, 乃今妄稱財相, 私顯己功, 其爲食也, 無其硬强滯逆而不順化乎."

102) 『與猶堂全書』 第2集, 第4卷 「中庸講義補」, "陰陽之名, 起於日光之照掩. 日所隱曰陰, 日所映曰陽. 本無體質, 只有明闇, 原不可以爲萬物之父母."

『서경(書經)』의 「우서(虞書)」와 「하서(夏書)」에 육부(六府)라 말하였으니, 수 · 화 · 금 · 목 · 토 · 곡이 이것이요, 역(易)에 팔상(八象)을 말하였는데 천 · 지 · 화 · 수 · 뇌 · 풍 · 산 · 택이 이것이며, 「홍범(洪範)」에 오행이라 말하였으니 수 · 화 · 목 · 금 · 토가 이것이고, 불가(佛家)에서는 사대(四大)를 말하였으니 지 · 수 · 화 · 풍이 이것이다.[103)]

홍대용에 의하면, 오행이란 육부 · 팔상 · 사대 등과 같이 다만 옛사람들이 각자의 관점에 따라 사물 전체를 분류하여 설명하고자 한 방식에 불과하다는 것이다. 따라서 홍대용은 다섯이라는 숫자에 얽매일 필요가 없다고 본다.

오행의 수는 원래 정론(定論)이 아니다. 그런데 술가(術家)에서 이를 조종으로 삼아 하도(河圖)와 낙수(洛數)로써 억지로 맞추고, 역의 상수로 파고 들어가, 생극(生克)이니 비복(飛伏)이니 하여 지리하게 얽어매고 여러 술수를 장황하게 이야기하나, 끝내 그런 이치는 없다.[104)]

즉, 홍대용에 있어서 오행은 궁극적 요소도 아니요, 상생 상극하여 만물의 변화를 낳는 것도 아니다. 관점에 따라 현상의 세계를 다섯 가지의 요소로도 설명할 수 있고, 넷 · 여섯 · 여덟으로도 설명할 수 있다는 것이다. 그리하여 홍대용은 우주만물의 궁극적 구성요소로 화(火) · 수(水) · 토(土)를 들고 있다.[105)]

---

103) 『湛軒書』 內集 卷4, 30b 「毉山問答」, "虞夏言六府, 水火金木土穀是也. 易言八象, 天地火水雷風山澤是也. 洪範言五行, 水火木金土是也. 佛言四大, 地水火風是也."

104) 『湛軒書』 內集 卷4, 30b 「毉山問答」, "五行之數, 原非定論. 術家祖之, 河洛以傅會之, 易象以穿鑿之, 生克飛伏, 支離繚繞, 張皇衆技, 卒無其理."

기왕에 사람들은 음양오행론에 얽매여 천도(天道)를 살피지 못하고, 일식(日蝕)과 월식(月蝕) 등 천체의 변화가 있으면 인간의 길흉화복과 연관지어 파악하였었다. 홍대용은 이러한 것들은 다만 자연현상에 불과할 뿐 인간사와는 아무런 연관이 없다고 단정하였다.[106] 이처럼 기존의 의인적(擬人的) 자연관을 타파한 홍대용은 천문학을 비롯한 과학사상과 관련한 저술을 남기기도 하였다.

박지원은 「홍범우익서(洪範羽翼序)」에서, "『서경(書經)』「홍범(洪範)」편이 원래 읽기 어려운 책이 아니었는데 지금 읽기 어려운 것은 다름이 아니라, 세상의 유학자들이 어지럽혔기 때문"[107]이라고 지적하였다. 그는 오행을 상생 상극하는 원소로 보지 않고, 실생활에서 이용 · 후생할 수 있는 다섯 가지 물질로 본다. 그는 다음과 같이 말했다.

> 오행이란 하늘이 부여하고 땅이 축적한 바로써 사람이 힘입는 것이다. 우(禹)가 차례를 매기고 무왕(武王)과 기자(箕子)가 둔답한 바, 일인 즉 정덕 · 이용 · 후생의 도구에 불과하고 쓰임인 즉, 세상이 잘 다스려지고 만물이 이루어지는 공능(功能)에서 벗어나지 않을 따름이다.[108]

그런데 한대(漢代)의 유학자들이 화복(禍福)을 굳게 믿고 허망한 것을 즐겨하여 음양복서(陰陽卜筮)의 학문으로 꾸미고 참위(讖緯)의 글을 만들

---

105) 『湛軒書』 內集 卷4, 30b 「毉山問答」, "夫火者, 日也. 水土者, 地也. 若木金者, 日地之所生成, 不當與三者竝立爲行也.".

106) 『湛軒書』 內集 卷4, 27b 「毉山問答」, "拘於陰陽, 泥於義理, 不察天道, 先儒之過也. 夫月掩日而日爲之蝕, 地掩月而月爲之蝕. (……) 此三界之常度, 不係於地界之治亂."

107) 『燕巖集』 卷1, 6b 「洪範羽翼序」, "此非難讀之書也. 所以難讀者有之, 世儒亂之也."

108) 『燕巖集』 卷1, 6b 「洪範羽翼序」, "夫五行者, 天之所賦, 地之所蓄, 而人得以資焉. 大禹之所第次, 武王箕子之所問答, 其事則不過正德利用厚生之具, 其用則不出乎中和位育之功而已矣."

어 성인(聖人)의 뜻과 크게 어긋나게 되었으며, 이러한 폐단은 오행이 서로 낳는다는 말에 이르러서는 극(極)에 달했다는 것이다.[109)]

박지원에 의하면 성인이 오행을 입론한 것은 실생활에 유익하게 이용하려고 한 것이지, 오행을 우주의 생성원리로 설명하고자 한 것은 아니었다. 그는 다음과 같이 말했다.

> 옛적에 하우씨가 오행을 잘 이용하였다. 산에 따라 나무를 자름으로써 굽고 곧은 것의 쓰임이 이루어졌으며, 토공(土功)을 크게 헤아림으로써 심고 거두는 방법이 이루어졌고, 금속의 세 가지 성질을 활용함으로써 따르고 변하는 성질이 이루어졌으며, 산을 불사르고 늪을 태움으로써 불타오르는 덕을 이루었고, 아래쪽을 소통시켜 물을 인도함으로써 아래를 윤택하게 하는 공을 이루었다. 백성과 사물이 서로 힘입어서 사는 것이 이와 같이 위대한 것이다. 무엇인들 사물이 아니겠는가? 그런데 오직 오행만을 말한 것은 만물을 통틀어서 그 덕행을 일컬은 것이다.[110)]

즉, 우(禹)는 나무〔木〕의 성질을 잘 이용하여 굽고 곧은 것을 성질에 맞게 이용하였으며, 땅〔土〕의 성질을 잘 헤아려서 토질에 알맞게 심고 거두었으며, 쇠〔金〕·불〔火〕·물〔水〕 등의 성질을 잘 관찰하여 성질에 알맞게 헤아려 사용하였다는 것이다. 그런데 후세의 물을 이용하는 자는 성(城)

---

109) 『燕巖集』 卷1, 6b 「洪範羽翼序」, "漢儒篤信休咎, 乃以某事必爲某事之徵, 分排推演, 樂其誕妄. 流而爲陰陽卜筮之學, 遁而爲星曆讖緯之書, 遂與三聖之旨, 大相乖謬, 至於五行相生之說而極矣."

110) 『燕巖集』 卷1, 6b 「洪範羽翼序」, "昔者夏禹氏, 善用其五行. 隨山刊木, 曲直之用得矣. 荒度土功, 稼穡之方得矣. 惟金三品, 從革之性得矣. 烈山焚澤, 炎上之德得矣. 疏下導水, 潤下之功得矣. 民物之相資焉, 以生者, 如此其大也, 何莫非物也. 獨以五行言者, 統萬物而稱其德行也."

에 물이 쏟아 들게 하고, 불을 이용하는 자는 전정에 사용하였다. 또한 금(金)을 뇌물로 이용하고, 나무를 궁실 짓는데 사치스럽게 이용하고, 땅을 지나치게 차지하는 데까지 이르렀다는 것이다. 박지원은 탐욕에 의해 오행을 악용하는 것을 비판하고, 성인의 취지대로 오행을 선용할 것을 주장한 것이다. 박지원은 또한 후세의 유학자들이 실생활에 입각하여 오행을 선용하는 것을 등한히 하고, 고원한 논변이나 견강부회에 빠졌던 것을 비판하였다.

> 대저 표준을 세운 자는 당연히 이를 바에 반드시 이르면서 이치에 맞기를 기약하였다. 후세의 학자들은 그렇지 않아서, 명백하게 알기 쉬운 이륜(彝倫)과 정사(政事)는 내버려 두고 반드시 어렴풋하고 고원한 도상(圖像)을 잡아서 논설하고 쟁변(爭辨)한다. 끌어다 맞추고 억지로 부쳐서 먼저 스스로 어지럽힌다.[111]

알기 쉬운 윤리와 정사를 내버려 두고 고원하고 모호한 도상에 사람들이 얽매여 있기 때문에 오행을 이롭게 쓸 수가 없고, 오행을 이롭게 쓸 수 없기 때문에 삶을 넉넉하게 할 수 없으며, 삶을 넉넉하게 할 수 없기 때문에 덕을 바로 잡을 수 없었다는 것이다.[112] 이러한 맥락에서, 박지원에게 오행이란 백성의 생활에 유용하게 사용되어야 할 다섯 가지 물질이었던 것이다.

이러한 입장은 박제가도 마찬가지였다. 박제가는 "오행이라는 것은 백성들이 이용하여 생활하는 것으로서, 날로 씀에 빠트릴 수 없는 것"[113]이

---

111) 『燕巖集』 卷1, 6b 「洪範羽翼序」, "夫建極者, 必至其所當至, 而期中於理也. 後之學者不然, 舍其明白易知之彝倫政事, 而必就依稀高遠之圖像, 論說之爭辨之, 牽合傅會, 先自汨陳."

112) 上同 7b 참조.

라고 보고, 다음과 같이 말했다.

> 수 · 화 · 목 · 금 · 토 · 곡을 육부(六府)라고 한다. 오행골진(五行汩陳)이라는 것은 곧 육부를 다스리지 못한 것이다. '골(汩)' 자는 잃음을 뜻하고, '진(陳)' 자는 버린다는 뜻이다. 따라서 물이 물 구실을 못하고, 불이 불 구실을 못하며, 쇠가 능히 쇠 구실을 못하고, 나무가 나무 구실을 못하며, 흙이 흙 구실을 못하는 것이 이것이다.[114)]

박제가는 육부를 다스리지 못하였기 때문에 '오행골진' 이라는 말이 생겨났으며, 따라서 오행의 참뜻은 잊어버렸고, 오행의 성질을 이용할 수 없게 되었다는 것이다. 그러므로 물이 있으나 물이 물 구실을 못하게 되었고, 불이 있으나 불이 불 구실을 못하게 되었으며, 쇠가 능히 쇠 구실을 못하게 되고, 나무가 나무 구실을 못하게 되고, 흙이 있으나 능히 흙 구실을 못하게 되어 백성들의 생활이 궁핍하게 되었다는 것이다.

> 지금 천 리나 되는 긴 강이 있으나, 갑문으로 곡식을 가는 곳이 한 곳도 없으니 수리(水利)가 없는 것이다. 또 석탄을 이용할 강철 도가니를 만들지 못하여 영해지방의 구리를 녹이지 못하니, 불이 불 구실을 못하고, 쇠가 쇠 구실을 못한다. 통행하는 데 수레가 없고 집 짓는 데 벽돌이 없으니, 목공(木工)이 쇠퇴하고 토덕(土德)이 일그러졌다. 이것이 골상(汩喪) · 진폐(陳廢)가 생긴 까닭이다.[115)]

---

113) 『北學議』「五行汩陳之義」, "五行者, 民所資以爲生, 日用而不可闕者."

114) 『北學議』「五行汩陳之義」, "水火木金土穀曰 六府. 五行之汩陳, 卽六府之不修也. 汩猶汩喪也, 陳猶陳棄也, 水不能水, 火不能火, 金不能金, 木不能木, 土不能土是也."

115) 『北學議』「五行汩陳之義」, "今有千里之長江, 無一閘以磨穀, 則水利廢矣. 石炭之鋼鑪不能制, 寧海之銅 鑄不得鎔, 則火非火而金不金矣. 行無車而屋無甓, 則木工衰而土德虧矣.

이처럼 박제가는 오행의 성질을 이용할 줄 모르기 때문에 강이 있어도 수레가 없고 집을 짓는데 벽돌이 없으며, 사람들의 손재주는 날로 줄어들게 되었다는 것이다. 그리하여 박제가는 오행을 잘 이용하여 백성들의 생활을 넉넉하게 하는 것이 참된 학문이라고 보았던 것이다.[116)]

정약용도 오행에 대해 북학파와 같은 견해를 보였다. 그는 오행에 대해 다음과 같이 비판하였다.

> 혹 오행이라고 말하며, 혹 육부라고도 말하나, 모두 재료가 되는 사물〔材物〕임을 말한 것이요, 일찍이 천지를 생성하는 이치가 이 다섯 가지에 근본 한다는 것은 아니다.[117)]

> 천지는 넓고 물리는 은미하여 쉽게 추측할 수 없다. 하물며 오행은 만물 가운데 다섯 가지 사물에 불과한 즉 다른 사물과 동일한데 오행으로서 만물을 낳는다 함은 또한 어렵지 않겠는가? 『예기』 「예운」에서 이르기를 '인간은 오행의 빼어난 기운을 받았다' 하니 선유(先儒)들이 종지로 삼는 바는 모두 이 한마디 말이다. 이제 혈기를 가진 부류를 해부해 보아도 금(金)·목(木) 등의 물건을 찾아볼 수 없으니 장차 어디에서 이러한 이치를 징험할 수 있겠는가?[118)]

이는 홍대용과 같이 정약용도 오행은 다섯 가지의 물로써 다른 물과 다

此所以爲汨喪與陳廢之道也."

116) 南相樂, 「楚亭 朴齊家 實學思想의 社會哲學的 意義」, 『大東文化硏究』 제27집, 1992, 87쪽 참조.

117) 『與猶堂全書』 第2集 第24卷, 「尙書古訓」〈洪範〉, "或稱五行, 或稱六府, 總認爲材物, 未嘗云天地生成之理, 本於此五也"

118) 『中庸講義補』 「天命之謂性節」, "天道浩大, 物理眇隱, 未易推測. 況五行不過萬物中五物, 則同是物也, 而以五生萬, 不亦難乎. 禮運曰, 人者, 五行之秀氣, 先儒所宗, 皆此一言. 今夫血氣之論, 剖而視之, 不見金木等物, 將於何驗得此理."

를 바 없으며, 오행으로서 만물이 화생한다는 것은 불가하다고 하였던 것이다. 그뿐만 아니라 최한기는 존재론에 있어 기와 기의 운동변화만을 근원적 존재로 여기고, 오행에 대해서는 그것이 구체적 사물일 뿐 만물의 근원이 될 수 없다고 하였다.

> 금 · 목 · 수 · 화 · 토 오행은 백성이 살아가면서 날마다 쓰고 늘 사용하는 물건이다. 오직 이 다섯 가지가 가장 많아서 대략 뽑아 이름을 달리하였을 뿐 별다른 뜻은 없다. 이 금 · 목 · 수 · 화 · 토를 쓰고 사용하는 절도와 조작하는 방법에 이르러서는 모두 경험이 있는데 권징취사(勸懲取捨)가 모두 일기(一氣)의 순역위합(順逆違合)에서 벗어나지 않는다. 그러나 기를 보기가 쉽지 않고 연구가 너무 깊어 견강부회가 여러 가지여서 상생상극이 제화(制化)한다는 설과 천지의 운화가 분배한다는 논의가 있기에 이르렀다. 이와 같이 옳지 못한 이론을 처음 만든 사람은 망설이고 꺼리는 것이 없었다고 하더라도 경험을 한 사람이 어찌 비판이 없겠는가?[119)]

즉, 최한기는 오행설을 부정할 뿐만 아니라 서양의 사행설(四行說)도 부정하였다. 오행이든 사행이든 그것은 형질의 기이고, 그러한 만큼 그것들은 운동 변화하는 기의 파생물에 불과하다는 것이다.[120)]

이처럼 북학파는 물론이고 정약용 · 최한기도 음양오행을 우주만물의 생성원리라는 관점에서 보지 않고, 단순히 자연현상 또는 실생활에서 흔

119) 『運化測驗』 卷2, 「五行四行」, "金木水火土五行, 乃民生日用常行之物. 惟此五行者最多, 略擧其槪, 而別名目而已, 別無他義. 至於金木水火土, 行用之節, 制和之方, 皆有經驗, 而勸懲取捨, 摠不外於一氣之順逆違合. 而見氣未易, 究索大深, 傅會多端, 至有相生相剋制化之說, 天地運化分配之論. 作俑者, 縱無顧憚, 經驗者, 豈無訾毁也."

120) 김용헌, 「최한기의 자연관」, 『동양철학연구』 제18집, 동양철학연구회, 1998, 123쪽 참조.

히 대하고 유익하게 이용할 수 있는 다섯 가지 물질로 보았다. 이러한 점이 성리학파와 구별되는 북학파의 특성이라 하겠다. 따라서 이들은 성리학파의 주된 관심이었던 사변적인 학문을 배제하고, 물질적으로 이용·후생할 수 있는 실용적인 학문을 제창하였던 것이다.

3) 과학적 사유의 모색

앞에서 살펴본 바와 같이 북학파는 음양오행을 형이상학적인 관점에서 파악하지 않고 물리적인 현상으로 파악하였다. 따라서 그들은 자연에 대해 차츰 형이상학적 관점에서 벗어나 과학적으로 인식하고자 하였다. 특히 홍대용은 서양과학사상을 적극적으로 수용하여 과학적 사유에 의한 새로운 자연관을 보여 주었다. 그는 우주의 시원과 천지자연의 생성과 운동은 기(氣)에 의해 이루어진다는 형이상학적 자연관에 기초하면서, 보다 구체적인 서양자연과학적 지식을 접목해 상호 보완적 체계를 이루고자 하였다. 이러한 내용은 그의 「의산문답」을 통해 살펴볼 수 있다. 우선 홍대용은 우주에 대해 다음과 같이 설명한다.

> 태허(太虛)는 본래 텅 비고 끝없이 넓은데, 그 가운데 가득히 차 있는 것이 기(氣)이다. 안도 없고 바깥도 없으며 시작도 끝도 없다. 쌓인 기가 일렁거리고 엉겨 모여서 형체를 이루어, 허공에 두루 퍼져서 돌기도 하고 멈추기도 하나니, 땅과 달과 해와 별이 이것이다. 대저 땅이란 바탕이 물과 흙이며, 모양은 둥근데 공계에 떠서 쉬지 않고 돈다. 온갖 사물은 그 표면에 의지하여 사는 것이다.[121)]

---

121) 『湛軒書』 內集 卷4, 19a 「毉山問答」, "太虛寥廓, 充塞者氣也. 無內無外, 無始無終, 積氣汪洋, 凝聚成質, 周布虛空, 旋轉停住, 所謂地月日星, 是也. 夫地者, 水土之質也, 其體正

홍대용은 우주만물의 생성을 기의 운동으로 설명하고, 일월성신(日月星辰)뿐만 아니라 지구도 허공에 떠 있으면서 운동하는 것이라는 점을 분명히 하였다. 홍대용은 천(天)을 기가 가득 차 있는 허공으로 보았으며, 만물의 궁극적 구성요소는 화(火) · 수(水) · 토(土)라고 보았다. 그는 다음과 같이 말했다.

> 대저 화는 태양이요, 수와 토는 땅이다. 목과 금 등은 해와 땅의 기로 말미암아 생성하는 것이니, 당연히 이 3자(화 · 수 · 토)와 병립하여 오행이 될 수 없다. (……) 하늘은 기뿐이오 해는 불뿐이고 땅은 물과 흙뿐임을 안다. 만물이란 기의 찌꺼기〔糟粕〕이고 불의 거푸집〔陶鎔〕이며 땅의 군살〔疣贅〕인 것이다. 이 세 가지 중 하나만 없어도 조화가 이뤄질 수 없다는 것을 어찌 의심할 수 있겠는가? (……) 인 · 물의 생동은 태양 빛에 근본한 것이다. 가령 하루아침에 해가 없어진다면 온 세계는 얼어붙고 온갖 물체는 녹아 없어질 텐데, (사람과 물체가 생겨나는) 태(胎) · 란(卵) · 근(根, 뿌리) · 자(子, 씨)가 어디에 근본 하겠는가? 그러므로 말하기를 "땅은 만물의 어머니요, 해는 만물의 아버지요, 하늘은 만물의 할아버지"라고 하였다.[122]

홍대용은 목과 금은 화 · 수 · 토에 필적할 수 있는 궁극적 요소가 되지 못한다고 보아 기존의 오행론을 부정하고, 화 · 수 · 토 세 가지만이 궁극적 요소라고 보았다. 수와 토는 생명체를 이루는 질료인 바, 홍대용은 이

圓, 施轉不休, 淳浮空界, 萬物得以依附於其面也."

122) 『湛軒書』 內集 卷4, 30b 「毉山問答」, "夫火者, 日也. 水土者, 地也. 若木金者, 日地所生成, 不當與三者, 竝立爲行也. (……) 知天者氣而已, 日者火而已, 地者水土而已. 萬物者, 氣之糟粕, 火之陶鎔, 地之疣贅, 三者闕其一, 不成造化, 復可疑乎. (……) 人物之生動, 本於日火. 使一朝無日, 冷界凌兢, 萬品瀜消, 胎卵根子, 將安所本. 故曰 地者, 萬物之母, 日者, 萬物之父, 天者, 萬物之祖也."

것을 '만물의 어머니' 라고 하였다. 수와 토로 이루어진 만물에 생명을 불어넣는 것은 화〔태양〕이다. 그리하여 홍대용은 태양은 '만물의 아버지' 라고 하였다. 그러나 화·수·토는 모두 근원적으로는 허공에 가득한 기에 불과하므로, 기의 보고인 하늘은 '만물의 할아버지'가 되는 것이다. 여기에서 우리는 목과 금이 궁극적 요소로서의 위상을 박탈당했다는 점과, 생명력의 원천이 화로 인식된다는 점을 확인할 수 있다.

또한 홍대용은, 당시 지식인들이 전통적인 천원지방설(天圓地方說)을 믿고 있었는데 반하여, 이를 전면적으로 부정하고 지구설(地球說)과 함께 지전설(地轉說)과 무한우주설(無限宇宙說)을 주장하였다.

홍대용은 지원설에 대해 세 가지 논거를 제시하여 설명한다. 첫째는 "만물의 형체가 모두 원형이므로 지구도 예외일 수 없다."[123]는 것이다. 이것은 단순한 유비추리(類比推理)로서 논거가 과학적이라고 볼 수 없다. 둘째는 월식과 일식 때 나타나는 현상을 가지고 추론한 것이다. 이는 매우 과학적인 관점임에 틀림없다.

> 달이 해를 가릴 때 일식이 되는데 반드시 가려진 체가 둥근 것은 달의 체가 둥글기 때문이다. 땅이 해를 가릴 때 월식이 되는데 가려진 체가 둥근 것은 땅의 체가 둥글기 때문이다. 그러므로 월식은 땅의 거울이다. 월식을 보고 땅이 둥근 줄을 모른다면 이것은 거울로 자기의 얼굴을 비추면서 그 얼굴을 분별하지 못하는 것과 같으니 어리석지 않느냐.[124]

---

123) 『湛軒書』 內集 卷4, 19a 「毉山問答」, "萬物之成形, 有圓而無方, 況於地乎."

124) 『湛軒書』 內集 卷4, 19b 「毉山問答」, "月掩日而蝕於日, 蝕體必圜, 月體之圜也. 地掩日而蝕於月, 蝕體亦圜, 地體之圜也. 然則月蝕者, 地之鑑也. 見月蝕, 而不識地圜, 是猶引鑑自照, 而不辨其面目也."

홍대용은 이처럼 일식과 월식 때 비친 그림자로 달이 둥글고 지구가 둥글다고 하는 근거를 제시하여 지구설을 과학적으로 설명하고 있다. 셋째는 조감(鳥瞰) 및 일출(日出)·일몰(日沒) 현상에 의한 추론이다. 만약 지구가 육면체이고 그 위쪽의 평면 한 곳에 강과 산, 사람을 비롯한 만물이 모여 있다면, 높은 곳에 올라가면 태산과 같은 외국의 땅도 한눈에 볼 수 있어야 한다는 것이다.[125] 이에 대해 우리는 먼 곳이 보이지 않는 것은 시력의 한계 때문이라고 반박할 수도 있다. 그러나 홍대용에 의하면 먼 곳이 보이지 않는 것은 시력의 한계 때문이기도 하겠지만, 궁극적으로 지구가 둥글기 때문이라는 것이다. 그것은 장애물이 없는 바다나 들판에서의 관측으로 더욱 확실히 알 수 있다는 것이다. 시야를 가리는 아무런 장애물도 없는 바다나 들판에서 보면, 해와 달은 분명히 바다나 들판에서 나와 바다나 들판으로 들어간다는 것이다. 물론 실제로 일출과 일몰이 해가 바다나 들판으로부터 나와 다시 바다나 들판으로 들어가는 것은 아니다. 그러나 지구가 평면이 아닌 곡면(曲面)이기 때문에 그렇게 보인다는 것이다. 마찬가지로 지구가 곡면이기 때문에 높이 올라가도 먼 곳이 보이지 않는다는 것이다. 홍대용의 이러한 추론은 매우 과학적이라고 하지 않을 수 없을 것이다.[126]

그러나 지구설은 홍대용만의 독창적인 사상은 아니다. 대곡(大谷) 김석문(金錫文, 1658~1735)이 『천문략(天問略)』을 통하여 지구가 구체(球體)라는 사실을 알고 있었으며, 홍대용과 동문수학한 이재(頤齋) 황윤석(黃胤錫, 1729~1791)도 지구설을 주장하였다. 그는 당시 외암(巍巖) 이간(李

---

125) 『湛軒書』 內集 卷4, 21a 「毉山問答」, "且曰河海之水, 人物之類, 萃居一面也, 是夷夏數萬里遠近均平, 夫泰山巨嶽海外國土, 升高測望, 可以一覽而盡之, 其果然乎.

126) 『湛軒書』 內集 卷4, 21a 「毉山問答」, "實翁曰, 人視固有限也. 雖然海行則日月出於海, 而入於海, 野望則日月出於野, 而入於野, 天接於海野, 無所障礙, 視限之說, 不可行矣."

東, 1677～1727)이 지방설(地方說)을 주장하는 것을 다음과 같이 반박하였다.

> 하늘은 땅 밖의 큰 원이요 땅은 하늘 안의 작은 원이다. 원으로 원을 둘러싸고 있는 것은 사리와 형세가 서로 마땅한 것이니 이는 증자(曾子)가 말한대로이다. 만약 진실로 하늘은 둥글고 땅이 모났다면, 이 네 모서리가 가리지 못한다는 것은 『대대례(大戴禮)』에 이미 나타났고, 『주비(周髀)』[127]와 『주역』「곤괘 · 문언전」[128]과 묘하게도 정확하게 부합한다. 그러니 곧 서양역법이 땅도 둥글다는 말하는 것이 어찌 까닭이 없는 것이겠는가?[129]

특히 황윤석은 서구의 정확한 수학적 계산법을 수용하여, 지구가 기울어져 있음과 태양의 황도(黃道), 지구의 적도(赤道)를 들어 지원설을 주장하였다.[130] 더욱이 "천체가 지구의 둘레를 도는 것이 아니고 지구가 회전함으로써 낮과 밤의 하루가 이루어진다."고 주장한 『역학도해(易學圖解)』의 저자 김석문을 황윤석이 심히 흠모한 점에서는 지원설에서 한 단계 더 나아가 '지동설' 까지도 주장한 것으로 볼 수 있다.[131]

지전설에 대한 믿음을 가장 먼저 가졌던 사람으로 김석문을 들 수 있다. 그는 "지금 지상으로부터 보면 모든 별은 왼쪽으로 돌고 있는 것처럼 보이나 별의 실제 운행은 아니다. 별에는 주야로 하늘을 한 바퀴 도는 운

---

127) 중국 고대의 天文家로 三家가 있었는 바, 그 가운데 一家(周髀)가 지은 책명이다.

128) 『周易』 卷2, 「坤卦」 "文言曰 坤 地柔而動也剛 至靜而德方"

129) 『頤齋全書』, 『頤齋續稿』 卷4, 21~22면 「題巍巖集天地辨六面世界冬夏兩至相配圖」 "天者 地外之大圓也 地者 天中之小圓也 以圓抱圓 理勢相宜 此曾子所以說 如誠天圓而地方 則是四角之不掩者 已見大戴禮 而與周髀 坤文言 亦脗然妙合 則西洋曆法之謂地亦圓者 詎無以哉"

130) 『頤齋全書』, 『頤齋續稿』 卷11, 9면 「漫錄(中)」 참조.

131) 한국철학사연구회, 『한국실학사상사』, 다운샘, 2000, 171-172쪽.

행은 없고, 지구와 대기와 불이 합쳐져서 일구(一球)를 이루고, 서에서 동으로 매일 일주할 뿐이다. 마치 사람이 배에 타고 있으면서 강 언덕이나 나무들을 보면 자기가 움직이고 있다고는 생각하지 않고 강 언덕이 움직이고 있는 것처럼 생각하는 것과 같다. 지상의 사람들이 별이 움직이고 있는 것처럼 생각하는 것도 이것과 같은 이치이다. 이와 같이 (지구가 자전하고 있다고) 생각하면 지구 하나를 움직이게 할 뿐 천상의 별은 모두 움직이게 하지 않아도 되고, 지구의 작은 회전만으로 천상의 대회전이라는 난사를 회피할 수 있는 것이다."[132]라고 하여, 『오위역지(五緯曆指)』를 인용하여 지전설을 주장하였다.

따라서 홍대용은 이전 선배들의 사상적 영향과 함께 자신의 지원설을 바탕으로 지전설을 주장하였다. 홍대용은 다음과 같이 말했다.

> 대저 땅덩어리는 빙빙 돌아 하루에 한 바퀴를 돈다. 지구 둘레는 9만 리이고 하루는 12시간(오늘날의 24시간)인데 9만 리의 넓은 둘레를 12시간에 도니, 그 운행의 빠름은 천둥보다 빠르고 포환보다 빠르다.[133]

여기서 홍대용이 지구가 하루에 한 바퀴를 돈다고 한 것은 지구의 자전(自轉)을 의미하는 것이다. 홍대용은 지구가 이렇게 빨리 자전함에도 불구하고 사물이 쓰러지거나 넘어지지 않는 이유는 지구의 기(氣)가 사물을 감싸고 있기 때문이라고 설명하였다. 홍대용은 다음과 같이 무한우주설을 주장한다.

---

132) 『易學二十四圖解』, 3면.

133) 『湛軒書』 內集 卷4, 20b 「毉山問答」, "夫地塊旋轉, 一日一周, 地周九萬里, 一日十二時. 以九萬之闊, 趨十二之限, 其行之疾, 亟於震電, 急於炮丸."

은하란 여러 세계를 묶은 한 세계로 공계(空界)에 두루 돌아 한 큰 테두리를 이룬 것이다. 그 속에 많은 세계의 수효가 몇천몇만이나 되는 바, 해와 지구 등의 세계도 그중 하나일 뿐 하늘의 한 큰 세계이다. 그러나 지구에서 볼 때 이와 같을 뿐, 지구에서 보는 이외에도 은하 세계 같은 것도 몇천몇만 몇억이나 되는 줄 알 수 없으니, 나의 자그마한 눈에 의하여 갑자기 은하가 가장 큰 세계라 할 수 없을 것이다.[134]

홍대용에 의하면 하늘에 가득한 별치고 세계 아닌 것이 없다. 해와 달 지구 등도 그중의 하나일 뿐이다. 지구 밖에 그 수를 알 수 없을 정도로 많은 은하계가 존재한다는 것이다.[135] 기존에는 '구중천(九重天)' 이니 '십이중천(十二重天)' 이니 하는 등의 유한우주설을 믿고 있었으며, 그것을 배경으로 지구가 우주의 중심이라는 지구중심설을 견지하였었다. 그러나 홍대용은 무한우주설을 바탕으로 지구중심설을 부정한다.

하늘에 가득 찬 별치고 세계로 되지 않는 것이 없으니, 성계(星界)로부터 본다면 지계(地界)도 또한 한 개의 별이다. 한량없는 세계가 공계(空界)에 흩어져 있는데 오직 이 지계만이 중심에 있다는 말은 있을 수 없다.[136]

지계로부터 본다면 지구가 중심이 될 수 있지만, 성계로부터 본다면 지

134) 『湛軒書』 內集 卷4, 23a 「毉山問答」, "銀河者, 叢衆界以爲界, 旋規於空界, 成一大環. 環中多界, 千萬其數. 日地諸界, 居其一爾. 是爲太虛之一大界也. 雖然地觀如是, 地觀之外, 如河界者, 不知爲幾千萬億. 不可憑我渺眼遽, 以河爲第一大界也."

135) 특히 홍대용의 무한우주설과 함께 제기한 다른 우주의 知的 存在 가능성은 1600년 부루노(Giordano Bruno)를 火刑받게 한 주장과 일치한다고 한다(朴星來, 「홍대용의 과학사상」, 『한국학보』 제23집 175족 참조).

136) 『湛軒書』 內集 卷4, 22b 「毉山問答」, "滿天星宿, 無非界也. 自星界觀之, 地界亦星也. 無量之界, 散處空界, 惟此地界, 巧居正中, 無有是理."

계는 단지 하나의 별에 불과하다는 것이다. 이러한 지구중심설의 부정은 앞에서 고찰한 바와 같이 이른바 '이천시물'의 관점과 밀접한 관계가 있는 것이다. 홍대용은 이러한 과학적 세계관을 바탕으로 종래의 화이론(華夷論)을 비판하기에 이른다. 화(華)와 이(夷), 내(內)와 외(外)의 구분은 상대적 관점에서만 성립할 수 있을 뿐, 절대적 진리는 될 수 없다는 것이다. 이렇게 볼 때 홍대용의 과학적 자연관은 결국 종래의 중국 중심적 세계관을 타파하는 데 지대한 구실을 한 것으로 평가할 수 있겠다.

홍대용의 지구설 · 자전설 · 무한우주설은 다분히 서양과학사상의 영향을 받은 것으로 보인다. 그러나 그의 저서에서 서양의 지구설에 대한 언급은 보이지만 지전설에 대한 언급은 보이지 않는다. 따라서 홍대용이 서양과학에 대한 지식은 정치(精緻)한 수준에는 이르지 않았던 것으로 짐작되며, 이를 두고 박지원은 홍대용의 독창설로 인정하였던 것이다.

> 아아! 덕보(德保)는 통민하고 겸아(謙雅)하였으며, 견식은 원대하고 분석은 정밀하였다. 더욱이 율력(律曆)에 정통하여 그가 만든 혼의(渾儀) 제기(諸器)는 사색이 깊고 생각을 쌓아 독창적인 데가 있었다. 처음으로 서양인이 지구가 둥글다는 것을 말하였으나 지구가 돈다는 것만은 말하지 않았다. 덕보는 일찍이 지구가 한 번 돌면 하루가 된다고 하였다. 그 설은 아득하고 미묘하였지만, 책을 쓰기까지는 이르지 않았다. 그러나 만년에 지전설을 더욱 믿어 의심하지 않았다.[137]

박지원은 그 당시 조선 사회에 서양의 지원설에 대한 이론은 널리 통용

137) 『燕巖集』 卷2, 47b 「洪德保墓誌銘」, "嗟乎. 德保通敏謙雅, 識遠解精, 尤長於律曆, 所造渾儀諸器, 深思積慮, 刱出機智. 始泰西人, 論地球而不言地轉, 德保嘗論地一轉爲一日, 其說渺微玄奧, 顧未及著書. 然其晩歲益自信, 地轉無疑."

되었지만, 지전설에 대한 서양과학사상은 널리 통용되지 않았음을 은연중에 지적하고, 홍대용의 지전설에 대해 그 독창성을 인정하였던 것이다. 홍대용도 일찍이 박지원에게 지전설에 대한 저술을 해보라고 권유한 적이 있는 바,[138] 지구설과 지전설을 주장한 것은 박지원의 경우도 마찬가지였다. 박지원은 다음과 같이 말했다.

> 하늘이 낸 물건치고 모난 것은 없다고 합니다. 비록 모기 다리 · 누에 궁둥이 · 빗방울 · 눈물 · 침 등과 같은 것도 일찍이 둥글지 않은 것이 없다고 생각합니다. 지금 대저 산하 · 대지와 일월 · 성신들도 모두 하늘이 만들었으니 모난 별들을 본 적이 없은즉, 지구가 둥근 것은 의심의 여지가 없다고 생각합니다.[139]

박지원은 단순히 하늘이 낸 물건치고 모난 것은 없다는 관점에서 지구설을 주장한 것이다. 이러한 소박한 유비추리를 굳이 과학적이라고 평가할 수는 없을 것이다. 그런데 박지원은 「열하일기」 〈태학류관록(太學留館錄)〉에 보다 과학적인 접근을 시도하고 있다.

> 땅껍질에 붙어 있는 가지가지의 만물은 어떤 것이고 모양이 모두 둥글둥글할 뿐, 하나도 네모진 것은 볼 수가 없는데, 다만 방죽(方竹)과 익모초(益母草) 줄기가 네모졌지만 이것 역시 네모반듯한 것이라고는 할 수 없은즉, 네모반듯한 물건은 과연 찾아볼 수 없다. 무엇 때문에 땅에 대해서만 네모난 물건이라

138) 『燕巖集』 卷14, 8a 「熱河日記」 〈鵠汀筆談〉 "(……) 洪亦未曾著書, 鄙人嘗信他地轉無疑, 亦嘗勸我代爲著說."

139) 『燕巖集』 卷14, 8a 「熱河日記」 〈鵠汀筆談〉 "余曰, 天造無有方物, 雖蚊腿蠶尻, 雨點涕唾, 未嘗不圓. 今夫山河大地日月星宿, 皆天所造, 未見方宿楞星, 則可徵地球無疑."

고 하였을까? 만약 땅덩이가 네모졌다 하면, 저 월식 때 달을 검게 먹어 들어가는 변두리가 왜 활의 등처럼 둥글게 보일까?[140]

위의 인용문도 분명 소박한 유추로 시작하였지만, 그 끝부분에서 월식과 같은 과학적 근거를 제시하고 있음을 볼 수 있다. 박지원에 의하면, 지구가 네모나다고 주장하는 자는 무엇이나 방정(方正)해야 한다는 대의(大義)에 입각해서 사물을 이해하려 했기 때문이다. 그러나 객관적 사실은 '지방(地方)' 이 아니라 '지구(地球)' 라는 것이다. 그리하여 마침내 박지원은 "대지(大地)의 실체는 둥글지만, 의리에 입각해 보면 방정(方正)이라고 말할 수 있다." 고 주장한다.[141] 박지원의 이러한 주장은 홍대용 경우보다 철저하지 못한 점이 있지만, 의리에 입각하여 보려는 전통적인 관점에서 있음을 알 수 있다.

박지원도 지원설에 머물지 않고, 한 걸음 더 나아가 지전설을 주장하였다. 그는 "자연에 존재하는 만물은 대체로 둥글며, 둥근 물건은 반드시 돈다." 고 주장한다. 그는 지구의 자전을 맷돌에 비유하여 다음과 같이 설명하고 있다.

땅덩이의 본바탕이란 둥글둥글 허공에 걸려, 사방도 없고 아래위도 없이 마치 쐐기 돌 듯 돌다가 햇빛을 처음 받은 곳을 날이 밝아진다고 말하는 것이 아닐까? 지구가 떠돌아 처음에 해와 마주 대하는 데서 차차 어긋나며 멀어져서, 정오도 되고 해가 기울기도 하여 밤과 낮이 되는 것이 아닐까? 비유해서 말하

140) 『燕巖集』 卷12, 86b 「熱河日記」〈太學留館錄〉"地膚所傳種種萬物, 形皆團圓無一方者. 獨有方竹及益母草, 雖其四楞方則未乎. 求物之方果無一焉, 何獨於地, 議其方乎. 若謂地方, 彼月蝕時, 闇虛邊影, 胡成弧乎."

141) 『燕巖集』 卷12, 86b 「熱河日記」〈太學留館錄〉"謂地方者, 諭義認體, 說地毬者, 信形遺義. 意者, 大地, 其體則圓, 義則方乎."

면, 창에 구멍이 뚫어진 곳으로부터 햇살이 새어 들어와 콩알만 하게 비친다고 하자. 창 아래는 맷돌을 햇살 비치는 곳에 놓고, 바르 햇살 비치는 곳에 먹으로 표시해 두고, 그다음 맷돌을 돌리다 보면 먹 자국은 햇살 비치는 곳에 그대로 남아 있을 것인가, 그렇지 않고 서로 떨어져 사이가 멀어져 갈 것인가? 맷돌짝이 한 바퀴를 돌아 다시 그 자리에 돌아오면, 햇살 비치는 자리와 먹 자국은 잠시 마주 포개졌다가 또다시 떨어지게 될 것이니, 지구가 한 바퀴 돌아 하루가 되는 것도 이런 이치가 아닐까?[142)]

밤낮이 번갈아 바뀌는 것은 마치 맷돌짝이 한 바퀴씩 돌아 다시 그 자리에 돌아오는 것과 같다는 것이다. 다시 말해서, 밤과 낮이 교차하는 것은 지구의 자전에 의한 현상이라는 것이다. 박지원은 또 "만약 지구가 허공에 자리 잡은 채 움직이지도 않고 자전하지도 않고 그대로 공중에 매달려 있으면, 즉시 물은 썩고 흙은 죽고 당장에 모두가 썩어, 산산이 흩어져 버리게 될 것이다."[143)]라고 하여, 지구의 자전 때문에 자연계의 모든 사물이 끊임없이 생생한다고 보았다. 이러한 관점에서 박지원은 "하늘과 땅은 아무리 오래되었어도 끊임없이 생생(生生)하며, 해와 달은 아무리 오래되었어도 빛은 날마다 새로운 것"[144)]이라고 본다.

박지원이 밤과 낮의 교차를 지전설로 설명한 것은 매우 타당한 것이다. 그러나 전반적으로 볼 때 그의 자연관은 홍대용 경우보다 과학성이 빈약

---

142) 『燕巖集』 卷12, 86b~87a 「熱河日記」〈太學留館錄〉"地之本體, 團圓掛空, 無有四方, 無有頂底, 亦於其所旋如楔子, 日初對處爲朝暾乎. 地毬益轉, 與初對處, 漸違漸遠, 爲中爲昃爲晝夜乎. 譬諸窓眼, 漏納陽光, 如小荳子, 窓下置磨, 對光射處, 以墨識之. 于是轉磨, 墨守其陽不遷徙乎. 抑相迤迂不相顧乎, 及磨一周復當其處, 陽墨纔會, 瞥然復別, 地毬一周而爲一日, 亦若是乎."

143) 『燕巖集』 卷14, 「熱河日記」〈鵠汀筆談〉 참조.

144) 『燕巖集』 卷1, 3b 「楚亭集序」, "天地雖久, 不斷生生, 日月雖久, 光輝日新"

한 것으로 보인다. 이것은 그의 추론방법이 홍대용만큼 다양하고 풍부하지 못하기 때문이며, 기존의 의리론적 세계관을 완전히 탈피하지 못하고 있기 때문이다.

북학파의 자연관은 현대 과학의 수준에서 보면 매우 초보적인 단계지만, 기존의 형이상학적 자연관을 상당히 탈피한 것이라고 할 수 있다. 그러나 기존의 지배적인 세계관에서 탈피하여 과학적 자연관을 정립하고, 나아가 근대적인 세계를 열어감에 있어서 북학파는 선구적인 역할을 한 것임이 틀림없다고 하겠다.

천문학에 대한 이러한 일련의 과정을 거쳐 최한기에 이르면, 서양의 과학사상을 매우 정치한 이론으로 구성하여 지구구형설 · 지구자전설 · 태양중심설을 설명하고 있다. 그는 지구가 둥글다는 것을 홍대용과 마찬가지로 다음 몇 가지로 증명하였다.

첫째, 월식 때 달을 가린 지구의 그림자가 둥근 것을 보고 지구가 둥글다고 하였으며, 둘째, 북으로 갈수록 북극이 더 높아지고 남으로 멀리 갈수록 남극이 땅 위로 떠올라 북극과 다름이 없으므로 몸체가 남북으로 둥글다는 것을 알 수 있으며, 셋째, 해가 뜨고 지는 것이 동서에 따라 이르고 늦은 차이가 있는 것으로 보아 지구의 몸체가 동서로 둥글다는 것을 알 수 있다고 하였다.[145]

다만 특이한 점은 카노(J. S. Cano, 嘉奴)의 세계 일주에 대해 자세히 소개하고 있다는 점이다.

> 땅이 둥글고 그것을 둘러싸고 있는 대기는 햇빛을 받아 구슬처럼 빛난다. 그러므로 그것을 지구라고 한다. (……) 대지는 바다와 함께 본래 하나의 구를 이

145) 김용헌, 「최한기의 서양 우주설 수용과 기학적 변용」, 『실학의 철학』, 예문서원, 1996, 500-501쪽 참조.

루고 있다. (정덕 연간 이전에 포르투갈 사람 카노가 처음으로 지구를 빙 돌아 왔는데, 이것으로부터 지구가 밝혀지기 시작한 이후 백여 년 간에 지도가 중국에 들어왔다) 이 지도가 중국에 들어오자 처음에는 의심하다 다음에 믿게 되었고, 점차 그것이 바꿀 수 없는 이론임을 알게 되었다.[146]

이처럼 카노의 세계 일주를 소개한 것은 세계 일주야말로 지구가 둥글다는 것을 직접 입증해 준다고 믿었기 때문이다. 그러나 무엇보다 최한기의 자연관에 있어서 주목해야 할 것은 지구자전설과 태양중심설을 들 수 있다. 그는 지구의 자전에 대해 확신을 하고 다음과 같이 말했다.

> 훌륭하도다. 지구에 대한 설이여! 천지의 정체를 밝혔고, 천 년의 몽매를 일깨웠다. 역술가가 천체는 왼쪽으로 돈다고 한 것은 역(曆)의 계산을 간편하게 하기 위하여 그랬을 뿐이니, 학자는 반드시 지구가 오른쪽으로 돈다는 것을 알아야 천체 운행의 연관성을 알게 된다. (……) 지구가 날마다 돌고 있다는 것은 실로 정당한 이치이다. 이는 조석(潮汐)의 이치에서 더욱 단적으로 드러난다.[147]

또 최한기는 지전설에 있어서 자전(自轉)한다는 증거로 세 가지를 들었다. 첫째, 조수(潮水)와 석수(汐水)는 항상 지구를 끼고 왼쪽에서 끌고 오른쪽에서 밀어 달과 상응하는데, 달이 높은 곳에 이르면 조수가 감소하고, 달이 낮은 데에 이르면 석수가 넘친다. 둘째, 해 · 달 · 별들 중에 낮은

---

146) 『推測錄』 卷2, 「地球右旋」, "地體圓, 而所包蒙氣, 隨日光而生耀如珠, 姑謂之地球. 大地同海, 本一圓球(正德以前, 葡萄牙人嘉奴, 始圜地而返, 則地球之明, 自此始. 而後百餘年, 圖入中國), 自是圖入中國, 始疑而次信之, 漸知其爲不易之論."

147) 『推測錄』 卷2, 「地球右旋」.

것은 운행이 빠르고 높은 것은 운행이 느리다. 셋째, 바다에 뜬 돛단배가 서쪽으로 향하면 운행이 쉽고 동쪽으로 향하면 어렵다. 이 세 가지의 증거로써 지구가 둥글다는 것뿐만 아니라 자전한다고 하였던 것이다.[148)]

그는 처음에 지구를 중심으로 달, 태양, 화성, 토성, 항성이 회전하고, 금성, 수성은 태양을 중심으로 회전한다고 하여 지구중심설을 주장하였으나[149)], 『지구전요(地球典要)』와 『기학(氣學)』이 완성된 1857년을 전후로 지구중심설에서 태양중심설로 바뀌기 시작하여, 1867년에 쓴 『성기운화(星氣運化)』에 이르러서 "항성과 태양은 움직이지 않고 지구와 다섯 행성이 함께 태양을 돈다. 그러므로 1년이라는 것은 지구가 태양을 일주하는 것이고, 하루의 밤낮이라는 것은 지구가 한 번 자전하는 것이다."고 완전히 태양중심설로 굳어졌던 것이다.

최한기는 지구가 둥글기 때문에 배의 운항이 가능하고, 배의 운항은 외국과의 통상(通商)과 함께 세계에 대한 인식을 바꾸어 놓았다고 하였다.

> 명나라 이후 서양의 배가 지구를 두루 운항하였다. (……) 세상의 경영이 변하여 여러 나라의 산물이 서로 유통되고, 모든 가르침이 천하에 뒤섞이며, 육지의 시장이 변하여 바다의 시장이 되고 육지의 전쟁이 변화여 물의 전쟁(水戰)이 되었다. 이러한 변화에 대처하는 방법은 마땅히 변한 것을 가지고 변한 것에 대처하는 것이어야지 변하지 않는 것을 가지고 변한 것에 대처해서는 안 된다.[150)]

즉, 배의 운항으로 동·서양이 교류하게 되어 문물뿐만 교육까지도 뒤

148) 김용헌, 전게논문, 503쪽.
149) 『推測錄』 卷2, 「諸曜遲疾可測所以然難知」 참조.
150) 『推測錄』 卷6, 「海舶周通」.

섞여 이에 대한 대비를 하고 있어야 한다고 하였다. 따라서 무조건 서양 문물을 배척하고 우리의 옛것만 고집할 것이 아니라, 비록 서양의 것이라도 진실로 우리보다 나은 것이 있다면 마땅히 취해야 한다고 하였다.151) 이는 북학파의 중국을 배워야 한다는 '북학(北學)' 이 최한기에 와서 서양을 배워야 한다는 '서학(西學)' 으로 발전하였다.

3. 근대적 인간관

1) 인물성동론에서 인물균론으로

홍대용의 인간관에 대한 논의는 「심성문(心性問)」·「답서성지논심설(答徐成之論心說)」에 집중되어 있고, 그 외에 「맹자문의(孟子問議)」와 「의산문답(毉山問答)」에 단편적으로 언급되어 있다. 그런데 「심성문」·「답서성지논심설」·「맹자문의」는 연행(燕行) 이전의 저술이며, 「의산문답」은 연행 이후의 저술이다. 홍대용은 연행 이전의 저술에서는 대체로 '인물성동론' 을 피력하고, 연행 이후의 저술에서는 '인물균론' 을 전개한다. '인물성동론' 은 전통적 성리학 특히 낙론(洛論)의 관점을 충실히 계승하는 것이요, '인물균론' 은 성리학적 인간관에서 탈피하여 객관적 관찰에 입각한 것이었다. 이제 이러한 점들을 구체적으로 살펴보자.

홍대용은 연행(燕行) 이전에 저술한 「심성문(心性問)」·「답서성지논심설(答徐成之論心說)」에서는 전통적 성리학의 기본 명제인 성즉리(性卽理)의 관점을 계승하고 있다. 그는 "하늘에 있어서는 이(理)라 하고 물에 있

151) 『推測錄』 卷6, 「東西取捨」, "法制之善, 器用之利, 苟有勝我者, 爲邦之道, 固宜取用."

어서는 성(性)이라 하며, 하늘에 있어서는 원형이정(元亨利貞)이라 하고 물에 있어서는 인의예지(仁義禮智)라 하지만 그 실은 하나이다."[152]라고 한다. 이와 성은 본래 하나로서, 천도(天道)에 있어서는 원형이정인 것이며, 인도(人道)에 있어서는 인의예지라는 것이다. 그런데 인의예지의 본성은 사람뿐만 아니라 동물도 함께 지니고 있다는 것이다.

> 초목의 이(理)는 금수의 이(理)이고, 금수의 이(理)는 곧 사람의 이(理)이며, 사람의 이(理)는 곧 하늘의 이(理)이니, 이(理)라는 것은 인의(仁義)일 따름이다.[153]

위와 같은 견해는 낙론의 전통적 인물성동론을 계승하는 것이다. 그렇다면 홍대용에서의 성(性) 즉 인의는 구체적으로 어떤 의미를 지니고 있는 것일까? 그는 다음과 같이 말했다.

> 비나 이슬이 내림에 싹이 트는 것은 측은지심(惻隱之心)이고, 서리나 눈이 내림에 가지와 잎이 떨어짐은 수오지심(羞惡之心)이다. 인(仁)은 곧 의(義)이고 의는 곧 인이니, 이(理)라고 하는 것은 하나일 따름이다.[154]

즉, 싹이 트고 가지와 잎이 떨어지는 생명현상을 측은지심과 수오지심의 발로로 보았다.[155] 그는 성(性, 理)을 윤리적 덕목 차원뿐만 아니라, 생명

---

152) 『湛軒書』 內集 卷1, 1b 「心性問」, "在天曰理, 在物曰性, 在天曰元亨利貞, 在物曰仁義禮智, 其實一也."

153) 『湛軒書』 內集 卷1, 1b~2a 「心性問」, "草木之理, 卽禽獸之理, 禽獸之理, 卽人之理, 人之理, 卽天之理, 理也者, 仁與義而已矣."

154) 『湛軒書』 內集 卷1, 1b 「心性問」, "雨露旣零, 萌芽發生者, 惻隱之心也. 霜雪旣降, 枝葉搖落者, 羞惡之心也. 仁卽義, 義卽仁, 理也者一而已矣."

원리까지 포함하는 개념으로 인식하고 있다. 그는 "한 올의 터럭처럼 작은 것도 인의일 뿐이고, 천지처럼 큰 것도 이 인의일 뿐"[156]이라고 보았다. 천지만물은 인의를 공유한다는 점에서 초목 · 금수 · 사람의 성은 서로 같다는 것이다.[157] 이는 인간의 존재원리와 자연의 존재원리를 일치시켜 보는 것이요, 또한 당위적 윤리와 사실적 존재를 동일 선상에서 파악하려는 것이다.

인성과 물성이 같은 것이라면, 인간과 동물의 현실적 차이는 어디서 기인하는가? 그는 다음과 같이 말했다.

> 기(氣)의 본체는 담일청허(湛一淸虛)하여 청탁(淸濁)이 없으나, 그것이 승강비양(升降飛揚)함에 서로 부딪치고 동요하여 찌꺼기와 재가 성겨나 고르지 못하게 된다. 이에 청기를 얻어 태어난 것이 사람이요, 탁기를 얻어 태어난 것이 사물이다.[158]

인간과 동물은 인의예지의 본성을 함께 하지만, 인간은 청기를 타고났고 동물은 탁기를 타고났으므로, 인간과 동물의 현실적 차이가 야기된다는 것이다. 낙론에 반대하는 호론(湖論)은 인(人)과 물(物)의 차이를 '기의 차원' 이 아닌 '성의 차원' 에서 규정하였다.[159] 이에 대하여 홍대용은 다

155) 『湛軒書』 內集 卷1, 2a 「心性問」, "事無善惡, 不出乎四端"

156) 『湛軒書』 內集 卷1, 1b 「心性問」, "毫釐之微, 只此仁義也. 天地之大, 只此仁義也."

157) 金文鎔, 전게논문, 86쪽 참조.

158) 『湛軒書』 內集 卷1, 1b 「心性問」, "論氣之本, 則湛一冲虛. 無有淸濁之可言. 及其升降飛揚, 相激相蕩, 糟粕煨燼, 乃有不齊. 於是, 得淸之氣而化者爲人, 得濁之氣而化者爲物."

159) 호론과 낙론의 人物性同異論辨은 근원적으로 그들이 五常' 의 개념을 달리 설정하고 있는 데서 기인한다. 낙론은 五常을 단순히 '五行之理' 라고 정의하고, 인간의 五常은 粹하지만 동물의 五常은 不粹하다고 보았다. 그러나 호론에서 五常을 '五行秀氣之理' 라고 정의하고, 인간은 五常 전체를 타고났지단(人性은 全하다), 동물은 五

음과 같이 반박한다.

> '한두 가지 길에 밝은 것'과 '지혜가 만물을 두루 아는 것'은 하늘과 땅처럼 현격하게 차이가 난다. 다만 알 수 없는 것은, 한두 가지 길에 밝다는 것이 하늘에서 품수한 것〔性〕이 그러한가, 아니면 품수한 것은 온전한데 기에 구애되어 그러한가? 만약 사람은 (性을) 온전하게 얻고 물은 치우치게 얻었다면, 이는 곧 심(心)에 큰 허령함과 작은 허령함, 통한 허령함과 막힌 허령함이 있어, 떨어지고 막히고 조각난 것이 하나의 사물과 조금도 다름이 없는 것이니, 어찌 족히 만화(萬化)의 주(主)가 되겠는가?[160]

만일 호론의 주장처럼, 인간은 인의예지신을 온전하게 얻었으나 사물은 그중 일부만 얻었다면, 이것은 심(心)에 큰 허령과 작은 허령 또는 통한 허령과 막힌 허령이 있는 격이니, 그것은 어불성설(語不成說)이라는 것이다. 홍대용은 인간과 동물은 모두 인의예지신을 온전하게 얻었다고 본다. 인간과 동물은 다만 타고난 기의 차이가 있을 뿐, 청기를 타고난 인간은 인의예지신을 온전하게 발휘할 수 있는 것이요, 탁기를 타고난 동물은 그렇지 못하다는 것이다.

홍대용은 인·물의 본성의 차이를 부정하는 데 그치지 않고, 어떤 면

常 일부만 타고났다(物性은 偏하다)고 보았다. 따라서 이들의 주장은 사실 내용상으로 다른 것이 아니다(이에 대한 자세한 논의는 李相益, 『畿湖性理學硏究』, 제6장 湖洛論爭의 根本問題 참조). 그러나 五常을 정의한 방식의 차이로 인하여, 호론은 인간과 동물의 차이를 '性의 차원'에서 논하고, 낙론은 인간과 동물의 차이를 '氣의 차원'에서 논하게 된 것이다.

160) 『湛軒書』 內集 卷1, 3b 「答徐成之論心說」, "一兩路明, 智周萬物, 同異之懸, 判以天壤. 但未知一兩路明者, 其所稟於天者然耶, 抑所稟者全, 而拘於氣者然耶. 若曰人得其全, 而物得其偏, 則是心之爲物, 有大虛靈, 有小虛靈, 有通虛靈, 有塞虛靈, 離滯破碎, 其同於一物甚矣. 何足以爲萬化之主歟."

에 있어서 오히려 동물이 인간보다 우월하다고 본다. 그는 다음과 같이 말했다.

> 사람은 사랑하지 않음이 있지만 호랑이는 반드시 자식을 사랑하고, 사람은 충성하지 않음이 있지만 벌은 반드시 임금을 공경하고, 사람은 음란함이 있지만 비둘기는 반드시 분별이 있으며, 사람은 무턱대고 하는 일이 있지만 기러기는 반드시 때를 기다린다. (……) 이러한 것들은 동물의 심이 영험한 것인가? 영험하지 않은 것인가? 영험하지 않다면 말할 것이 없거니와 영험하다면 사람에 비하여 다르지 않을 뿐 아니라 혹 뛰어나기도 하니, 사람과 동물의 심이 과연 같지 않다고 하겠는가?[161]

홍대용에 의하면 '사람은 더러 자식을 사랑하지 않고 미워하는 경우가 있지만, 호랑이는 반드시 자식을 사랑하고, 사람들은 부부 몰래 음란한 짓을 하는 경우가 있지만, 비둘기는 부부간의 금실이 좋다고 하는 것' 은 연행(燕行) 후에 저술된 홍대용의 대표작이라고 할 수 있는 「의산문답」에서 "인간이 동물로부터 본받아야 한다〔資法於物〕." 는 사상적 전환의 밑거름이 된다. 그러나 이러한 그의 생각은 연행 이후에 기존의 '인물성동론' 으로부터 '인물균론' 으로 전환되고 있다.

그는 「의산문답」에서 기존의 성리학적 관점을 대변하고 있는 허자(虛子)가 "바탕을 말하면 머리가 둥근 것은 하늘이고, 발이 모난 것은 땅이며, 피부와 털은 산림이고, 정혈(精血)은 내와 바다이며, 두 눈은 해와 달이고, 호흡은 바람과 구름이다. 그러므로 사람의 몸은 소우주〔小天地〕이

161) 『湛軒書』 內集 卷1, 3a 「答徐成之論心說」, "今夫人有不慈, 而虎必愛子, 人有不忠, 而蜂必敬君, 人有淫奔, 而鳩必有別, 人有冥行, 而雁候時. (……) 此其心靈乎, 不靈乎. 謂之不靈則已, 謂之靈則方之於人, 非惟不異, 而或過之, 人物之心, 其果不同乎."

다.”[162]라고 하자, 자신의 관점을 대변하고 있는 실옹(實翁)의 입을 통해 사람만이 아니라 동물도 소우주(小宇宙)라고 주장하고, 인·물에 귀천의 차이가 있다는 것을 부정하였다. 실옹의 입을 빌려 홍대용은 다음과 같이 말했다.

> 아! 그대의 말과 같다면 사람의 몸이 물(物)과 다른 것은 거의 없다. 대저 털과 살로 된 체질과 정혈(精血)의 교감은 초목도 사람과 같거늘 하물며 금수에 있어서랴? (……) 생물의 종류는 셋이 있으니, 사람·금수·초목이 그것이다. 초목은 거꾸로 나는 까닭에 지(知)는 있어도 각(覺)이 없으며, 금수는 가로로 나는 까닭에 각(覺)은 있어도 지(知)가 없다. 이 세 종류의 생명체는 한없이 서로 알력을 일으키기도 하고 혼란을 일으키기도 한다. 그리하여 서로 홍망을 거듭하니, 그래도 귀천의 등급이 있겠는가?[163]

홍대용은 생물을 초목·금수·인간의 셋으로 분류하여, 초목에는 지(知)만 있고, 금수에는 지·각(知覺)이 있으며, 인간에게는 지·각·혜(知覺慧)가 모두 있다고 주장하였다. 즉 초목·금수·인간의 차이를 지·각·혜의 유무로 판별한 것이다.[164] 인간을 포함한 생물의 구분을, 신체

---

162) 『湛軒書』 內集 卷4, 18a 「毉山問答」, “語其質, 則頭圓者, 天也. 足方者, 地也. 膚髮者, 山林也. 精血者, 河海也. 雙眼者, 日月也. 呼吸者, 風雲也. 故曰, 人身小天地也.”

163) 『湛軒書』 內集 卷4, 18ab 「毉山問答」 “噫 如爾之言, 身之所以異於物者, 幾希. 夫髮膚之質, 精血之感, 草木與人同, 況於禽獸乎. (……) 生之類有三, 人也, 禽獸也, 草木也. 草木倒生, 故有知而無覺, 禽獸橫生, 故有覺而無慧. 三生之類, 坱軋泯棼, 互相衰旺, 抑將有貴賤之等乎.”

164) 물론 이러한 분류 방식은 홍대용이 처음으로 제기한 것은 아니라 순자(荀子) 이후 동양에서 꾸준히 제기되었던 문제이며, 그리스 자연철학에서도 이와 비슷한 이론이 있었다. 이른바 아리스토텔레스의 三魂說(vegetative soul, sensitive soul, rational soul)이 그것이다. 이 ‘삼혼설’ 은 17세기 이후 동양에 들어와 『天主實義』 등 여러 책을 통해 널리 알려졌다.(박성래, 상게논문, 167쪽 참조)

적 조건과 구비하고 있는 지적 능력으로 나누었다는 것은 객관적이고 사실적인 관찰에 의존하고 있음을 말한다. 즉, 홍대용은 단순히 인간중심의 가치론적 기준에 의해 우위를 논하지 않았다. 또한 사람 · 초목 · 금수 사이에 귀천의 등급을 인정할 수 없다는 생각은 마침내 인물균(人物均)의 논리로 발전하게 된다.[165)]

홍대용은 인 · 물(人物)의 무차별성에 대한 논의를 신체에만 국한하지 않고, 예의(禮義)를 비롯한 각종 문물제도에 이르기까지 확대하여 전개하고 있다. 이는 허자가 "천지간의 생물 중에 오직 사람이 귀하다. 금수나 초목은 지혜도 깨달음도 없으며, 예법도 의리도 없다. 사람이 금수보다 귀하고, 초목이 금수보다 천하다."[166)]고 한 답변에 잘 드러난다.

> 너는 진실로 사람이다. 오륜(五倫)과 오사(五事)는 사람의 예의이다. 떼를 지어 다니면서 서로 불러 먹이는 것은 금수의 예의이며, 떨기에서 생겨나 줄기로 뻗어나는 것은 초목의 예의이다. 사람의 입장에서 사물을 보면 사람이 귀하고 사물이 천하지만, 사물의 입장에서 사람을 보면 사물이 귀하고 사람이 천하다. 하늘의 입장에서 보면 사람이나 물이 균등하다〔人物均〕. (物은) 대저 지혜가 없는 까닭에 거짓이 없고, 깨달음이 없는 까닭에 인위적인 짓도 없다. 그렇다면 물이 사람보다 훨씬 귀하다. 또 봉황은 높이 천 길을 날고, 용은 날아서 하늘에 있으며, 시초와 울금초는 신(神)에 통하고, 소나무와 잣나무는 재목으로 쓰인다. 사람의 유(類)와 견주어 어느 것이 귀하고 어느 것이 천한가?[167)]

---

165) 朴洪植, 「朝鮮朝 後期儒學의 實學的 變容과 그 特性에 관한 硏究」, 성대 박사학위논문, 1993, 69-70쪽 참조.

166) 『湛軒書』 內集 卷4, 18b 「毉山問答」, "天地之生, 惟人爲貴. 今夫禽獸也, 草木也, 無慧無覺, 無禮無義, 人貴於禽獸, 草木賤於禽獸."

167) 『湛軒書』 內集 卷4, 18b 「毉山問答」, "爾誠人也. 五倫五事, 人之禮義也. 群行呴哺, 禽獸之禮義也. 叢苞條暢, 草木之禮義也. 以人視物, 人貴而物賤, 以物視人, 物貴而人賤. 自天

사람의 입장에서 보면 오륜 · 오사가 예의라고 하지만, 금수의 입장에서 보면 떼를 지어 다니며 서로 불러 먹이는 것이 예의이고, 초목의 입장에서 보면 떨기로 나서 줄기로 뻗어나는 것이 예의라는 것이다. 따라서 홍대용은 '이인시물(以人視物)' 과 '이물시인(以物視人)' 이라는 주관적 관점을 배격하고, '자천이시지(自天而視之)' 라는 객관적 관점에서 '인물균' 의 논리를 피력한 것이다.

홍대용의 '인물균' 의 논리는 마침내 '인간은 동물로부터 배워야 할 것이 있다〔資法於物〕' 는 주장이나 '인간은 만물을 스승으로 삼아야 할 것이 있다〔師萬物〕' 는 주장으로 연결된다.

> 옛사람이 백성에게 혜택을 입히고 세상을 다스림에 일찍이 동물로부터 배운 것이 있다〔資法於物〕. 대체로 군신간(君臣間)의 의리는 벌에게서, 병진(兵陣)의 법은 개미에게서, 예절의 제도는 박쥐에게서, 그물 치는 법은 거미에게서 각각 취해 온 것이다. 그러므로 '성인은 만물을 스승으로 삼는다' 〔師萬物〕고 하였다. 그런데 너는 어찌해서 하늘의 입장에서 만물을 보지 않고 오히려 사람의 입장에서 만물을 보는가?[168)]

홍대용은 은연중 인간들이 내세우는 문물제도마저 만물에서 취해 온 것임을 부각시켰다. 인간의 입장에서 동물의 생활방식을 가치 없다 하여 폄하해 버릴 것이 아니라, 객관적 관점에서 취할 것은 적극적으로 취해야 한다는 것이다.

而視之, 人與物均也. 夫無慧故無詐, 無覺故無爲, 然則物貴於人亦遠矣. 且鳳翔千刃, 龍飛在天, 蓍鬯通神, 松栢需材, 比之人類, 何貴何賤."

168) 『湛軒書』 內集 卷4, 19a 「毉山問答」, "故人之澤民御世, 未嘗不資法於物. 君臣之儀, 盖取諸蜂. 兵陣之法, 盖取諸蟻. 禮節之制, 盖取諸拱鼠. 網罟之設, 盖取諸蜘蛛. 故曰, 聖人師萬物, 今爾曷不以天視物, 而猶以人視物也."

전통 성리학에서는 인물성이론(人物性異論)을 주장한 호론은 물론이요, 인물성동론(人物性同論)을 주장한 낙론에서도 '인간은 귀하고 동물은 천하다〔人貴物賤〕' 는 입장을 견지했었다.[169] 그것은 존재론적으로는 '기의 청탁' 에 의해 설명되었었고, 가치론적으로는 '윤리도덕의 유무' 에 의해 설명됐었다. 즉 성리학에서는 인간 존엄성의 근거를 '인륜' 으로 설정하고, 그것이 인간과 동물의 본질적인 차이임을 강조하여, 마침내 인륜사회의 건설을 인간의 당위적 목표로 정당화하려고 했었던 것이다. 그러나 「의산문답」의 인물균론은 기존의 인간중심주의 내지 인간우월주의를 여지없이 비판하고 있는 것이다.

여기서 문제가 되는 것은 낙론의 '인물성동론' (홍대용의 경우, 燕行 이전의 인물성동론)이 자연스럽게 '인물균론' 으로 발전한 것인가의 여부이다. 사실 낙론의 인물성동론은 성리학의 전통적 명제인 주희의 '이동기이론(理同氣異論)' 이나 이이의 이통기국론(理通氣局論)에 입각한 것이었으며, 또한 낙론도 '이인시물(以人視物)' 의 관점에서 인귀물천론을 견지한 것이었다. 그러나 「의산문답」의 인물균론은 논리의 구성이 이동기이론이나 이통기국론과는 판이하다. 「의산문답」의 인물균론은 '이인시물(以人視物)' 이나 '이물시인(以物視人)' 이라는 상대적인 관점을 떠나, '이천시물(以天視物)' 이라는 객관적 입장에서 성립된 이론이며, 이러한 맥락에서 '인귀물천' 을 부정한 것이다. 따라서 낙론의 인물성동론이 자연스럽게 인물균론으로 발전한 것이라고는 말할 수 없을 것이다.[170]

169) 『巍巖遺稿』 卷12, 21a "天下之物, 莫不有心, 而明德本體, 則惟人之所獨也. 天下之性, 亦莫不善, 而人皆堯舜, 則非物之所與也. 是謂天地之性人爲貴者, 而所貴, 非性也, 乃心也. 人貴物賤, 所較者此心." ; 『渼湖集』 卷14, 2b-3a, 「雜記」, "人之性無不全, 而物有拘之者, 氣之塞也. 塞則不通, 不通則不變. 通故能反之而同於天, 塞故終於物而已. 此所以貴人而賤物也."

170) 宋榮培는 "인간의 범주와 인간 외의 다른 생물 범주 간에 절대적 차별을 거부하고,

홍대용에게 있어서 관점의 객관화에 입각한 인물균의 논리는 마침내 '화이일야(華夷一也)' 라는 주장으로 연결된다. 이에 대해서는 뒤에서 고찰하기로 하자.

박지원도 역시 홍대용과 마찬가지로 관점의 객관화에 의한 인물균의 논리를 전개한다. 박지원의 경우 관점의 객관화는 관점의 상대화에서 유래된다. 이는 「낭환집서(蜋丸集序)」에 나오는 임백호(林白湖)의 고사(故事)를 통해 알 수 있다.

> 임백호가 막 말을 타려는데 하인이 나서며 말하길, "나으리! 취하셨습니다. 가죽신과 나막신을 한 짝씩 신으셨습니다." 하자, 백호가 꾸짖으며 말하였다. "길 오른편에 있는 자는 나보고 가죽신을 신었다 할 것이고, 길 왼편에 있는 자는 나보고 나막신을 신었다 할 것이니, 내게 무슨 상관이란 말이냐" 이로 말미암아 논하건대 천하에 보기 쉬운 것에 발만 한 것이 없지만, 보는 바가 같지 않게 되면 가죽신인지 나막신인지도 분별하기 어렵다. 그런 까닭에 참되고 바

인간의 규범윤리의 독선을 가장 본질적으로 비판한 철학사상이 있다면, 그것은 중국의 문화전통에서 말하자면, 莊子의 〈객관적 절대진리인식의 부정〉을 말하는 상대주의적 인식론과 그의 무한한 변화의 철학일 것이다. 따라서 담헌의 人物均의 사상은 이미 주자의 성리학적 틀을 넘어서서, 거의 장자의 도가적 발상에 가까이 와 있다(「홍대용의 상대주의적 思惟와 변혁의 논리 - 특히 『莊子』의 상대주의적 문제의식과의 비교를 중심으로」, 『한국학보』 제74집, 일지사, 1994. 128쪽)." 고 하였으며, 李相益도 "人物均論이나 '華夷一也' 는 겉으로 보면 人物性同論과 궤를 같이하는 것처럼 보이지만, 논리의 구성이 낙론의 인물성동론과는 판이하다. 주지하다시피 담헌의 「毉山問答」에 보이는 人物均論은 觀點의 相對化로부터 성립하는 것이며, 따라서 '自天而視之' 할 때는 '人與物均' 이지만, '以人視物' 하면 '人貴而物賤' 한 것이고, '以物視人' 하면 '物貴而人賤' 한 것이다. '華夷一也' 의 경우도 마찬가지다. 반면에 낙론의 人物同具五常論은 관점의 상대화가 아닌 '理同氣異' 라는 원리적 추론에 의한 것으로서, 만물은 모두 五行의 전부를 갖추고 있으므로 모두 五常의 전부를 갖추고 있다는 것이었다(『畿湖性理學硏究』 419쪽)." 고 하여, 인물성동론과 인물균론을 다른 차원에서 파악하였다.

> 른 견해는 진실로 옳다 하고 그르다 하는 그 가운데에 있다.[171)]

즉, 보는 사람의 관점에 따라 가죽신도 되고 나막신도 될 수 있다는 관점의 상대화는 결국 관점의 객관화를 요구한다. 박지원은 다음과 같이 말했다.

> 나로서 저를 본다면 고르게 기(氣)를 받아서 한 점 헛되고 거짓됨이 없으니, 어찌 천리의 지극한 공평함이 아니겠는가? 물(物)에 즉하여 나를 본다면 나 역시 물의 하나다. 그러므로 물을 체득하여 그것을 돌이켜 나에게 구해 보면 만물이 모두 나에게 구비되어 있으니, 나의 본성을 완전히 발휘하는 것이 바로 물의 본성을 완전히 발휘하는 것이다.[172)]

'이아시피(以我視彼)' 라는 인간중심적 관점을 떠나 '즉물시아(卽物視我)' 라는 관점에서 본다면 인간도 만물의 하나에 불과하다는 것이다. '즉물시아' 는 만물중심적 관점이라고 하겠으나, 다음의 인용문을 통해 살펴보면, 그것은 결국 홍대용의 '이천시물' 과 같은 맥락이다.

> 대저 천하의 이치는 하나다. 호랑이의 본성이 악하면, 사람의 본성 또한 악하다. 사람의 본성이 착하면, 호랑이의 본성 또한 착하다. (……) 그대가 이(理)와 성(性)을 논하면서 걸핏하면 하늘을 일컬으나, 하늘이 명한 바로써 본다면 호랑이와 사람은 곧 물의 하나다.[173)]

---

171) 『燕巖集』 卷7, 2a 「蜋丸集序」, "林白湖將乘馬, 僕夫進曰, 夫子醉矣. 隻履鞾鞋, 白湖叱曰, 由道而右者, 謂我履鞾, 由道而左者, 謂我履鞋, 我何病哉. 由是論之, 天下之易見者, 莫如足而所見者, 不同則鞾鞋難辨矣. 故眞正之見, 固在於是非之中."

172) 『燕巖集』 卷2, 17b 「答任亨五論原道書」, "以我視彼, 則勻受是氣, 無一虛假, 豈非天理之至公乎. 卽物而視我, 則我亦物之一也, 故體物而反求諸己, 則萬物皆備於我, 盡我之性, 所以能盡物之性也."

즉, 박지원에 의하면 '물에 즉하여 나를 본다면' 또는 '하늘이 명한 것으로부터 본다면(自天所命而視之)' 사람과 만물은 결국 하나라는 것이다. 이는 홍대용이 '이천시물(以天視物)' 이라는 관점에서 인물균론을 주장한 것과 그 맥락을 같이 하는 것이다. 그러나 박지원의 경우 "만물이 모두 나에게 구비되어 있으니, 나의 본성을 완전히 발휘하는 것이 바로 물의 본성을 완전히 발휘하는 것이다."라거나, "대저 천하의 이치는 하나"라거나 "하늘이 명한 바(天所命)"라는 등의 표현으로 볼 때, 낙론의 인물성동론적 사고방식이 잔존(殘存)함을 볼 수 있다. 따라서 박지원의 「호질」은 관점의 객관화에 의한 인물균론의 전개가 홍대용의 「의산문답」보다 철저하지 못하다 하겠다.

2) 성선에 대한 회의

성리학에서는 일반적으로 이(理)가 기(氣)를 주재한다고 주장해 왔다. 그러나 북학파는 이의 주재를 부정하고 오히려 기의 현실적 주도권을 강조한다. 북학파가 이의 주재를 부정하는 것은 연원적으로 낙론이나 더 근원적으로 소급하여 이이(李珥)의 사상과 관계가 있지만, 낙론이나 이이는 이의 주재성 자체를 부정하지 않았었다.

물론 주희의 경우도 그러하였지만, 이이(李珥)는 인간의 본성은 순선한데 기의 청탁에 의해 그것이 온전히 구현되기도 하고 구현되지 못하기도 한다고 주장하였다. 그리하여 이이는 탁기를 청기로 바꾸어야 한다는 기질변화론을 주장하였던 것이다. 그러나 이러한 사고방식은 이의 주재성을 부정하는 것은 아니라 하더라도, 결국 현실적 주도권은 기에 있다는

173) 『燕巖集』 卷12, 43ab 「虎叱」, "夫天下之理一也. 虎性惡也, 人性亦惡也. 人性善, 則虎之性亦善也. (……) 汝談理論性, 動輒稱天, 自天所命而視之, 則虎與人乃物之一也."

것을 함축하고 있는 것이다.[174] 이러한 생각은 낙론을 거쳐 홍대용에 이르러서 이의 주재성을 명백히 부정하는 것으로 발전된다. 홍대용은 다음과 같이 말했다.

> 이른바 이(理)라는 것은 기(氣)가 선(善)하면 선하고, 기가 악하면 악하니, 이는 주재하는 바가 없고, 기가 하는 바에 따를 뿐이다. 만일 이가 본래 선하며, 악한 것은 기질에 구애된 것으로서 본체가 아니라고 한다면, 이(理)는 이미 만화의 근본이라 하였는데, 어찌하여 기로 하여금 순선(純善)하게 하지 않고, 박탁(駁濁)하고 어그러진 기가 나와 천하를 어지럽히게 하는가? 이미 선의 근본도 되고 악의 근본도 된다면, 이것은 사물에 따라 변하는 것이요, 전혀 주재(主宰)함이 없는 것이다.[175]

일반적으로 성리학에서는 이(理)는 순선하며 또한 만사(萬事)·만물(萬物)의 주재자라고 주장해 왔었다.[176] 그러나 악이 횡행하는 현실에서 이의 순선과 주재성을 동시에 양립시킨다는 것은 곧 논리적인 딜레마에 빠지게 된다. 홍대용은 바로 이 점을 문제 삼고, 마침내 이의 주재를 부정하게 된 것이다.

---

174) 성리학파에서 이가 기를 주재한다는 것은 일반적인 견해이지만, 그 이의 주재가 과연 무엇을 의미하느냐에 대한 해석은 학자들마다 다양한 차이가 있다. 이에 대한 자세한 논의는 李相益, 『畿湖性理學硏究』 제9장 畿湖性理學에 있어서 理의 主宰問題 참조.

175) 『湛軒書』 內集 卷1, 1a 「心性問」, "所謂理者, 氣善則亦善, 氣惡則亦惡, 是理無所主宰, 而隨氣之所謂而已. 如言理本善, 而氣惡也, 爲氣質所拘, 而非其本體, 此理旣謂萬化之本矣. 何不使氣爲純善, 而生此駁濁乖戾之氣, 以亂天下乎. 旣爲善之本, 又爲惡之本, 是因物變遷, 全沒主宰."

176) 『性理大全』 卷1, 13a 「太極圖」 〈太極圖說解〉, "上天之載, 無聲無臭, 而實造化之樞紐, 品彙之根柢也."

또한 위의 인용문에서 짐작할 수 있듯이, 홍대용은 이의 주재만 부정하는 것이 아니라 성선에 대해서도 회의하고 있다. 홍대용은 다음과 같이 말했다.

> 지금 학자들은 입만 열면 곧 성선(性善)을 말하는데, 이른바 성(性)은 무엇으로 선함을 알겠는가? 어린아이가 우물에 빠지는 것을 보고 측은한 마음이 생기는 것을 진실로 본심이라고 이를 수 있으나, 만약 진기한 노리개를 보고 이기심이 생겨 태연하게 차지하고 고쳐 생각할 겨를이 없다면, 이것은 어찌 본심이 아니라고 하겠는가? 성이라는 것은 일신(一身)의 이(理)이고 이란 소리도 냄새도 없는 것이니, 선악(善惡)이란 두 글자를 어디에 붙일 수 있겠는가?[177)]

홍대용에 의하면 측은지심이 인간의 본심이라면 이기심도 역시 인간의 본심이라는 것이다. 따라서 인간의 본성을 굳이 선하다고 단정 지을 수 없다는 것이다. 성이란 무성무취한 형이상자(形而上者)이므로, 애초에 선악이라는 두 글자를 붙일 여지도 없다는 것이다. 그렇다고 홍대용이 성선을 완전히 부정했다고 단정할 수 없다. 앞에서 이미 살펴본 바와 같이, 그는 성은 이(理)요 이는 곧 인의예지(仁義禮智)라고 말하기 때문이다. 이가 인의예지임을 인정하는 한, 결코 인의예지를 악으로 규정할 수 없는 것이다. 따라서 홍대용의 경우 성선에 대한 회의 문제는 명확하게 처리되지 못하고, 모순적인 태도를 노출하고 있는 것이다. 그러나 홍대용이 이의 주재를 명확히 부정하고, 성선에 대해 회의하였던 점은 전통 성리학자들과 일정한 거리가 있다고 하겠다.

---

177) 『湛軒書』 內集 卷1, 1b 「心性問」, "今學者開口, 便說性善, 所謂性者, 何以見其善乎. 見孺子入井, 有惻隱之心, 則固可謂之本心, 若見玩好, 而利心生, 油然直遂, 不暇安排, 則何得謂之非本心乎. 且性者一身之理, 而理無聲臭矣, 善惡二字, 將何以着得耶."

박지원도 "심(心)이 아니면 성(性)은 집으로 삼을 바가 없으며, 기(氣)가 아니면 이(理)는 살 바가 없다."[178]고 하는 것으로 보면, 그도 이의 주재성보다 오히려 기의 현실적 주도권을 강조하는 것으로 볼 수 있다.

연행(燕行) 이전의 저술을 중심으로 고찰한 이상의 내용들은 비록 이의 주재성을 부정하고 성선을 회의하는 것이라 하더라도, 사고방식은 오히려 전통적 성리학의 관점을 크게 벗어나지는 못한 것이었다. 그러나 홍대용의 「의산문답」이나 박지원의 「호질」에서 새롭게 구성된 논리를 발견할 수 있다.

「의산문답」에서는, 생명체는 기화(氣化)와 형화(形化)의 두 단계를 거쳐 진화하고, 악(惡)은 형화의 단계에서 발생한다고 보았다. "바위 골짜기와 토굴(土窟)에서 기가 모여서 질을 이룬 것을 '기화' 라 하고, 남녀가 서로 느껴 육체로 교접하여 태로 낳은 것을 '형화' 라 한다."[179] 그런데 상고시대에는 '기화' 적 삶의 방식을 취했지만, 중고시대 이후에는 '형화' 적 삶의 방식을 취했다는 것이다.

물론 기화(氣化)에 의해 인물(人・物)이 생성된다고 하는 사고방식은 홍대용의 독창적인 사고가 아니라 성리학 일반의 공통된 사고였다. 정이(程頤)와 주희(朱熹)는 다음과 같이 말했다.

> 만물의 시작은 모두 기화(氣化)에서 비롯된다. 형체가 생겨난 뒤에 형체가 서로 교체되어 형화(形化)가 생겨난다. 형화가 오래되면 기화는 점점 소멸된다.[180]

178) 『燕巖集』 卷2, 18b 「答任亨五論原道書」, "非心則性無所宇, 非氣則理無所沍."

179) 『湛軒書』 內集 卷4, 34a 「毉山問答」, "巖洞土窟, 氣聚成質, 謂之氣化. 男女相感, 形交胎産, 謂之形化"

180) 『二程全書』 卷5, "萬物之始, 皆氣化. 旣形, 然後以形相禪, 有形化. 形化長, 則氣化漸消."

어떤 사람이 '최초의 인간이 어떻게 탄생하였는가?' 라고 물었다. (주자는) 대답했다. '그것은 기화(氣化)에 의해 일어난다.' 곧 음양(陰陽)과 오행(五行)이 결합하여 형체를 생성한다. (……) 생물이 처음 발생할 때 음양의 정(精)이 스스로 응결하여 두 개체를 형성한다. 대개 이것이 기화(氣化)로서 (만물은) 생성되는 것이다. 이를테면 이〔蝨〕가 자연히 돌변적으로 생겨나는 것과 같다. 이에 두 개체(곧 一牝一牡)가 있게 된 뒤에 다음 세대는 종자에서 생겨나게 된다. 이것이 형화(形化)이며, 만물이 모두 그러하다.[181]

정이와 주희는 인간과 만물의 기원은 '기화 · 형화' 에 의해 발생한다고 보았으며, 특히 주희는 기화 · 형화설에 음양 · 오행의 개념을 적용해 살피고 있다는데 특징이 있다. 그리고 이들은 인간과 만물의 기원에 관하여 상당히 합리적이고 과학적인 설명을 하고 있다.[182]

이러한 논리를 충실히 계승한 홍대용에 의하면, 기화에 충실한 삶의 단계에서는 희로(喜怒)의 감정과 욕심도 없고 항상 여유로웠지만, 형화에 충실한 삶의 단계에서는 정욕이 생기고 청명한 정신은 점점 사라졌으며, 기화의 단계에서는 살아가는 데 외물의 도움이 필요 없었지만, 형화의 단계에서는 외물의 도움 없이 살아갈 수가 없다는 것이다. 따라서 기화로부터 형화로의 진화는 긍정적이기 보다 부정적으로 인식된다. 홍대용은 다음과 같이 말했다.

초목을 먹는 것으로 부족하다 하여 함부로 사냥하고 고기를 잡자, 조수와 어

181) 『朱子全書』 卷49, "又問生第一箇人時如何. 曰, 以氣化. 二五之精, 合而成形. (……) 生物之初, 陰陽之精, 自凝結成兩箇. 蓋是氣化而生. 如蝨子, 自然爆出來. 既有此兩箇, 一牝一牡 後來却從種子漸漸生去. 便是以形化, 萬物皆然."

182) 朴洪植, 상게논문, 67-68쪽 참조.

별이 제대로 살 수 없게 되었고, 둥지와 움집이 누추하다 하여 좋은 집을 짓자, 초목과 금석이 형체를 보전할 수 없게 되었다. 고량진미로 입갓을 맞추자 장부(臟腑)가 약해졌고, 베와 비단으로 몸을 따스하게 하자 지절(肢節)이 해이하게 되었다. (……) 용맹스럽고 지혜롭고 욕심 많은 자가 중간에 나서 저 마음과 같은 자를 이끌고 각각 우두머리 노릇을 하게 되자, 약한 자는 일만 수고로웠고, 억센 자는 이권을 누렸다. (……) 재주 있는 자가 재주를 부려 살기(殺氣)를 도발하였다. 쇠를 불리고 나무를 쪼개어 흉기를 만들었다. 날카로운 칼과 창, 혹독한 활과 화살로 성을 뺏고 땅을 다투매 쓰러진 시체가 들을 메웠다. 백성들의 재앙이 이에 이르러 극에 달했다.[183]

홍대용은 '기화적 삶' 으로부터 '형화적 삶' 으로의 진화를 "천지의 비운(否運)이요 화란(禍亂)의 시초"[184]라고 보았다. 그러나 인간은 '형화적 삶' 으로부터 '기화적 삶' 으로 되돌아 갈 수 없는 것이다. 따라서 '형화적 삶' 에 필요한 제도와 문물을 만들어내야 하는 것이다. 홍대용은 "시대를 따르고 풍속에 순응함은 성인의 방편이요, 다스림의 기술이다."[185]고 하는 관점에서 성인의 예의문물을 이해한다.

정욕에 대한 느낌을 이미 금할 수 없게 되자, 혼인하는 예절을 통해 부부로 짝지었으니 음탕함을 금했을 뿐이요, 좋은 집에 거처함을 금할 수 없게 되자

183) 『湛軒書』 內集 卷4, 34b~35a 「毉山問答」, "草木之薄, 而濫以佃漁, 鳥獸魚鼈, 不得遂其生矣. 巢穴之陋, 而侈以棟宇, 草木金石, 不得保其體矣. 膏粱適其口, 而臟腑脆矣. 布帛暖其體, 而支節解矣. (……) 勇智多欲者, 生於其間, 驅率同心, 各占雄長, 弱者服其勞, 强者享其利. (……) 巧者, 運技挑發殺氣, 鍊金刳木凶器作矣. 刀戈之銳, 弧矢之毒, 爭城爭地, 伏尸原野, 盖生民之禍, 至此而極矣."

184) 『湛軒書』 內集 卷4, 34b 「毉山問答」, "天地之否運 禍亂之權輿"

185) 『湛軒書』 內集 卷4, 35a 「毉山問答」, "因時順俗, 聖人之權, 制治之術也"

초가집을 짓되 깎고 아로새기지 못하게 하였으니 화려함만 금했을 뿐이며, 고기 먹는 습관을 이미 금할 수 없게 되자 낚시는 하되 그물질을 못 하도록 산과 못을 금했으니 함부로 잡는 것만 금했을 뿐이요, 좋은 옷 입는 것을 이미 금할 수 없게 되자 노소와 상하의 제도를 구별하였으니 사치함만 금했을 뿐이다.[186]

홍대용은 우선 정욕을 비롯한 제반 욕구를 완전히 억압하거나 금지할 수 없는 것으로 인정하였다. 그리고 성인의 예절과 제도는 인간의 욕구를 완전히 금압(禁壓)하자는 것이 아니라, 적절하게 조절하자는데 본래의 취지가 있다고 보았다. 인간의 욕구를 '적절하게 조절해야 한다〔發而皆中節〕' 는 것은 유학의 기본 입장이다. 그러나 성리학파에서 선험적 이데아라 할 수 있는 '천리(天理)' 에 근거하여 윤리적인 당위의 차원에서 도덕률을 논한 면이 있다면, 홍대용은 현실의 문제를 지혜롭게 해결하기 위한 '관습(慣習)' 의 소산으로 불가피한 현실의 차원에서 논하고 있는 것이다. 또한 성인의 예악제도에 대해서도 홍대용은 시대의 방편으로 인식하였다.[187] 이제 인간의 정욕은 조절될 수 있어도 금압될 수 없는 것이요, 그것을 조절하여 합리적으로 충족하는 방법은 시대와 상황에 따라 변화를 모색할 수밖에 없는 것이다.

여기서 우리는 근대적 인간관의 태동과 북학의 정당화나 이용후생론의 논리적 근거를 확인할 수 있다. 성리학적 인간관은 불변적 실체로서의

---

186) 『湛軒書』 內集 卷4, 35a 「毉山問答」, "情欲之感, 旣不可禁, 則婚姻之禮, 夫婦定偶, 禁其淫而已. 宮室之居, 旣不可禁, 則蔀屋蓬藋, 不礱不斲, 禁其華而已. 魚肉之食, 旣不可禁, 則釣而不網, 厲禁山澤, 禁其濫而已. 布帛之服, 旣不可禁, 則老小異制, 上下有章, 禁其侈而已."

187) 『湛軒書』 內集 卷4, 3b 「毉山問答」, "禮樂制度, 聖人所以架漏牽補, 權制一時, 而情根未拔, 利源未塞, 勢如防川, 畢竟潰決, 聖人已知之矣."

본성을 전제하고, 본성은 선하다는 믿음에 기초한 것이었다. 그러나 「의산문답」에서 형화(形化)가 계속되면서 차이가 생겼다는 발생론적 설명은 인간과 동물, 인간과 인간의 차이가 본질적인 것이 아니라 상대적인 것이고, 또한 절대적인 것으로 여기고 있는 규범들도 역사적으로 형성된 상대적인 것에 지나지 않는다고 본 것이다.[188] 홍대용의 이러한 사고방식은 연행을 통한 사상적 변모의 결과이기도 하겠지만, 그가 이미 이의 주재를 부정하고 성선을 회의한 것과 일정한 연관성이 있다고 하겠다.

한편 박지원도 홍대용과 동일한 경향을 보여주고 있다. 그는 「호질」에서 인간이 동물보다 존엄하다거나 우월하다는 주장을 여지없이 조롱한다.

> 대체 자기 것 아닌 것을 취함을 도(盜)라 하고 남을 못살게 굴고 그 생명을 빼앗는 것을 적(賊)이라 하나니, 너희들이 밤낮을 헤아리지 않고 쏘다니며 팔을 걷어붙이며 눈을 부릅뜨고, 함부로 남의 것을 착취하고 훔쳐도 부끄러운 줄을 모르며 심지어 돈을 형이라 부르고, 장수가 되기 위해 아내를 죽이는 일까지 있은 즉, 이러고도 인륜의 도리를 논할 수 있는가? 그뿐만 아니라 메뚜기에서 밥을 빼앗고 누에한테서 옷을 빼앗으며, 벌을 막아 꿀을 긁어먹고, 심한 자는 개미 알을 젖 담아서 조상께 제사하니 그의 잔인하고도 박덕함이 사람보다 더할 자 있겠는가.[189]

하늘과 땅이 사물을 낳아서 기르는 인(仁)으로서 논한다면 호랑이와 메뚜

---

188) 許南進, 「朝鮮後期 氣哲學 硏究」, 서울대 박사학위논문, 1994, 83쪽 참조; 김문용, 상게논문, 101쪽 참조.

189) 『燕巖集』 卷12, 43b 「熱河日記」 〈虎叱〉, "不非其有而取之, 謂之盜. 殘生而害物者, 謂之賊. 汝之所以日夜遑遑, 揚臂努目, 拏攫而不恥, 甚者呼錢爲兄, 求將殺妻, 則不可復論於倫常之道矣. 乃復攘食於蝗, 奪衣於蚕, 禦蜂而剽甘, 甚者醢蟻之子以羞其祖考, 其殘忍薄行, 孰甚於汝乎."

기 · 누에 · 벌 · 개미와 사람이 모두 함께 길러져서 서로 거스를 수 없는 것이요, 선악으로서 따진다면 뻔뻔스레 벌과 개미의 집을 노략질하고 긁어 가는 놈이야말로 천하의 큰 도둑 아니겠으며, 함부로 메뚜기와 누에의 살림을 빼앗고 훔쳐가는 놈이야말로 인의(仁義)의 큰 도적이 아니겠는가? 그리고 호랑이가 표범을 먹지 않음은 실로 차마 제 겨레를 해칠 수 없는 까닭이다. (……) 호랑이가 사람을 잡아먹는 것을 헤아려도 사람이 저희끼리 서로 잡아먹는 것만큼 많지는 않을 것이다.[190)]

「의산문답」이나 「호질」에서 공통으로 확인할 수 있는 것은, 인간 윤리에 대한 본성론적 차원으로부터 연역적 접근보다 구체적이고 실천적인 측면에서 당시 현실의 윤리의식을 비판하고 있다는 점이 두드러진다는 것이다. 따라서 이들에게 인간의 윤리의식이 담보되지 못한다면 인간은 동물보다 더 존엄한 것도 못 되고, 더 우월한 것도 못 된다. 그러므로 인간 자신에 대한 각종 미화(美化)에 만족하고 기존의 문물(文物)에 억지로 꿰맞추려고 할 것이 아니라, 자신이 전 존재계의 한 부분임을 객관적인 측면에서 자각하고 그에 알맞은 삶의 방식을 모색해 나가야 한다는 것이다.

190) 『燕巖集』 卷12, 43b 「熱河日記」 〈虎叱〉, “自天地生物之人而論之則, 虎與蝗蚕蜂蟻與人, 並畜而不可相悖也. 自其善惡而辨之則, 公行剽刦於蠭蟻之室者, 獨不爲天地之巨盜乎. 肆然攘竊於蝗蚕而資者, 獨不爲仁義之大賊乎. 虎未嘗食豹者, 誠爲不忍於其類也. (……) 計虎之食人, 不若人之相食之多也.”

제4장

북학파의 역사인식과 북학론

1. 화이관의 비판적 성찰

1) 화이의 개념과 전통

본래 '중화(中華)' 라는 말은 하(夏) · 화(華) · 화하(華夏) · 중하(中夏) · 제하(諸夏)라는 말과 더불어 한대(漢代) 이전 중국 민족국가 형성기에 한(漢) 민족이 자신들의 거주하고 있는 지역의 범칭으로 사용한 말이다.[1] 더욱이 한족의 자존 의식은 중화야말로 지리적 · 문화적으로 세계의 중심을 이룬다는 의식으로 확대되어, 그 결과 중국인의 대외 인식을 규정하는 관념의 핵으로 기능하게 되었다.

고대 중국인에 있어서 세계는 천하와 사방으로 양분되며, 천하는 한민족(漢民族)의 지배자인 천자의 도덕 정치가 실시되고 있는 지역을 가리키는 것으로, 그곳이 바로 세계의 중심이요, 주변은 아직 천자의 덕이 미치

1) 那波利貞, 『中華思想』(岩波講座 『東洋思想』 제7권) 7-20쪽 및 박충석. 유근흐 공저, 『조선조의 정치사상』(서울: 평화출판사, 1980) 99쪽 참조.

지 못하는 이민족 즉 이(夷)·만(蠻)·융(戎)·적(狄)이 살고 있는 사방이라는 것이다.[2)]

이러한 천하관념은 춘추정신으로 드러난다. 공자가 『춘추(春秋)』를 지은 것은 정명사상(正名思想)에 입각하여 천자와 제후의 관계를 규정하고, 아울러 중화(中華)와 사이(四夷)와의 관계를 계층적 질서로 규정하고자 한 것이다. 이러한 맥락에서 중화사상에는 덕화의 주체가 되고 중심이 되는 것은 어디까지나 화하·중화 즉 한민족(漢民族)이라는 관념이 내재하고 있다. 『사기(史記)』에서 다음과 같이 말했다.

> 중국이라는 것은 대개 총명하고 두루 지혜로운 자들이 사는 곳이요, 만물과 재용(財用)이 모이는 곳이요, 성현이 가르침을 베푸는 곳이요, 인·의가 베풀어지는 곳이요, 시·서·예·악이 쓰이는 곳이다.[3)]

즉, 중국이라는 것은 성현의 가르침인 인의(仁義)와 시(詩)·서(書)·예(禮)·악(樂)이 실현되는 곳이라는 의미이다. 이러한 맥락에서 '예교문화(禮教文化)'의 유무를 기준으로 화이를 구분하고, 화의 이에 대한 지도를 강조하게 되는 것이다. 그리하여 화이사상은 단순한 문화적 우월감뿐만 아니라 예교(禮教) 지배 체제의 정당성을 주장하는 이론적 근거가 되기도 하였던 것이다.[4)] 한민족(漢民族)이 중화의 중심 또는 주체가 되어야 한다는 생각은 다만 중국인들의 생각이었을 뿐만 아니라, 한국의 유학자(성리학자)들의 생각이기도 하였다. 예를 들어 퇴계(退溪) 이황(李滉)은 "하늘

2) 박충석·유근호 공저, 『조선조의 정치사상』, 평화출판사, 1980, 100쪽 참조.

3) 『史記』 卷43, 「趙世家」, "中國者, 蓋聰明徇智之所居也. 萬物財用之所聚也. 聖賢之所教也. 仁義之所施也. 詩書禮樂之所用也."

4) 李成珪, 「中華思想과 民族主義」, 『철학』 제37집, 봄호, 1992. 36-37쪽 참조.

에는 두 해가 없고 백성에게는 두 왕(王)이 없다. 춘추의 대일통(大一統)은 곧 천지의 상경(常經)이요 고금의 통의(通義)이다. 대명(大明)은 천하의 종주(宗主)이니 변방의 모든 나라들이 신복(臣服)하지 않음이 없다."[5]고 하였다. 또한 조선을 '소중화(小中華)'라고 여긴 소중화의식은 이미 '대중화(大中華)'로서의 중국을 전제로 한 개념이었다.[6]

중국이 천하의 지리적 중심이라는 '지리적 차원의 중화의식'은 중국이나 한국에 있어 차츰 퇴색하고, 인륜과 도덕을 중심으로 하는 '문화적 중화의식'이 핵심을 이루게 되었다. 공자는 본래 "주(周)나라의 문물제도는 하(夏)·은(殷) 두 왕조를 본받았으니 빛나고도 찬란하도다! 나는 주나라를 따르리라."[7]고 하여, 하와 은의 문물제도를 계승한 주의 문화를 가장 이상적인 문화라고 인식하는 강렬한 문화의식을 표출하였다. 『논어(論語)』에는 다음과 같은 대화가 보인다.

> 자공(子貢)이 말하기를 "관중(管仲)은 어진 이가 아닐 것인저." (……) 공자가 말하기를 "관중이 환공(桓公)을 도와서 제후의 패자가 되어 한 번 천하를 바로 잡았으니, 백성이 오늘날까지 은혜를 입고 있다. 관중이 아니었다면 우리 모두 머리를 풀어헤치고 옷섶을 왼편으로 하는 오랑캐가 되었을 것이다."[8]

---

5) 『退溪全書』 卷8, 55ab, 「禮曹答日本左武衛將軍源義淸」, "天無二日, 民無二王. 春秋大一統者, 乃天地之常經, 古今之通義. 大明爲天下宗主, 海隅日出, 罔不臣服."

6) 물론 소중화라는 말이 조선시대 성리학자들에만 국한되어 사용되는 말은 아니다. 고려시대에도 "遼東別有一乾坤, 斗與中朝區以分. 洪濤萬頃圍三面, 於北有陸連如線. 中方千里是朝鮮, 江山形勝名敷天. 耕田鑿井禮義家, 華人題作小中華.(『帝王韻紀』 卷下, 「地理紀」)"라고 하여, 중국인들이 조선을 小中華라고 일컬었던 것이다.

7) 『論語』 「八佾」, 제14장, "周監於二代, 郁郁乎文哉, 吾從周."

8) 『論語』 「憲問」, 제18장, "子貢曰 管仲, 非仁者與, (……) 子曰 管仲相桓公覇諸侯, 一匡天下, 民到于今, 受其賜, 未管仲, 吾其被髮左衽矣."

공자는 왕도(王道)를 높이고 패도(霸道)를 폄하하지만, 오랑캐의 야만적인 문화로부터 중화 문물을 지켜냈다는 관점에서 불가피하게 패도를 쓴 관중의 공을 인정한 것이다. 공자의 이러한 언설을 통해서 우리는 공자의 강렬한 문화의식을 엿볼 수 있는 바, 그것은 결국 화이의 준엄한 구별로 귀착되는 것이다. 이러한 공자의 화이관념은 왕도사상을 핵심으로 한다. 즉 중화의 정치적 지도자인 천자가 덕화를 보다 멀리 끼쳐서, 마침내는 세계의 모든 나라가 함께 도덕과 인륜을 실현하도록 하자는데 그 목적이 있다.

인륜과 도덕의 실현 여부가 화와 이를 분별하는 핵심적 근거가 된다는 인식은 송대(宋代)에 이르러 확고하게 되었다. 정자(程子)는 사람이 예를 잃으면 금수로 전락하고 만다고 하여 다음과 같이 말하였다.

> (사람이) 예(禮)를 한 번 잃으면 금수가 된다. 성인(聖人)은 사람이 금수가 되는 것을 두려워하였기 때문에 춘추의 법을 지극히 근엄하게 하였다.[9)]

정자는 예(禮)의 실현 여부를 사람과 금수의 구분하는 기준으로 제시하였다. 호안국(胡安國, 1094～1138)도 같은 맥락에서 다음과 같이 말했다.

> 중국이 중국으로 된 것은 부자 · 군신의 큰 인륜이 있기 때문이니, 이를 한 번 잃는다면 이적이 될 것이다.[10)]

---

9)『二程全書』卷2 上, 38a「元豊呂與叔東見二先生語」, "禮一失則爲禽獸, 聖人恐人入於禽獸也. 故於春秋之法, 極謹嚴."

10)『春秋胡氏傳』卷11,「僖公上」, "中國之爲中國, 以其有父子, 君臣之大倫也. 一失則爲夷狄矣."

중국이 이적(夷狄)보다 귀한 까닭은 부자지친(父子之親)과 군신지의(君臣之義)가 있기 때문이다.[11)]

호안국도 예와 윤리의 실현 여부가 화와 이를 구별하는 기준임을 확고히 하였다. 또한 주희(朱熹)도 다음과 같이 화이에 대한 견해를 피력하고 있다.

원숭이의 형상이 사람과 비슷하여 다른 동물보다 영특하지만, 단지 말을 하지 못할 뿐이다. 이적은 바로 사람과 금수의 사이에 있기 때문에 끝내 고치기 어렵다.[12)]

주희는 이적을 사람과 금수의 중간 단계로 설정하여 엄격하게 구분하였으며, 이적은 끝내 화하(華夏)가 될 수 없다고 보았다는 데 그 특색이 있다. 이러한 인식에 따라 주희는 남송(南宋) 당시 반금적(反金的) 양이사상(攘夷思想)을 주장, 대표적인 주전론자(主戰論者)가 되었다. 그는 「임오봉사(壬午封事)」에서 "또 들으니 천하 국가를 다스리는 자에게는 반드시 한 번 정하여 바꿀 수 없는 계책이 있는데, 지금의 계책이라는 것은 안으로 정사를 닦고 밖으로 이적을 물리치는 데 불과할 따름이다."[13)]라고 하여, 이적을 물리쳐 한민족(漢民族)의 생존권과 정통성을 확립하는 것이라고 여겼던 것이다. 이러한 주희의 반금적 양이사상은 뒤에 조선(朝鮮)의 북벌론자(北伐論者)에게 지대한 영향을 끼쳤다.

---

11) 『春秋胡氏傳』 卷23, 「襄公下」, "中國之所以貴于夷狄, 以其有父子君臣之義耳."

12) 『朱子語類』 卷4, 「性理 一」 〈人物之性氣質之性〉, "至於獼猴形狀類人, 便最靈於他物, 只不會說話而已. 到得夷狄便在人與禽獸之間, 所以終難改."

13) 『朱子大全』 卷11, 「壬午封事」, "又聞之爲天下國家者, 必有一定不易之計. 而今日之計, 不過乎修政事攘夷狄而已矣."

2) 도학파의 조선중화주의

17세기 전반 명나라와 조선에 가해진 오랑캐〔淸〕의 침략은 명(明) 중심의 중화주의적 세계관을 근본적으로 흔들어 놓았다. 조선이 가장 선진문화국으로 칭송하였던 명(明)이 여진족인 청(淸)에 의해 1644년 멸망하고, 이보다 7여 년 전인 1637년(인조 15)에 인조가 삼전도(三田渡)에서 성하지맹(城下之盟)을 맺어 청에 대해 신하의 예(禮)를 행할 것을 맹세한 이후, 조선 내부에서 임진왜란 때 명으로부터 입은 재조지은(再造之恩)에 대한 보은과 삼전도에서의 치욕에 대한 복수설치(復讐雪恥)를 주장하는 북벌론(北伐論)이 대세를 이루었다. 이는 주희의 반금적(反金的) 양이사상(攘夷思想)과 조선의 반청적(反淸的) 양이사상(攘夷思想)이 중첩(重疊)됨으로써, '춘추대의(春秋大義)'에 입각한 존화양이사상이 확고하게 정착되었던 것이다.[14]

오랑캐 청이 인륜을 짓밟고 중원을 차지한 상황에서, 오직 조선만이 중화문물을 지키고 있다는 인식은, 마침내 '조선중화주의'를 낳게 하였다. 이제 조선은 더 이상 중화의 번방(藩邦)이 아니라 중화의 중심이라는 것이다. 그리하여 기존의 '소중화의식'은 '조선중화주의'로 발전하게 된 것이다.[15] 이러한 조선중화주의의 단초를 연 사람은 우암(尤庵) 송시열(宋時烈, 1607~1689)이다. 송시열은 호란 이후 복수설치(復讐雪恥)의 의지가 팽배한 당시 상황에서, 춘추대의(春秋大義)의 이념으로 북벌(北伐)의 명분을 확립하였다. 송시열은 "공자가 춘추(春秋)를 지음에 대의가 수십가지나 되지만 존주(尊周)가 가장 크다."[16]고 하여 춘추대의를 '존주(尊

14) 姜在彦, 『韓國의 開化思想』, 比峰出版社, 1981, 79쪽 참조.
15) 鄭玉子, 「조선후기 역사의 이해」, 一志社, 1993, 75쪽 참조.
16) 『宋子大全』, 卷27, 20b 「上安隱峰」, "孔子之作春秋也 大義數十而尊周最大."

周)' 로 집약하였다. 이는 바로 존왕양이정신(尊王攘夷精神)을 확립한다는 의미이다. 그는 효종(孝宗) 즉위(1659) 직후, 평소 삼전도(三田渡)의 치욕을 절치부심(切齒腐心)하던 효종으로부터 '명천리(明天理), 정인심(正人心)' 을 급선무로 하라는 밀유(密諭)를 받았다. 그리하여 송시열은 효종에게 「기축봉사(己丑封事)」를 올려 13조의 시무책(時務策)을 개진하였는데, 북벌과 관계된 것은 마지막의 '정사(政事)를 닦아서 이적을 물리친다〔修政事以攘夷狄〕' 라는 조목이다.[17] 이는 앞에서 언급한 주희의 '금일의 계책이라는 것은 정사를 닦고 이적을 물리치는 것에 불과할 따름' 이라고 한 '내수외양(內修外攘)' 의 논리와 맥락을 같이 하는 것이다.

송시열은 공자가 『춘추』를 지은 뜻은 대일통(大一統)의 의리(義理)를 천하 후세에 밝혀 사람으로 하여금 화와 이를 준별할 수 있도록 하기 위함이라고 하였다.[18] 이러한 대일통 의리는 공자의 『춘추』와 주희의 『강목(綱目)』에서 이론적 근거를 찾을 수 있다. 송시열은 다음과 같이 말했다.

> 신이 생각하건대, 공자의 『춘추』로부터 주자의 『강목』에 이르기까지 하나같이 대일통(大一統)을 주장하였습니다. 대개 대통(大統)이 다 밝혀지지 않으면 인도(人道)가 어그러지고 인도가 어지러워지면 나라가 망합니다.[19]

송시열은 대일통을 '대통(大統)을 밝히는 것을 대의로 삼아 인도(人道)를 행하는 것' 이라고 보았다. 이는 조선이 인도(人道)를 행한다는 것은 곧

17) 『宋子大全』 卷5, 26a~27b 「己丑封事」; 崔英成, 『韓國儒學思想史』(III), 아세아문화사, 1995, 82-83쪽.

18) 『宋子大全』 卷5, 26a~27b 「己丑封事」, 〈修政事以攘夷狄〉條, "孔子作春秋 以明大一統之義 於天下後世, 凡有血氣之類 莫不知中國之當尊 夷狄之可醜矣."

19) 『宋子大全』 卷5, 44b 「丁酉封事」, "臣案春秋以至綱目, 一主於大一統, 蓋大統不明, 則人道乖亂, 人道乖亂, 則國隨以亡."

대통(大統)을 밝히는 것이 전제되어야 함을 말한 것이다. 따라서 조선은 인도를 버리고 '야만(野蠻)의 힘' 에 굴복할 수는 없는 것이었다. 그에 의하면 북벌(北伐)의 명분은 명(明)에 대한 신하의 의리를 행하는 것으로, 이렇게 하는 한 조선은 예의의 국가이며 문명의 국가가 되는 것이다. 결국 북벌은 명을 위할 뿐 아니라 조선을 위한 것이 된다는 것이다. 이러한 의식은 힘보다 예(禮)와 의(義)가 인간을 인간답게 한다는 문화의식의 소산이다. 그러한 문화의식에 결코 오랑캐의 힘에 꺾일 수 없다는 강렬한 의지가 담겨 있다.

그렇다면 송시열이 내세운 북벌(北伐)의 제일의(第一義)는 무엇인가? 이는 문인인 권상하(權尙夏)와 윤봉구(尹鳳九)의 다음과 같은 대화 속에서 대의를 짐작해 볼 수 있다.

> 윤봉구가 묻기를, '듣건대 청음(淸陰) · 신독재(愼獨齋) · 동춘당(同春堂) 선생들은 명을 위해 복수하는 것을 대의(大義)로 삼았으나, 우옹(尤翁)은 여기에 일절(一節)을 더하여 춘추대의(春秋大義)라고 하였다. 이적이 중국에 들어올 수 없고 금수가 인류와 나란히 할 수 없다는 것으로 제일의(第一義)를 삼고, 명을 위한 복수는 제이의(第二義)로 삼았다 하니 그러하지 않습니까?' 하니, 권상하가 말하기를, '노선생(老先生)의 뜻이 바로 그러하였다.' 고 했다.[20]

위에서 송시열이 주장하는 북벌의 본질은 '명(明)에 대한 신하의 의리를 행하는 것' 에서 한 걸음 더 나아가 '명(明)을 위한 복수보다 이적이 중국을 어지럽힐 수 없고, 금수가 인류와 나란히 할 수 없다' 고 하는 점에

20) 『宋子大全』 附錄, 卷19, 28a 「記述雜錄」, 〈尹鳳九錄〉, "鳳九問曰, 聞淸愼春諸先生, 皆以大明復讐爲大, 而尤翁則又加一節, 以爲春秋大義, 夷狄而不得入於中國, 禽獸而不得倫於人類, 爲第一義, 爲明復讐, 爲第二義. 然否. 曰老先生之意, 正如是矣."

있는 것이다. 이러한 정신은 바로 진정한 도학적(道學的) 주체의식(主體意識)의 발로라고 평가할 수 있다.[21)]

송시열은 이러한 화이관에 입각하여, 우리 민족이 의(義)와 예(禮)를 지닌 문화민족이라는 자부심을 품고 있었다. 송시열은 다음과 같이 말했다.

> 중원인(中原人)은 우리 동인(東人)을 가리켜 동이(東夷)라 하니, 명칭이 비록 상쾌하지 않으나, 역시 작흥(作興)이 어떠하냐에 있을 뿐이다. 맹자가 말하기를 순(舜)은 동이(東夷) 사람이라 하고 문왕(文王)은 서이(西夷) 사람이라 하였으나, 진실로 성인(聖人)·현인(賢人)이 되었으니, 우리나라가 추(鄒: 맹자가 태어난 나라)·노(魯: 공자가 태어난 나라)가 되지 못한 것을 근심할 필요가 없다. 옛날에 칠민(七閩)의 땅이 실상은 남이(南夷)의 구역이었으되, 주자가 이 땅에서 우뚝 일어난 뒤에 중화(中華)의 예악문물(禮樂文物)의 땅이 되어 도리어 존중하게 되었다. 옛적에 오랑캐 땅이 지금은 중화가 되었으니, 이것은 오직 변화에 있을 뿐이다.[22)]

송시열은 중화 문화가 결코 한족(漢族)의 전유물이 아니며, 교화(敎化)를 통해 어떤 민족도 문화를 향유할 수 있다고 말한 것이다. 이는 지역적으로 화하(華夏)가 되지 못한 것을 근심할 것이 아니라, 문화를 일으켜 스스로 중화가 되어야 한다는 것이다. 송시열은 고려 말 이래로 조선이 예의로써 풍속을 변화하여, 주(周)의 예악문물(禮樂文物)이 우리나라에 있

---

21) 金文俊, 「尤庵 宋時烈의 哲學思想에 關한 硏究」, 성균관대 박사학위논문, 1995. 제2장 참조.

22) 『宋子大全』, 卷131, 24a 雜著, 〈看書雜錄〉, "中原人指我東爲東夷. 號名雖不雅, 亦在作興之如何耳. 孟子曰, 舜東夷之人也, 文王西夷之人也. 苟爲聖人賢人, 則我東不患不爲鄒魯矣. 昔七閩實南夷區藪, 而自朱子崛起於此地之後, 中華禮樂文物之地, 或反遜焉. 土地之昔夷而今夏, 惟在變化而已."

다는 자부심을 품고 있었다.

이러한 송시열의 춘추대의에 입각한 주체적 문화의식은 민족사를 통하여 정신적 맥락이 조선조 말까지 연면히 계승되었다. 우리나라 의리학파의 시조(始祖)를 정몽주(鄭夢周)라 할 때, 송시열(宋時烈)은 중조(中祖)에 해당한다고 할 수 있으며, 영향이야말로 학파나 당파를 초월한 것이었다. 정조(正祖)는 주자와 송시열의 글 약간편을 모아 『양현전심록(兩賢傳心錄)』을 편찬하고, 효종과 송시열의 북벌대의를 칭송, 선양하는 등 이미 퇴색해 버린 춘추대의를 재천명하는 데 힘썼다. 특히 송시열에 대해서 "우리나라의 송선정(宋先正: 宋時烈)은 곧 송나라의 주부자(朱夫子: 朱熹)이다."[23]라고 평하였다.[24]

이러한 춘추대의 정신에 입각한 존왕양이(尊王攘夷) 사상은 18세기 이후 학계와 정계에 확고하게 자리를 잡게 된다. 강한(江漢) 황경원(黃景源, 1709～1787)은 춘추대의 정신에 입각한 대명의리(大明義理)를 강조하여 다음과 같이 말했다.

> 대저 이른바 중국이라는 것은 무엇인가. 예의(禮義)일 따름이다. 예의가 밝으면 융적(戎狄)도 중국이 될 수 있고, 예의가 밝지 않으면 중국도 이적(夷狄)이 될 수 있다. 한 사람의 몸이 때로 중국에 있을 수 있고, 때로 이적에 있을 수 있으니, 이는 진실로 예의가 밝고 밝지 않음에 있는 것이다.[25]

즉, 황경원은 '중국이란 무엇인가?' 라고 반문하고, '중국은 예의(禮義)일

---

23) 『弘齋全書』 卷179, 「群書標記」 〈兩賢傳心錄〉條, "我東之宋先正, 卽宋之朱夫子也."

24) 崔英成, 전게서, 85-86쪽.

25) 『江漢集』 卷5, 「與金元博書」, "夫所謂中國者, 何耶. 禮義而已矣. 禮義明, 則戎狄可以爲中國. 禮義不明, 則中國可以爲夷狄. 一人之身, 有時乎中國, 有時乎戎狄. 固在於禮義之明與不明也."

따름' 이라 하였다. 따라서 예의의 유무에 의해 중국이 될 수도 이적이 될 수도 있다고 하여 은연중에 조선을 그대로 중화로 보는 조선중화주의를 제창하였던 것이다.[26)]

이러한 조선중화주의는 당시 조선의 지식인층에서 광범위한 지지를 받고 있었다. 따라서 중화문화의 본류인 명의 멸강으로 중화문화의 유일한 계승자인 조선이 바로 중화라는 조선중화의식(朝鮮中華意識)이 당시 사상계를 지배하였던 것이다. 이는 조선 문화에 대한 자부심의 극치라 하겠다.

2. 화이론의 변용과 주체의식

1) 전통적 화이론의 변용

앞에서 살펴본 바와 같이, 화이사상은 한편으로 인륜과 도덕을 추구하는 문화의식의 발로였지만, 다른 한편으로 중화(中華)를 중심으로 하여 중화와 사이(四夷)를 계층적으로 자리매김하는 것이었다. 이러한 화와 이의 위계적 질서의식은 전통적인 천원지방설(天圓地方說)에 의존한 것이었다. 이러한 화이사상은 18세기 후반기에 북학파에 의해 변용되는데, 북학파 중에서 특히 천문학 등 자연과학사상에 해박하였던 홍대용(洪大容)에 의해 주도되었다.[27)] 물론 홍대용 이전에 대곡(大谷) 김석문(金錫文)이

---

26) 1826년에 간행된 『尊周彙編』에서는 黃景源을 尤庵 宋時烈과 함께 극렬한 대명의리론 · 반청론을 피력한 사람으로 열거하고 있다(유봉학, 『燕巖一派 北學思想 硏究』, 일지사, 1995, 61쪽).

27) 姜在彦, 전게서, 80쪽 참조.

『역학도해(易學圖解)』를 저술하여 '지정천동설(地靜天動說)'을 부정하고 '지동천정설(地動天靜說)'을 주장한 바 있다.[28]

홍대용은 김석문 이론에서 한 걸음 더 나아가 전통적인 천원지방설을 부정하고 지원설(地圓說)과 함께 지전설(地轉說)·무한우주설(無限宇宙說) 등[29]을 주장하여, 마침내 전통적인 화이론을 변용시키게 된다. 홍대용은 우선 지원설·지전설·무한우주설 등 자연과학적 인식을 바탕으로 지구중심설을 부정한다.

> 하늘에 가득 찬 별치고 세계로 되지 않는 것이 없으니, 성계(星界)로 본다면 지계(地界)도 한 개의 별이다. 한량없는 세계가 공계(空界)에 흩어져 있는데 오직 지계만 바로 중심에 있다는 말은 있을 수 없다.[30]

즉, 지계(地界)로 본다면 지구가 중심이 될 수 있지만, 성계(星界)로 본다면 지계는 단지 하나의 별에 불과하다는 것이다. 이러한 지구중심설의 부정은 이른바 '이천시물(以天視物)'[31]이라는 객관적 관점에 입각한 가치상대론(價値相對論)으로 연계되어, 가치의 절대성을 부정하고 상대성을 강조하는 인식 태도로 발전하였다.[32] 이처럼 홍대용은 그의 자연과학사상을 바탕으로 만물의 '상대적 자기중심성'을 강조하였는데, 그의 가치상대론이 『장자(莊子)』에서 많은 영향을 받고 있음은 흥미롭다 할 것이다.

---

28) 閔泳珪, 「17世紀 李朝學人의 地動說 - 金錫文의 『易學圖解』 3卷과 그 節抄」, 『東方學志』 제16집, 1975 ; 李龍範, 「金錫文의 地轉說과 그 思想的 背景」, 『震檀學報』 제41집, 1976.

29) 이에 대해서는 본고 제2장 제2절 참조.

30) 『湛軒書』 內集 卷4, 22b 「毉山問答」, "滿天星宿, 無非界也. 自星界觀之, 地界亦星也. 無量之界, 散處空界, 惟此地界, 巧居正中, 無有是理."

31) 『湛軒書』 內集 卷4, 22b 「毉山問答」," 曷不以天視物, 而猶以人視物也."

32) 崔英成, 『韓國儒學思想史』(IV), 아세아문화사, 1995, 122쪽 참조.

홍대용은 이를 바탕으로 종래의 화이지분(華夷之分)과 내외지분(內外之分)을 부정하고, 화(華)와 이(夷), 내(內)와 외(外)를 상대주의적 관점에서 인식하여, 종래의 중국 중심적 세계관을 타파하는 데 지대한 구실을 하였다.

지금 중국에서 배와 수레가 통하는 곳으로 북으로 악라(鄂羅: 러시아)가 있고 남으로 진랍(眞臘: 캄보디아)이 있다. 악라의 천정(天頂)은 북으로 북극에서 20리 거리이고, 진랍의 천정은 남으로 남극에서 60리 거리이며 양정(兩頂)은 90리 거리이고 두 곳 사이의 거리는 22,500리이다. 이로써 악라의 사람은 악라로써 정계(正界)를 삼고 진랍으로 횡계(橫界)를 삼는다. 중국과 서양은 경도의 차가 180도에 이른다. 중국인은 중국으로써 정계를 삼고 서양으로써 도계(倒界)를 삼는다. 서양은 서양으로써 정계를 삼고 중국으로써 도계를 삼는다. 사실 하늘을 이고 땅을 밟고 계(界)를 따름이 모두 이와 같다. 횡(橫)도 없고 도(倒)도 없으며 다 같이 정계인 것이다.[33]

홍대용에 의하면, 둥근 지구에서 보면 모두 지구의 중심이며, 모두 정계(正界)가 될 수 있는 것이다. 이러한 맥락에서 모든 나라는 상대적 자기중심성을 지니며 따라서 평등하다는 근대적인 국제질서 관념이 성립하게 된다. 이러한 인식은 바로 '화이일야(華夷一也)' 의 세계관으로 나아가는 이론적 근거가 된다고 할 수 있다.

---

33) 『湛軒書』 內集 卷4, 21a~21b 「毉山問答」, "今中國舟車之通, 北有鄂羅, 南有眞臘, 鄂羅之天頂, 北距北極爲二十度, 眞臘之天頂, 南距南極爲六十度, 兩頂相距爲九十度, 兩地相距爲二萬二千五百里. 是以鄂羅之人, 以鄂羅爲正界, 以眞臘爲橫界. 眞臘之人 以眞臘爲正界, 以鄂羅爲橫界. 且中國之於西洋, 經度之差, 至于一百八十 中國之人, 以中國爲正界, 以西洋爲倒界. 西洋之人, 以西洋爲正界, 以中國爲倒界. 其實戴天履地, 隨界皆然. 無橫無倒, 均是正界."

이러한 화이론의 변용은 이미 성호(星湖) 이익(李瀷)에게서 볼 수 있다. 이익은 상대주의적 세계관에 입각하여, 조선을 중국과 대등하게 인식하고 있다. 그는 서양의 지리학과 천문학 등 당시까지 축적된 지리적 인식의 확대를 바탕으로 하여 종래의 신비적인 분야설(分野說) 등을 거부하고, 지구가 둥글다는 과학사상에 입각하여 다음과 같이 주장하였다.

> 오늘날의 중국은 대지 가운데 한 조각의 땅덩어리에 지나지 않는다. (……) 크게는 구주(九州)도 하나의 나라요, 작게는 초(楚)도 하나의 나라이고, 제(齊)도 하나의 나라이다.[34)]

즉, 대국이나 소국에 관계없이 모든 나라는 독립된 주권국가요, 중심국가와 주변국가가 따로 없음을 갈파한 것이다. 이는 종래의 중국 중심적 '천하사상(天下思想)' 으로부터 탈피하고자 하는 시도임에 분명하다고 하겠다. 이를 바탕으로 이익은 역외성인론(域外聖人論)을 주장하였다.

> 나는 늘 말하기를, 구주(九州: 중국) 안에서는 의당 성인이 다시 나타나지 않을 것이요, 기대하는 곳은 구주 밖이라 한다. (……) 지금 만리장성 밖은 크기가 중국만 할 뿐 아니니, 그중에 성인이 말씀하신 것처럼 '이적(夷狄)이라는 현실에서 이적의 일을 행하는 사람〔君子〕' 이 어찌 없겠는가?[35)]

---

34) 『星湖僿說』 卷2, 天地門 〈分野〉, "今中國者, 不過大地中一片土. (……) 大則九州亦一國也, 小則楚亦一國也, 齊亦一國也"

35) 『星湖文集』 卷27, 「答安百順」, "余每謂九州之內, 宜不復生聖人, 所恃者九州之外. (……) 今長城之外, 其大不啻中國, 其中豈無素夷狄行夷狄者, 如聖人所指者也" 『中庸章句』 제14장에서는 "君子素其位而行, 不願乎其外. 素富貴, 行乎富貴. 素貧賤, 行乎貧賤. 素夷狄, 行乎夷狄." 이라 하였다. 따라서 성호가 말한 '素夷狄行夷狄者' 란 바로 '君子' 를 의미하는 것이다.

즉, 이익은 중국에서만 '성인' 이나 '군자' 가 나오는 것이 아니라 역외에서도 '성인' 이나 '군자' 가 나올 수 있다고 하는 이른바 '역외성인론(域外聖人論)' 을 주장하기도 했다. 이는 후일 홍대용에 의해 제기되었던 '역외춘추론(域外春秋論)' 과 취지를 같이 하는 것이라 하겠다.[36]

이러한 국가 상대성의 인정은 다산(茶山) 정약용(丁若鏞)에게 있어서도 그대로 보인다. 그는 1799년 진하겸사은사(進賀兼謝恩使)의 서장관으로 가는 한치응(韓致應, 1760~1824)에게 준 글에서 "장성의 남쪽에 있고 오령의 북쪽에 있는 나라를 중국이라 부르고, 요하의 동쪽에 있는 나라를 동국(東國)이라 부르는데, 동국 사람의 신분으로 중국에 유람 가는 사람을 찬탄하고 부러워하지 않는 사람이 없다. 내가 볼 때 그들이 이른바 중국이라고 부르지만, 나는 그 나라가 중앙이 됨을 알지 못하겠으며, 동국이라고 부르는 것도 나는 그것이 동쪽이 됨을 알지 못한다."[37]고 전제한 다음, 다음과 같이 말했다.

> 대개 해가 정상에 있을 때를 기준으로 정오로 삼는데 정오의 간격은 날마다 차이가 나서 그 시각이 같다고 한다면, 내가 서 있는 곳이 동쪽과 서쪽의 한 중앙임을 알게 된다. 북극은 지상에서 몇 도 정도 높은 곳에 있고 남극은 지상에서 몇 도 정도 낮은 곳에 있어 오직 전체 거리의 반쯤에 위치하고 있다면 내가 남쪽과 북쪽의 중앙에 위치하고 있음을 알게 된다. 대저 이미 동서남북의 안에 있는 지역이라면, 가는 곳마다 중국이 아닌 곳이 없다.[38]

36) 崔英成, 「星湖 李瀷의 歷史認識」, 『星湖思想의 綜合的 檢討』, 한국철학사연구회 창립 10주년 기념 논문집, 1998, 51쪽.

37) 『與猶堂全書』 第1集, 第13卷 「詩文集」, 13ab 〈送韓校理使燕序〉, "國於長城之南, 五嶺之北, 謂之中國. 而國於遼河之東, 謂之東國. 東國之人, 而游乎中國者, 人莫不歡詑歆豔. 以余觀之, 其所謂中國者, 吾不知其爲中."

38) 『與猶堂全書』 第1集, 第13卷 「詩文集」, 13ab 〈送韓校理使燕序〉, "夫以日在頂上爲午.

정약용은 "대저 이미 동서남북의 안에 있는 지역이라면, 가는 곳마다 중국 아닌 곳이 없다." 고 하여, 모든 나라가 지구의 중심이 될 수 있다고 보았다. 이는 "자기를 정계(正界)로 삼기 때문에 모든 나라는 다 중국이 된다." 고 하는 홍대용의 주장과 다르지 않다.

홍대용의 경우, 처음부터 기존의 화이론을 부정한 것은 아니었다. 당시 조선 사회의 지식인이면 누구나 소중화의식(小中華意識)에 사로잡혀 있었던 것처럼 홍대용도 조선만이 명(明)의 옛 제도를 지키고 있는 데 대한 자부심과 함께, 명의 '재조지은(再造之恩)' 에 대한 감사, 그리고 다른 외이(外夷)와의 차별성을 강조하여 '소중화의식' 을 은연중 드러내고 있었다.

> 우리나라가 명나라를 섬겨 온 지 2백 년이 넘었다. 임진년 재조의 은공을 입은 후로는 군신의 의에다 부자의 은혜를 겸하게 되었으니, 명나라가 우리나라를 대우함과 우리나라가 명나라에 의뢰함이 내번(內蕃)과 다름이 없으니, 다른 외이(外夷)와 가히 비교할 수 없다.[39]

이는 우리나라가 다른 외이(外夷)들과 비교할 수 없을 만큼 의리를 지켰다고 하여 숭명(崇明)의 예를 높이 평가하고 있는 것이다. 이러한 논리는 그가 청(淸)을 다녀온 이후에 일변하게 되는데, 그는 당시의 지식인이 '소중화의식' 에 젖어 있는 것에 대해 다음과 같이 비판하고 있다.

> 세 사람(陸飛 · 嚴誠 · 潘庭筠)은 비록 머리를 깎고 오랑캐 옷을 입어 만주 사

而午之距日, 出入其時刻, 同焉則知吾所立得東西之中矣. 北極出地高若干度, 而南極入地低若干度. 唯得全之半焉, 則知吾所立, 得南北之中矣. 夫旣得東西南北之中, 則無所往而非中國."

39) 『湛軒書』 內集 卷3, 8b 「答韓仲由書」, "我國之服事大明, 二百有餘年, 及壬辰再造之後, 則以君臣之義, 兼父子之恩. 大明之所見待, 我國之所依仰, 無異內蕃, 而非他外夷之可比也."

람과 다른 것은 없었으나, 실은 중화(中華)의 내력 있는 집안의 후손들이다. 우리들이 비록 넓은 소매의 옷을 입고 큰 갓을 쓰고 자랑이나 되는 듯이 까불며 기뻐하지만, 바닷가의 변방 사람이니 귀천의 차이가 어찌 척촌(尺寸)으로 헤아릴 수 있겠는가.[40]

홍대용은 앞에서 살펴본 바와 같이 조선만이 명의 옛 제도를 고수하고 있는 데 대한 자부심에서 벗어나, 비록 우리가 넓은 소매의 옷을 입고 큰 갓을 쓰고 자랑하지만 오랑캐일 수밖에 없다는 것이다. 그러나 이것은 지계(地界) 때문에 그런 것이지 문화적 차이에 의한 것은 아니라는 것이다. 따라서 홍대용은 당시 조선 사회에 팽배해 있던 헛된 소중화의식을 탈피하고 조선도 이(夷)라는 자각을 통해 새로운 화이론을 제시하고 있다. 그는 다음과 같이 말했다.

우리 동방이 '이(夷)' 가 된 것은 지계(地界)가 그러한 때문이니, 어찌 숨길 필요가 있겠는가? 본디 이적으로서 이적을 행한다 하더라도 진실로 성인(聖人)이 될 수 있고 현인(賢人)이 될 수 있는데, 진실로 큰일이란 나에게 있는 것이니 무엇이 마음에 차지 않겠는가?[41]

홍대용은 우리 조선이 '이(夷)' 가 된 것은 지계(地界) 때문이지, 문화적으로 열등해서가 아니라는 것이다. 예로부터 동방(東方)을 '이(夷)' 라고 하였으니,[42] '이(夷)' 라고 하는 것은 특정 지계를 지칭하는 고유명사에

---

40) 『湛軒書』 外集 卷3, 37a 「乾淨衕筆談」, "三人者, 雖斷髮胡服, 與滿洲無別. 乃中華故家之裔也. 吾輩, 雖闊袖大冠, 沾沾然自喜, 乃海上之夷人也. 其貴賤之相距也, 何可以足寸計哉."

41) 『湛軒書』 內集 卷3, 15a 「又答直齋書」, "我東之爲夷, 地界然矣, 亦何必諱哉. 素夷狄, 行乎夷狄, 爲聖爲賢, 固大有事在吾, 何慊乎."

42) 『禮記』 「王制」, "東方曰夷"

불과한 것이다. '화(華)' 의 경우도 마찬가지로 '하(夏)' 를 지칭하던 고유명사였던 것이다.[43] 홍대용은 화이(華夷)의 개념을 단순한 지명의 차원으로 해석하고, 기존의 문화적인 우열의 관념을 배제한 것이다. 그러므로 우리는 자신을 낮추어 소중화(小中華)라고 자처할 필요도 없고, 다른 외이(外夷)와 구별하여 자부심을 가질 필요도 없다는 것이다. 즉 우주라고 하는 큰 테두리에서 보면 지구도 보잘것없는 행성에 불과하며, 지구 속에서 보면 중국이라는 것도 보잘것없다는 것이다. 다만 중국인이 중화라고 자처하는 것도 자기 자신을 높여 중화라고 한 것에 불과하다는 것이다.

한편 박지원은 "사람이 처한 바로부터 볼 것 같으면(自人所處而視之), 곧 화하와 이적이 진실로 나눔이 있다. 그러나 하늘이 명한 것으로부터 볼 것 같으면(自天所命而視之), 은(殷)의 후관이나 주(周)의 면류관이 각각 당시의 제도를 따른 것이니, 하필 청인(淸人)의 홍모만 의심하겠는가?"[44] 라고 하였다. 박지원이 말하는 '사람이 처한 바로부터 봄(自人所處而視之)' 은 홍대용의 '이인시물(以人視物)' 에 해당하며, 박지원이 말하는 '하늘이 명한 것으로부터 봄(自天所命而視之)' 은 홍대용의 '이천시물(以天視物)' 또는 '자천이시지(自天而視之)' 에 해당한다. 즉, 자기가 처한 입장을 중심으로 보면 화이(華夷)의 구분이 없을 수 없으나, 하늘이라는 객관적 입장에서 보면 은의 문물이나 주의 문물이나 청의 문물은 모두 대등(對等)하다는 것이다. 화(華)의 문물이나 이(夷)의 문물 또는 주(周)의 문물이나 청(淸)의 문물은 각각 자기의 지역과 시대의 특성을 반영한 것으로서, 본질적인 우열이 있는 것은 아니라고 보았던 것이다. 이는 다분히 홍대용의 논리와 상응한다 할 수 있다.

---

43) 『大漢和辭典』 卷9, 710쪽 〈華夏〉條 참조.

44) 『燕巖集』 卷12, 45a 「熱河日記」 〈虎叱〉, "故自人所處而視之, 則華夏夷狄, 誠有分焉. 自天所命而視之, 則殷冔周冕各從時制. 何必獨疑於淸人之紅帽哉."

박지원은 화이(華夷)란 문화의 우열을 의미한다는 종래의 화이관을 비판하고, 화이란 단지 지계의 구분을 의미한다고 보았던 것이다. 그는 이러한 관점에서 중화를 높이고 이적을 물리친다는 춘추존양(春秋尊攘)의 논리를 비판하였던 것이다.

> 우리나라 사대부의 춘추존양(春秋尊攘)을 논하는 자가 연이어 큰 뜻을 세움으로써 백 년을 하루같이 하니 성한 일이라 하겠다. 그러나 존주(尊周)는 그대로 존주일 뿐이며, 이적(夷狄)은 그대로 이적일 뿐이다.[45)]

이러한 북학파의 화이관의 변용은 앞장에서 고찰한 바와 같이 지원설·지전설·무한우주설 등 과학적 자연관에 바탕을 두고 있으며, 또한 인물균(人物均)이라고 하는 인간관에 기초하고 있음을 알 수 있다.[46)]

2) 자주적인 역사의식

북학파의 화이론의 변용은 조선의 위상에 대한 새로운 자각과 함께 우리 역사에 대한 주체적인 인식으로 발전하였다. 홍대용은 객관적 관점에

---

45) 『燕巖集』 卷12, 3a 「熱河日記」 〈馹汛隨筆〉, "我東士大夫之爲春秋尊攘之論者, 磊落相望, 百年如一日, 可謂盛矣. 然而尊周自尊周也, 夷狄自夷狄也."

46) 그러나 같은 실학파 내에서 茶山 丁若鏞은 화이의 개념을 달리하고 있다. 그는 "중국이니 이적이니 하는 것은 道와 政事에 달린 것이지 疆域에 달린 것이 아니다. 그러므로 옛날 周나라의 선조는 훈육(燻鬻)과 곤이(昆夷) 사이에 살았으니 이적이 아님이 아니었건만, 갑자기 太王과 王季 같은 이가 일어나 禮樂文物이 가히 일컬을 만하게 발달하자 중국으로 대우한 것이다(『與猶堂全書』 第1集 第12卷 「論」, 7a 〈拓跋魏論〉, "中國與夷狄, 在其道與政, 不在乎疆域也. 故周之先間於燻粥混夷之中, 未嘗非夷狄也. 而一朝有如太王王季者, 興而禮樂文物可述焉, 則中國之")"라고 하였다. 정약용이 화이개념을 지리개념으로 보지 않고, 종래의 성리학자들과 마찬가지로 문화개념으로 보고 있음은 특기할 만 하다고 하겠다.

서 모든 국가의 상대적 자기중심성을 인정하여, 다음과 같이 말했다.

> 하늘이 내고 땅이 길러주는 무릇 혈기 있는 자는 모두 사람이며, 여럿에서 뛰어나 한 나라를 맡아 다스리는 자는 모두 임금이며, 문을 거듭 만들고 해자(垓字)를 깊이 파서 강토를 조심하여 지키는 것은 다 같은 국가요, 장보(章甫)나 위모(委貌)나 문신(文身)이나 조제(雕題)나 다 같은 자기들의 습속인 것이다. 하늘에서 보면 어찌 안과 밖의 구별이 있겠는가? 따라서 각각 자기 나라 사람과 친하고, 자기 나라 임금을 높이며, 자기 나라를 지키고, 자기 나라 풍속을 편안하게 여기는 것이니, (따라서) 화(華)나 이(夷)나 한가지다.[47)]

즉, 홍대용은 '하늘에서 보면' 내외의 구별이 없다고 전제하고, 각각 제나라 임금을 높이고, 제나라 강토를 지키며, 제나라의 풍속을 편하게 여기는 것이라 주장한다. 이렇게 본다면 '화나 이가 한가지인 것〔華夷一也〕' 이다.

한편 홍대용은 이적(夷狄)이 중국을 침노하는 것이나, 중국이 이적을 침노하는 것은 본질적으로 성격을 같이한다는 입장을 취한다. 즉 남의 소유를 침해한 것은 모두 침략이라는 것이다. 홍대용은 다음과 같이 말했다.

> 대저 자기의 것이 아닌데 취하는 것을 도(盜)라 하고, 죄가 아닌데 죽이는 것을 적(賊)이라 하며, 사이(四夷)로서 중국을 침노하는 것을 구(寇)라 하고, 중국으로서 사이(四夷)를 업신여겨 치는 것을 적(賊)이라 한다. 그러나 서로 구(寇)하고 서로 적(賊)하는 것은 뜻이 한가지다.[48)]

---

47) 『湛軒書』 內集 卷4, 36b 「毉山問答」, "天之所生, 地之所養, 凡有血氣, 均是人也. 出類拔萃, 制治一方, 均是君王也. 重門深濠, 謹守封疆, 均是邦國也. 章甫委貌, 文身雕題, 均是習俗也. 自天視之, 豈有內外之分哉. 是以各親其人, 各尊其君, 各守其國, 各安其俗, 華夷一也."

기존의 화이론적 역사관에서 중국이 이적(夷狄)을 침략한 것을 '정벌(征伐)'이라 하여 도덕적으로 정당화하는 경향이 있었다. 그러나 홍대용은 그러한 도덕적 의미를 탈각시키고, 다만 사실적인 견지에서 이적이 중국을 침노하는 것이나 중국이 이적을 침노하는 것을 같은 차원의 침략으로 인식한 것이다. 이것 또한 중국과 이적의 무차별성〔華夷一也〕을 주장한 것이라 하겠다.

'화이일야(華夷一也)'의 논리는 결국 조선은 중국과 마찬가지로 평등하며 상대적 자기중심성을 지닌다는 것이다. 이러한 맥락에서 자국 중심의 주체성을 확립하는 역사의식이 성립하는 것이다.

홍대용은 "천지의 변화에 따라 인물이 많아지고, 인물이 많아짐에 따라 주체〔我〕와 객체〔物〕가 나타나고, 주체와 객체가 나타남에 따라 안과 밖의 구분이 있게 되었다."[49]고 하여 안과 밖의 구분을 주체와 객체의 관계로 파악하였다. 그는 공자가 『춘추』를 지은 뜻도 바로 내·외를 구분하기 위한 것이라고 보았다.

> 공자는 주나라 사람이다. 왕실이 날로 낮아지고 제후들이 쇠약해지자 오나라와 초나라가 중국을 어지럽혀 도둑질하고 해치기를 싫어하지 않았다. 『춘추』란 주나라 사기(史記)인 바 안과 밖에 대해 엄격히 한 것이 마땅하지 않겠는가? 그러나 가령 공자가 바다에 떠서 구이(九夷)에 들어와 살았다면, 중국 법을 써서 구이의 풍속을 변화시키고 주나라 도를 역외(域外)에 일으켰을 것이다. 그런즉 안과 밖이라는 구별과 높이고 물리치는 의리에 있어 스스로 마땅히

48) 『湛軒書』 內集 卷4, 36b 「毉山問答」, "夫非其有而取之, 謂之盜, 非其罪而殺之, 謂之賊, 四夷侵疆中國, 謂之寇, 中國瀆武四夷, 謂之賊, 相寇相賊, 其義一也."

49) 『湛軒書』 內集 卷4, 36b 「毉山問答」, "夫天地之變, 而人物繁, 人物繁, 而物我形, 物我形, 而內外分."

역외춘추(域外春秋)가 있었을 것이다.[50]

즉, 공자는 주나라 사람으로서 주나라 중심의 역사인 『춘추』를 지었던 것이며, 만약 공자가 역외(域外)에 살았다면 또한 마땅히 역외(域外)를 중심으로 하는 『역외춘추』를 지었을 것이라는 것이다. 이것은 결코 '춘추정신' 그 자체를 부정하는 것이 아니다. 즉 홍대용은 춘추정신의 본질을 '자국의 주체성' 을 확립하는 것으로 인식하고, 따라서 공자가 동이에 와서 살았으면 동이를 중심으로 한 춘추정신을 밝혔을 것이라고 주장한 것이다. 이러한 '역외춘추론' 은 존화양이(尊華攘夷)를 내걸어 화와 이를 지리적인 중국과 번방으로 고정시켜 중국을 높이고 그 밖의 지역을 물리치는 것으로 이해하는 태도를 비판하는 것이라 하겠다.

홍대용의 '역외춘추론' 은 결국 우리 자신의 번방의식(藩邦意識)을 극복하고자 하는 자주의식의 표현인 것이다.[51] 이러한 역사의식을 계승한 사람이 박지원이다. 박지원은 다음과 같이 말했다.

하필 중국에만 임금이 있고, 중국 밖 땅에는 임금이 없으란 법이 있는가? 천지는 넓고 커서 한 사람이 주재할 것이 아니요, 우주는 광대하여 한 사람이 독차지할 바가 아니다. 천하는 천하 사람의 천하요, 한 사람의 천하가 아니다.[52]

따라서 같은 맥락에서 중국만이 세계의 중심인 것이 아니라, 모든 나라

50) 『湛軒書』 內集 卷4, 37a 「毉山問答」, "孔子周人也. 王室日卑, 諸侯衰弱, 吳楚滑夏, 寇賊無厭. 春秋者, 周書也. 內外之嚴, 不亦宣乎. 雖然使孔子浮于海, 居九夷, 用夏變夷, 興周道於域外, 則內外之分, 尊攘之義, 自當有域外春秋."

51) 琴章泰, 「北學派의 實學思想」, 『精神文化』 10, 韓國精神文化研究院, 1981, 45쪽 참조.

52) 『燕巖集』 卷14, 78b 「熱河日記」 〈口外異聞〉, "豈特中華之有主, 而抑亦夷狄之無君乎. 乾坤浩蕩, 非一人之獨主, 宇宙曠大, 非一人之能專. 天下, 乃天下人之天下, 非一人之天下也."

가 세계의 중심이라는 것이다.

홍대용은 당시 사대부들의 우리 사서(史書)에 대한 몰이해와 중국 사서(史書)에 경도되는 경향에 대해 다음과 같이 비판하였다.

> 동방의 풍속이 유학을 숭상하여 저술이 다양하다. 다만 선비들이 늙어 죽도록 일삼는 것이라곤, 오직 중국의 문헌에만 매달리고 우리나라의 역사와 전고에 대해서 흔히 읽지도 않고 있다. 먼 것에 힘쓰고 가까운 것을 홀시하여 특별한 관심을 돌리지 않은 결과 신라 · 고려 시대의 문헌을 상고할 수 없고, 조선 4백 년 동안 훌륭한 법과 정치제도 및 유명한 신하, 큰 유학자들이 대대로 없지 않건만 기록이 매우 적어 고증하기가 곤란하다.[53]

홍대용은 당시 사대부들이 우리 역사에 대한 기록을 소홀히 하였기 때문에 역대 우리나라의 훌륭한 법과 제도를 고증할 길이 없다고 애석하게 여겼던 것이다. 특히 홍대용은 중국인 주린(朱璘)이 쓴 『명기집략(明記輯略)』에 우리나라와 관련된 부분의 오류를 조목조목 비판하는 「명기집략변설(明記輯略辨說)」을 지어 주린을 동방(東方)의 원수라고 했다.

박지원도 과거 역사가들이 사대주의에 물들어 자기 나라의 문헌을 믿지 않고 중국의 정사(正史)에 근거하여, 우리나라 역사를 왜곡한데 대하여 신랄하게 비판하였다. 즉 당 태종이 안시성(安市城)을 침략했다가 양만춘(楊萬春)의 화살에 한쪽 눈을 잃었는데 김부식이 『삼국사기(三國史記)』에서 이에 대한 한마디 언급이 없는 것은 『당서(唐書)』와 『통감(通鑑)』 등 중국의 정사(正史)만 믿고 우리 본토에서 옛날부터 전해 오는 사

53) 『湛軒書』 外集 卷1, 28b, "東俗崇信儒學, 著述多聞. 但士子沒齒從事. 惟砣砣於中華文獻, 而東史典故, 多闕不講. 騖遠忽近, 殊爲詭异, 以是羅麗之際, 典籍無徵. 惟本國四百年間, 良法美政, 名臣鉅儒, 代不乏人, 而書籍甚寡, 有難考證."

실을 믿지 않은 사대주의적 발상에 의한 것이라고 비판하였던 것이다.[54) 그뿐만 아니라 대동강을 패수라 함은 '자소지론(自小之論)' 이라 하여 이를 비판하였다.

> 우리나라 선비들은 단지 지금의 평양만 알므로 기자(箕子)가 평양에 도읍했었다고 하면 이를 믿고, 평양에 정전(井田)이 있었다고 하면 이를 믿으며, 평양에 기자묘가 있었다면 이를 믿어서, 만일 봉황성이 평양이라면 매우 놀란다. 더구나 요동에도 또 하나의 평양이 있다고 하면, 이는 해괴한 말이라고 나무랄 것이다. 그들은 아직 요동이 본시 조선의 땅이며, 숙신(肅愼)·예(濊)·맥(貊) 등 동이(東彝)[55)]의 여러 나라가 모두 위만(衛滿)의 조선에 예속되었던 것을 알지 못하고, 오라(烏剌)·영고탑(寧古塔)·후춘(後春) 등지가 본시 고구려의 옛 땅임을 알지 못하는 것이다. (……) 혹은 압록강(鴨綠江)을 패수(浿水)라 하고, 혹은 청천강(淸川江)을 패수라 하며, 혹은 대동강(大同江)을 패수라 한다. 이리하여 조선의 강토는 싸우지도 않고 저절로 쪼그라들었다.[56)]

즉, 요동뿐만 아니라 숙신·예·맥·오라(烏剌)·영고탑(寧古塔)·후춘(後春) 등이 모두 우리의 옛 영토라 하여, 당시 우리의 국토를 스스로 축소시키려는 '자소론자(自小論者)' 들을 깨우치고자 하였던 것이다.

이러한 홍대용과 박지원의 우리 민족문화의 역사적 개별성(個別性)과

---

54) 『燕巖集』 卷11, 16b~17a 「熱河日記」 〈渡江錄〉 6월 28일조 참조.

55) '東彝' 는 곧 '東夷' 임. 즉 '夷' 는 '떳떳하다' 는 의미가 있어서 '彝' 와 통용되기도 한다. '東夷' 를 '東彝' 로 표현하는 데에서 박지원의 주체성을 읽을 수 있다.

56) 『燕巖集』 卷11, 17ab 「熱河日記」 〈渡江錄〉 6월 28일조 참조 "然吾東之士, 只知今平壤, 言箕子都平壤則信, 言平壤有井田則信, 言平壤有箕子墓則信, 若復言鳳城爲平壤, 則大驚, 若曰遼東, 復有平壤, 則叱爲怪駭. 獨不知遼東, 本朝鮮故地, 肅愼濊貊, 東彝諸國, 盡服屬衛滿朝鮮. 又不知烏剌寧古塔後春等地, 本高句麗疆. (……) 或指鴨綠江爲浿水, 或指淸川江爲浿水, 或指大洞江爲浿水, 是朝鮮舊疆, 不戰自蹙矣."

독자성(獨自性)을 확보해 보려는 시도는 유득공(柳得恭)에 이르러 정점을 이루었다. 유득공은 『발해고(渤海考)』를 저술하여 중국 중심의 역사관에서 벗어나 민족 주체의식을 고양(高揚)하고자 하였다. 그의 『발해고』는 발해사 연구의 선구적 업적으로, 비록 개척자적인 저술이기에 오류도 적지 않고 수준면에서 그다지 높이 평가하기는 어렵지만, 발해사를 한국사에 다루어야 한다는 민족의 주체적 명분을 고양하면서, 이제까지 소외되었던 발해사의 체계를 수립하는 데 의의가 있다고 하겠다.[57] 그는 『발해고』「서문」에서

> 고려가 발해사를 편수하지 않아, 고려가 떨치지 않은 것을 알 수 있다. 옛날에 고씨가 북쪽에 거했는데 이를 일러 고구려라 하고, 부여씨(扶餘氏)가 서남쪽에 거했는데 이를 일러 백제라 하며, 박씨 · 석씨 · 김씨가 동남쪽에 거했는데 이를 일러 신라라 했다. 이것이 삼국(三國)이 되었는데, 마땅히 삼국사(三國史)가 있는데 고려가 이를 편수했어야 옳다. 부여가 망하고 고씨가 망함에 김씨가 남쪽에 있고, 대씨(大氏)가 북쪽에 있는데 이를 발해라 한다. 이는 남북국(南北國)으로서, 마땅히 남북국사(南北國史)가 있어야 하는데, 고려가 남북국사를 편수하지 않는 것은 잘못이다. 대저 대씨는 어떤 사람인가? 곧 고구려의 사람이다. 그 땅은 어떤 땅인가? 곧 고구려의 땅이다. 동쪽을 배척하고, 서쪽을 배척하며, 북쪽을 배척한 것이 크다. 대저 김씨가 망하고 대씨가 망함에 왕씨가 왕통을 이어 고려라고 했다. 남쪽 김씨의 땅은 온전히 보전했으나, 북쪽 대씨의 땅은 온전하게 보전하지 못했다. 혹은 여진이 편입되고, 혹은 거란에 편입되었다. 이때 고려를 계획하는 자가 마땅히 발해사를 편수하는 것이 급하였다. (……) 토문강 이북(以北)과 압록강 이서(以西)가 누구의 땅인지 알지 못하

57) 崔英成, 『韓國儒學思想史』(IV), 아세아문화사, 1995, 149-150쪽 참조.

게 되었다. (……) 고려가 드디어 약소국이 된 것은 발해의 옛 땅을 회복하지 않았기 때문이다. 어찌 탄식하지 않겠는가?[58]

즉, 발해가 고구려의 후계자인데도 고려시대의 사가들이 남북국사의 체계를 세우지 않음으로써 국력을 떨치지 못했으며, 때문에 토문강 이북(以北)과 압록강 이서(以西) 우리 땅을 되찾을 수 있는 명분을 영원히 잃어버렸다고 했다. 따라서 이는 발해를 한국사의 체계에 편입시켜 발해와 통일신라를 '남북국시대'로 인식해야 한다는 이론적 근거를 제시한 것으로서, 민족 기상을 드높임과 동시에 주체적 각성을 요구하는 민족사관을 정립한 새로운 실학정신의 발로였다고 할 수 있다. 이에 대해 단재(丹齋) 신채호(申采浩)는 유득공의 『발해고』에 대해 "대씨 300년 동안 문치(文治)와 무공(武功)의 사업을 수록하여 1천여 년이나 사학가들이 압록강 이북을 베어버린 결함을 보충하였다."[59]고 평가 하였다.[60]

결국 북학파의 화이관의 변용은 우리 역사에 대한 주체적인 인식과 함께 모든 국가를 대등하게 인식하도록 하는 계기가 된 것이다. 따라서 이들에게 있어서는 청(淸)은 이제 더 이상 배척의 대상이 아니라 배울 것이 있으면 배워야 하는 '배움〔北學〕'의 대상이었던 것이다. 북학론은 바로

---

58) 『渤海考』「序」, "高麗不修渤海史, 知高麗之不振也. 昔者高氏居于北, 曰高句麗, 扶餘氏, 居于西南, 曰百濟, 朴昔金氏居于東南, 曰新羅. 是爲三國, 宜其有三國史, 而高麗修之是矣. 及扶餘氏亡, 高氏亡, 金氏有其南, 大氏有其北, 曰渤海. 是謂南北國, 宜其有南北國史, 而高麗不修之非矣. 夫大氏者何人也, 乃高句麗之人也. 其所有之地何也, 乃高句麗之地也. 而斥其東尺其西斥其北而大之耳. 及夫金氏亡大氏亡, 王氏統而有之, 曰高麗. 其南有金氏之地則全, 而其北有大氏之地則不全, 或入於女眞, 或入於契丹, 當是時爲高麗計者, 宜急修渤海史. (……) 使土門以北鴨綠以西, 不知爲誰氏之地. (……) 高麗遂爲弱國者, 未得渤海之地故也. 可勝歎哉."

59) 申采浩, 『朝鮮上古史』「總論」 참조.

60) 최영성, 같은 곳 참조.

종래의 화이관의 변용으로부터 비롯된다고 하겠다.

3. 북학론의 제기

1) 북학의 정당화

북학론을 적극적으로 제기한 사람은 박지원과 박제가이다. 박지원은 「북학의서(北學議序)」에서 당시 도학자들이 '존주대의(尊周大義)'라는 명분과 자존심에 사로잡혀 청나라를 무턱대고 멸시하며 배척하는 것을 다음과 같이 비판하였다.

> 우리를 저들에 비교해 보면 정말 한 치 나은 것이 없다. 그런데 유독 한 줌의 상투 머리를 가지고 스스로 세상에서 제일인 체 뽐내며, '지금의 중국은 옛날의 중국이 아니다'라고 한다. 그리하여 산천은 비린내와 누린내가 난다고 탓하고, 백성들을 개나 양 같은 족속이라고 욕하며, 언어는 야만인의 말이라고 모함하여 중국 고유의 좋은 법과 훌륭한 제도마저 아울러 배척하니, 그렇다면 장차 어디를 본받아 행할 것인가.[61]

이것은 기존의 도학파가 이적인 청(淸)이 중원을 제패한 데 분격한 나머지, 고유한 화하문화(華夏文化)까지 청의 문화인 양 혼동하여 배척하는 어리석음을 비판한 것이다. 박지원은 「북학의서」에서 "장차 학문을 하려

---

61) 『燕巖集』 卷7, 5b~6a 「北學議序」: "以我較彼, 固無寸長. 而獨以一撮之結, 自賢於天下, 曰: 今之中國, 非古之中國也. 其山川則罪之以腥羶, 其人民則辱之以犬羊, 其言語則誣之以侏離, 竝與其中國固有之良法美制攘斥之, 則亦將何所倣而行之耶."

면 중국을 배우지 않고 어떻게 할 것인가?"[62]라고 전제한 뒤, 북학(北學)의 정당성을 다음과 같이 주장한다.

> 지금 중국을 지배하는 자들이 오랑캐이니 그것을 배우기가 부끄럽다며 아울러 중국의 옛 제도까지 더럽게 여긴다. 저들은 진실로 머리를 깎고 옷깃을 왼쪽으로 여몄지만, 그들이 차지하고 있는 땅은 하 · 은 · 주 삼대 이래로 한 · 당 · 송 · 명을 거친 중화(中華)가 아니겠는가? 그 땅에서 난 자는 삼대 이래로 한 · 당 · 송 · 명의 백성들의 후손이 아니겠는가? 법이 좋고 제도가 아름다우면 아무리 오랑캐라 할지라도 떳떳하게 스승으로 삼아야 한다. 하물며 규모의 크고 넓음과 마음가짐의 정미(精微)함과 모든 제작(制作)의 크고 원대한 것과 문장의 빛남이 아직도 삼대 이래로 한 · 당 · 송 · 명의 옛 법이 남아 있음에랴?[63]

법이 좋고 제도가 아름다우면 아무리 오랑캐라 할지라도 떳떳하게 스승으로 삼아야 한다는 것이다. 그런데 더욱 근원적으로, 지금 청(淸)의 땅은 하 · 은 · 주 삼대 이래 한 · 당 · 송 · 명의 땅이며, 청의 백성은 하 · 은 · 주 삼대 이래 한 · 당 · 송 · 명의 후손이며, 청의 문물은 하 · 은 · 주 삼대 이래 한 · 당 · 송 · 명의 옛 법을 잘 계승하고 있기 때문에, 우리는 당연히 청을 배워야 한다고 주장하였다.

또한 박지원은 공자의 『춘추(春秋)』의 뜻을 재음미하면서, 다음과 같이 말했다.

---

62) 『燕巖集』 卷7, 5b 「北學議序」, "如將學問, 舍中國而何."

63) 『燕巖集』 卷7, 5b 「北學議序」, "今之主中國者, 夷狄也, 恥學焉, 幷與中國之故常而鄙夷之. 彼誠薙髮左衽, 然其所據之地, 豈非三代以來, 漢唐宋明之函夏乎. 其生于此土之中者, 豈非三代以來漢唐宋明之遺黎乎. 苟使法良而制美, 則固將進夷狄而師之. 況其規模之廣大, 心術之精微, 制作之宏遠, 文章之煥爀, 猶存三代以來, 漢唐宋明固有之故常哉."

> 성인이 『춘추』를 지은 것은 진실로 존화양이(尊華攘夷)를 의한 것임에 틀림없다. 그러나 이적이 중화를 어지럽힌 것에 분개하여 중화의 존숭할 만한 내용까지 한꺼번에 물리쳤다는 사실은 들어보지 못했다. 그러므로 요즘 사람들이 진실로 오랑캐를 물리치고자 한다면, 중화의 유법(遺法)을 남김없이 배워 우리 우둔한 풍속을 변화시켜야만 할 것이니, 경잠도야(耕蠶陶冶)로부터 통공혜상(通工惠商)에 이르기까지 모조리 배워야 한다.[64]

박지원은 공자가 『춘추』를 지은 것은 실로 중화를 높이고, 이적을 물리치기 위한 것임이 틀림없으나, 이적이 보존하고 있는 중화의 존숭할 만한 내용까지 물리치라는 말은 아니라고 단정하였다. 그는 이러한 맥락에서 당시 청의 문물을 중화의 유법(遺法)으로 파악하고, '진실로 양이(攘夷)를 위해서 중화의 남아 있는 제도를 모두 배워 우리나라 풍속을 변화시킨 뒤에 해도 늦지 않다' 고 하여, 맹목적으로 숭명배청(崇明排淸)의 의리에 사로잡혀 있는 당시의 풍조를 비판하였다.

이러한 비판적인 논리는 유명한 〈허생전〉에도 보인다. 비록 소설이라고는 하지만 여기에는 박지원이 가슴속에 품고 있던 북학사상을 여실히 담고 있다. 허생이 당시 북벌론의 군사적 총책을 맡은 효종조의 어영대장인 이완(李浣)에게 첫째, 와룡(臥龍: 諸葛亮) 선생과 같은 이를 천거하면 임금이 그에게 삼고초려(三顧草廬)를 할 것, 둘째, 우리나라에 있는 명(明)의 유민(遺民)들에게 종실(宗室)의 딸들을 내어 골고루 시집보내고 김류(金瑬)와 장유(張維) 등의 집을 징발해서 살림살이를 차려 줄 것, 셋째, 국내의 자제(子弟)를 뽑아 머리를 깎고 되놈의 옷을 입혀서 지식층은 빈공

64) 『燕巖集』 卷12, 3ab 「熱河日記」 〈馹汎隨筆〉, "聖人之作春秋, 固爲尊華而攘夷. 然未聞憤夷狄之猾夏, 竝與中華可尊之實, 而攘之也. 故今之人, 誠欲攘夷也, 莫如盡學中華之遺法, 先變我俗之稚魯. 自耕蠶陶冶, 以至通工惠商, 莫不學焉."

과에 응시하고 세민(細民)들은 장사로 나서 그들의 모든 허실을 엿보게 할 것 등 세 가지 계책을 제시하자, 이완이 이를 수용할 수 없다고 거절하였다. 이에 허생은 목소리를 높여 다음과 같이 비판한다.

> 소위 사대부란 도대체 어떤 놈들이야. 예 · 맥의 땅에 태어나서 제멋대로 사대부라 뽐내니 어찌 앙큼하지 않으냐? 바지저고리를 온통 희게만 하니 이는 실로 상인(喪人)의 차림이요, 머리털을 한 데 묶어 송곳 같이 짜는 것은 남만(南蠻)의 방망이 상투에 불과하니, 뭐가 예법이니 아니니 하고 뽐낼 게 있느냐? 옛날 번어기(樊於期)는 사사로운 원망을 갚기 위해 머리 자르기를 아까워하지 않았고, 무령왕(武靈王)은 자기의 나라를 강하게 만들려고 호복(胡服) 입는 것을 부끄럽게 여기지 않았거늘, 이제 너희들은 대명(大明)을 위해 원수를 갚고자 하면서 오히려 그까짓 상투 하나를 아끼며, 장차 말달리기 · 칼쓰기 · 창찌르기 · 활쏘기 · 돌팔매하기 등에 종사해야 함에도 불구하고 넓은 소매를 고치지 않고서 제 딴은 이를 예법이라 한단 말이냐?[65]

진정으로 청에 대해 복수를 하고자 한다면 상투를 자르고, 오랑캐 복장을 하는 것을 부끄러워하지 말아야 한다. 간편한 옷차림으로 군사훈련에 힘써야 함에도 불구하고, 당시의 사대부들은 한갓 예의를 앞세워 이런저런 핑계로 실질적으로 아무것도 하지 않으면서 입으로 춘추대의(春秋大義)를 외쳐 댄다는 것이다.

박지원은 감정적인 배청의식에서 탈피하여 청조의 우수한 문물을 받

---

65) 『燕巖集』 卷14, 95b~96a 「熱河日記」 〈玉匣夜話〉, "所謂士大夫, 是何等也. 產於穢貊之地, 自稱曰, 士大夫, 豈非騃乎. 衣袴純素, 是有喪之服. 會撮如錐, 是南蠻之椎結也, 何謂禮法. 樊於期欲報私怨, 而不惜其頭, 武靈王欲强其國, 而不恥胡服. 乃今欲爲大明復讐, 而猶惜其一髮, 乃今將馳馬擊釰刺鎗弥弓飛石, 而不變其廣袖, 自以爲禮法乎."

아들여 낙후된 조선의 내실을 기할 것을 주장하였다. 이러한 북학론의 주장은 앞에서 고찰한 바와 같이 그의 현실인식에서 비롯된 것으로 보인다.

> 천하를 위해 일하는 사람은 진실로 백성에게 이롭고 국가에 도움이 된다면, 비록 그 법이 오랑캐에서 나온 것이라 할지라도 이를 취해 본받아야 할 것이다.[66]

이러한 박지원의 논리는 북벌론(北伐論)이 팽배하던 당시 사회에서 매우 진보적인 사상이라고 할 수 있다. 그는 홍대용이 주장한 화이론의 변용을 이론적 토대로 삼아 청을 배워야 한다는 북학론(北學論)을 제기한 것이다.

이러한 북학의 정당화는 박제가에 있어서 그대로 보인다. 박제가는 「존주론(尊周論)」에서 다음과 같이 말했다.

> 사대부로서 춘추의 존주양이를 말하는 자들은 뜻이 허황함에도 불구하고 맹렬하여 유풍이 아직도 남아 있다. 그러나 청이 천하를 차지한 지 이미 백여 년이나 되어 그들의 자녀와 옥(玉)·백(帛)이 난 곳이며, 궁실(宮室)·주거(舟車)·경종(耕種)하는 방법과 최(崔)·노(盧)·왕(王)·사(射)와 같은 사대부 씨족이 그대로 살고 있다. 사람들이 이적이라 하여 법마저 버림은 아주 옳지 않다. 그리고 진실로 백성에게 이로우면 법이 이적에서 나왔다 하더라도 성인이 장차 취할 것이다. 하물며 본래부터 중국의 법임에야 말해 무엇하랴.[67]

---

66) 『燕巖集』 卷12, 3a 「熱河日記」〈馹汛隨筆〉, "爲天下者, 苟利於民, 而厚於國, 則雖其法之或出於夷狄, 固將取而則之."

67) 『北學議』 「尊周論」, "士大夫之爲春秋尊攘之論者, 磊落相望, 其遺風餘烈, 至今猶有存者, 可謂盛矣. 然而淸旣有天下百餘年, 其子女玉帛之所出, 宮室舟車耕種之法, 崔盧王射士大夫之氏族自在也. 人而夷之, 竝其法而棄之, 則大不可也. 苟利於民, 雖其法之或出於夷, 聖

박제가는 설사 지금 청이 오랑캐 나라라고 할지라도 문물이 진실로 백성에게 이롭다면 마땅히 배워야 한다고 전제하고, 지금 청의 문물이 단지 오랑캐인 청의 문물이 아니라, 삼대 이래 화하(華夏)의 문물임을 강조하였다. 즉 지금 청의 문물은 삼대 이래의 중화의 유법(遺法)이기 때문에 마땅히 배워야 한다는 것이다. 즉 박제가는 화(華)와 이(夷)의 명목적인 구분에 얽매일 것이 아니라, 화 · 이를 불문하고 백성에게 이로운 것은 무엇이든지 취해야 한다는 이용후생론적 입장에 서 있음을 알 수 있다.[68]

박제가는 춘추대의에 따라 진실로 청을 물리치고자 한다면, 20년 동안 부지런히 중국을 배운 다음 논의하여도 늦지 않다고 주장하였다.

> 오늘의 당당한 천승지국으로서 천하에 (숭명배청의) 대의를 펴고자 하면서, 중국의 법을 하나도 배우지 않고 중국의 선비 한사람과도 사귀지 않아, 우리 백성들로 하여금 노력하여도 공이 없고 곤궁하여 스스로 무너지게 한다. 백 배의 이로운 것을 내버려 두고 행하지 않으니, 청나라 오랑캐를 물리치지도 못하고 우리나라의 야만성을 변화시키지 못할까 두렵다. 그러므로 요즘 사람들이 청을 물리치고자 한다면 먼저 청이 어떤 존재인지 알아야 할 것이며, 중화를 높이고자 한다면 먼저 법제(法制)의 훌륭한 점을 모두 실행해야 한다. 만일 옛날의 명을 위해 원수를 갚고 치욕을 씻고자 한다면 20년 동안 중국을 힘써 배운 다음 함께 논의해도 늦지 않을 것이다.[69]

人將取之, 而況中國之故哉."

68) 南相樂, 「楚亭 朴齊家 實學思想의 社會哲學的 意義」, 『大東文化硏究』 제27집, 成大 大東文化硏究院, 1992, 84-85쪽 참조.

69) 『北學議』 「尊周論」, "今也, 以堂堂千乘之國, 欲伸大義於天下, 而不學中國之一法, 不交中國之一士, 使吾民勞苦而無功, 窮餓而自廢. 棄百培之利而莫之行, 吾恐中國之夷未可攘, 而東國之夷未盡變也. 故今之人, 欲攘夷也, 莫如先知夷之爲誰, 欲尊中國也, 莫如盡行其法之爲逾尊也. 若復爲前明復仇雪恥之事, 力學中國二十年後共議之, 未晩也."

박제가에게 청(淸)은 복수의 대상이기 전에 배워야 할 대상이었으며, 복수의 의리를 펴기 위해서 먼저 이용후생을 통한 부국강병(富國强兵)을 달성해야 한다고 보았던 것이다. 이러한 것을 전제하지 않고 설치복수(雪恥復讐)의 대의만 외치는 것은 헛된 명분론에 불과하다는 것이다. 박제가는 「재부론(財賦論)」에서 적극적으로 청의 선진문물을 수용해야 한다는 입장을 피력하였다.

이제 시급한 것은 경륜 있고 재주 있는 사람을 뽑아, 해마다 열 사람씩 중국에 사신 보낼 때 통역관 중에 끼워 넣고 한 사람이 통솔하도록 한다. (……) 사람이 배워 온 법을 나라 안에 반포하고 관청을 설치한 다음 물력(物力)을 내어 시험할 일이다. (……) 한 사람을 세 차례씩 들여보내는데, 별 효과 없는 자는 물리치고 다시 뽑아야 한다. 이와 같이 하면 10년 이내에 중국 기술을 배울 수 있을 것이다."[70)]

이상에서 살펴본 '북학의 정당화'는 다음 세 가지로 정리할 수 있다. 첫째, 지금 청의 문물이 하 · 은 · 주 삼대 이래로 한 · 당 · 송 · 명의 중화의 문물을 계승한 것이기 때문에 배워야 한다는 것이다. 둘째, 당시의 청의 문물이 설사 오랑캐 문물이라 할지라도 백성에게 이롭고 국가에 도움이 된다면 이를 배워야 한다는 것이다. 셋째, 오랑캐 청에 복수하기 위해서라도 중화의 유법(遺法)과 선진문물을 남김없이 배워야 한다는 것이다.

기존의 북벌론자들은 도덕적 관점에 입각하여 '조선=화, 청=이'라 인식하고 민족적 자존의식을 강화하였다. 그러나 북학파는 '청문물=중화

70) 『北學議』 「財賦論」, "今急選經綸才技之士, 歲十人, 褸於使行稗譯之中, 以一人領之. (……) 使頒其法于國中, 設局以敎之, 出力以試之. (……) 凡一人三入, 插入而無效者, 黜之而改選. 如此則十年之內, 中國之技, 可以盡得."

문물' 이라는 재평가를 통해 북학을 정당화한 것이다. 그러나 북학파도 기존의 북벌론을 완전히 무시한 것은 아니었다. 그들도 여전히 존화양이론적인 사고방식을 지니고 있었던 것이요, 다만 화 · 이의 실체에 대한 관념이 변화한 것이다. 기존의 북벌론 관점에서 본다면 인륜을 짓밟은 청은 단순한 오랑캐요, 복수의 대상에 불과한 것이다. 그러나 이용후생을 강조하는 북학파 입장에서 청은 복수의 대상이기 이전에 배워야 할 대상이었으며, 복수는 그다음에 가능한 것이었다. 복수의 의리를 펴기 위해서 먼저 이용후생과 부국강병이 전제되어야 하기 때문이다. 이러한 것을 전제하지 않고 '복수설치(復讐雪恥)의 대의(大義)' 만 외치는 것은 사리를 모르는 것이다.[71]

이렇게 볼 때, 북학파는 우선 청(淸)의 선진문물을 수용하여 낙후된 조선 사회를 혁신하고자 하였던 것이요, 북벌(北伐)의 문제는 그다음 부차적인 문제로 인식한 것이라 하겠다. 그렇다면 그들은 구체적으로 청으로부터 무엇을 배우고자 했는지 살펴보기로 하자.

2) 북학의 대상과 내용

북학파들이 배우고자 한 북학의 대상은 무엇인가? 박지원은 「일신수필」에서 다음과 같이 말했다.

> 이제 사람들이 진실로 이적을 물리치고자 하면 중화의 유법(遺法)을 모조리 배워 먼저 우리나라의 유치한 문화를 열어서 밭 갈기, 누에치기, 그릇 굽기, 주물(鑄物) 만들기 등으로부터 공업, 상업에 이르기까지 배우지 않음이 없으며,

---

71) 李相益, 『畿湖性理學硏究』, 430쪽 참조.

> 남이 열을 한다면 우리는 백을 하여, 먼저 우리 백성들에게 이롭게 한 다음 우리 백성들로 하여금 회초리를 마련해 두었다가 저들의 견고한 갑옷과 날카로운 무기를 매질할 수 있도록 한 후에 중국에 볼 만한 것이 아무것도 없다고 이를 수 있을 것이다.[72)]

즉, 당시 사대부들이 맹목적인 북벌(北伐)을 주장한대 비하여, 그는 이용후생할 수 있는 청의 선진문물을 남김없이 배워〔北學〕서 우리의 그릇된 풍속을 일신하고 백성들의 생활을 윤택하게 한 후에 북벌을 주장하여도 늦지 않다는 것이다. 즉 박지원은 북벌의 전제 조건으로 북학을 주장하고, 북학의 대상을 '밭 갈기, 누에치기, 그릇 굽기, 주물 만들기 등으로부터 공업, 상업에 이르기까지' 이용후생할 수 있는 청(淸)의 선진문물이라고 하였다.

그러나 체면을 중시하고 헛된 명분에 사로잡혀 남에게 묻고 배우는 것을 수치로 여기는 당시 사대부들의 기풍을 다음과 같이 개탄하고 실용적인 방도를 세워야 한다고 하였다.

> 우리나라 선비들은 세계의 한 모퉁이 지역에서 났으므로 한편으로 치우친 기질을 타고났다. 발은 한 번도 중국 땅을 밟아 보지 못했고, 눈으로 중국 사람을 보지 못했다. 나서 늙고 병들어 죽을 때까지 이 나라 강토를 떠나 본적이 없다. (……) "예(禮)는 (사치스러운 것보다) 차라리 야(野)하는 것이 낫다." 고 말하고, 고루한 것이 검소한 것인 줄로 안다. 소위 사 · 농 · 공 · 상의 사민이라는 것은 겨우 명목만 남았고, 이용하고 후생하는 재원(財源)은 날로 궁해지기만

72) 『燕巖集』 卷12, 3ab 「熱河日記」 〈馹汎隨筆〉, "故今之人, 誠欲攘夷也, 莫如盡學中華之遺法, 先變我俗之椎魯. 自耕蠶陶冶, 以至通工惠商, 莫不學焉. 人十己百, 先利吾民, 使吾民制梃, 而足以撻彼之堅甲利兵然後, 謂中國無可觀也."

한다. 이것은 다름 아니라 학문하는 도를 모르기 때문이다. 학문을 하려면 중국을 배우지 않고서 어떻게 할 것인가?[73)]

즉, 중국의 이용 · 후생할 수 있는 학문을 배우는 것이 급선무라는 것이다. 이러한 관점에서 박지원은 『서경(書經)』에 나오는 정덕 · 이용 · 후생의 삼사(三事)에 대하여 다음과 같이 말하였다.

이용을 이룬 뒤에 후생을 할 수 있고, 후생을 이룬 뒤에 정덕을 이룰 수 있다. 기물(器物)의 사용을 편리하게 하지 않고서 생활을 윤택하게 하는 것은 드물 것이니, 생활이 윤택하지 못하다면 어찌 도덕을 바르게 할 수 있겠는가.[74)]

박지원은 인간의 도덕적 측면인 정덕보다 물질의 이용 · 후생을 우선하여 말함으로써, 현실을 사무(事務)와 효과를 중시하는 실용정신을 제시하였다. 그렇다고 인간의 도덕적 측면을 무시하거나 소홀히 하자는 것은 결코 아니다. 성리학자들이 정덕이 바로 서면 나머지는 저절로 해결된다는 선본후말(先本後末)의 사고를 했음에 반해, 북학파들은 방법상 이용후생을 통한 정덕의 실현이라는 선말후본(先末後本)의 사고로 바꾸어 보려는 것이라 할 수 있다. 이는 북학파에 있어서 비근한 물질적 삶으로부터 비롯하여 인격적 가치로 지향하는 발상의 일대 전환을 의미하는 것이다.

그는 당시 지식인의 학문 태도를 사 · 농 · 공 · 상(士農工商)의 사민(四民)도 겨우 명목(名目)만 남아 있을 뿐 이용 · 후생에 곤궁한 것은 학문을

---

73) 『燕巖集』 卷7, 5b 「北學議序」, "吾東之士, 得偏氣於一偶之土. 足不蹈函夏之地, 目未見中州之人. 生老病死, 不離疆域. (……) 謂禮寧野, 認陋爲儉. 所謂四民者, 僅存名目, 而至於利用厚生之具, 日趨困窮. 此無他, 不知學問之道也. 如將學問, 舍中國而何."

74) 『燕巖集』 卷11, 12b 「熱河日記」 〈渡江錄〉: "利用然後, 可以厚生, 厚生然後, 正其德矣. 不能利其用, 而能厚其生鮮矣. 生旣不足以自厚, 則亦惡能正其德乎."

모르기 때문이라고 비판 하였다.[75] 즉 이용 · 후생하지 않는 학문 태도로 말미암아 조선이 낙후될 수밖에 없다는 것이다.

당시 연행(燕行)을 다녀온 선비들은 중국의 장관(壯觀)을 말하라고 하면, 상사(上士)는 '중국이 공덕(功德)은 비록 은 · 주(殷周)와 같고 부강함은 진 · 한(秦漢)보다 더하며, 육롱기(陸隴其) · 이광지(李光地) 같은 학자들이 있더라도 한 번 머리를 깎았다면 되놈이고 되놈은 곧 짐승이기 때문에 아무것도 볼 것이 없다' 고 하고, 중사(中士)는 '중국이 피비린내 나는 고장으로 변했고, 성인의 자취가 없어지자 언어조차 야만의 것을 따르게 되었으니, 장관이라는 것도 10만 대군을 얻어 중원을 소탕한 다음에야 이야기할 수 있다' 고 한 데 비해, 박지원은 자신을 하사(下士)라고 전제한 뒤, "저들의 장관은 기와 조각에 있고, 똥 무더기에도 있다." 고 하였다.

> 저 기와 조각이나 똥 무더기가 모두 장관(壯觀)이니, 하필 이 성지(城池) · 궁실(宮室) · 누대(樓臺) · 시포(市鋪) · 사관(寺觀) · 목축(牧畜)과 저 광막한 들판과 변환하는 연수(烟樹) 같은 것들을 본 연후에 장관이라 할 수 있을 것이다.[76]

즉, 박지원에 의하면 기와 조각은 천하에 버리는 물건이지만 민간(民間)에서 담을 쌓을 때 둘씩 둘씩 포개어 물결무늬를 만든다든지, 혹은 넷을 등지어서 옛 노전(魯錢)의 형상을 만들면 구멍 난 곳이 영롱하고 안팎이 서로 어우러져 저절로 좋은 무늬가 이룩된다는 것이다. 그리고 똥이라는 것은 매우 더러운 물건이지만 이를 밭에 내면 훌륭한 거름이 되기 때문에 말똥을 줍는 자가 삼태기를 들고 말 뒤를 따라 다니는 모습이 아주 장관

---

75) 『燕巖集』 卷17, 「課農小抄」 〈水利〉 참조.

76) 『燕巖集』 卷12, 3b 「熱河日記」 〈馹汎隨筆〉, "瓦礫糞壤, 都是壯觀, 不必城池宮室樓臺市舖寺觀牧畜, 原野之曠漠, 烟樹之奇幻, 然後爲壯觀也."

이라는 것이다. 그는 벽돌의 이용 방법뿐만 아니라 벽돌 가마의 제도와 효율을 관찰하고, 아궁이와 굴뚝, 구들의 제도를 조사하면서 우리 온돌 형태가 지닌 문제점들을 지적하여 개량 방법을 강구하였다. 그뿐만 아니라 수레와 배 및 목축에 이르기까지 광범위하게 우리의 제도를 반성하고 청나라의 제도를 수용할 것을 주장하였던 것이다.[77]

박지원의 주장은 허위의식(虛僞意識)을 타파하고 선진문물을 수용하여 백성들의 생활을 윤택하게 하고자 하는 이용·후생론의 발로라 하겠다. 이러한 박지원의 이용후생론을 충실히 계승한 사람이 박제가이다. 그는 앞에서 일컬은 바와 같이 『북학의(北學議)』「자서(自序)」에서 "나라〔中國〕의 습속 중에 우리나라에서 시행할 만한 것과 날마다 사용하기에 편리한 것을 듣고 보는 대로 붓으로 적고, 또 시행해서 이로운 것과 폐가 되는 것을 붙여 적어서 풀이한 다음, 『맹자(孟子)』에서 진량(陳良)에 대해 말한 것을 따서 『북학의』라 이름하였다."[78]고 하여, 『북학의』를 저술한 뜻을 밝힌 다음 이용후생의 중요성을 다음과 같이 역설하였다.

> 대개 이용하고 후생하는 것이 하나라도 잘 닦여지지 않은 것이 있으면, 위로 정덕을 해치게 된다. (……) 이제 민생이 날마다 곤궁해지고 재용이 날마다 궁핍해지는데 사대부들은 소매 속에 손만 꽂고 앉아서 이를 구원하지 않으려는가? 옛 법에만 의존하여 편안하게만 지내면서 이를 모른 채 할 것인가?[79]

이는 당시 사대부들이 백성들의 궁핍한 생활을 돌보지 않고 옛 법에만

77) 『燕巖集』 卷12, 3b 「熱河日記」〈馹汎隨筆〉 참조.

78) 『北學議』「自序」, "輒隨其俗之可以行於本國, 便於日用者, 筆之於書, 竝附其爲之之利與不爲之弊, 而爲說也, 取孟子陳良之語, 命之曰北學議."

79) 『北學議』「自序」, "夫利用厚生, 一有不修, 則上侵於正德. (……) 今民生日困, 財用日窮, 士大夫其將袖手而不之救歟. 抑因循故常, 宴安而莫之知歟."

의존하는 태도를 비판한 것이다. 박제가 역시 정덕을 앞세우기 이전에 이용·후생을 강조하고 있으며, 이를 바탕으로 한 정덕(正德)의 확립을 주장하고 있다.

그는 「재부론(財賦論)」에서 "재물을 잘 다스리는 자는 위로는 천시(天時)를 잃지 않고 아래로 지리(地利)를 잃지 않으며, 가운데로는 인사(人事)를 잃지 않는다."[80]고 전제하고, 이러한 세 가지를 잃음에 대해 다음과 같이 말했다.

> 기구가 편리하지 못하여 남들이 하루에 하는 것을 나는 한두 달 걸리게 되면 이것은 천시를 잃는 것이다. 밭 갈고 씨 뿌리는 것을 대중없이 하여 비용은 많이 들이면서 수확은 적다면 이것은 지리를 잃는 것이다. 장사들이 유통하지 않고 놀고먹는 자가 나날이 많아지면 이것은 인사를 잃는 것이다.[81]

그리고 '천시(天時), 지리(地利), 인사(人事)를 잃는 것'은 바로 중국을 배우지 않았기 때문이라고 하였다. 이 세 가지를 잃고 이용·후생을 하지 않은 까닭에 지난날의 경제구조, 생산관계보다도 훨씬 낙후되기에 이르렀다고 개탄하였다.

> 현재 우리나라는 경상도만한 지역이 여덟이나 되는데 평시에 한 사람에게 나누어주는 녹봉이 곡식 한 섬에 불과하고, 중국 칙사(勅使)라도 한 번 오면 경비가 모자라 야단이다. (……) 그 까닭은 이렇게 말할 수 있다. 남은 곡식 세 줄을 심는 면적에 우리는 두 줄 심으니, 사방 천 리의 면적을 가졌다 해도 이용하

80) 『北學議』「財賦論」, "善理財者, 上不失天, 下不失地, 中不失人."

81) 『北學議』「財賦論」, "器用之不利, 人可以一日, 而我或之於一月二月, 是失天也. 耕種之無法, 費多而收少, 是失地也. 商賈不通, 遊食日衆, 是失人也."

는 면적은 600여 리밖에 안 된다. 남은 하루갈이 면적에서 곡식 5~60섬을 거두는데 우리는 20섬밖에 거두지 못하니, 사방 600리 면적이 200리로 줄어드는 것이나 마찬가지다. 남은 종자 곡식을 10분의 5만 뿌리는데 우리는 10분을 다 뿌리니 한 해 더 뿌릴 수 있는 곡식을 잃는 결과가 된다. 또한 주거(舟車)·궁실(宮室)·기구(器具)·목축(牧畜)에 관한 기술을 폐하고 강구하지 않기 때문에 이를 전국적으로 따져 보면 백 배의 이익을 잃는 것이다. 횡으로 토지에 대한 것만 계산해도 이와 같은데, 종으로 백 년 동안 계산하면 잃는 것이 얼마인지 알 수 없다. 천시(天時)를 잃고 지리(地理)를 잃고 인사(人事)를 잃었으니, 지역은 비록 사방 1,000리라 해도 실지로 이용하는 면적은 100리에 불과하다.[82)]

당시 조선에서 기예(技藝)가 발달하지 못했기 때문에 남들보다 몇 배의 노력과 비용을 들이고서 수확량은 남들의 몇 분의 일에 지나지 않는다는 것이다. 이는 다름이 아니라 기구를 편리하게 이용하지 않기 때문이며, 이로 인해 백성들의 생활은 더욱 궁핍해진다는 것이다. 이러한 비합리적인 생산관계를 개선하기 위해서 먼저 주거·궁실·기구·목축에 관한 중국의 기술을 배워 이용·후생할 것을 주장하였던 것이다.

옛날 질정관(質正官)의 예와 같이 중국의 법을 배우게 하고 혹은 기구를 사오게 하며, 그들의 기예를 배우도록 한다. 그리하여 법을 나라 안에 반포시키고 관청을 설치한 다음 물력을 내어 시험하고, 그런 후에 사람이 배워 온 법의

---

82) 『北學議』「財賦論」, "今我國, 如慶尙者八, 而平時頒祿, 人不過斛. 勅使一去, 經費蕩然, (……) 此其故可得而言矣. 人種穀三行, 而我二行, 則是以方千里, 而爲方六百餘里也. 人耕一日, 得穀五六十斛, 而我得二十斛, 則是方六百餘里, 而爲方二百里也. 人播穀五分, 而我十分, 則是又失一年之種也. 如此而又有舟車牧畜宮室器用之法, 廢而不講, 則是失全國之內百倍之利也. 橫計於土地也如此, 則竪計於百年, 已不知其幾矣. 失天失地失人, 雖地方千里, 而實不過百里."

규모와 대소와 효용가치의 허실을 살펴 그에 따라 상을 주거나 벌을 주어야 한다.[83)]

즉, 옛날 질정관(質正官)의 예와 같이 중국의 법을 배울 뿐만 아니라 우수한 기구를 수입하며, 그들의 기예를 배우게 하고, 이를 실행할 수 있는 관청을 설치하여 그것의 허실(虛實)을 살펴 쓰고 물리치기를 반복하면, 10년 이내에 중국의 기술을 모두 배워 사방 천 리가 비로소 사방 만 리의 구실을 할 수 있을 것이고, 3·4년 동안 수확할 수 있는 것을 1년 동안 수확할 수 있다고 하였다.

이처럼 북학파 실학자들은 '정덕' '이용' '후생' 삼사의 선후관계를 '이용'→'후생'→'정덕'으로 보아 현실의 경제적 실용성을 우선적으로 강조하고 있다. 즉 본(本)인 정덕보다 말(末)인 이용·후생을 선행조건으로 강조하고 있는 것이다. 이러한 삼사관(三事觀)의 변화는 이들 북학파가 당시에 있어서 실재로 앞서 있던 청(淸)으로부터 선진문물의 수용을 주장할 수 있는 논리적 근거가 되었던 것이다.

83) 『北學議』「財賦論」, "如古質正官之例, 以入于中國, 往學其法. 或買其器, 或傳其藝, 使頒其法于國中, 設局以敎之. 出力以試之, 試其法之大小. 與功之虛實, 以爲賞罰."

제5장

북학사상의 전개양상과 근대적 성격

1. 이용후생론

1) 이용후생론의 이론적 기반

'이용 · 후생' 은 '정덕' 과 짝을 이루는 말로, 『서경』「대우모(大禹謨)」에서 백성을 기르는 구체적 방법으로 구공(九功)을 제시하는데, 이는 구체적으로 수(水) · 화(火) · 금(金) · 목(木) · 토(土) · 곡(穀)의 육부(六府)를 잘 다스리는 일과 정덕(正德) · 이용(利用) · 후생(厚生)의 삼사(三事)를 조화시키는 일이다. 즉 백성을 기르는 방법인 '구공(九功)' 가운데에 '삼사(三事)' 에 해당한다.

이 삼사(三事) 중에서 기존의 성리학자들은 정덕(正德)에 비중을 두었다면, 북학파의 실학자들은 이용(利用) · 후생(厚生)에 우선적인 비중을 두고 다음과 같이 말하였다.

이용한 뒤에 후생할 수 있고, 후생을 이룬 뒤에 덕을 바르게 할 수 있다.[1)]

대개 이용하고 후생하는 것이 하나라도 잘 닦여지지 않은 것이 있으면, 위로 정덕을 해치게 된다.[2)]

즉, 북학파의 학자들은 종래의 '정덕'의 문제에 치중하였던 성리학적 경향을 정면으로 반대하고, '이용 · 후생'을 통한 백성들의 삶의 안정 없이는 '정덕〔道德〕'은 존립 근거를 잃고 말 것임을 분명히 하였다. 그렇다면 북학파들이 말하는 '이용'과 '후생'은 어떠한 연관 관계를 맺는가?

'이용'은 주체와 객체 사이에 발생하는 문제로 사람과 사물, 사람과 처리해야 할 일의 관계 속에서 언급된다. 성리학에서 이러한 내용이 '의(義)'가 된다고 한다. 정이(程頤)는 『주역』 '간괘(艮卦)'의 단사(彖辭)를 해석하면서 "사물에 있으면 이(理)라 하고, 사물을 처리하면 의(義)라 한다."[3)]고 하고, 이를 다음과 같이 말하였다.

사물이 있으면 반드시 법칙이 있으니 아버지는 사랑에 머물고, 자식은 효에 머물고, 임금은 어짊에 머물고, 신하는 공경에 머문다. 모든 존재와 모든 일은 각각 자리가 있지 않음이 없으니 자리를 얻으면 편하고 자리를 잃으면 어그러진다. 성인이 천하를 능히 다스릴 수 있었던 까닭은, 사물을 위하여 법칙을 만들 수 있었기 때문이 아니라, 사물이 각각 자리에 머물도록 하였기 때문이다.[4)]

---

1) 『燕巖集』 卷11, 12面, "利用然後 可以厚生 厚生然後 正其德矣."

2) 『北學議』 「自序」, "夫利用厚生, 一有不修, 則上侵於正德."

3) 『周易傳義大全』 卷18, 34面, "在物爲理 處物爲義."

4) 『周易傳義大全』 卷18, 35面, "夫有物必有則 父止於慈 子止於孝 君止於仁 臣止於敬 萬物庶事 莫不各有其所 得其所則安 失其所則悖 聖人所以能使天下順治 非能爲物作則也 唯止之各於其所而已."

즉, 성인이 천하의 모든 존재와 온갖 일이 본래의 자리를 얻도록 하였기 때문에 만물은 편안할 수 있었다고 하였다. 이러한 점에서 만물이 자리를 얻게하고〔得其所〕, 자리에 머물게〔得其止〕하는 것은 처물(處物)의 내용으로 의(義)가 된다고 하겠다. 정이에 의하면, 의(義)의 실현은 근본(根本)이 되고 처물에 의한 이(理)의 구현은 공효(功效)가 된다는 것이다.

'처물' 에 관한 논의는 외형적으로 북학파의 '이용' 에 대한 논의와 상당히 유사한 성격을 지닌다. 왜냐하면 '이용' 은 궁극적으로 사물에 있는 법칙 혹은 성질을 온전히 실현시키는 것이기 때문이다. 그러나 성리학에서 의(義)의 실현은 자체가 목적이 되지만, 북학파에 있어서 '이용' 은 '후생' 이라는 목표를 구현하기 위한 '수단' 이 될 뿐이다. 왜냐하면 북학파가 추구하는 궁극적 목표는 백성의 생활을 안정시키고 나라를 부강하게 하는 데 있으며, 이용은 이를 이루기 위한 수단으로 강조된다.[5]

> 기물(器物)의 사용을 편리하게 하지 않고서도 생활을 윤택하게 하는 것은 드물 것이니, 생활이 윤택하지 못하다면 어찌 도덕을 바르게 할 수 있겠는가.[6]

> 백성을 편하게 하려는 자는 먼저 쓰기를 이(利)롭게 할 뿐이다. 쓰기를 이롭게 한다는 것은 일을 잘 처리하는 것〔善其事〕이니, 일을 잘 처리한 뒤에야 사람들은 베개를 높이하고 누울 수 있을 것이다.[7]

즉, 백성들의 생활을 안정〔厚生〕시키기 위해서 먼저 기물의 사용을 편리

5) 李慶漢, 「『北學議』를 통해 본 朴齊家의 實學思想」, 2000년 7월 한국철학사연구회 발표 논문 참조.

6) 『燕巖集』 卷11, 12b 「熱河日記」〈渡江錄〉 "不能利其用, 而能厚其生鮮矣. 生旣不足以自厚, 則亦惡能正其德乎."

7) 『楚亭全書』 下卷, 「北學議內編」 470-471면.

하게 하는 것〔利用〕임을 밝히고 있는데, 이는 후생을 위해서는 먼저 이용이 이루어져야 함을 분명히 하고 이용을 '일을 잘 처리하는 것' 으로 파악하였던 것이다.

이러한 맥락에서 북학파의 실학자들은 오행에 대해서 생성원리로 보는 성리학적 관점에서 벗어나 사람이 일상생활에서 이용해야 할 대상으로 파악하고 있다. 먼저 박지원은 "오행이란 하늘이 부여하고 땅이 쌓은 바로써 사람이 힘입는 것이다. 우(禹)가 차례를 매기고 무왕(武王)과 기자(箕子)가 문답한 바, 일인 즉 정덕·이용·후생의 도구에 불과하고 쓰임인 즉, 세상이 잘 다스려지고 만물이 이루어지는 공능에서 벗어나지 않을 따름이다."[8]라고 하였으며, 박제가는 오행을 "백성들이 의지하여 생활하며, 날마다 사용하는 데 없어서는 안 되는 것"[9]이라 하고, 이어 다음과 같이 말했다.

> 옛적에 하우씨가 오행을 잘 이용하였다. 산에 따라 나무를 자름으로써 굽고 곧은 것의 쓰임이 이루어졌으며, 토공(土功)을 크게 헤아림으로써 심고 거두는 방법이 이루어졌고, 금속의 세 가지 성질을 활용함으로써 따르고 변하는 성질이 이루어졌으며, 산을 불사르고 늪을 태움으로써 불타오르는 덕을 이루었고, 아래쪽을 소통시켜 물을 인도함으로써 아래를 윤택하게 하는 공을 이루었다. 백성과 사물이 서로 힘입어서 사는 것이 이와 같이 위대한 것이다. 무엇인들 사물이 아니겠는가? 그런데 오직 오행만을 말한 것은 만물을 통틀어서 덕행을 일컬은 것이다.[10]

---

8) 『燕巖集』 卷1, 6b 「洪範羽翼序」, "夫五行者, 天之所賦, 地之所蓄, 而人得以資焉. 大禹之所第次, 武王箕子之所問答, 其事則不過正德利用厚生之具, 其用則不出乎中和位育之功而已矣."

9) 『北學議』 「五行汨陳之義」, "箕子之洪範曰, 汨陳其五行. 五行者, 民所資以爲生, 日用而不可闕者."

수 · 화 · 목 · 금 · 토 · 곡을 육부라고 한다. 오행골진(五行汩陳)이라는 것은 곧 육부를 다스리지 못한 것이다. '골(汩)' 은 '잃음을 뜻' 하고, '진(陳)' 은 '버린다는 뜻' 이다. 따라서 물이 물 구실을 못하고, 불이 불 구실을 못하며, 쇠가 능히 쇠 구실을 못하고, 나무가 나무 구실을 못하며, 흙이 흙 구실을 못하는 것이 이것이다.[11]

이들에 의하면 오행론의 근본 취지는 오행의 성질을 잘 헤아려 그 성질에 맞게 이용하여 백성들의 생활을 윤택하게 하는 것임을 분명히 하고 있다. 그러나 후세 사람들이 이를 지나치게 이용하거나, 아니면 물〔水〕과 불〔火〕 등과 같은 오행을 온전히 이용하지 못하여 생활에 전혀 도움이 되지 않는 경우를 예를 통해 다음과 같이 자세히 지적한다.

물을 이용하는 자는 성(城)에 물이 쏟아들게 하고, 불을 이용하는 자는 전쟁에 사용하였다. 금(金)은 뇌물로 이용하고, 나무는 궁실을 짓는데 사치스럽게 이용하고, 땅을 지나치게 차지하는 데까지 이르렀다.[12]

지금 천 리나 되는 긴 강이 있으나, 갑문으로 곡식을 가는 곳이 한 곳도 없으니 수리(水利)가 없는 것이다. 석탄을 이용할 강철 도가니를 만들지 못하여 연해지방의 구리를 녹이지 못하니 쇠가 쇠 아니고, 불이 제구실을 못 하는 것이

---

10) 『燕巖集』 卷1, 6b 「洪範羽翼序」, "昔者夏禹氏, 善用其五行. 隨山刊木, 曲直之用得矣. 荒度土功, 稼穡之方得矣. 惟金三品, 從革之性得矣. 烈山焚澤, 炎上之德得矣. 疏下導水, 潤下之功得矣. 民物之相資焉, 以生者, 如此其大也, 何莫非物也. 獨以五行言者, 統萬物而稱其德行也."

11) 『北學議』 「五行汩陳之義」, "水火木金土穀曰 六府. 五行之汩陳, 卽六府之不修也. 汩猶汩喪也, 陳猶陳棄也, 水不能水, 火不能火, 金不能金, 木不能木, 土不能土是也."

12) 『燕巖集』 卷1, 6b 「洪範羽翼序」.

다. 통행하는 데 수레가 없고 집 짓는 데 벽돌이 없으니, 목공(木工)이 쇠퇴하고 토덕(土德)이 일그러졌다. 이것이 골상(汨喪) · 진폐(陳廢)가 생긴 까닭이다.[13)]

이처럼 오행을 지나치게 이용함으로써 오히려 백성들에게 고통을 주거나, 오행을 이용할 줄 모르기 때문에 백성들의 생활이 궁핍하게 되었다는 것이다. 따라서 북학파의 학자들은 오행을 잘 이용하여 백성들의 생활을 넉넉하게 하는 것이 이용후생의 본령이라고 보았던 것이다.[14)]

그렇다고 북학파의 이용후생론은 단순한 의미의 삶의 안정을 의미하지는 않는다. 왜냐하면 이용후생을 통한 삶의 안정은 바로 정덕의 문제가 구현되는 터전이기 때문이다. 그러므로 박제가는 「진북학의소(進北學議疏)」에서 이용을 통해 이루어진 풍요로운 사회의 모습을 다음과 같이 말하였다.

다만 원하기는 고을의 백성이 편히 지내고 생업을 즐기며, 개천과 봇도랑을 법에 맞게 하고, 집 주위를 가지런하게 정비하며, 백성들의 용모가 깨끗하며 말에 신의가 있으며, 도구가 견고하고 의복이 단정하며, 수목이 무성하게 자라며, 가축들이 잘 자라는 것입니다. 남녀가 게으르지 않아 각기 자기 일에 종사하고, 공인과 상인이 모여들며, 도적이 사라지고, 교량과 객사 및 화장실에 이르기까지 수리되고 다스려지지 않는 것이 없으며, 낚시하고 헤엄치며 사냥하고 배와 수레가 통행하며, 아이들은 병들지 않고 늙은이는 태평 노래를 부르는

13) 상동, "今有千里之長江, 無一閘以磨穀, 則水利廢矣. 石炭之鋼鑪不能制, 寧海之銅 鑄不得鎔, 則火非火而金不金矣. 行無車而屋無甓, 則木工衰而土德虧矣. 此所以爲汩喪與陳廢之道也."

14) 南相樂, 「楚亭 朴齊家 實學思想의 社會哲學的 意義」, 『大東文化硏究』 제27집, 1992, 87쪽 참조.

일 등, 이 모든 것들은 근본을 다지고 농업에 힘쓴 효과이고, 집집이 넉넉하고 사람마다 풍족하게 된 뒤의 일입니다. 그리고 중화(中和)하고 위육(位育)하는 것도 대개 여기에서 벗어나지 않습니다.[15]

이는 '이용' 을 통해 '후생' 이 이루어지는 과정에 '정덕' 이 구현됨을 강조한 것으로 '이용 · 후생' 이 '정덕' 의 관건임을 밝힌 것이다. 성리학자들은 '정덕' 이 바로 서면 '이용 · 후생' 은 저절로 이루어진다고 하는 선본후말(先本後末)의 사고를 했음에 반해, 북학파들은 방법상 '이용 · 후생' 을 통한 '정덕' 의 실현이라는 선말후본(先末後本)의 사고로 바꾸어 보려는 것이라 할 수 있다. 이는 북학파에게 있어서 비근한 물질적 삶으로부터 비롯하여 인격적 가치로 지향하는 발상의 일대 전환을 의미하는 것이다.

2) 과학기술론

북학파의 실학자들은 과학기술의 중요성을 역설하고 이를 적극적으로 수용하여 이용후생할 방도를 강구하였으며, 아울러 과학기술을 배우기 위해서 서양의 과학기술자를 초빙해야 한다는 서사초빙론(西士招聘論)을 주장하기도 하였다. 이러한 과학기술의 수용에 적극적이었던 사람은 박지원과 박제가다.

박지원은 "새로운 방법과 묘한 방법이 있다면, 아무리 법이 오랑캐에

---

15) 『北學議』, 「進疏本北學議」, "但願縣民, 安居樂業 溝洫合軌, 屋廬齊整, 貌言潔信, 器服堅完, 樹木蕃茂, 六畜孳長. 男女不惰, 各執其事, 工商湊集, 盜賊屛退, 橋梁傳舍, 以及圊溷, 莫不修治. 釣游弋獵, 有船有車, 童穉不瘥, 耋艾歌詠, 此皆敦本力農之效, 家給人足以後事也. 而中和位育, 槩不出此矣."

서 나왔다 할지라도 사대부들이 그들의 자존심을 버리고 겸손한 마음으로 배우기를 원해야 한다."[16]고 하여, 「열하일기(熱河日記)」와 「과농소초(課農小抄)」에서 과학기술의 중요성을 강조하였다.

특히 박지원은 수레와 성제(城制) 및 벽돌의 효용성을 역설하였다. 그는 수레의 효용성에 대해 다음과 같이 말했다.

> 넓이가 수천 리나 되는 나라에서 백성들의 살림살이가 이토록 가난한 까닭은 무엇 때문인가? 한마디로 말하면 국내에 수레가 다니지 못하는 까닭이다.[17]

> 대개 수레는 하늘에서 나와 땅 위에 다니는 것으로서 뭍에 다니는 배요, 움직일 수 있는 집이다. 나라의 큰 쓰임이 수레보다 더한 것이 없다. 그러므로 『주례(周禮)』에 임금의 부(負)를 물었을 때 수레의 수로 대답하였다 하니, 수레는 다만 짐을 싣고 사람을 태우는 것만 아님을 알 수 있다.[18]

그는 수천 리나 되는 조선이 낙후한 까닭은 수레를 이용하지 않기 때문이라고 하여 수레의 효용성에 대해 설명하고, 수레는 짐과 사람을 태우는 수단뿐만 아니라 국력을 상징하는 척도라고 보았던 것이다. 따라서 수레의 이용이 백성들에게 시급한 것이기 때문에 연구하지 않으면 안 된다고 하고, 수레의 제도에 대해 다음과 같이 말했다.

---

16) 『燕巖集』 卷16, 50b 「課農小抄」 〈鋤治〉, "是後如有新方妙法, 雖或眞出於胡狄之中, 士大夫去個矜字遜志願學焉."

17) 『燕巖集』 卷12, 7b 「熱河日記」 〈馹汛隨筆〉, "方數千里之國, 民萌產業, 若是其貧, 一言而蔽之曰, 車不行域中."

18) 『燕巖集』 卷12, 6b 「熱河日記」 〈馹汛隨筆〉, "大凡車者, 出乎天而行于地, 用旱之舟, 而能行之屋也. 有國之大用, 莫如車, 故周禮問, 國君之負, 數車以對, 車非獨載且乘也."

수레의 제도는 무엇보다 바퀴의 치수를 똑같이 해야 한다. 이른바 바퀴의 치수를 똑같이 해야 한다는 것은 무엇을 이르는 것일까? 두 바퀴 사이에 일정한 본을 어기지 않으면, 만 대의 수레가 바퀴 자리는 하나로 통일될 것이니, 이른바 동궤(同軌)라고 하는 것이 이것이다. 만일 두 바퀴 사이를 마음대로 넓히고 좁힌다면 길 가운데 바퀴 자리가 한 틀에 들 수 있을 것인가?[19]

박지원은 무엇보다 수레를 만드는데 있어서 '바퀴의 치수를 통일' 할 것을 주장하였다.[20] 이렇게 하면 수레가 항상 같은 길을 지나게 되고, 수레바퀴의 자국이 일정하게 나기 때문에 수레가 다닐 수 있는 길을 확보하는데 유리하다고 인식하였던 것이다.

당시 사람들이 "우리나라는 길이 험하여 수레를 쓸 수 없다." 고 한 데 대해 박지원은 다음과 같이 반박한다.

무슨 말인가. 나라에서 수레를 쓰지 않기 때문에 길이 닦여지지 않았을 뿐이다. 만일 수레가 다니게 되면 길은 저절로 닦여질 터이니 어찌하여 길거리의 좁음과 산길의 험준함을 걱정하리오. 전에 이르기를, '배와 수레는 이르는 바, 서리와 이슬은 내리는 바' 라고 하였으니, 이는 수레가 어떠한 먼 곳이라도 이를 수 있다고 하는 말이다.[21]

---

19) 『燕巖集』 卷12, 6b 「熱河日記」 〈馹汎隨筆〉, "車制莫先於同軌, 所謂同軌者, 何軸之距, 兩輪之間也. 兩輪之間, 不違恒式, 則萬車一轍, 所謂同軌者是也. 若使兩輪之間, 恣意濶狹, 則路中轍迹, 何以入軌."

20) 물론 바퀴의 치수를 통일해야 한다는 말은 박제가만이 쓴 것은 아니다. 『중용(中庸)』에도 "이 세상의 모든 글은 문자를 같게 하고, 수레는 바퀴의 치수를 같게 한다(書同文 車同軌)" 라는 말이 있다.

21) 『燕巖集』 卷12, 7a 「熱河日記」 〈馹汎隨筆〉, "是何言也. 國不用車, 故道不治耳. 車行則道自治, 何患乎街巷之狹隘嶺阨之險峻哉. 傳曰 舟車所至, 霜露所墜, 是稱車之無遠不屆也."

이처럼 박지원이 수레의 이용을 주장한 것은 다름 아니라 재화(財貨)를 유통하는데 유용하기 때문이었다. 그는 다음과 같이 말했다.

조선이 배가 외국으로 통하지 않고 수레가 국내에 다니지 못하므로 모든 물건이 제바닥에 나서 제바닥에서 소모된다.[22]

이제 이곳에서 천한 물건이 저곳에서는 귀할뿐더러 그 이름은 들어도 실지로 보지 못함은 무슨 까닭인가? 이는 오로지 멀리 운반할 힘이 없기 때문이다. 사방 몇천 리나 되는 나라에서 백성들이 이렇게 가난한 것은 한 마디로 수레가 국내에 다니지 않기 때문이다.[23]

당시 조선에서 수레를 이용하지 않기 때문에 재물이 유통되지 못하고 한 곳에 머물게 되고, 이러한 병폐 때문에 팔도에서 나는 물건이 골고루 유통되지 못하여 한 쪽은 항상 부족하고 다른 한 쪽은 항상 넘쳐 나, 부익부(富益富) 빈익빈(貧益貧)의 현상이 일어난다는 것이다.

그리고 박지원은 중국에 널리 사용되는 수레의 종류뿐만 아니라, 수레의 효용성에 대해 다음과 같이 말했다.

밭에 물을 대는 것으로서 용미차(龍尾車) · 용골차(龍骨車) · 항승차(恒升車) · 옥형차(玉衡車) 등이 있고, 불을 끄는 것으로서 홍흡(虹吸) · 학음(鶴飮) 등의 제도가 있으며, 싸움에 쓰는 수레로는 포차(砲車) · 충차(衝車) · 화차(火

22) 『燕巖集』 卷14, 94a 「熱河日記」 〈許生傳〉, "朝鮮舟不通外. 車不行域中, 故百物生于其中, 消于其中."

23) 『燕巖集』, 卷12 7ab 「熱河日記」 〈馹汎隨筆〉, "然而此賤而彼貴, 聞名而不見者何也. 職由無力而致之耳. 方數千里之國, 民萌產業, 若是其貧, 一言而蔽之曰, 車不行域中."

> 車) 등이 있어서 모두 서양의 『기기도(奇器圖)』와 강희제(康熙帝)가 지은 『경직도(耕織圖)』에 실려 있고, 글로 설명된 것은 『천공개물(天工開物)』·『농정전서(農政全書)』에 있으니, 이에 뜻 있는 이가 잘 연구하여 제도를 본받는다면, 우리 백성들의 극도에 달한 가난함을 구할 수 있을 것이다.[24)]

즉, 박지원은 중국에서 시행되고 있는 수레의 여러 제도와 함께 중국과 서양의 여러 책을 참고하여 연구한다면 가난을 구제할 수 있다고 하여, 수레를 이용함으로써 백성들의 가난을 구제할 수 있다고 보았다. 그뿐만 아니라 「열하일기」〈도강록(渡江錄)〉에서는 기와를 굽는 가마와 아궁이의 제도가 우리나라보다 중국의 제도가 합리적이기 때문에 이를 배워 수용할 것과 성제(城制)와 벽돌의 유용성에 대해서 역설하였다.

이러한 유민익국(裕民益國)의 방도에 대해 박제가도 남다른 관심을 보였다. 그의 『북학의』 전편에 보이는 수레·배·기와·벽돌·도로·교량·농기구·목축 등 이용후생론적 과학기술론은 사회적 혼란 없이 쉽게 이용할 수 있는 것이었다. 박제가의 과학기술론에 있어서 무엇보다 수레와 배 등 운반 수단의 혁신에 비중이 있었다. 박제가는 수레를 사용하지 않는 폐단을 다음과 같이 말했다.

> 영동에는 꿀이 생산되지만 소금은 없고, 관서에는 철이 생산되지만 밀감이나 유자는 없다. 함경도에는 삼은 잘 되지만 면포는 귀하다. 두메에는 팥이 흔하고 해변에는 생선젓과 메기 종류가 넘쳐난다.[25)]

---

24)『燕巖集』卷12, 8a「熱河日記」〈馹汎隨筆〉, "灌田曰 龍尾車龍骨車恒升車玉衡車. 求火, 有虹吸鶴飮之制. 戰車, 有砲車衝車火車. 俱載泰書奇器圖, 康熙帝所造耕織圖. 其文則天工開物, 農政全書, 有心人, 可取而細攷焉, 則吾東生民之貧瘁欲死, 庶幾有瘳耳."

25)『北學議』「車九則」, "嶺東產蜜而無鹽, 關西產鐵而無柑橘, 北道善麻而貴綿布 峽賤赤豆, 海厭鰱鯷."

즉, 박제가는 수레를 사용하지 않음으로써 생기는 물자(物資)의 편재(偏在)를 지적하고, 이러한 물자의 편재는 결국 생산물을 널리 유통시켜 이용할 수 없는 데 원인이 있다고 보았던 것이다. 이러한 원인으로 인해 백성들의 생활은 날로 궁핍하게 된다는 것이다. 그리고 수레가 다닐 만한 길을 닦으면 당장 토지 몇 마지기 없어지겠지만 수레를 사용하여 얻는 이익이 땅값을 제하고도 넉넉할 것이라고 하여 수레의 효용을 강조하였던 것이다. 그뿐만 아니라 배의 효용에 대해 다음과 같이 말했다.

> 대저 수레 백 채에 싣는 양이 배 한 척에 싣는 것에 미치지 못하고, 육로로 천 리를 가는 것이 뱃길로 만 리를 가는 것보다 편리하지 못하다.[26)]

이처럼 박제가는 수레와 배의 효용성에 대해 극찬하고, 조선의 8분의 1밖에 되지 않은 신라가 부국(富國)이 된 원인은 바로 수레와 배를 이용하였기 때문이라고 보았다. 그는 이를 다음과 같이 시로 읊었다.

新羅處海濱　　신라란 동해가에 있는 나라,
八分今之一　　면적 지금 조선 팔분의 일일세.
句麗方左侵　　고구려는 좌편에서 침노하고,
唐師由右出　　당나라 군사 우편에서 나오네.
倉庾自有餘　　창고 곡식 스스로 넉넉하여,
犒饋禮無失　　군사 먹이는데 부족하지 않았네.
細究此何故　　그 까닭 자세히 연구하니,
其用在舟車　　배와 수레 이용한 때문일세.

26)『北學議』「通江南浙江商船議」, "夫百車之載, 不及一船. 陸行千里, 不如舟行萬里之爲便利也."

舟能通外國	배는 외국과 통할 수 있고,
車以便馬驢	수레는 말과 나귀 편하게 하네.
二者不可復	이 두 가지 방법 쓰지 않으면,
管晏將何如	관중(管仲) · 안영(晏嬰)이라도 소용없네.[27]

이밖에도 기와 · 벽돌 · 도로 · 교량 · 농기구 · 목축 등에 관련된 선진 기술의 수용을 통해 당시 낙후된 조선을 일신할 것을 주장하였다. 심지어 파선(破船)한 뱃사람이 바닷가 고을에 닿으면, 배의 제도와 기술을 자세히 물어서 솜씨 있는 장인에게 방법대로 만들게 하며, 서양의 표류한 배를 머물게 하여 기술을 다 배운 뒤 돌려보내도 좋을 것이라고 하였다.[28]

박제가는 선진 과학기술의 수용뿐만 아니라 적극적으로 서사초빙을 주장하였다.

신은 들으니, 중국 흠천감에서 책력을 꾸미는 서양 사람들은 모두 기하학에 밝고, 이용후생하는 방법에 정통하다 합니다. 국가에서 관상감에 쓰이는 비용 정도를 들여 사람들을 초빙하여 대우하고 우리나라 자제에게 천문의 도수와 각종 도량형기(度量衡器)와 농상(農桑) · 의약(醫藥) · 한재(旱災) · 수재(水災) · 건조(乾燥) · 누습(漏濕)의 적의 함이며, 벽돌을 만들어서 궁실(宮室) · 성곽(城郭) · 교량(橋梁)을 쌓는 법과 구리광을 캐고 덩어리 옥을 캐며 유리를 굽는 것, 외적을 방어하는 화포를 설치하는 것, 관개(灌漑)하는 법이며 수레를 통행시키고 배를 꾸며 나무를 벌채하던가 돌을 운반할 때와 같이 무거운 것을 먼

27) 『北學議』 「財賦論」, "新羅處海濱, 八分今之一. 句麗方左侵, 唐師由右出. 倉庾自有餘, 犒饋禮無失. 細究此何故, 其用在舟車. 舟能通外國, 車以便馬驢. 二者不可復, 管晏將何如."

28) 『北學議』 「船四則」, "若有漂人, 來泊沿海諸邑, 船中, 必有帶來船匠及他技藝人, 卽其候風留住之間, 亟令巧工, 倣學其制, 盡其術而後, 方許其歸可也."

> 데까지 운반하는 방법 등을 배우게 하면, 두어 해가 못되어 세상을 경륜하는 데 알맞게 쓸 수 있는 인재가 될 것입니다.[29]

즉, 서양의 선교사를 초빙하여 국내의 자제들을 교육하면 두 해가 되지 않아 좋은 성과가 있을 것이라고 낙관하였던 것이다. 그러나 박제가는 서양의 종교와 과학기술을 엄격히 구분하여 보았다. 그는 천주교에 대해서 불교와 다름없지만 후생의 학에 이르러서는 불교에 없는 것이 있으니, 열 가지 기예를 배우고 포교하는 한 가지만 금하면 득이 된다고 하여 서사초빙에 적극적이었다.[30] 이처럼 과학기술에 대한 열정과 서사초빙론은 박제가의 실학사상에 있어 보다 적극적이고 능동적인 측면이라고 하겠다.

3) 전제 및 농업발전론

북학파 인물 중에서 농업에 있어 제도적(制度的)인 면에 충실했던 인물이 홍대용이라면, 농업기술의 발전에 관심을 기울인 인물은 박지원과 박제가이다. 홍대용은 농업을 매우 중시하고 농민층의 생활 안정과 개선에 대한 여러 가지 개혁안을 구상하였다. 그는 당시 일부 지주들에 의한 토지겸병 및 지주제도의 만연과 농민 대다수의 토지 상실의 조건 속에서 토지개혁을 강력히 주장하였다. 그는 향약을 권장할 때 그에 앞서 토지개혁이 실시되어야 한다는 생각을 하고 "흉년과 기아로 인하여 백성들이 흩어

---

29) 『北學議』「丙午所懷」, "臣聞中國欽天監造曆西人等, 皆明於幾何, 精通利用厚生之方. 國家誠以觀象一監之費, 聘其人而處之, 使國中子弟, 學其天文躔次鍾律儀器之度數, 農桑醫藥旱澇濕之宜, 與夫造瓴甓築宮室城郭橋梁掘坑銅取卄玉燔琉璃, 設守禦火礮, 灌漑水法, 行車裝船, 伐木運石, 轉重致遠之工, 不數年, 蔚然爲經世適用之材矣."

30) 『北學議』「附丙午所懷」, "雖其爲教, 篤信堂獄, 與佛無間. 然厚生之具, 則又佛之所無也. 取其十而禁其一, 計之得者也."

진 지 오래되었건만, 토지를 나누어주고 백성의 생활을 돌봐주는 정책을 실행하지 않으면서 법도와 예의에 관한 가르침만 앞세운다면 오활한 조치를 누가 웃지 않겠는가?"[31]라고 하여 농촌 정책에서 가장 우선적으로 실시할 것이 토지개혁임을 강조하였다.

홍대용이 구상한 토지개혁의 대경대법(大經大法)은 정전제(井田制)였다. 그는 "후세에 정전법(井田法)을 부활시키지 아니하면 왕도(王道)는 결국 실행될 수 없을 것이다."[32]라고 한 것에서 그가 정전제를 가장 이상적인 토지제도라고 생각했음을 알 수 있다.

그러나 홍대용은 이러한 정전법의 시행이 현실적으로 불가능하다고 보고 토지의 균등분배를 주장하였다.

> 정전제를 지금 시행하기 어렵다는 것은 이미 선배들이 말한 것이다. 토지를 고루 분배하고 백성들의 산업을 제정하지 않고 나라를 다스릴 수 있다면 이것은 빈말일 것이다. 지금 세상에 살면서 비록 옛날 제도로 완전히 돌아갈 수는 없지만, 나라를 잘 다스리는 자는 반드시 변통하는 바가 있을 것이니, 산천이 비좁은 것과 지세의 높고 낮음은 우려할 바 아니다.[33]

즉, 홍대용은 정전법이 가장 이상적인 제도임을 인정하면서도, 시대가 변천함에 따라 이러한 제도를 회복할 수 없다고 보고, 대안으로써 농민 한

---

31) 『湛軒書』 內集 卷3, 25b 「鄕約序」, "嗚呼匈年饑歲, 民散久矣. 不能施分田制産之政, 而先之以法度禮義之敎者, 人孰不笑其迂哉."

32) 『湛軒書』 外集 卷10, 6a 「附錄」 〈從兄湛軒先生遺事〉, "後世無以復井田, 則王道終不可行矣."

33) 『湛軒書』 內集 卷4, 11a 「林下經綸」, "井田之難行, 先輩固已言之. 雖然無分田制産之法, 而能治其國者, 皆苟而已. 居今之世, 雖不能盡反古之道, 而善謨國者, 必有通變之制矣. 至若山川狹窄, 地勢高低, 非所當憂也."

가구당 토지 2결씩 분배하는 균전제를 주장하였다.

> 아홉 도의 토지를 고루 나누어서, (지세로) 10분의 1을 취하고, 아내가 있는 남자 이상에 대하여 각각 2결을 받도록 한다(이것은 자신에게 한하고 그가 죽으면 3년 후 다른 사람에게 옮겨 준다). 전원(田園) 울타리 밑에 뽕나무와 삼〔麻〕을 심도록 하고, 심지 않은 자에게는 벌로 베〔布〕를 받는데 여자가 3명이면 베 1필, 여자가 5명이면 명주〔帛〕 1필을 상례로 한다(15세 이상부터 해당시키고 50세가 되면 바치지 않는다).[34)]

홍대용은 정전법의 원리에 의거, 토지를 균등하게 나누어서 1가구당 2결씩 균등하게 분배하고자 하였다. 그리고 토지를 분배받은 남자가 죽으면 3년 후 후계 남자나 다른 사람에게 토지를 양도한다고 한 것은 전국의 토지가 '왕토(王土)' 라고 하는 '공전개념(公田槪念)' 을 배경으로 하여 '지주제도' 를 철저히 폐지하려고 한 의지를 나타낸 것이라 할 수 있다.

홍대용은 당시 만연된 사적(私的) 지주제도(地主制度)를 폐지하고 농민 1가구당 2결씩 토지를 균등(均等) 분배하는 토지개혁을 시행하여 농민들을 사적 지주의 도조(賭租: 소작료) 착취로부터 보호해서 농민층의 생활을 안정시키고 후생을 도모하고자 했다.[35)]

그리고 전세(田稅)와 공납(貢納) 등 농민들의 과중한 부담이 되었던 전세를 10분의 1세(稅)로 절감시키고, 이로 인해 야기되는 국가 재정의 부족에 대한 대책으로서 "포(布)와 곡식으로 납부하는 부세는 10분의 1만 사

---

34) 『湛軒書』 內集 卷4, 7a 「林下經綸」, "均九道之田, 什而取一, 男子有室以上各受二結(限其身, 死則三年之後, 移授他人). 園圃墻下, 樹以桑麻, 不毛者, 罰以布常征, 三婦布一疋, 五婦帛一疋(取十五歲以上, 五十則不征)."

35) 愼鏞廈, 『朝鮮後期 實學派의 社會思想硏究』, 아세아문화사, 1997, 303쪽 참조.

용하고 9는 나라에 바친다. 임(任)은 장(長)에게, 장은 감(監)에게 바치는데 다른 것도 이와 같다. 내수사(內需司)를 혁파하고 궁결(宮結)을 혁신하여 호부(戶部)에 속하게 한다."[36]고 하여, 전세와 별도로 받아들인 포(布) 중에서 10분의 1만 지방행정 기관에서 사용하고 10분의 9는 중앙에 바치도록 할 것을 구상하였다. 특히 왕실의 낭비를 조장하고 백성들의 혈세(血稅)를 축내던 내수사(內需司)는 혁파하고 궁결(宮結)은 혁신하여 호조(戶曹)에 귀속시킬 것을 주장한 것은 왕실재정을 국가재정으로 파악하여 왕실과 국가를 구분하여 보지 않으려는 홍대용의 생각이 내포되어 있었던 것으로 보인다.[37]

한편 박지원 · 박제가는 토지제도의 문제보다 농업기술문제에 집중적인 관심을 보이고 있다. 박지원 경우 「한민명전의(限民名田議)」라는 토지제도 개혁론이 없는 것은 아니지만, 박제가의 경우는 아예 토지제도에 관한 언급은 찾아볼 수 없다. 이는 박제가에 이르러서 산업에 대한 관심의 초점이 농업에서 상공업으로 옮겨가고 있음을 알 수 있다.

박지원은 당시 실학자들의 일반적인 경향과 같이 정전법(井田法)을 가장 이상적인 제도로 인정하고, 당시 평양에 남아 있다고 전해지는 기자(箕子) 정전(井田: 箕田)의 유적을 시찰하고, 이를 사실로 확신하여 그의 「과농소초(課農小抄)」〈전제(田制)〉에서 "옛 선왕의 균전획야(均田劃野)의 제도를 볼 수 있었다."[38]고 감탄하였다.

---

36) 『湛軒書』 內集 卷4, 7a 「林下經綸」, "布粟之征, 十分而用其一, 貢其九於上. 任貢於長, 長貢於監, 餘倣此. 罷內需司, 革宮結, 屬之戶部."

37) 당시 왕실재정은 吏部에서 맡아 왔으나, 홍대용은 『周禮』 대로 戶部로 이관시켜 國家財政의 관리 차원에서 다루고자 하였다. 이러한 이부에서 호부로의 이관은 장약용의 『經世遺表』에도 잘 나타나 있다(洪以燮, 『丁若鏞의 政治經濟思想研究』, 한국연구도서관, 1959, 52쪽 참조).

38) 『燕巖集』 卷16, 42b 「課農小抄」〈田制〉, "古先王, 均田劃野之制, 無處可見. 獨我國平壤城外方田, 乃是父師之遺畫."

그는 정전제의 실현이 가장 이상적이라고 여겼지만, 이익(李瀷)과 마찬가지로 구혁(溝洫) 지을 수 없게 된 오늘날에 시행하기가 어렵다고 보고, 정전의 효과를 거둘 수 있는 한전제(限田制)를 주장하였다.

박지원은 당시 만연된 토지겸병에 의한 지주소작제도의 폐해에 대해 다음과 같이 말했다.

> 현재 민호(民戶) 중에서 전토를 소유하고 경작하는 농가는 10에 1, 2도 안 되므로, 공부(公賦)가 10분의 1이고 사부(私賦)가 10분의 5이니 공사(公私)의 부세가 10분의 6이나 된다.[39)]

> 비록 이들 농민들이 경작법을 훤히 알고 부지런히 쉬지 않고 그의 1결 2부의 토지에 농사를 지었다 하더라도 그들 자신이 실제로 먹는 것으로 남는 33석의 태반의 수량도 감해지니, 생각건대 어떻게 부모를 봉양하고 처자를 먹여 살리겠으며, 끝내 유민으로 굶어 죽지 아니하겠는가?[40)]

즉, 박지원은 당시 토지제도의 문란은 소수 지주들의 토지 겸병에 있다고 보고, 이를 보완할 수 있는 제도로 한전제를 주장하게 된 것이다.

> 모년 모월 이후 제한된 면적을 초과해 있는 자는 더 이상 토지를 사들이지 못한다. 이 법령을 시행하기 이전부터 소유한 것에 대해 아무리 광대한 면적의 것이라 할지라도 불문에 부친다. 자손으로 지자(支子)와 서자가 있어도 분급해

---

39) 『燕巖集』, 卷16, 61a 「限民名田議」, "況見戶之中, 有田自耕者 十無一二, 而公賦什一, 私稅分半, 並計公私則已爲十六."

40) 『燕巖集』, 卷16, 61a 「限民名田議」, "雖使斯民者, 深曉農理, 勤而不惰, 盡治其一結二負之田, 其所實餘自食, 又減太半於三十三石之數, 顧何以仰事俯育, 不終底於流離轉殍乎."

주는 것은 허락한다. 만일 사실대로 고하지 아니하고 숨기거나 법령 공포 이후 제한을 넘어 가점한 자는 백성이 적발하면 백성에게 주고, 관에서 적발하면 몰수한다. 이와 같이 하면 수십 년이 못 되어 전국의 토지 소유는 균등하게 될 것이다.[41]

즉, 박지원은 먼저 토지소유의 상한을 정하여 토지 개혁법령 공포 이후에 상한선 이상의 토지 매매를 금하며, 토지의 분할상속 제도를 허용하는 것으로 되어 있다. 만약 상한선 이상의 토지를 가점(加占)한 자의 토지를 몰수하면, 수십 년이 못 되어 나라 안의 토지 소유가 균등하게 될 것이라고 하였다.

이러한 박지원의 한전(限田)의 중요성은 "토지 소유를 제한한 이후라야 겸병자가 없어지고, 겸병자가 없어진 이후에야 산업이 균등하게 되고, 산업이 균등하게 된 이후에야 백성들이 토착하여 각기 자기들의 토지를 경작하게 되고, 근면한 사람과 나태한 사람의 구별이 드러나게 될 것이다. 근면한 사람과 나태한 사람의 구별이 드러난 후라야 농사를 권해 힘쓰게 할 수 있고 백성들을 가르쳐 인도할 수 있는 것이다."[42]라고 하여, 토지의 겸병을 막고, 백성들을 정착시킬 수 있으며, 백성들을 올바른 데로 인도할 수 있다고 보았던 것이다.

그러나 박지원은 토지의 분배보다 농업기술의 혁신에 더 많은 노력을 기울였다. 그는 「과농소초」에서 농법(農法)을 발전시킨다는 전제 아래, 영농 방법의 혁신을 위해서 농지제도의 개량, 노동력의 절약, 농기구의

41) 『燕巖集』, 卷16, 61a 「限民名田議」, "某年某月以後, 多此限者, 無得有加. 其在令前者, 雖連阡跨陌, 不問也. 其子孫有支庶, 而分之者聽, 其或隱不以實, 及令後加占限者, 民發之與民, 官發之沒官. 如此不數十年, 而國中之田可均."

42) 『燕巖集』, 卷16, 64b 「限民名田議」, "限田而後, 兼幷者, 息. 兼幷者, 息然後, 產業均. 產業均然後, 民皆土著, 各耕其地, 而勤惰著矣. 勤勤惰著而後, 農可勸而民可訓矣."

개량과 분양법(糞壤法)의 개선, 관개 수리시설의 개선 등이 뒤따라야 한다고 주장하였다.

첫째, 지력(地力)을 잘 이용하여 농작물 재배할 수 있도록 농지제도(農地制度), 경종법을 개량해야 한다고 믿고, 농법으로 구전법(區田法)과 대전법(代田法)을 검토하고 이를 권장하였다.

둘째, 노동력의 관리와 절약을 통한 영농 방법의 합리화를 모색하고자 하였다.

셋째, 영농의 합리화를 위해 노동력 절감의 한 방법으로 농기구의 개량을 제안하였다. 그는 이미 「열하일기」에서 각종의 차제(車制)를 연구하고, 수레와 선박의 보급과 이용이 편리한 생활의 요건임을 지적하였다.

넷째, 농작물 소출의 과다는 퇴비의 적절한 투여 여하에 달려 있다고 보고, 분양법(糞壤法)의 개선을 제안하였다.

다섯째, 관개 수리시설의 중요성을 역설하고 당시 우리의 수리(水利) 시설의 부실함을 지적하고 이의 개선을 주장하였다.[43]

이처럼 박지원은 「과농소초」에서 농업생산에 이용할 수 있는 과학기술을 총망라하여 기술하고, 과학기술의 이용을 적극적으로 주장하였던 것이다.

이러한 경향은 박제가에 있어서도 마찬가지다. 그는 당시 "풍습을 갑자기 변하게 할 수는 없고 다만 지금의 농사 방법에서 해로운 것을 줄이고, 권장할 만한 것은 늘릴 뿐이다."고 한 것에 대해 다음과 같이 비판하였다.

> 이것은 많은 말을 기다릴 필요가 없고, 실지로 시험해 보아야 할 일입니다.

---

43) 崔洪奎, 「解題」 『國譯 課農小抄』, 아세아문화사, 1987, 9-11쪽 참조.

> 먼저 요양에 가서 중국 농기구를 사다가 제도를 본떠서 두들겨 만들 것입니다. 원지(遠地)의 철이 산출되는 곳에 관속을 보내 분담하여 농기구를 만들게 하고 농기구를 만듦으로써 남는 이익을 수입하여 아울러 제도를 반포할 것입니다. (……) 수확을 마치면 잘되고 못된 것을 비교하며, 한 해, 두 해 지나 효과를 반드시 본 뒤에 농사꾼들을 여러 도에 나누어 파견하는 것입니다. 이들 한 사람이 열 사람에게 농사짓는 법을 전수하고 열 사람이 백 사람에게 전수하면 10년이 못되어서 풍습을 바꿀 수 있을 것입니다.[44]

박제가는 먼저 농기구를 만들 대장간을 만들고 중국의 농기구를 모방하여 만들어 시험해 본 뒤 이의 득실을 따져 보완하여 반포하고, 아울러 이의 사용법을 숙지한 사람을 각 도에 파견하여 농사짓는 법을 전수하면 큰 효과가 있을 것이라고 보았던 것이다.

농업에 대한 박제가의 관심은 농기구의 제작에만 그치고 있는 것이 아니다. 그의 『북학의』 전편에 흐르는 목축, 분(糞), 상(桑), 농기(農器), 지리(地理), 수리(水利), 둔전지비(屯田之費), 농잠총론(農蠶總論) 등 「진북학의(進北學議)」에 실려 있는 대부분이 농사기술과 밀접한 관련이 있다고 하겠다.

요컨대 홍대용에서 보이는 제도적인 측면이 박지원과 박제가에 이르러서는 농업의 기술적인 측면에 치중하고 있음을 볼 수 있다. 이는 북학파의 이용후생이라는 학문적 성격이 농업발전에 있어서 그대로 드러난다고 할 수 있다.

---

44) 『北學議』 「應旨進北學議疏」, "議者必曰, 風俗不可卒變, 只就今之農而消息之云爾. 卽不須多言, 試可乃已. 先貿遼陽農器各種, 開鐵冶于京師, 照式打造. 遠州產鐵處, 遣屬分造, 以收其利, 以頒其制. (……) 時秋其穫, 較其得失, 一年二年, 見其必效. 然後分遣其徒於諸道, 以一傳十, 以十傳百, 不出十年, 風俗可易."

4) 상공업 및 해외통상론

북학파 실학사상의 핵심 가운데 하나가 바로 상공업의 활성화라 할 수 있다. 박지원은 공・상(工商)의 문제에 있어서 당시 누구보다 이의 개발과 공장(工匠) 및 상인(商人)의 지위 향상을 강조하였다. 그는 우리나라의 생산이 발달하지 않은 이유를 상징적으로 설명하여, "우리나라의 배가 외국에 통하지 않고 수레가 나라 안에 다니지 않기 때문"[45]이라고 기회 있을 때마다 강조했는데, 이것을 바꾸어 말하면 외국과의 통상(通商)과 상업의 부진을 지적한 것이다.

> 경잠도야(耕蠶陶冶)로부터 통공혜상(通工惠商)에 이르기까지 어느 것이고 배워서, 다른 나라 사람이 열 가지를 하면 우리는 백 가지를 하여, 먼저 우리 백성을 이롭게 하고, 우리 백성들로 하여금 무기를 만들어서 넉넉히 저들의 견고한 갑옷과 날카로운 병기(兵器)를 격파할 수 있게 한 다음 중국에 볼 만한 것이 없다 하여도 좋을 것이다.[46]

당시 일반적인 사회 분위기는 농・공・상에도 종적 질서가 존재하여 공인(工人)과 상인(商人)을 천시하였는데, 그는 공인과 상인을 존중하여 농・공・상의 횡적 평등과 내부의 균형적 발전을 꾀하고자 하였다. 따라서 박지원은 당시 성장하는 상업자본의 성장과 함께 상업의 필요성을 역설하고, 상업의 활성화는 바로 수레와 배 등 교통수단의 혁신에 달려 있

---

45) 『燕巖集』 卷2, 2a 「賀金右相履素書別紙」, "我國, 舟不通外國, 車不行城中." 및 卷14, 「熱河日記」 〈許生傳〉, "朝鮮舟不通外國, 車不行城中." 참조.

46) 『燕巖集』 卷12, 3b 「熱河日記」 〈馹汎隨筆〉, "自耕蠶陶冶, 以至通工惠商, 莫不學焉. 人十己百, 先利吾民, 使吾民制梃, 而足以達彼之堅甲利兵然後, 謂中國無可觀可也."

다고 보았다.

> 우리 조선은 배가 외국과 통하지 못하고, 수레가 국내에 두루 다니지 못한다. 그러므로 백물(百物)이 안에서 나서 안에서 사라져 버린다.[47)]

이는 당시 조선이 수레와 배를 이용하지 않기 때문에 물자가 유통되지 않고 그 자리에서 소비되거나 없어진다는 것이다. 수레와 배를 이용한 상품의 유통은 물가를 안정시키며, 전국적으로 시장을 형성하여 생산물을 유통함으로써, 결국 농업과 수공업을 함께 발전시키게 된다는 것이다.

박지원은 물자의 유통 못지않게 당시 조선의 낙후된 상업을 진흥시킬 것을 주장하였다. 허생은 장안의 갑부인 변씨(卞氏)에게 백만금을 벌게 된 이유를 다음과 같이 말했다.

> 대저 천 냥이란 적은 재물이어서 족히 물건을 다 살 수 없다. 그러나 이를 쪼개어 열로 한다면 백금(百金)이 열이니, 이를 가지면 아무리 해도 열 가지 물건이야 살 수 있지 않겠나. 물건의 양이 적으면 유통하기가 쉽다. 그러므로 한 가지 물건이 밑졌다 하더라도, 아홉에서 이문이 남으니, 이는 보통 이문을 내는 법이요, 작은 장사치들이 장사하는 방법이다. 대저 만금은 족히 한 가지 물건을 다 살 수 있으므로 수레에 실린 것이면 수레를 모조리 도매할 것이요, 배에 실린 것이면 배를 모조리 살 것이요, 한 고을에 있는 물건은 한 고을을 통틀어서 살 수 있을 것이니, 이는 마치 그물에 코가 있어 모조리 훑어 들임과 같은 것이다.[48)]

---

47) 『燕巖集』 卷14, 94a 「熱河日記」 〈玉匣夜話〉, "朝鮮, 舟不通外國, 車不行域中. 故百物, 生于其中, 消于其中."

48) 『燕巖集』 卷14, 94ab 「熱河日記」 〈玉匣夜話〉, "夫千金小財也. 未足以盡物, 然析而十之,

즉, 허생은 매점매석을 통해 돈을 벌게 된 경위를 변씨에게 설명하였다. 그리고 "육지의 산물(産物) 여러 가지 중에서 하나를 슬그머니 독점해 버린다든지, 물에서 나온 여러 고기들 중에서 하나를 슬그머니 독점해 버린다든지, 의약의 여러 가지 재료 중에서 하나를 슬그머니 독점하여 한 가지의 물건이 한 곳에 갇히면, 백 가지의 장사치 물건도 함께 마르는 법이니, 이는 백성들을 해치는 도이다."[49]라고 하여, 매점매석이 올바른 태도가 아님을 허생 스스로 밝히고 있다. 그러나 이러한 매점매석이 가능한 원인을 "어허! 겨우 만금으로 온 나라의 경제를 기울였으니, 나라 경제의 얕고 깊음을 짐작할 수 있구나" 한 데서 알 수 있듯이, 당시 상업이 활성화되지 못하고, 나라 경제가 허약함을 밝히고 있다.

박지원은 상업의 중요성은 쓸모없는 물건을 유통하여 쓸모 있는 물건으로 만드는 것이라고 보았다. 그렇게 하면 우리나라에서 나는 물건들이 편재되지 않고 골고루 유통되어 백성들의 생활을 윤택하게 될 것으로 보았던 것이다.

> 영남의 아이들은 새우젓을 모르고, 관동의 백성들은 아가위〔樝〕를 절여서 장 대신 쓰고, 서북 사람들은 감과 감자의 맛을 분간하지 못하며, 바닷가 사람들은 새우나 정어리를 거름으로 밭에 내건만 서울이선 한 움큼에 한 푼을 한다.[50]

百金十亦足以致十物, 物輕則易轉, 故一貨雖絀, 九貨伸之. 比常利之道, 小人之賈也. 夫萬金足以盡物, 故在車專車, 在船專船, 在邑專邑, 如網之有罟."

49) 『燕巖集』 卷14, 94b 「熱河日記」 〈玉匣夜話〉, "陸之產萬, 潛亭其一, 水之族萬, 潛亭其一, 醫之材萬, 潛亭其一, 一貨潛藏, 百賈涸, 此賊民之道也."

50) 『燕巖集』 卷12, 7a 「熱河日記」 〈馹汎隨筆〉, "嶺南之兒, 不識蝦鹽. 關東之民, 沈樝代醬. 西北之人, 不辨柹柑. 沿海之地, 以鯫糞田, 而一或至京, 一掬一文."

이러한 모든 원인은 바로 유통(流通)이 제대로 이루어지지 않은데 기인하며, 유통이 이루어지지 않은 것은 바로 수레가 전국적으로 통하지 않기 때문이다.

> 육진(六鎭)의 마포와 관서(關西)의 명주, 양남(兩南)의 닥종이와 해서(海西)의 솜 · 쇠, 내포(內浦)의 생성 · 소금 등은 모두 백성들의 살림살이에 어느 하나 없어서는 안 될 물건이다. 청산(青山) · 보은(報恩)의 대추와 황주(黃州) · 봉산(鳳山)의 배와, 임천(林川) · 한산(韓山)의 모시와 관동(關東)의 벌꿀들은 모두 우리 일상생활에서 바꾸어 써야 할 것이거늘, 이제 이곳에서 천한 물건이 저곳에서는 귀할뿐더러 이름을 듣거나 실지 보지도 못함은 어찌 된 까닭인가? 이는 오로지 멀리 나를 수 있는 수단이 없기 때문이다. 사방 수천 리의 나라에 백성들의 살림살이가 이렇게 가난함은 한 마디로 수레가 국내에 다니지 않기 때문이라고 하겠다.[51)]

박지원에 의하면 마포와 명주, 닥종이와 솜 · 쇠, 생선 · 소금 따위는 백성들의 일상생활에 없어서는 안 될 생활필수품이며, 대추 · 배 · 모시 · 벌꿀 등은 교역의 대상인데도 한곳에 치우쳐 전국적으로 골고루 유통되지 않음은 실어 나를 수 있는 수레가 없기 때문이라는 것이다. 그리고 이로 인해 온 나라가 가난하게 되었다고 보았다.

한편, 상업에 가장 적극성을 보였던 인물은 바로 박제가다. 박제가의 개혁사상 중 가장 핵심적인 것이 바로 상업론과 해외통상론이라 할 수 있

---

51) 『燕巖集』 卷12, 7ab 「熱河日記」 〈馹汎隨筆〉, "今夫六鎭之麻布, 關西之明紬, 兩南之楮紙, 海西之綿鐵, 內浦之魚鹽, 俱生民日用而不可闕者也. 青山報恩之間千樹棗, 黃州鳳山之間千樹梨, 興陽南海之間千樹橘柚, 林川韓山之間千畦苧枲, 關東之千筒蜂蜜, 爲民生日用, 而莫不欲相資而相生也. 然而此賤而彼貴, 聞名而不見者何也. 職由無力而致之耳. 方數千里之國, 民萌產業, 若是其貧, 一言而蔽之曰, 車不行域中."

다. 그는 당시 조선이 낙후한 것은 다름이 아니라 농사짓는 방법을 몰라서 그러한 것도 있지만 재화가 유통하지 못한 데 근본적인 원인이 있다고 보았다. 그는 다음과 같이 말했다.

> 사람들이 지금 쌀밥을 먹고 비단옷을 입고 있으면 그 밖의 것은 필요 없는 줄 알고 있다. 그러나 쓸모없는 물건을 사용함으로써 쓸모 있는 물건을 통하게 하지 않으면, 쓸모 있는 물건도 장차 모두 편재(偏在)하여 유통하지 못하고 한 곳에서 이용할 수 있게 되어 모자라기 쉽다. (……) 이제 우리나라도 지방이 수천 리이고 백성이 적지 않으며 물자도 구비되어 있건만 산과 못에서 생산되는 물자도 다 이용하지 못하는 것은 경제의 이치를 제대로 모르기 때문이다.[52]

즉, 박지원과 마찬가지로 상업의 중요성은 물자를 유통해 쓸모없는 물건을 쓸모 있는 물건으로 유통하게 하여 편재성을 극복함으로써, 국내 생산되는 모든 물건을 유통해 골고루 이용할 수 있게 하는 데 의의가 있다고 보았던 것이다. 그리고 당시 사대부들이 중국의 가옥 · 거마 · 단청 · 비단 등 훌륭한 것을 보고 '아주 사치가 심하다' 고 한 데 대해서도 다음과 같이 말했다.

> 중국은 사실 사치하다가 망했다. 그렇지만 우리나라는 검소한 데도 쇠퇴해지는 것은 무슨 이유일까? 검소하다는 것은 물건이 있어도 사용하지 않는 것을 말하는 것이지, 자신에게 물건이 없다 하여 스스로 단념하는 것을 말하는 것은 아니다. (……) 재물은 우물과 같다. 퍼 쓸수록 자꾸 가득 차고 이용하지

---

52) 『北學議』 「市井」, "今夫人, 食稻而衣錦, 則其餘皆爲無用之物矣. 然而不有無用之用, 以濟其有用, 則所謂有用者, 擧將偏滯而不流, 單行而易匱也. (……) 今我國方數千里, 民戶非不多也, 土產非不備也, 山澤之利不盡出, 經濟之道未盡善也."

않으면 말라 버린다. 그러므로 비단을 입지 않으므로 나라 안에 비단 짜는 사람이 없다. 따라서 여공(女工)이 쇠하였으며, 그릇이 비뚤어지든 어쩌든 개의치 않으므로 교묘함을 일삼지 않아서 나라에 공장(工匠)과 도야(陶冶)가 없고, 기예(技藝)도 없어졌다.[53)]

박제가는 '소비가 생산을 촉진한다'는 경제 원리를 우물에 비유하여 설명하였다. 이는 검소함을 미덕으로 삼았던 시대 상황 속에서 매우 진보적인 사고임이 틀림없다 하겠다.

박제가는 상업의 활성화뿐 아니라 유식양반층(遊食兩班層)의 상인화(商人化)를 주장하였다. 그는 "중국 사람들은 가난하면 장사꾼이 되는데 참으로 현명한 생각이다. 거기서는 장사꾼으로 나서도 사람의 풍류와 명예는 제대로 인정된다. 그렇기 때문에 유생(儒生)이 서사(書肆)에 직접 출입하며, 재상들도 친히 융복사(隆福寺) 시장에 가서 골동품을 사기도 한다."고 하여, 먼저 중국의 상인제도를 설명한 뒤, 당시 우리의 현실을 다음과 같이 말했다.

우리나라의 풍습은 겉치레만 알고 뒤돌아보며 꺼리는 일이 너무 많다. 사대부는 놀고먹으며 하는 일이라곤 없다. 사대부로서 가난하다 하여 들에서 농사지으면 알아주는 자 없고, 짧은 바지에 대나무 껍질 갓을 쓰고 저자에서 물건을 매매하거나 자와 먹통, 칼과 끌을 가지고 남의 집에 품팔이하면 그를 위해 부끄러워하고 우습게 여겨 혼인길마저 끊이지 않는 사람이 드물다.[54)]

---

53) 『北學議』「市井」, "夫中國固以奢而亡, 吾邦必以儉而衰, 何也. 夫有其物而不費之謂儉, 非無諸己而自絶之謂也. (……) 夫財, 譬則井也. 汲則滿, 廢則渴. 故不服錦繡, 而國無織錦之人, 則女紅衰矣. 不嫌窳器, 不事機巧, 而國無工匠陶冶之事, 則技藝亡矣.

54) 『北學議』「商賈」, "我國之俗, 尙虛文而多顧忌. 士大夫寧遊食而無所事, 農在於野, 或無有知之者, 其有短襦篛笠, 呼賣買而過于市, 與夫持繩墨挾刀鑿, 以傭食於人家, 則其不慚笑,

즉, 사대부들은 아무리 가난하더라도 체면 때문에 노동하지 않으며, 가난한 양반 중에 혹 노동에 종사하는 자가 있어도 오히려 이웃에서 그 사람을 위해 부끄러워한다는 것이다. 이처럼 양반의 노동을 인정해 주지 않은 상황에서 어떻게 양반들이 노동에 참여할 수 있겠는가? 박제가는 유식양반층에게 밑천과 가게를 마련해 주어 적극적으로 상업으로 이끌고자 하였다. 박제가의 혁신적인 사상은 바로 '유식양반층의 상인화' 라고 할 수 있다.

> 대저 놀고먹는 자는 나라의 큰 좀이다. 놀고먹는 자가 나날이 불어나는 것은 사족(士族)이 나날이 성하여지기 때문이다. (……) 무릇 수륙(水陸)에 교통하여 장사하는 일은 죄다 사족(士族)에게 허가하여 문서에 올린다. 혹은 밑천을 마련해 빌려주고 가게를 설치해 주어 좋은 성과를 올리는 자에게 높은 벼슬에 발탁한다는 것을 권장한다.[55]

박제가는 상업에서 탁월한 능력을 발휘한 사람에게 높은 벼슬을 줌으로써 유식양반층의 상인화를 꾀하고자 하였다. 이는 전 인구의 반이 넘는 비생산적인 양반을 생산층으로 이끌고자 하는 것으로서, 사실상 근대적 신분제 개혁론을 내포하는 사상이라 할 수 있다. 박제가는 상인도 사민(四民) 중 한 사람으로서 매우 중요하다고 인식하고, 상인의 역할을 강조하였다.

> 대저 장사라는 것은 사민 중 하나인데 하나로서 셋(士 · 農 · 工)을 통하는 것

而絶其婚姻者幾希矣."

55)『北學議』,「附丙午所懷」, "夫遊食者國之大蠹也. 有識之日滋, 士族之日繁也. (……) 凡水陸交通販貿之事, 悉許士族入籍. 或資裝以假之, 設廛以居之, 顯擢以勸之."

인즉 10분의 3이 되지 않으면 옳지 않다.[56)]

이는 하나를 들어 셋을 통하는 것이기 때문에 만약 하나가 없으면 결국 셋도 막혀 제 역할을 할 수 없게 된다는 것이다. 신분을 타파하여 모든 백성들이 노동해야 한다는 만민개로(萬民皆勞) 사상은 홍대용에서 이미 제기되었다. 농암(聾庵) 유수원(柳壽垣, 1694~1755)도 양반상인론을 주장하였지만, 보다 구체적이면서 능동적인 국가 시책으로서 시행할 것을 주장한 사람은 바로 박제가였다.

한편, 박제가는 국내 시장을 단일화하여 상품의 활발한 유통에 의해 생산을 제고하며, 아울러 해외통상을 통한 구빈책(救貧策)을 강구해야 한다고 하였다. 그는 해외통상의 중요성을 다음과 같이 시로써 표현하였다.

堀地得黃金	땅을 파서 황금을 얻는다 해도,
萬金空餓死	만근 금만으로는 굶어 죽게 되네.
入海採明珠	바다에 들어가서 구슬을 캐도,
百斛換狗矢	구슬 백 섬을 개똥과 바꿀 건가?
狗矢尙可糞	개똥은 땅에 거름이라도 하건마는,
明珠知奈何	구슬을 어디에 쓰리?
陸貨不通燕	육지 물건 연경과 통하지 못하고,
海賈不踰倭	바다 장사꾼 왜국에 가지 못하네.
譬如野中井	마치 들 가운데 있는 우물 같아서,
不汲將自渴	푸지 않으면 저절로 말라 버리네.
安民不在寶	백성 편안케 하는 것 보배에 있지 않거늘,

56)『北學議』,「末利」, "夫商處四民之一, 以其一而通於三, 則十之三不可."

生理恐日拙　　생리 나날이 옹졸해질까 염려되네.

太儉民不樂　　검약이 지나치면 백성이 즐길 수 없고,

太窶民自竊　　너무 군색하면 도둑만 늘어나네.[57)]

우리나라는 국토가 좁고 백성들이 가난하기 대문에 가난을 구제하기 위해서 중국과 통상하는 길뿐이라고 하였다. 그리고 먼저 중국과 통상한 다음 차츰 국력을 키워 다른 나라들과도 통상해야 한다는 점진적인 방법을 추진하고 있다.

제 나라를 부강하게 하고 싶지 않은 사람은 없겠지만, 도대체 부강(富强)의 술법을 왜 남에게 양보만 하는가. 이제 선박으로 통상하려면 왜국은 간사하여 항상 이웃 나라를 넘겨보고, 안남(安南) · 유구(琉球) · 대만(臺灣) 등지는 모두 험하고 멀어 통할 수 없으니, 마땅한 곳은 오직 중국뿐이다. (……) 오직 중국 배만 통하게 하고 해외 모든 나라와 통하지 않는다는 것은 일시적인 술책일 뿐 정론은 아니다. 국가의 힘이 조금 강해지고 백성의 생업이 안정되던 차례차례 통하는 것이 마땅하다.[58)]

이러한 주장은 궁극적으로 해외 여러 나라들과 점진적으로 개국통상(開國通商)을 하자는 것이다. 그러나 무엇보다 박제가에 있어서 해외통상

---

57) 『北學議』 外篇, 「財賦論」, "堀地得黃金, 萬金空餓死. 入海採明珠, 百斛換狗矢. 狗矢尙可糞, 明珠知奈何. 陸貨不通燕, 海賈不踰倭. 譬如野中井, 不汲將自渴. 安民不在寶, 生理恐日拙. 太儉民不樂, 太窶民自竊."

58) 『北學議』 「通江南浙江商舶議」, "人莫不欲其國之富且强也. 而所以富强之術, 又何其讓於人也. 今欲通商舶也, 倭奴黠而常欲窺覦隣國, 安南琉球臺灣之屬, 又險又遠, 皆不可通,其惟中國而已乎. (……) 只通中國船, 不通海外諸國, 亦一時權宜之策, 非定論. 至國力稍强, 民業已定, 當次第通之."

론의 목적은 단순히 상품을 유통하는 단계에 머물러 있는 것은 아니다. 이는 서사초빙론(西士招聘論)에서 추론할 수 있겠지만 사상의 개방성으로 연결되고 있음을 간과해서는 안 된다.

> 이제 우리는 그들의 기술을 배우고 나라 풍속을 탐방하며 백성들의 견문을 넓혀 주어 천하가 큰 줄을 알게 하고 우물 안 개구리가 부끄러운 줄 알게 되면 세도(世道)를 위한 것이 어찌 교역에서 생기는 이익뿐이랴.[59)]

이처럼 박제가는 해외통상을 통한 개방성의 강조와 외국 문물을 접함으로써 사상적 폐쇄성을 극복하고자 하였던 것이다. 따라서 박지원 · 박제가를 비롯한 북학파의 상공업론 및 해외통상론은 이후 개화파들의 개국통상론에 결정적인 영향을 끼치게 되었다.

2. 사회개혁론

1) 직분주의의 선하 – 유수원

사 · 농 · 공 · 상의 사민(四民)을 신분주의에서 직분주의로 파악한 인물은 농암(聾庵) 유수원(柳壽垣, 1694～1758)을 꼽을 수 있다. 당시 백성이 가난하고 나라가 허약한 국허민빈(國虛民貧)의 원인을 제도의 미비에서 찾은 유수원은 이를 해결하기 위해 사민(四民)으로 하여금 각기 직업에 충실할 수 있도록 제도다운 제도의 설치를 주장하였다.[60)] 그가 주장한 제

59) 『北學議』 「通江南浙江商船議」, "我乃學其技藝, 訪其風俗, 使國人廣耳目, 知天下之爲大, 井蛙之可恥, 則其爲世道地, 又豈特交易之利而已哉."

도다운 제도란 다름 아닌 사민분업(四民分業)에 의한 직분주의(職分主義) 확립이었다.

> 농 · 공 · 상에는 각기 법도가 있다. 그런데 오늘날에 법도가 없어서 백성이 직업을 잃고, 직업을 잃었기 때문에 가난하게 되며, 가난한 까닭에 나라가 허약하게 되는 것이다. 이제 법도를 세우고 제도를 마련하는 것은 곧 사민(四民)을 본업(本業)으로 이끌어가는 것인데, 이것이 어찌 이익만을 취하려는 뜻이겠는가.[61]

즉, 유수원은 백성들이 가난하고 나라가 허약하게 된 원인을 법도의 미비 때문인 것으로 파악하고, 법도를 세우고 제도를 마련하는 것이 이익을 취하는 것이 아니라 사민을 본업(本業)으로 이끄는 것이라 단언하였다. 그렇다면 사민의 분업(分業)은 어떤 기준으로 이루어져야 하는가? 유수원은 다음과 같이 말했다.

> 사 · 농 · 공 · 상은 국가에서 나누어 주거나 권장 또는 저지하는 것이 아니다. 오직 자기의 마음에 따라 하지 않을 뿐이니, 어찌 따르고 따르지 않는 것을 논할 필요가 있으랴.[62]

---

60) 『迂書』 권6, 「論戶口雜令」, "四民無法, 商賈無其利, 民貧國虛, 一至此極, 比非國家等棄財利而然也, 亦非愛民不稅而然也. 大抵制度疎闊, 初不制置而然也. (……) 詳論理財之法, 欲使四民分職, 以爲生財之源, 徭役均平, 以祛偏苦之患, 杜私孔而奉公上, 制民產而裕國用也."

61) 『迂書』 권8, 「論魚鹽征稅」, "士農工商, 各有其法. 今無其法, 故民失其職. 失職故民貧, 民貧故國虛. 立法定制, 乃所以敺四民於本業也, 此豈征利之意乎."

62) 『迂書』 권2, 「論學校選補之制」, "士農工商, 非國家所可分付勸沮者也. 唯在自己之心, 爲與不爲而已, 有何聽從與否之可論乎."

유수원에 의하면 사 · 농 · 공 · 상은 국가에서 권장하는 것이 아니라 자신의 선택에 달려 있다고 보았다. 그렇다고 자신의 선택만으로 사 · 농 · 공 · 상이 되는 것은 아니다. 그는 “아! 법을 준수하기만 한다면, 사 · 농 · 공 · 상의 아들들이 각각 천부의 재질에 따라 당연히 할 바를 하여 천하에 한 사람도 직업을 게을리하는 사람이 없게 될 것이다.”[63]라고 하여, 자신의 선택과 천부의 재질에 따라야 한다는 것이다. 천부의 재질이란 타고난 능력과 자질로, 직분의 선택에 있어서 최우선적으로 고려해야 할 사항이다. 그렇다면 능력과 자질을 어떻게 판단해야 하는가? 이에 대해 유수원은 “모든 백성의 자제는 8세가 되면 소학(小學)에 들어가 글씨 쓰기와 셈하기를 배우고, 15세가 되면 대학(大學)에 들어가 예(禮)와 악(樂)을 배우는데, 이 중 뛰어난 사람은 상서(庠序)로 옮겨지고, 상서에서 뛰어난 사람은 국학(國學)으로 옮기고, 국학에서 뛰어난 사람은 제후가 천자에게 추천하여 태학(太學)에서 배우게 하는데 이를 조사(造士)라 일컫는다. 조(造)라는 것은 이룸〔成〕을 뜻하니, 비로소 그가 선비가 된 것을 말한다. 이러한 다음에 벼슬을 주었던 것이다.”[64]라고 하여, 직업의 선택에 앞서 누구나 소학에 입학해서 자질과 능력을 따져 직업을 선택하게 하였다. 특히 유수원은 중국의 예를 들어 다음과 같이 말했다.

> 중국 사람은 농(農) · 공(工) · 상고(商賈)의 무리일지라도 모두 어려서부터 학교에 들어가 배우다가 재질이 부족하고 배워도 성취하는 바가 없다고 판단된 다음에 학교를 떠나 다른 일을 영위함으로 어리석고 무식하며 문자를 전혀

---

63) 『迂書』 권8, 「論商販事理額稅規制」, “噫. 若守此法, 則士農工商之子, 各隨其天賦之材, 各爲其所當爲, 而天下無一曠職之人矣.”

64) 『迂書』 권8, 「論商販事理額稅規制」, “凡民之子, 八歲入小學, 學書計, 十五入大學, 學禮樂, 其有秀異者, 移于庠序, 庠序之異者, 移于國學, 國學之異者, 諸侯貢于天子, 學於太學, 命之曰造士. 造者成也, 言始成其爲士也. 然後爵命焉.”

모르는 사람은 없다. 그런데 우리나라 이른바 선비라는 사람들은 아버지와 할아버지가 서로 전하고 족당이 서로 이어받아 모두가 유생이라고 자칭하지만, 글자를 아는 사람은 극히 얻기가 어렵다. 대저 유학(幼學)을 가칭(假稱)하는 사람들만 온 세상에 가득 차서 부모가 굶는 것을 당장 보면서도 감히 다른 일을 영위하여 구하고자 않으니, 고금 천하에 어찌 이처럼 이치에 닿지 않는 일이 있겠는가.[65]

중국의 경우 농 · 공 · 상의 자식일지라도 모두 어려서 학교에 들어가 배우다가 재질과 성취가 부족하다고 판단된 다음에 적성에 맞게 다른 일을 함으로 어리석고 무식한 자가 없다는 것이다. 그러나 우리나라의 경우 유생(儒生)이라고 자칭하는 자들도 글을 아는 이가 극히 적을 뿐만 아니라 이러한 자들이 세상에 가득 차 부모가 굶어 죽는데 일체 다른 일을 영위하지 않는다고 하여 당시의 사회현상을 신랄하게 비판하였다. 즉 유수원에 의하면 사민(四民)을 가리지 않고 8세가 되면 소학(小學)에 들어가 배우는데, 재질과 학업의 성취가 뛰어난 사람은 차례로 상급학교로 진학하지만, 그렇다고 하여 누구나 선비의 직책을 부여받는 것이 아니라는 것이다.

참으로 뛰어나지 못하고 배워도 성취하는 바가 없는 사람은 소학에 들어갔다가 그치기도 하고, 대학에 들어갔다가 그치기도 하며, 상서에 올랐다가 그치기도 하고, 국학에 올랐다가 그치기도 하였는데, 그들이 그칠 때 과연 어느 곳

65) 『迂書』 권8, 「論商販事理額稅規制」, "至今中國之人, 則雖農工商賈之屬, 亦皆自小入學, 材不足而學無成, 然後去而爲他業, 未嘗有蠢蠢無識, 全昧文字之人也. 我國之所謂士者, 父祖相傳, 族黨相襲, 皆自稱曰儒生, 而識字者, 極難得. 大抵假稱幼學者, 遍滿一世, 雖立視其父母之飢餓, 而不敢爲他業以救之, 古今天下, 安有如許無理之事耶."

으로 돌아갔겠는가. 재질(才質)과 근력(筋力)이 상근(相近)한 것에 따라 농부가 되기도 하고, 공장이 되기도 하고, 상고가 되기도 하여 부모 처자를 양육하였으니, 종신토록 선비로 지내도록 강제한 적이 없었던 것이다.[66]

유수원에 의하면 소학에 들어갔더라도 성취가 없으면 소학으로 그쳐야 하듯 대학 이상에 진학했다고 하더라도 학업의 성취에 따라 사(士)가 되기도 다시 농·공·상이 되기도 한다는 것이다. 이처럼 교육을 통한 자질에 따라 사·농·공·상을 선택하게 하고자 하였던 것이다. 그러므로 유수원은 "선비의 아들이 배워도 성취하는 바가 없으면 학교를 떠나 상인이 되고, 아들이 재능이 있어 선비가 된다면, 이것이 조업(祖業)을 계승하는 것이 된다. 그리고 참으로 재능이 없다면, 10대(代) 동안 장사를 하더라도 조업(祖業)을 계승하는 것이 되니, 이것이 어찌 의리에 해롭겠는가."[67]라고 하였다. 즉 선비의 자식이라도 성취하는 바가 없으면 상인이 될 수 있지만, 그 자식이 재능(才能)이 있으면 다시 선비가 되는 데 아무런 제약을 두지 않음으로써 사실상 신분제 해체를 주장한 것이다. 그렇다고 유수원이 사민(四民)을 동등한 것으로 인식하지는 않았다. 어디까지나 사민 사이에는 엄연히 위계(位階)가 존재할 뿐만 아니라 이를 정당한 것으로 간주하였다. 그는 사(士)에 대해 다음과 같이 말했다.

대저 성인(聖人)이 만백성에 있어서 사람마다 모두 가르쳐 기르고 싶지 않은 것은 아니지만 힘이 모자랄 뿐 아니라, 실제로 힘이 미칠 수 없는 형편이라 여

---

66) 『迂書』 권8, 「論商販事理額稅規制」, "其不秀不異, 學而無成者, 或入小學而止焉, 或入大學而止焉, 或陞庠序而止焉, 或陞國學而止焉, 及其止也, 果何所歸宿乎. 因其才質筋力之相近者, 而或爲農, 或爲士, 或爲商賈, 以養其父母妻子, 未嘗强使之終身爲士也."

67) 『迂書』 권8, 「論商販事理額稅規制」, "士之子, 學無成, 去爲商, 而其子有才, 能爲士, 則是能繼其祖業也. 苟不然, 則雖十代爲商, 是亦能繼其祖業也. 此何害於義理乎."

러 사람 가운데 뛰어난 사람을 선택해서 가르치고 길러서 천직(天職)을 수행하게 하고 모든 사람을 통치하게 한 것이다. 백성들의 산업을 제정하여 양육하게 하고 인륜(人倫)을 밝혀 교육하게 했으니, 이것이 곧 『역경(易經)』에서 말한바 '천지(天地)는 만물을 기르고, 성인(聖人)은 현명한 사람을 양성시켜 혜택을 만민에게 미치게 한다.' 는 말의 뜻이다.[68]

유수원에 의하면 성인(聖人)이 백성들을 일일이 대할 수 없으므로 사(士)를 두어 장차 관직에 나아가 백성들의 산업을 제정하여 양육하게 하고 인륜을 밝혀 교육하게 했으므로 엄연히 농·공·상보다 더 가치 있고 중요하다고 평가하였다. 아울러 사(士)를 선발하는 데 있어서 자질과 능력을 중시한 이유도 여기에 있었다.

유수원은 사(士) 다음으로 농업(農業)을 공·상보다 한 단계 높이 평가하였다. 그는 농업을 천하만민(天下萬民)의 의식주(衣食住)에 필수품인 식량과 의복 재료 등을 생산하는 것이기 때문에 "농사는 천하의 대본(大本)이나, 요체는 위로 천시(天時)를 받들고 아래로 지리(地利)를 버리지 않는 데 있다."[69] 하여, 농업을 천하의 큰 근본으로 인식하여 중요성을 인정하였다. 그럼에도 불구하고 당시 양반(兩班)은 물론 중서인(中庶人)들조차 농업을 외면하는 현실을 다음과 같이 말했다.

양반(兩班)과 중서(中庶)는 물론 약간 기력이 있다는 상인(常人)에 이르기까지 모두 스스로 농사짓는 것을 크게 부끄러워한다. 그리하여 이들은 농사가 때

68) 『迂書』 권2, 「論救門閥之弊」, "夫聖人之於萬民, 非不欲人人而教養之也, 非但力不能給, 實亦事勢之所不能及也. 遂於衆人之中, 擇其俊異者, 而教養之, 使之共天職而治萬民. 制民產以爲養, 明人倫以爲教, 此乃易所謂天地養萬物, 聖人養賢, 以及萬民之義也."

69) 『迂書』 권一1, 「總論四民」, "農者, 天下之大本, 而其要則不出於上以奉天時, 下不負地利而已."

를 놓치는 것을 보면서, 가을에 기근이 들 것을 짐작하면서 남녀 모두 팔을 끼고 밭 갈고 김매지 않는다. 나라에 이러한 무리가 수없이 많으니, 무엇으로 천시(天時)를 힘입지 않고 지력(地力)을 다할 수 있겠는가.[70]

당시 농업을 천시하는 풍토가 팽배해 농사 때를 놓치고 심지어 가을에 기근이 들 것을 짐작하면서도 모두 농사를 경시하는 풍조는 앞에서 살펴본 바와 같이 산업에 종사하면 평민으로 간주하여 출세는 말할 것도 없고 무거운 군역(軍役)까지 지기 때문이다. 아울러 공업의 부진으로 인해 수차를 비롯한 수리시설을 제대로 활용하지 못하는 실정이었다. 이러한 당시 농업의 실태를 다음과 같이 말했다.

우리나라는 수리(水利)를 강구하지 않고 농사일에 법식이 없어, 농사의 무실(無實)함이 매우 심하다. 우리나라 벼농사를 짓는 사람들은 반드시 도랑을 파서 물을 댄다. 하지만 수차(水車) 이용을 알지 못하여 논 아래 도랑의 물이 한 길만 내려가도, 이를 굽어보기만 할 뿐 감히 끌어 올리지 못한다. 따라서 황무한 논이 10에 8~9를 헤아린다. 그리하여 일찍이 문종(文宗)은 수차(水車) 제도를 강구한 바 있고, 또 효종(孝宗)도 친히 요동과 심양에서 수차의 편리함을 보시고 이를 널리 권장한 바 있다. 그런데 아직 백성들이 수차를 이용하지 못하고 있는 것은 제도가 쓰일 수 없어서가 아니라, 남달리 우리 습속이 게을러 농사에 힘쓰지 않기 때문인 것이다.[71]

70) 『迂書』 권一1, 「總論四民」, "兩班中庶, 至于常人之稍有氣力者, 皆以自手農業, 爲大羞恥. 雖目見農務之愆期, 灼知秋後之飢餓, 男婦束手, 皆不耕鋤. 一國之中. 此類無限, 其何以不負天時, 而能盡地力乎."

71) 『迂書』 권1, 「四民總論」, "我東則水利不修, 課農無法, 農事之無實甚矣. 吾東人治水田者, 必引溝澮, 不解水車之易注, 故田下有渠, 曾不足尋丈之深, 下瞰而不敢激. 是以汚萊之田, 十常八九, 昔我文廟, 旣頒其制, 孝廟親覽遼瀋間水車之利, 亦嘗申飭. 而民不能奉行者, 非

유수원은 하늘만 바라보고 농사를 짓는 천수답의 형태에서 벗어나 수차(水車)를 이용해 적극적으로 물을 끌어들이는 관개농업(灌漑農業)의 중요성을 역설하였다. 유수원은 "한 나라의 큰 정사는 농사보다 더한 것이 없고, 농사의 큰 요체는 수리(水利)보다 더한 것이 없다."고 하여 농사와 수차의 중요성을 강조하고 이어 "이른바 수리라는 것은 관개(灌漑) · 축설(蓄洩) · 제언(隄堰) · 피당(陂塘)과 같은 것만을 뜻하는 것이 아니다. 산장(山場)을 갈지 못하게 하고 물길을 옮겨 놓는 것이 바로 수리의 근본인 것이다. 산 밑이 무너지지 않으면 물길이 변하지 않고 물길이 변하지 않으면 도랑이 일정한 제도가 있게 되니, 도랑이 일정한 제도가 있게 된 뒤에 수리가 흥성할 수 있고 따라서 사람도 노력을 다할 수 있는 것이다. 그리고 사람이 노력을 다한 뒤에 비록 천재(天災)가 있다 해도 백성이 속수무책으로 죽기만을 기다리는 지경은 안 될 것이다."라고 하여[72], 수리시설을 관개 · 축설 · 제언 · 피당뿐 만 아니라 산에까지 물길을 옮겨 놓을 수 있는 정도가 되어야 진정한 수리(水利)라고 하였다.

특히 유수원은 공업에 대해 "대개, 배와 수레는 성인(聖人)이 만들어 낸 것이다. 성인이 만들어 낸 것이 반드시 천하 후세에 행용되지 못할 이치가 없으리니, 『중용』에 이른바 '해와 달이 비치는 곳과 배와 수레가 통행하는 곳' 이라고 한 것은 곧 이를 입증하는 것이다."[73]라고 하여, 수레와 배의 중요성을 역설하였으며, 이를 통해 상업을 진흥시키고자 하였다. 그

其制之不可用也. 特以習俗慵惰, 不能力農而然也."

72) 『迂書』 권1, 「四民總論」, "國之大政, 無過於農, 農之大要, 無過於水利. 所謂水利者, 非但灌漑蓄洩隄堰陂塘之謂也. 山場之禁耕, 水道之遷徙, 乃是水利之本. 山脚不崩, 則水道不憂, 水道不變, 則溝洫有制, 溝洫有制, 然後水利乃可興, 而人事乃可盡. 人事盡, 然後雖有天灾, 民不至於束手待死矣."

73) 『迂書』 권1, 「四民總論」, "大抵舟車之作, 出於聖人. 聖人所作, 必無不可行於天下後世之理, 中庸所謂日月所照, 舟車所通云者, 可爲車輛通行之證矣."

는 당시 상업의 현실에 대해 "오늘날 우리나라의 상업을 보면, 말은 있으나 노새는 없고, 배는 있으나 수레는 없으며, 선상(船商)보다 마상(馬商)이 많고, 마상보다 부상(負商)은 많다."[74]고 하여, 노새와 수레의 이용을 적극적으로 주장하였다. 특히 상업의 이익에 대해,

> 만약 우리나라의 풍속이 공・상을 부끄러이 여기지 않게 된다면, 차참을 세워 운가(運價)를 받는 이익이나, 많은 물화를 사들여 얻는 이익이 어찌 널리 전장(田莊)을 두고 소작료를 거두는 이익이나, 많은 돈과 곡식을 내어 장리(長利)를 거두는 이익에 미치지 못하겠는가. 이런 일들은 부자들이 모두 행할 만한 것으로 여기리니, 어찌 이런 일을 운영할 사람이 없다고 하겠는가.[75]

라고 하여, 당시 공업과 상업을 천시하는 풍토 때문에 부자들이 상업에 종사하기보다 소작료나 장리(長利)를 받아먹고 이를 외면하게 되었다고 하였다. 따라서 유수원은 "이제 온 나라의 남녀로 하여금 모두 직분을 다하게 한다면 모든 물품의 값이 반드시 싸질 것이니, 어찌 교역이 통하지 못할 이치가 있겠는가?"[76]라고 하여, 사민(四民)이 각자의 직분에 충실하게 되면 물건의 값은 싸질 뿐 아니라 유통도 보다 활성화 될 것이라고 하였다. 아울러 유수원은 "중국 사람들은 오로지 한 가지 일만 하는 까닭에 일이 전문화되고 이익도 많다. 그러나 우리나라 사람들은 하나의 여사(餘事)로 틈틈이 가축을 키우고 있기 때문에 일이 전문적이지 못하고 번성하

74) 『迂書』 권1, 「四民總論」, "今以我國商販言之, 有馬而無騾, 有船而無車, 船商小而馬商多, 馬商小而負商多. 知用牛車, 而不知駕馬騾, 知養牛馬, 而不知蕃殖騾子."

75) 『迂書』 권1, 「四民總論」, "若使風俗不恥工商, 則站車受直, 收買重貨之利, 獨不及於廣置田庄, 收其賭地 多出錢穀, 徵其長利之利乎. 此等富戶, 皆可爲之, 何謂無人可以辦此."

76) 『迂書』 권1, 「四民總論」, "果令擧國男婦, 皆盡其職, 則百物之直, 必皆賤歇, 寧有交易不通之理耶."

게 키울 수가 없다. 어찌 물산이 풍부하지 못하고 풍토가 같지 않다는 것에 허물을 돌릴 수 있겠는가."[77]라고 하여, 직분의 전문화를 통한 국부(國富) 증대를 주장하였다. 특히 그는 공업과 상업이 성행하면 논밭이 없어 농사를 짓지 못해 노는 사람들에게 더 많은 일자리가 생겨 생활하기에 유리하다고 하였다.

> 점포가 점점 많아지고 매매가 날로 번성하여지면, 용보(庸保)가 되어 생활하기도 하고 땔감을 져다 팔아서 생활하기도 하며, 서기(書記)나 계사(計士)로 일하여 생활하기도 할 것이다. 그리고 혹은 수레를 몰던가 짐을 져다 주고 운임을 받기도 할 것이고, 목점(木店)을 차려 남의 집 짓는 데 참여하기드 할 것이니, 생활 방도가 넓지 못할까 걱정할 필요는 없겠다.

즉, 상업이 발달하면 용보 · 서기 · 수레꾼 · 짐꾼 · 목수 · 나무장사 등등 일자리가 많이 생겨 토지를 소유하지 못한 사람들까지 먹고살 수 있는 방도가 넓어진다는 것이다. 그러므로 그는 "사민(四民)이 일단 분별되기만 하면 불과 몇 해 만에 온 나라가 이같이 될 것이다."라고 하여, 경제가 활성화될 것이라도 하였다. 따라서 유수원은 삼대(三代)의 성왕(聖王)이 천하를 다스린 요체도 사민의 직업분화와 육관제도의 원만한 운영에 있다고 하였다.

> 비록 삼대(三代)의 성왕(聖王)들이 천하를 다스린 것으로 말하더라도, 사민(四民)이 각자의 직업에 힘쓰고, 육관(六官)이 각자의 직책에 충실하게 한 데 불과하다. 그리고 사민이 직업에 힘쓰고, 육관이 직책에 충실하게 된 기본은

77) 『迂書』 권1, 「四民總論」, "中國之人, 專爲一事, 故業專而利廣. 我國之人, 不過以餘事閑隙, 爲此等畜牧, 故所業不專, 所畜不盛. 烏可歸咎於物產不豐, 風土不同之致哉."

가장 공평하고 바른 마음으로 모든 사람에게 평등한 정치를 행한 데 불과하였을 뿐이다. (……) 이제 사민(四民) 가운데 사(士)를 우선 정돈하고 이치에 맞게 하면, 나머지 농·공·상은 권장하지 않아도 자연히 각자의 직업에 힘쓰게 될 것이다. 사민이 본업에 힘쓴 뒤에야 육관(六官)도 직책을 수행할 수 있다. 참으로 이것을 시행한다면, 세상에서 말하는 고질적인 병폐와 뿌리 깊은 장애로 변동할 수 없는 폐해들이 얼음이 녹고 안개가 흩어지듯 저절로 풀려서, 구제하기 어려울 염려가 조금도 없게 될 것이다.[78]

이처럼 유수원은 성왕(聖王)의 정치는 사민(四民)이 각자의 직업에 힘쓰고, 육관(六官)이 각자의 직책에 충실하게 한 것일 뿐이라고 단언하고, 이를 위해서 먼저 사민 가운데 사(士)의 위치만 바로잡으면 나머지는 저절로 잘 운영된다고 보았다. 그러므로 유수원은 "사민(四民)이 일단 나누어지면 모든 일이 용이하여, 물이 이르는 곳에 개울이 이루어지듯, 저절로 넉넉하게 되고 어려움이 없게 된다."[79]고 하였다. 즉 자질(資質)과 능력(能力)에 의해 사민(四民)의 직분이 정해지면 자연적으로 국부가 증대된다는 것이다. 이는 앞에서 언급한 바와 같이 문벌의 폐해를 개선하고, 이를 바탕으로 사민분업을 통해 국허민빈(國虛民貧)을 해결하고자 하였던 것이다.

유수원의 신분제 개혁사상에 있어서 특징은 사민분업(四民分業)을 통한 사민일치(四民一致)의 평등에 있다고 하겠다. 따라서 유수원은 당시 유자

---

78) 『迂書』 권2, 「論救門閥之弊」, "雖以三代聖王所以治天下者言之, 不過曰四民務其業, 六官述其職而已. 四民務業, 六官述職之本, 又不過曰以大公至正之心. (……) 今就四民中, 只取一箇士字, 先加整頓理會, 則其餘農工商, 自然不待勸勉, 各務其業必矣. 四民旣務本業, 然後六官可修其職, 苟能行此, 則世所謂痼弊巨瘼, 深根固蔕, 決難動搖之類, 自當迎刃縷解, 氷消霧釋, 少無難捄之慮矣."

79) 『迂書』 권8, 「論商販事理額稅規制」, "四民一分, 百事容易, 水到渠成, 沛然無難."

(儒者)들이 보편적으로 생각하고 있듯이 공 · 상을 비천하다고 생각하지 않았다. 그는 공 · 상에 종사하면 조그만 이(利)를 다툼으로 심술이 더러워지고 풍속이 비루해지며 자손들에게까지 나쁜 습속이 물들인다고 보는 통속적인 양반들의 사고방식을 통렬히 비판하고 비루하기로 말한다면 양반의 행동이 공 · 상보다 더하다는 것을 여러 사례를 들어 반박하고 있다.

> 공 · 상은 참으로 말업(末業)이라 하겠으나 원래부터 바르지 않고 비루한 일은 아니다. 자신이 재주와 덕행이 없어 조정에서 녹(祿)을 받지 못하고, 남에게 받아먹지 못할 것을 안 까닭에 몸소 수고하여, 있고 없는 것을 유통시키고 교역(交易)을 이룩함으로써 남에게 의뢰하지 않고 스스로의 힘으로 생활하는 일인 것이다. 예부터 오늘에 이르도록 백성이 한가지로 이리하여 온 것인데, 무엇이 천하고 무엇이 더러워서 여기에 종사해서 안 된다는 것인가. 그리고 자손이 영리에 젖어 든다고 한 것은 더욱 말이 되지 않으니, 이른바 공 · 상의 자손이라 해서 태속부터 모리(牟利)의 창자를 따로 갖추고 태어났겠는가.[80]

유수원은 사 · 농 · 공 · 상에 있어 사(士)를 최고의 가치로, 농(農)을 대본으로, 공 · 상을 말업(末業)으로 인정하여 가치의 차이를 인정하면서도 어느 것 하나 무가치한 것은 없다고 하였다. 특히 공 · 상에 종사하는 이들은 진실로 자신의 자질과 능력을 알아 몸소 노동해서 살아감으로 오히려 더 가치 있게 평가해야 한다는 것이다. 즉 유수원은 사민의 직업선택에 있어서 철저하게 자질과 능력을 우선시하였다. 그러므로 그는 "내가

---

80) 『迂書』 권1, 「論麗制」 〈奴婢〉, "工商固可謂末業, 而元非不正鄙陋之事也. 人自知其無才無德, 不可以祿於朝, 而食於人, 故躬服其勞, 通有無而濟懋遷, 無求於人而自食其力. 從古及今, 斯民之所共由, 則此果何賤何汚而不可爲也. 且謂其子孫濡染云者, 尤不成說, 所謂工商子孫 則別具牟利腸子於胎裡而來耶."

언제 선비들이 장사를 하지 않는다고 허물하였으며, 상인을 선비보다 후하게 대접하였던가. 선비의 아들이 배워도 성취하는 바가 없으면 학교를 떠나 상인이 되고 아들이 재능이 있어 선비가 된다면 이것이 조업(祖業)을 계승하는 것이 된다. 그리고 참으로 재능이 없다면, 10대 동안 장사를 하더라도 조업을 계승하는 것이 되니, 이것이 어찌 의리에 해롭겠는가."[81]라고 하여, 사(士)의 아들이라도 재능이 없으면 농 · 공 · 상에 종사해야 하고, 농 · 공 · 상의 아들이라도 재능이 있으면 사(士)가 될 수 있다는 것이다. 물론 재능이 뛰어나기만 하면 자자손손(子子孫孫) 사(士)가 되어도 무방하고 재능이 부족하면 자자손손 농 · 공 · 상에 종사해도 무방하다는 것이다.

이처럼 유수원은 사 · 농 · 공 · 상의 차이를 인정하였지만, 자손들에 있어서 신분세습을 인정하지 않았다. 사민(四民)은 신분으로 고착화 된 것이 아니라 다분히 자질과 능력에 따라 선택되어지는 가변적인 것으로 파악하였다. 자신의 대(代)에서 농부와 공인(工人) 또는 상인(商人)이 되었다 하더라도 자식의 대(代)에서 총명하고 뛰어난 자가 있으면 당연히 사(士)가 될 수 있다는 것이다.

> 자손 중에 총명하고 뛰어난 사람이 있은 연후에 진학(進學)해서 사(士)가 되어 부모를 빛내게 되는데, 농부나 공인 · 상인의 아들도 모두 그러하지 않는 경우가 없다. 떳떳한 직업을 지니고 한 곳에 안주(安住)하면서 명예 따위를 그리워하지 않고 실사(實事)에 힘쓰는 것이 삼대(三代) 때 백성을 이끌던 법인데, 그것이 지금까지 오히려 없어지지 않고 있는 것이다.[82]

---

81) 『迂書』 권8, 「論商販事理額稅規制」, "吾何嘗咎士之不爲商, 而待商厚於士哉. 士之子學無成去爲商, 而其子有才能爲士, 則是能繼其祖業也. 苟不然, 則雖十代爲商, 是亦能繼其祖業也, 此何害於義理乎."

유수원은 사(士)뿐만 아니라 농·공·상의 경우도 자식이 총명하고 뛰어나면 진학해서 사가 될 수 있다는 것이다. 특히 사민 분업을 통한 국부의 증대는 먼저 신분의 안정에 있으며, 이는 사민이 모두 한결같다는 사민일치(四民一致)를 통해 이룰 수 있다고 보았다.

> 사(士)·농(農)·공(工)·상(商)은 다 같은 사민(四民)이다. 만일 사민의 아들이 '한 모양으로 행세하게 한다〔一樣行世〕' 면 높고 낮을 것도 없고 저편이나 이편의 차이가 없어서, 고기는 강호(江湖)에서 서로를 잊고 사람은 도술(道術)에서 서로를 잊듯이 결코 허다한 다툼이 없어지게 될 것이다.[83)]

즉, 선왕(先王)이 사민을 구분한 것은 각기 본분을 지키게 하려고 한 것인데, 조정에서 문벌에만 집착함으로써, 사·농·공·상 모두 자신의 본분을 부끄럽게 여기는 혼란이 초래되었다고 보았다. 그리고 이러한 폐단을 해결하기 위해서 사민(四民)의 자손들이 동등하게 대접받는 사민평등의 일양행세(一樣行世) 밖에 없다는 것이다.

> 농·공·상의 자제를 가릴 것 없이 재능과 학식이 있어 과거에 합격하는 것에 조금도 구애받지 않게 되면, 인사를 좀 안다는 사람들이 농·공·상을 싫어하고 천대할 이치가 어디에 있겠는가. 과거에 응시하고자 해도 학문이 없어 요행을 바라기 어렵고, 음사를 하고자 해도 법제가 매우 엄격하여 권세로 얻지 못해서, 홀로 세월만 보내다 아무런 희망도 없고 할 일도 없게 되면, 자연히 재

82) 『迂書』 권8, 「論商販事理額稅規制」, "子孫中, 必有聰明秀異者, 然後進學爲士, 以顯父母, 農夫工商之子, 亦莫不然. 有常業安其土, 無外慕務實事, 三代馭民之法, 至今猶不亡矣."

83) 『迂書』 권2, 「論門閥之弊」, "噫. 士農工商, 均是四民. 若使四民之子, 一樣行世, 則無高無下, 無彼無此, 魚相忘於江湖, 人相忘於道術, 決無如許爭端矣."

미가 없어서 각자 할 일을 찾지 않을 수 없게 될 것이다.[84)]

유수원이 말하는 진정한 신분제의 평등은 사·농·공·상 가릴 것 없이 모든 자제들에게 과거에 응시할 기회를 제공하고, 이를 바탕으로 인재를 쓴다면 요행(僥倖)을 바라거나 음사(蔭仕)을 기대하지 않을 것이라고 하였다. 그렇게 되면 자연히 각자가 제 할 일을 찾게 되므로 사민(四民) 모두 자신의 직분(職分)에 충실하게 될 것이라고 보았던 것이다.[85)]

2) 북학파의 사민에 대한 인식

북학파의 실학자들은 신분제 개혁에 있어서 매우 진보적인 견해를 취하고 있다. 그들 학파 구성원 중에 이덕무(李德懋)·유득공(柳得恭)·박제가(朴齊家) 등 서얼(庶孼) 출신이 많은 데서도 예견할 수 있는 바이다.

홍대용 사회관의 특징은 양반·중인·양인·천인의 차별제도인 신분제도와 사·농·공·상의 분업제도인 사민제도로 구분하여, 신분제도는 '명분(名分)' 으로 보고 사민제도는 '직분(職分)' 으로 보았다. 이러한 그의 입장은 「임하경륜」에 잘 나타나 있다. 홍대용은 다음과 같이 말했다.

> 우리나라는 본래부터 명분을 중히 여겼다. 양반들은 아무리 심한 곤란과 굶주림을 받더라도 팔짱 끼고 편케 앉아 농사일을 하지 않는다. 간혹 실업에 힘써 몸소 천한 일을 달갑게 여기는 자가 있으면 모두 나무라고 비웃기를 노예처

---

84) 『迂書』 권二2, 「論學校選補之制」, "但勿論農工商之子, 有才學而得科, 無所枳碍, 則稍知人事之流, 有何厭賤農商之理乎. 欲就科, 則無文而難望僥倖, 欲做蔭仕, 則法制甚嚴, 不得以形勢爲之, 一身悠悠, 全無希望, 全無着落, 則自然無味, 不得不各尋所業矣."

85) 김인규, 「柳壽垣의 職分主義 신분제 개혁론-四民分業과 四民一致를 중심으로」, 『동방학』 제16집, 한서대학교 동양고전연구소, 2009 참조 보완.

럼 무시하니, 자연히 노는 백성이 많아지고 생산하는 자는 줄어든다. 재물이 어찌 궁하지 않을 수 있으며, 백성이 어찌 가난하지 않을 수 있겠는가?[86]

즉, 우리나라는 본래부터 명분을 중히 여기기 때문에 굶어 죽는 한이 있더라도 양반 신분을 가진 사람은 아무 일도 하지 않는다. 그뿐단 아니라 혹 실업에 힘쓰는 사람까지 무시하고 천하게 여기기 때문에 자연히 노는 백성은 많아지고, 생산은 정체되어 나라와 백성을 빈궁하게 되는 원인이 된다고 보았던 것이다. 이는 당시의 신분제도인 명분론을 부정적인 관점에서 비판하고 있다.[87]

홍대용은 신분제도의 발생은 인간의 기원에 있어서 형화(形化) 단계부터 형성된 것으로 보고 있다. 그는 신분제도의 발생을 군왕의 발생과 연관 지어 부정적인 관점에서 고찰하였다.

이에 용맹스럽고 지혜롭고 욕심 많은 자가 중간에 나와서 저 마음과 같은 자를 이끌고 각각 우두머리 노릇을 하게 되매, 약한 자는 일만 수고로웠고 억센 자는 이권을 누렸다. 각각 나누어 점령한 강토를 겸병하려고 눈을 부릅뜨고 주먹을 내밀면서 육박하므로 백성이 제대로 살 수 없게 되었다. 재주 있는 자가 재주를 부려 살기(殺氣)를 도발시켰다. 쇠를 불리고 나무를 쪼개어 흉기를 만들었다. 날카로운 칼과 창, 혹독한 활과 화살로 성(城)을 빼앗고 땅을 다투매 쓰러진 시체가 들을 메웠다. 백성들의 재앙이 이에 이르러 극에 달했다. (……) 주나라 이후로 왕도(王道)가 날로 없어지고 패도(霸道)가 횡행하여, 인(仁)을

86) 『湛軒書』 內集 卷4, 9a 「林下經綸」, "我國素重名分. 兩班之屬, 雖顚連窮餓, 拱手安坐, 不執耒耜. 或有實務, 勤業躬甘卑賤者, 群譏衆笑, 視若奴隷, 遊民多而生之者少矣. 財安得不窮而民安得不貧也."

87) 신용하, 『조선후기 실학파의 사회사상연구』, 지식산업사, 1997, 292-293쪽 참조.

> 가장(假裝)한 자가 제(帝)가 되고 병력이 강한 자가 왕(王)이 되었으며, 지략을 쓰는 자가 귀(貴)하게 되고, 아첨을 잘한 자가 영화롭게 되었다. 왕이 신하를 부림에 총애와 봉록으로 꾀고 신하가 왕을 섬김에 권모를 미끼로 하였다. 이리하여 얼굴을 반쯤 알아도 마음이 맞게 되고 남모르는 식견으로 걱정을 예방하는 바, 상하가 서로 다투어 사욕만 꾀하였다. 아아! 슬프다. 천하가 번잡하게 됨은 이욕을 품고 서로 대하기 때문이었다.[88]

홍대용에 의하면 용맹스럽고 지혜롭고 욕심이 많은 자가 마음을 같이 한 자들을 이끌고 통치자가 되어 이권을 누리고 강토를 서로 차지하려고 전쟁을 되풀이한 반면에, 약한 자들은 일만 수고롭게 하여 백성들은 제대로 살기가 어렵게 되었다는 것이다. 그뿐만 아니라 귀족도 지략과 아첨과 권모와 사리사욕을 꾀하는 신분이라고 보고, 신분의 차별을 인정하는 당시의 신분제도를 부정적인 관점에서 고찰하였던 것이다.

홍대용은 사 · 농 · 공 · 상의 사민제도를 '직분' 으로 보아 긍정적인 관점에서 이를 고찰하고 있다.

> 마땅히 규정을 엄격히 세워서 사 · 농 · 공 · 상에 관계없이 놀고먹는 자에 대해서 관에서 벌칙을 마련하여 세상에 용납할 수 없도록 하여야 한다. 재능과 학식이 있다면 비록 농부나 장사치의 자식이 낭묘(廊廟)에 들어가 앉더라도 참람스러울 것이 없고, 재능과 학식이 없다면 비록 공경의 자식이 하인으로 돌아

88) 『湛軒書』 內集 卷4, 34b~36a 「毉山問答」, "於是勇智多欲者, 生於其間, 驅率同心, 各占雄長, 弱者服其勞, 强者享其利, 割裂疆界, 睢盱兼幷, 治兵格鬪, 張拳肉薄, 民始傷其生矣. 巧者, 運技挑發殺氣, 鍊金剞木凶器作矣. 刀戈之銳, 弧矢之毒, 爭城爭地, 伏尸原野, 盖生民之禍, 至此而極矣. (……) 自周以來, 王道日喪, 覇術橫行, 假仁者帝, 兵彊者王, 用智者貴, 善媚者榮. 君之御臣, 啗以寵祿, 臣之事君, 餂以權謀, 半面合契, 隻眼防患, 上下掎角, 共成其私. 嗟呼咄哉, 天下穰穰, 懷利以相接."

간다 할지라도 한탄할 것이 없다. 위와 아래가 힘을 다하여 함께 직분을 닦는데, 부지런함과 게으름을 상고하여 상벌을 베풀어야 한다.[89)]

홍대용은 모든 백성이 직업을 가져야 한다는 만민개로(萬民皆勞)를 주장한 뒤, 사 · 농 · 공 · 상도 '신분(身分)' 에 의해 결정되는 것이 아니라 학식과 재능에 의해 결정되는 '직분(職分)' 이기 때문에 이를 긍정적으로 보고 있다. 위에서 '위와 아래가 힘을 다하여 직분을 닦는다' 고 한 표현에서 '상하(上下)' 란 사민의 위계적 질서를 말하는 것은 아니다. 어느 사회 어느 계층이든 간에 상하관계는 있게 마련이므로, 자체가 직분의 평등을 해치는 것은 아니다. 따라서 홍대용의 사민관은 궁극적으로 노동을 천시하여 무위도식(無爲徒食)하는 사람들을 양산하는 신분제도를 해체해, 사민(四民)이 제각기 직분을 다하는 일종의 분업적인 사민관으로 대체하였다. 이러한 사민관의 대체는 결국 신분세습의 인습까지 폐지하는데 목적이 있었던 것이다.

그리고 직분제도(職分制度)인 사 · 농 · 공 · 상의 분배 기준도 '재능(才能)과 학식(學識)' 으로 설정하고, 농부나 장사치의 자식이 재능과 학식이 있으면 의정부에 들어가 벼슬할 수 있으며, 공경(公卿)의 자제라 할지라도 재능과 학식이 없으면 하인이 될 수 있다는 것이다. 따라서 홍대용의 사민론은 본질적으로 신분 세습의 폐지와 능력 본위의 직업 배분을 주장한 것으로서 획기적인 개혁론이라고 할 수 있다. 그는 다음과 같이 말했다.

뜻이 높고 재주가 많은 자는 위로 올려 조정(朝廷)에 쓰고, 자질이 둔하고 용

89)『湛軒書』內集 卷4, 9a「林下經綸」, "當嚴立科條, 其不係四民, 而遊衣遊食者, 官有常刑, 爲世大戮. 有才有學, 則農賈之子, 坐於廊廟, 而不以爲僭. 無才無學, 則公卿之子, 歸於輿儓, 而不以爲恨. 上下戮力, 共修其職, 考其勤慢, 明施賞罰."

렬한 자는 아래로 돌려 야(野)에서 쓰도록 하며, 그중 생각을 잘하고 솜씨가 재빠른 자는 공업(工業)으로 돌리고, 이(利)에 밝고 재물을 좋아하는 자는 상업(商業)으로 돌리며, 꾀를 좋아하고 용맹이 있는 자는 무반(武班)으로 돌린다.[90)]

즉, 홍대용은 신분에 의해 직업이 결정되는 것이 아니라, 능력에 따라 직업을 선택하는 능력 본위를 내세우고 있다. 따라서 신분에 의한 직업의 선택이 아니라 능력에 의한 직업의 선택이라고 하는 직분적(職分的) 사민관은 사민평등사상의 출발점이 된다고 하겠다.

홍대용은 8세 이상의 모든 자제에게 효제충신(孝悌忠信)의 도(道)와 사 · 어 · 서 · 수(射御書數)의 예(藝)를 교육해 우수한 자를 차례로 상급 교육기관에 진학시켜 능력과 재능에 따라 사민을 적소(適所)에 배치해서 직업을 갖도록 하고, 사민에 속하지 않고 "놀면서 입고 먹으며 일하지 않는 자는 나라에서 벌주고 향당(鄕黨)에서도 내쳐야 한다."고 하여 비생산층을 제거하고자 하였다. 아울러 양반유민층(兩班遊民層)을 '나라를 좀먹고 백성을 괴롭히는 존재'로 파악하고 있다. 따라서 양반유민층을 제거하기 위해서 법적인 강제력까지 강구해야 한다는 것이다.

박지원도 홍대용과 마찬가지로 기본적으로 사회는 사 · 농 · 공 · 상의 사민으로 구성되어 있다고 보았다. 그러나 박지원은 "천자(天子)로부터 서인(庶人)에 이르기까지 모두 사(士)이다."[91)], "사는 아래로 농 · 공(農工)들과 차례로 하며, 위로 왕 · 공(王公)과 벗하여 지위에 있어서 하등의 차이가 없다."[92)]고 하여, 사민을 모두 사(士)라 보고 사민의 평등을 제기하

90) 『湛軒書』 內集 卷4, 9a 「林下經綸」, "其志高而才多者, 升之於上, 而用於朝. 其質鈍而庸鄙者, 歸之於下, 而用於野. 其巧思而敏手者, 歸之於工. 其通利而好貨者, 歸之於賈. 其好謀而有勇者, 歸之於武."

91) 『燕巖集』 卷5, 「答蒼厓」, "自天子, 達於庶人, 皆士也."

였다. 그는 다음과 같이 말했다.

> 천자도 원사(原士)다. 원사란 생인(生人)의 근본이다. 벼슬인즉 천자이고 신분인즉 사이다. 그러므로 벼슬에 고하가 있으나 신분은 변화가 없다. 지위에 귀천이 있으나 '사' 라고 하는데 있어서 전사(轉徙)가 없다.[93]

즉, 사민(四民)은 이론적으로 원사(原士)의 신분은 동등한데 관직에 나아갈 때 지위에 고하가 있다는 것이다. 즉 벼슬은 종9품으로부터 천자에 이르기까지 고하가 있고, 관의 직위는 귀천이 있지만 신분은 모두 '원사로서의 사' 라는 것이다. 하나의 신분으로서 전체적으로 신분화한 것이 사족(士族)이고, 그 중에서 특히 독서에 전념하는 사람을 지칭한 좁은 의미로서 사라고 보았던 것이다.

박지원은 당시 사대부들이 공리공담만 즐기고 실사(實事)를 알려고 하지 않을 뿐 아니라 실사를 잘 아는 것을 조롱하고 멸시하는 버릇이 있음을 개탄하였다.[94] 그는 「허생전(許生傳)」에서 허생 부인의 말을 빌려 공·상(工商)에도 종사할 수 없는 양반을 몹시 조롱하였으며, 「양반전(兩班傳)」에서 공리공담만 일삼고 실사(實事)에 쓸모없는 양반을 1전(錢) 어치의 가치도 없다고 혹평하였다. 또 「민옹전(閔翁傳)」에서 무위도식하는 양반을 황충(蝗蟲)이라 비꼬았다. 그러므로 「허생전(許生傳)」에서 소박한 이상사회를 설정해 놓고, 이를 유지하기 위해서 글깨나 읽는 자들은 모두 배에 도로 싣고 나와 화(禍)를 미연에 방지하고자 하였던 것이다.[95] 이는

---

92) 『燕巖集』 卷10, 12a 「雜著」 〈原士〉, "夫士下列農工, 上友王公, 以位則無等也."

93) 『燕巖集』 卷10, 12a 「雜著」 〈原士〉, "天子者, 原士也. 原士者, 生人之根本也. 其官則天子也. 其身則士也. 故爵有高下, 有非變化也. 位有貴賤, 士非轉徙也."

94) 『燕巖集』 卷12, 「熱河日記」 〈太學留館錄〉 참조.

무위도식하면서 공리공담만 일삼는 쓸모없는 양반들을 혹독하게 비판한 것이다.

그는 우리나라 선비들이 우물 안 개구리처럼 편협하고 고루해서 이용후생할 줄 모르는 것을 다음과 비판하였다.

> 우리나라 선비들은 한 모퉁이 지역에서 났으므로 치우친 기질을 타고났다. 발은 한 번도 중국 땅을 밟아 보지 못했고, 눈으로 중국 사람을 보지 못했다. 나서 늙고 병들어 죽을 때까지 이 나라 강토를 떠나 본 적이 없다. 학의 다리가 길고 까마귀 날개가 검은 것처럼 각각 타고난 천품을 지킨 채 마치 우물 안 개구리나 하나의 나뭇가지에만 깃들인 뱁새처럼 홀로 땅만 지켜 왔다. '예는 차라리 야(野)해야 한다.' 말하고, 누추한 것을 검소한 것인 줄 안다. 소위 사·농·공·상의 사민(四民)이라는 것은 겨우 명목만 남아 있고, 이용하고 후생하는 도구에 이르러서 날로 곤궁해지기만 한다.[96]

박지원은 사농공상의 명목이 겨우 존재하고 이용후생의 도구가 날로 곤궁해지는 것은 다름 아니라 고루한 식견에 말미암는 것으로 여겼다. 따라서 사(士)의 역할이 중요시된다. 그는 "사(士)가 독서하여 혜택이 사해(四海)에 미치고 공(功)이 만세에 내리니, 『주역』에 이르기를 용이 밭에 드러냄이여 천하가 문명케 되도다 했으니, 이른바 독서지사(讀書之士)를 이르는 것인가?"[97]라고 하여, 사(士)의 사회적 역할을 강조하였다.

---

95) 신용하, 전게서, 346쪽 참조.

96) 『燕巖集』 卷7, 5b 「北學議序」, "吾東之士, 得偏氣於一隅之土. 足不踏函夏之地, 目未見中州之人. 生老病死, 不離疆域. 則鶴脛烏羽, 各守其天, 蛙井鷦枝, 獨信其地. 謂禮寧野, 認陋爲儉, 所謂四民, 僅存名目, 而至於利用厚生之具, 日趨於困窮."

97) 『燕巖集』 卷10, 12a 「雜著」 〈原士〉, "一士讀書, 澤及四海, 功垂萬世, 易曰, 見龍在田, 天下文明, 其謂讀書之士乎."

사(士)의 학문은 농 · 공 · 상의 이치를 실제로 겸하는 것으로, 세 가지 실업은 반드시 모두 사를 기다린 이후에 이루어지는 것이다. 무릇 이른바 농사의 이치를 밝히고 상업을 일으키고 공업을 장려하는 것으로 말하면, 이치를 밝히고 일으키고 장려하는 일을 사가 하지 않으면 누가 하겠는가? 그러므로 내 생각으로 후세에 농 · 공 · 상의 생업을 잃은 것이 곧 사들이 실학을 하지 않은 잘못이다.[98)]

즉, 사는 농 · 공 · 상의 실리를 탐구해야 하며, 당시 농 · 공 · 상이 발전하지 못한 것은 모두 사의 책임이라는 것이다. 그리고 이러한 사의 역할은 "유민익국(裕民益國)의 효과를 거두는 것"[99)]이라고 보았다.

아울러 그는 "새로운 방법과 우수한 기술이 있으면, 비록 그것이 오랑캐에게서 나왔다 하더라도 사대부들은 먼저 개인적 교만을 버리고 뜻을 겸손히 하여 배우기를 원한 후에 농사짓는 방법이 비로소 얻어져서 나라 안에 널리 행해질 수 있을 것이다."[100)]라고 하여, 사(士)의 사회적 책임 의식을 강조하였던 것이다.

이상으로 볼 때 박지원은 사 · 농 · 공 · 상의 사민(四民)을 본질적으로 하나의 분업 체계로 본 것이 틀림없다. 다만 그는 분업을 횡적으로 평등한 분업이 아니라 '사'와 '농 · 공 · 상' 사이에 종적인 위계적(位階的) 분업이었고, 농 · 공 · 상은 실리를 연구하는 사의 지도를 받아야 한다고 보았던 것이다.[101)]

---

98) 『燕巖集』 卷16, 22b 「課農小抄」 〈諸家總論〉, "士之學, 實兼包農工賈之理, 而三者之業, 必皆待士而後成. 夫所謂明農也, 通商而惠工也, 其所以明之通之惠之者, 非士而誰也. 故臣竊以爲後世農工賈之失業, 卽士無實學之過也."

99) 『燕巖集』 卷16, 22b 「課農小抄」 〈諸家總論〉, "莫不有裕民益國之效"

100) 『燕巖集』 卷16, 50b 「課農小抄」 〈鋤治〉, "新方妙法, 雖或眞出於胡狄之中, 士大夫去個矜字遜志願學焉. 然後農之道, 始得而公行於國中矣."

그러나 북학파 중에서 당시 신분제도의 모순과 문제를 누구보다 잘 알고 있었던 사람은 서얼 출신인 박제가였을 것이다. 그는 "오늘날 조정에서 문벌을 보고 사람을 등용하니, 여기서 벗어난 자는 모두 태어난 후 천한 사람이 된다."[102]하여, 문벌제도의 폐해를 비판하고, 서얼차별제도 및 노비제도 등 신분제도에 대해 다음과 같이 비판하였다.

> 아비를 아비라 부르지 못하는 자가 있으며, 형을 형이라 부르지 못하는 자가 있다. 같은 집안의 친척을 서로 노비로 삼는 자가 있으며, 머리가 희고 등이 굽은 노인을 어린아이의 아랫자리에 앉게 하는 자가 있다. 할아버지 아버지의 항렬이건만 절하지 아니하며, 손자뻘 조카뻘 되는 자가 어른을 꾸지람하는 자도 있다. 이러한 버릇이 오래되어 점점 교만해지면서 온 세상을 이적이라 하고 자신의 행실은 예의(禮義)이며 소중화(小中華)라고 하는 바, 이는 습속을 스스로 기만하는 것이다.[103]

이는 적서차별의 비인륜성을 신랄하게 비판한 것이다. 그리고 이러한 실정에서 당시 사대부들이 예의(禮義)와 소중화(小中華)를 운운하는 것은 기만이라고 보았다. 그는 당시 사대부들을 고루하고 허문(虛文)과 과문(科文)이나 숭상하며,[104] 농사와 같은 실사(實事)는 하나도 모를 뿐 아니라 백성들을 사역(使役)해서 수취하는 대상으로 파악하고 있다.

---

101) 『燕巖集』 卷16, 「課農小抄」 〈諸家總論〉 및 愼庸廈, 전게서, 355쪽 참조.

102) 『北學議』 「科擧論 二」, "今朝廷, 旣以門閥用人, 則此外者, 皆生而賤者也."

103) 『北學議』 「丙午所懷」, "父不呼父者有之, 兄不呼兄者有之. 同堂之親, 而相奴者有之. 黃髮鮐背, 而席於童丱之下者有之矣. 祖行父行而不拜, 則其孫與姪, 誚長者有之矣. 猶沾沾研驕天下而夷之, 自以爲禮義也中華也, 此習俗之自欺也."

104) 『北學議』, 「農蠶總論」 참조.

> 비단 농사일을 하지 않을 뿐 아니라 모두 농민을 역사(役使)하는 자들이다. 동등한 백성〔等民〕으로서 한 쪽은 부리고 한 쪽은 부림을 당하게 되니, 자연히 강하고 약한 세력이 이미 이루어졌다. 강약의 세가 이루어지니 농사일은 날로 가벼이 여기고 과거는 날로 중하게 여기게 되었다.[105]

그는 사·농·공·상의 사민을 동등한 신분으로 파악하여 '동등한 백성〔等民〕으로서 한 쪽은 부리고, 한 쪽은 부림을 당하는 것' 은 잘못이라고 보았던 것이다. 뿐만 아니라 한 쪽을 부리는 유식양반층(遊食兩班層)의 폐단에 대해 지적하고, '놀고먹는 양반' 을 '나라의 큰 좀벌레' 라고 혹독하게 비판하였다.

> 무릇 놀고먹는 자는 나라의 큰 좀벌레다. 놀고먹는 자가 날로 증가하는 것은 사족(士族)이 날로 번성하기 때문이다. 이 무리가 거의 온 나라에 퍼져 있어 한 줄 과환(科宦)으로 이들을 다 묶어 낼 수 없는 것이다.[106]

즉, '무릇 놀고먹는 자' 를 '나라의 큰 좀벌레' 라고 인식한 박제가는 놀고먹는 자가 사족이라는 것이다. 그리고 사족의 수가 많기 때문에 과환(科宦)으로 이들을 다 수용할 수 없다는 것이다. 따라서 박제가는 유식양반층을 생업으로 복귀시킬 수 있는 신분제 개혁으로써 양반의 상인화를 주장하게 되었던 것이다. 그리고 상업에 종사한 양반 중에서 좋은 성과를 얻은 자에게 높은 벼슬을 줌으로써 유식양반의 생업에로의 복귀를 강력

105) 『北學議』, 「應旨進北學議疏」, "非特不農, 皆能役使農民者也. 等民也, 而至於役使, 則强弱之勢已成, 則農日益輕, 而科日益重."

106) 『北學議』, 「丙午所懷」, "夫遊食者, 國之大蠹也. 遊食之日滋, 士族之日繁也. 此其爲徒, 殆遍國中, 非一條科宦所盡羈縻也.

히 추구하였던 것이다.[107] 이는 사민(四民)을 일종의 분업적인 제도로 보았던 바와 같이 사민평등의 출발점이 된다고 하겠다.

이처럼 북학파의 실학자들은 한결같이 신분에 의한 직업의 선택이 아니라 능력에 의한 선택이라는 분업적 사민관은 근대적 성격이 강하다 하겠다.

3) 인재등용론

홍대용은 '명분' 으로서의 신분제를 폐지하고 '직분' 으로서의 사민제도를 이에 대치시키고자 하면서 사 · 농 · 공 · 상에의 배치와 관련하여 전 국민의 능력과 학식을 증대시키기 위한 의무교육 실시를 주장하였다.

홍대용은 수도(首都)인 서울의 9부(部)와 지방의 도(道)로부터 말단 행정 단위인 면(面)까지 모두 학교를 설치하고 각각 교관(敎官)을 둘 것을 구상하였다. 말단 행정 단위인 면에는 재(齋)라는 교육기관을 설치하고 교장을 두어 8세 이상의 자제(子弟)들을 모두 모아서 가르치는데, 효제충신(孝悌忠信)의 도(道)와 사어서수(射御書數)의 예(藝)를 교육 내용으로 한다.[108] 특히 재(齋)라고 하는 초등교육기관을 두고 8세 이상의 모든 자제들을 취학시키고자 한 홍대용의 교육개혁론은, 전 국민의 의무교육이라는 근대적 성격의 맹아가 다분히 내포되어 있다 하겠다.

홍대용이 구상한 교육개혁론은 초등교육기관인 재(齋)에서 교육 결과

---

107) 『北學議』, 「丙午所懷」, "水陸交通販貿之事, 悉許士族入籍. 或資裝以假之, 設廛以居之, 顯擢以勸之. 使之日趨於利, 以漸殺其遊食之勢, 開其樂業之心. 而消其豪强之權, 此又轉移之一助也,"

108) 『湛軒書』 內集 卷4, 8b 「林下經綸」, "內而王都九部, 外而自道以至於面, 皆設學校, 各置敎官, 面各有齋, 齋必有長. 面中子弟, 八歲以上, 咸聚而敎之, 申之以孝悌忠臣之道, 習之以射御書數之藝."

품행이 뛰어나 쓸 만한 사람이 있으면, 다음의 상급 행정 단위인 사(司)로 보낸다. 사에 설치된 학교에서는 각 면에서 뽑아 보낸 자 중에서 행실이 뛰어난 학생들을 교관이 모아서 교육한 다음 그중에서 우수한 자를 다시 뽑아 수도 서울에 있는 태학(太學)에 보낸다는 것이다. 그리고 태학에서 사도(司徒)가 관장하여 전국 각 지방에서 뽑혀 올라온 우수한 인재들을 교육하는데, 그들의 언행을 관찰하고 학식과 재능을 시험하여 매년 정월에 그중 우수하고 유능한 자를 다시 뽑아 조정에 추천해서 관직을 주고 책임을 맡긴다. 그리고 기존의 관리 중에서도 시험을 보아 재능은 높은데 관직이 낮은 자는 차례대로 승급시키고 재능이 없는 자는 물리친다는 것이다.[109] 즉, 홍대용은 모든 백성에게 의무교육을 시켜 우수한 자를 재(齋) → 사(司) → 태학(太學)으로 차례로 추천하여 교육한 후 학식과 재능과 언행이 우수한 사람을 조정에 추천해서 관직을 수여하게 한다는 것이다.

홍대용의 개혁안에 의하면, 관료의 선발은 과거제도에 의한 것이 아니라 대학교육을 통한 추천 제도로 대체되고 있음을 알 수 있다. 그는 "천하에 영재가 적은 것은 아니다 오직 과환(科宦)으로 질곡 시킨다."[110]고 하여, 과거제도를 부정적으로 파악하였다. 따라서 어려서부터 재능과 능력을 살펴 차례대로 추천하여 관직을 맡김으로써 재능과 능력을 발휘할 수 있도록 하였던 것이다.

그는 "대개 인품에는 고하가 있고 재주에는 장단점이 있다. 그하에 따라 단점을 버리고 장점만 쓴다면 천하에 전혀 못 쓸 재주란 없다."고 하여, 각급 학교에서 교육받은 인재들을 적재적소에 배치한다면 한 사람도

109) 『湛軒書』 內集 卷4, 8b 「林下經綸」, "其有茂才卓行, 可以需時適用者, 貢之於司. 司之敎官, 聚而敎之, 擧其最而以次升之至于大學, 大學之敎司徒掌之, 聽其言而觀其行, 考其講而試其才, 每於歲首, 擧其賢者能者於朝, 授之以職而責其任. 才高而官卑者, 以次而陞之, 其不能者斥之."

110) 『湛軒書』 外集 卷1, 6a 「與鐵橋書」, "天下之英才, 不爲小矣. 惟科宦以梏之."

버릴 사람이 없는 유용한 인재임을 강조하고 인재의 적재적소 배치를 주장하였다.

정상적인 교육을 받은 사람뿐만 아니라, 벙어리 · 귀머거리 · 앉은뱅이에 이르기까지 그들이 할 수 있는 일자리에 배치하며, 놀고먹으면서 일하지 않는 자는 나라에서 벌을 주고 향당(鄕黨)에서 물리쳐 전 국민이 모두 자기의 재능과 학식에 따라 적절한 일자리에서 일하도록 해야 한다는 만민개로(萬民皆勞)를 강조하였다.

> 면에서 교육하는데 그중 뜻이 높고 재주가 많은 자는 위로 올려 조정에서 쓰고, 자질이 둔하며 용렬한 자는 아래로 돌려 야에서 쓰도록 하며, 그중 생각을 잘하고 솜씨가 재빠른 자는 공인(工人)으로 돌리고, 이(利)에 밝고 재물을 좋아하는 자는 상인(商人)으로 돌리며, 꾀를 좋아하고 용맹이 있는 자는 무반(武班)으로 돌린다. 소경은 점치는 데로, 궁형을 당한 자는 문 지키는 데로 돌리며, 심지어 벙어리와 귀머거리와 앉은뱅이까지 모두 일자리를 갖도록 해야 한다. 그리고 놀면서 입고 먹으며 일하지 않는 자는 나라에서 벌주고 향당에서도 내쳐야 한다.[111]

모든 백성이 직업을 가져야 한다는 홍대용의 이러한 주장은 앞에서 고찰한 바와 같이 명분을 중심으로 하는 신분제도를 폐지하고, 직분을 중심으로 하는 사민제도에 의하여 대체하는 그의 신분제 개혁론에 이미 반영되어 있었다. 이러한 그의 사상은 전국 각급 학교의 설치에 의한 인재양

---

111) 『湛軒書』 內集 卷4, 8b 「林下經綸」, "面中之教, 其志高而才多者, 升之於上, 而用於朝. 其質鈍而庸鄙者, 歸之於下, 而用於野. 其巧思而敏手者, 歸之於工. 其通利而好貨者, 歸之於賈. 其好謀而有勇者. 歸之於武. 瞽者以卜, 宮者以閽, 以至於喑聾跛躄, 莫不各有所事. 其遊衣遊食, 不事行業者, 君長罰之, 鄕黨棄之."

성론과 적재적소 배치론에 의하여 구체적으로 실현될 수 있도록 구상되었음을 알 수 있다. 즉 각급 학교의 설치와 의무교육, 그리고 인재양성과 적재적소 배치론 등은 당시의 사회적 조건에서 획기적이고 진보적인 개혁사상이었음에 틀림없다 하겠다.[112)]

한편 박지원도 인재 배치의 적재적소론을 주장하였다. 그는 국초 이래로 '오로지 문벌을 숭상하여 인재를 버리는 일이 많았다' 고 지적하고, 인재 등용에 있어 적자 · 서자의 차별을 반대하면서 인재의 적재적소 배치를 주장하였다.

> 하늘이 인재를 낼 적에 특별히 차별을 두지 않았다. 그러므로 자르다 남은 나무 등걸과 쓸모없는 나뭇가지도 균등하게 비와 이슬을 맞으며, 썩은 나무뿌리와 거름흙에도 버섯들이 돋아나고, 성인이 치화(治化)를 이룸에 있어 사(士)에 귀천이 없었다. (……) 조정에서 오직 문벌만 숭상하게 되어 초야에 인재를 내버려 두는 탄식이 있게 되며, 사가(私家)에서 한계를 엄중히 해서 인륜을 무너뜨리는 단서가 되었다.[113)]

즉, 하늘이 인재를 낼 적에 특별히 적자니 서자니 하는 차별을 두지 않았는데 문벌만 숭상하기 때문에 훌륭한 인재가 초야에 묻혀 지내게 되며, 또한 사가(私家)에서 아버지를 아버지라 부르지 못하고, 형을 형이라 부르지 못하며, 장유의 분별이 없어지게 되어 인륜이 무너지는 단서가 된다고 하였던 것이다.

---

112) 신용하, 전게서, 312쪽 참조.

113) 『燕巖集』 卷3, 23b 「擬請疏通疏」, "天之降才, 非爾殊也. 故顚蘖騈枝均霑雨露, 朽株糞土蒸出菌芝, 聖人致治, 士無貴賤. (……) 由是而公朝專尙門閥, 缺遺才之歎, 私家缺嚴缺, 爲斁倫之端,"

박지원은 “서자와 적자는 진실로 차등이 있습니다. 하지만 가세를 보면 또한 사족입니다. 국가에 무엇을 저버렸기에 금고하고 폐기해서 금신반열(衿紳班列)에 참여하지 못하게 합니까?”[114]라고 하여, 서얼에 대한 차대(差待)를 비판하고 서얼허통(庶孼許通)을 주장하였다.

> 오랫동안 버린 재현(才賢)을 거두어들이고, 입후(立後)의 법을 『경국대전(經國大典)』에 위배됨이 없도록 해서 종본(宗本)의 의(義)를 모두 고례(古禮)에 돌아가게 하며, 가정 내에서 아버지와 아들을 바르게 부르도록 하고, 학숙(學塾)에서 장유(長幼)의 나이에 따르도록 하면, 300년 폐절함이 쌓인 후에 다시 사람들을 얻게 되어 사람들이 모두 스스로 새롭게 될 것을 생각하고, 훌륭한 행실에 힘쓰며 나라를 위하여 죽기를 다투면서 충성하고 보답하려고 쉴 틈이 없을 것입니다.[115]

이러한 박지원의 서얼제도 폐지론은 양반 사족내의 불합리한 차별제도를 철폐하여 인재등용의 기회균등과 양반신분 내의 평등을 실현하고자 한 것이다. 그러나 박지원의 신분제 폐지는 다분히 양반신분 내에서 적자 · 서자 차별에 대한 평등의 실현이지, 전체 백성들의 신분제 개혁론으로 이르지 못한 한계가 있다.

반면 박제가는 인재등용에 있어서 과거제를 비판하고 추천제를 주장하였다. 그는 과거의 폐단을 다음과 같이 정리하고 있다.

첫째, 선발 방법에 있어 당시의 시험 과목이 대부분 허문(虛文)으로 되

---

114) 『燕巖集』 卷3, 24a 「擬請疏通疏」, “夫庶孼之與正嫡, 誠有差等, 而顧其家世, 亦一士族. 固何負於國家, 而禁錮之廢絶之缺. 不得齒衿紳之列哉.

115) 『燕巖集』 卷3, 30a 「擬請疏通疏」, “收久遺之才賢, 使立後之法, 無違大典, 宗本之義 悉返古禮. 家庭之內, 正父子者之名, 庠塾之間, 叙長幼之齒, 復得爲人於三百年積廢之後, 則人人咸思自新, 飭厲名行願忠圖報, 爭死國家之不暇矣,”

어 있어 국가에서 필요한 인재를 뽑을 수 없다는 것이다. 그는 선비를 ① 도덕을 닦는 선비, ② 문학을 공부하는 선비, ③ 기예를 익히는 선비로 구분하였다.[116] 그러나 당시 시험 과목에 도덕을 닦는 선비와 기예를 익히는 선비를 뽑는 시험과목은 없고, 오직 문학을 공부하는 선비만 선발하기 때문에 인재의 올바른 등용이 될 수 없다는 것이다.

> 지금 우리나라에서 과거를 봐서, 합격권 안에 있으면 사람이 쓸모없는 사람임을 분명히 알면서도 뽑는 바, 시체(時體) 글을 공부한 사람 따위가 여기에 해당한다. 합격권 밖이라면 쓸 만한 사람이라는 것을 분명히 알더라도 등용하지 않은 바, 학식이 넓고 기예 있는 사람이 여기에 해당한다.[117]

이러한 원인은 시험 방법이 잘못되었기 때문이라고 보았다. 그는 "한나라 때 선비는 경술(經術)이 우수하였고, 당나라 때 선비는 시(詩)와 부(賦)를 잘 하였는바, 한나라와 당나라 선비의 재주가 다른 것이 아니라 시험하는 방법이 같지 않아서다."[118]라고 하였던 것이다. 따라서 시체문장(時體文章)으로 사람을 선발하기 때문에 그런 문장으로 관각(館閣)에 임용되어 자문에 대비할 수 없으며, 아래로는 사실을 기록하여 정서(情緖)를 펴지 못한다고 하였던 것이다.[119]

둘째, 선발 인원수에 있어서 관직의 정원보다 10배나 많은 인원을 선발하기 때문에 10분의 9가 유식(遊食)하게 된다는 것이다.

---

116) 『北學議』「附丁酉增廣試士策」, "有道德之士焉, 有文學之士焉, 有技藝之士焉."

117) 『北學議』「科學論一」, "今也在科擧之中, 則明知其不可用而取之, 如時藝之類是也. 在科擧之外, 則明知其可用而不用, 如博學技藝之類是也."

118) 『北學議』, 「附丁酉增廣試士策」, "漢之士, 優於經術, 唐之士, 優於詩賦, 氣非才之異也. 其所以試之者, 不同也.".

119) 『北學議』, 「科擧論一」 참조.

이전에 합격한 사람도 다 수용하지 못했는데, 뒤에 보인 과거에 합격한 자가 무더기로 나온다. (……) 수십 년 동안 대과(大科)와 소과에 합격한 인원이 국가 관직의 정원보다 10배나 된다. 10배나 되는 합격자를 죄다 임용할 수 결코 없으니, 10분의 9는 쓸데없이 실시한 것이 분명하다.120)

셋째, 응시자의 수를 제한하지 않음으로 인해 공정한 선발이 되지 못하고 요행으로 선발되는 경우가 많다는 것이다.

시골에서 보던 하찮은 과시(課試)에도 시권(試券)을 바치는 자가 여차하면 천 명이 넘고, 서울에서 보는 대동과(大同科)에는 가끔 수만 명씩 된다. 그런데 수만 명이나 되는 많은 사람의 시권을 어느 틈에 고사(考査)하였는지 반나절 안에 방(榜)에 걸리기도 하는데 고시(考試)를 주관하는 사람이 등급 매기는 붓을 잡기에 괴로우면 눈을 감고 되짜만 놓는다. 이러면 한유(韓愈)가 과거를 주관하고 소식(蘇軾)이 글을 지었다 하더라도 그렇게 빠른 동안에 그 글을 알아주기 어려울 것이다. 아아! 당당한 선비를 뽑는 것이 도리어 제비뽑는 재수만도 못하니, 사람을 뽑는다는 것을 믿을 수 없다.121)

넷째, 시험을 주관하는 고시관이 합격자를 문벌이나 당파 위주로 뽑고 응시자의 학식이나 재능에 따르지 않는다는 것이다. 그는 "문벌이다 당파다 하여, 연고로 덕을 보기도 하고 잘못되기도 한다. (……) 그런즉 사람

120) 『北學議』, 「科學論一」, "前科未及收用, 而後科又復橫出. (……) 數十年之內, 大小科額, 十倍於國之官爵之原數, 十倍者決不可以盡用, 則九分之爲虛設也明矣."

121) 『北學議』, 「科學論一」, "尋常鄕邑之課試, 呈券者動逾數千, 京國大同之科, 儒生往往至於數萬. 以數萬人之多, 而或有放榜於半日之內者, 主考者, 疲於執筆, 則閉目而黜之. 當是時也, 雖使韓愈典擧, 蘇軾爲文, 倏忽乎其難遇矣. 嗚呼以堂堂造士之地, 而反不若鬮藏之爲數, 則取人之道果不足信矣."

을 임용하는 길은 과거를 주관하는 자의 농간에 달렸고, 선비들의 실력에 있는 것이 아니다."[122]라고 하였던 것이다.

이 외에 과거 시험장을 개방함으로써 난장판이 되었으며, 과거 시험장에 부정이 극심할 뿐 아니라, 과거 합격 연령이 너무 늦어서 일생의 정력이 이미 쇠잔해져 쓸모없게 된 경우도 있다 하여 폐단도 지적하였다. 박제가에 의하면 참다운 선비는 기상이 높아서 시속(時俗)에 들려 하지 않을 뿐 아니라 궁핍하게 살지언정 참다운 학문을 시속(時俗)의 것과 바꾸려 하지 않으며, 특히 문벌이 없는 하류계층에 탁월한 인재가 많다고 하였다. 그러므로 과거제에 의한 인재등용보다 천거제를 중요시하였던 것이다.

> 국내에 호령하기를 '문벌이 좋은 집 사람 외에도 재주와 덕이 뛰어났거나, 한 가지 기예라도 있는 사람은 반드시 천거하라. 옳게 천거한 자에게 상을 주고 천거하는 데 폐단이 있는 자에게 벌을 준다.' 면, 이제 먼 지방에서 독선기신(獨善其身)하던 선비와 하류계층의 사람으로서 똑똑하고 기특한 인재는 모두 조정에 들어올 수 있을 것이다.[123]

박제가는 과거제 대신 천거제로 인재를 등용하면 초야에 묻혀 있는 재주와 덕을 가진 선비뿐 아니라, 기예(技藝)를 가진 하류계층까지 모두 등용될 수 있다고 보았던 것이다. 그리고 이러한 과거제의 폐단을 시정하기 위해서 과거의 시험과목과 내용을 혁신해야 한다고 하였다. 그는 덕행(德行)과 육예(六藝)로 뽑고,[124] 기예(技藝)를 익힌 선비도 뽑을 것을 주장하

---

122) 『北學議』, 「科擧論一」, "又有門閥朋黨之得失焉. (……) 用人之道, 果在彼, 不在此也."

123) 『北學議』, 「科擧論二」, "又號於國中曰, 閥閱之外, 有才德出衆及一技一藝之類, 必薦. 薦者有賞, 蔽者必罪, 則於是乎遐方獨善之士, 下流瓌奇之材, 皆得而立於朝矣."

였던 것이다.[125]

4) 국방개혁론

북학파 국방관의 특징은 홍대용 경우 군사제도의 개혁에 치중한 반면, 박제가는 제도개혁보다 수레와 벽돌 등 이용후생론과 밀접한 연관 속에서 그의 국방관을 전개하고 있다.

홍대용 국방관의 특징은 한마디로 말하면 병농일치제(兵農一致制)라 할 수 있다. 그는 "해자를 막아 놓고 강함을 다투다가 사상자를 반이나 내는 것은 군사의 재앙이며, 성을 공격하고 땅을 공략하여 백전백승하는 것은 군사로서 하위이다.", "인의(仁義)가 나라 안에 행해지고, 적국(敵國)도 밖에서 쉬게 되어 싸우지 않고 남의 군사를 굴복시키는 것은 성인(聖人)의 사람 살리는 도구이며 용병으로서 최선이다."[126]라고 하여, 인·의(仁義)에 입각하여 모든 민족이 평등하고 상호 전쟁을 하지 않는 사회를 이상사회로 인정하면서 현실은 이기심이 지배하는 사회로 보았다. 따라서 그는 "인(仁)이 사람을 사랑하기에 충분치 않고, 의(義)가 재물을 가볍게 여기는 데 충분치 못하며, 예(禮)가 어진 이를 높이기에 충분치 못하며, 지(智)가 기미를 살피는 데 충분치 못하며, 신(信)이 도를 지키기에 충분치 못하며, 용(勇)이 의혹을 판단하는 데 충분치 못하며, 위(威)가 아래를 제어하는 데 충분치 못하며, 충(忠)이 위를 섬기는 데 충분치 못하기 때문"[127]에 군사를 강화해야 한다고 하였다.

---

124) 『北學議』, 「科擧論一」, "由古之德行六藝而選焉."

125) 『北學議』 「附丁酉增廣試士策」 참조.

126) 『湛軒書』 內集 卷4, 12b 「林下經綸」, "阻壕爭强, 而死傷相半者, 兵之灾也. 攻城略地, 而百戰百勝者, 兵之下也. 仁義成於內, 而敵國息於外, 不戰而屈人之兵者, 乃聖人所以生人之具, 而兵之善之善者也."

홍대용은 이러한 사태를 미연에 대비하고, 싸으지 않고 이기는 방법은 무사(武事)에 미리 대비하는 길뿐이라고 하였다.

> 무사(武事)란 백년토록 쓰지 않는 것은 옳으나 하루라도 강습하지 않을 수는 없는 것이다. 전란 시기에 강습하면 왜구를 막고 왕실을 호위할 수 있으며, 평화시대에 강습하면 간인(奸人)들의 넘겨봄을 끊고 화란(禍亂)의 싹을 막을 수 있다. 이것은 싸우지 않고도 남의 군사를 굴복시키는 것이며, 병가(兵家)에서 이른바 '좋은 것 중 가장 좋다.' 는 것이다.[128]

홍대용에 의하면, 전란 시에 훈련하면 왜구나 막고 왕실을 호위할 수 있으나, 평화 시에 훈련하면 간인(奸人)과 화란의 근원을 막아 싸우지 않고도 적을 굴복시킬 수 있는 최상의 병법이라고 하였다.

그는 양란을 겪고서 대소인을 막론하고 안일에 빠져 국방을 소홀히 하고 있음을 매우 걱정하고, '병농일치제(兵農一致制)' 를 채택하여 농민에게 군사훈련 시켜서 외침(外侵)을 대비해야 한다고 하였다.

> 험한 요새지를 택해서 치소(治所)로 하는데 성은 높이 쌓고 도랑은 깊이 판다. 중춘(仲春)이 되면 농막(農幕)에 나가 남자는 농사에 힘쓰고 여자는 누에치기에 부지런히 하는데, 여가 날에는 효도와 공경하는 도리를 강론하고, 치고 찌르는 군사훈련도 강습한다. 서리가 내리고 곡식을 거두게 되면 소와 말에 싣고 모두 성(城)안으로 모여서 나라에 세금을 바치는데 수입을 따져 지출한다.

---

127) 『湛軒書』 內集 卷4, 12b 「林下經綸」, "其仁不足以愛人, 義不足以輕財, 禮不足以尊賢, 智不足以審幾, 信不足以守道, 勇不足以斷疑, 威不足以御下, 忠不足以事上."

128) 『湛軒書』 內集 卷3, 25b 「勸武事目序」, "武可百年而不用, 不可一日而不講也. 講之於衰亂搶攘之際, 則可以折衛外侮而敵愾王室. 講之於昇平逸豫之時, 則可以絶奸人之覬覦而杜禍亂之萌矣. 此所以不戰而屈人之兵, 而兵家之所謂善之善者也."

> 50세가 된 다음에 명주옷을 입고 고기를 먹으며, 여유 있는 양식은 저축하여 수재(水災)와 한재(旱災)에 대비한다. 군사를 점검하며 기예(技藝)를 뽑는데 상벌을 받게 하되, 개별로 재능을 시험하던가 단체로 진법(陣法)을 연습하며, 성에서 훈련하기도 하고 들에서 연습하여 병기(兵器)를 수리하고 군사를 장려하는 데 항상 경보(警報)가 내린 듯이 하여야 한다.[129]

홍대용은 병농일치제(兵農一致制)를 실시하여 농민들에게 매년 봄부터 여가에 군사훈련을 시키며, 가을에 군사를 점검하고, 개인 혹은 단체별로 무술시합을 벌여 상 · 벌을 주며, 들과 성안에서 훈련을 되풀이 연습하고, 무기를 수리하며, 군사를 장려해서, 항상 경보가 내린 듯이 대비해야 한다고 강조하였다.

이러한 홍대용의 병농일치제에 대하여 박지원은 "군사를 통솔하여 외적을 막을 만한 묘략(妙略)이 있었으나, 다만 자기 포부를 남에게 자랑하기를 좋아하지 않았기 때문에 겨우 두어 고을의 원을 지낼 때도 그저 서류를 잘 정리하여 매사를 미리 준비하며 아전들이 공손히 받들고 백성들이 잘 따르게 하였을 따름이다."[130]고 칭송하였다.

특히 「임하경륜」의 절반가량이 축성법(築城法)을 비롯한 군사(軍事) 부분에 할애된 것만 보아도 그가 얼마나 국방론에 치중하였는가를 알 수 있다.

이에 비해 박제가는 이전의 실학자들과 달리 국방문제를 이용후생론

---

129) 『湛軒書』 內集 卷4, 7a 「林下經綸」, "擇險固爲治, 高其城而深其溝. 仲春則出處于田間之宅, 男力于農, 女勤于蠶, 以其暇日講孝悌, 習擊刺. 霜露旣降, 禾黍旣穫, 載以牛馬, 咸聚于城, 納稅于公, 量入以出. 五十然後, 衣帛食肉, 儲其贏餘, 以備水旱. 閱旅較藝, 明其賞罰, 或散以試其才, 或聚以習其陣, 或練於城, 或習於野, 繕甲厲兵, 常若有警."

130) 『燕巖集』 卷2, 48a 「洪德保墓地銘」, "有統禦奇略, 獨不喜赫赫耀人. 故其莅數郡, 謹簿書先期會, 不過使吏拱民馴而已."

과 밀접하게 연관시키고 있다. 그는 양란의 원인을 "큰 나라를 섬기고, 이웃 나라를 교제하는 사신 행차가 길게 잇닿았으나 딴 나라의 훌륭한 제도는 마침내 한 가지도 배워 오지 못하는 자들이 도리어 왜놈, 되놈하여 비웃으며 천하만국이 다 우리와 같다고 여기며 뻐긴다."[131]하여, 일상생활에 이용후생할 수 있는 선진 기술을 배워 오지 않은 데 있다고 하였다.

아울러 박제가는 "군사란 반드시 백성들의 일상생활과 관련지어 놓은 다음에 모든 일이 미리 준비되고 허비가 없다."[132]고 하여, 우리가 일상생활에 유용하게 쓰는 수레와 벽돌 등을 비롯한 이용후생적 과학기술을 국방과 관련지어 고찰하고 있다.

그는 문루(門樓)와 망대〔櫓〕, 창과 방패로써 앉고 일어나며, 치고 찌르는 것은 군사의 말단이고, 나라 안의 재능 있는 사람과 편리한 기계는 군사의 근본이라[133]고 하여 과학기술의 중요성을 역설하였다.

> 수레는 군사를 위한 것은 아니지만 수레를 사용하면 치중(輜重)이 저절로 옮겨지고, 벽돌도 군사를 위한 것은 아니지만 벽돌을 이용하면 온 나라의 성곽이 갖추어진다. 모든 공인의 기예와 목축하는 일도 군사만 위한 것은 아니다. 그러나 삼군(三軍)의 말과 전투하는 기계가 구비되지 않고 예리하지 않으면 군사라 할 수 없다.[134]

---

131) 『北學議』「兵論」, "事大交隣之冠蓋, 絡繹於道路, 而異國之法, 卒莫能有學其壹者, 而笑之曰, 倭也胡也, 恃天下之萬國, 以爲盡如我也."

132) 『北學議』「兵論」, "兵必寓於民生日用之內而後, 豫而不備."

133) 『北學議』「兵論」 참조.

134) 『北學議』「兵論」, "車, 非爲兵也, 而用車, 則自然之輜重行焉. 甓, 非爲兵也, 而用甓, 則萬民之城郭具焉. 百工技藝畜牧之事, 非爲兵也, 而三軍之馬, 攻戰之器械, 不備不利, 則不足以爲兵矣.

즉, 수레 · 벽돌을 비롯한 온갖 기예(技藝)와 목축(牧畜) 같은 것이 근본적으로 군사를 위한 것은 아니지만, 이를 잘 활용하면 군사적으로 아주 유용하다는 것이다. 그러나 당시 현실은 그렇지 못함을 다음과 같이 비판하였다.

> 남의 칼은 반드시 끊을 수 있는 것을 우리 칼은 쉽게 무디어지며, 남의 갑옷은 뚫어지지 않는데 우리 갑옷은 쉽게 뚫리니 이것은 쇠를 단련하는 데 잘못이 있다. 남의 담은 모두 견고한데 우리 성곽은 완전하지 못하니 이는 벽돌이 없기 때문이다. 남의 활은 비가와도 탈이 없는데, 우리 활은 한 번만 불에 잘못 쬐어도 쓸 수 없으니, 이는 활이 잘못된 것이다. 적군은 방금 말을 달리며 수레를 타고 예기(銳技)를 돋우는데, 우리는 다리 힘이 벌써 고달프고 짐이 무거워 싸울 수 없다. 이런 점을 미루어 보면 딴 일도 그렇지 않은 것이 없다. 만일 급한 일이라도 일어나면, 비록 백 곱절의 힘을 소비하더라도 무익할 것이니, 이것은 미리 준비하지 않은 과실이다.[135]

박제가에 의하면, 우리나라의 경우 성곽은 명목뿐이며, 병기는 예리하고 견고치 못하며, 활과 말과 수레가 준비되어 있지 않아 아무런 보탬이 없다고 보았던 것이다.

특히 박제가는 "대저 군사는 정예한 것을 귀히 여기고 수효만 많게 하는 것은 힘쓸 것이 아니다."[136]라고 하여 양(量)보다 질(質)을 강조하였다. 그에 의하면 당시 병력 관리 실태에 대해서 군적(軍籍)에 명단만 등록되

---

135) 『北學議』 「兵論」, "人之刀必斷, 而我之刀易鈍, 人之甲不穿, 而我之甲易洞, 是冶之失也. 人之墻壁皆堅, 而我之城郭不完, 是無甓也. 人之弓, 雨不能傷, 而我之弓, 一失煖則不可用, 是弓之失也. 賊方馳馬乘車, 以畜其銳, 而我之脚力已疲, 負重而不可戰, 推而至於他事, 莫不皆然, 萬一有急, 則雖費百倍之力, 而無益於事, 不豫之過也."

136) 『北學議』 「兵論」, "夫兵貴精不務多."

어 있을 뿐 도주한 수효가 많을 뿐 아니라, 징병된 사람 중 실질적으로 전쟁을 감당할 사람이 10에 2, 3이 못 된다고 하여 실효성을 비판하였던 것이다.[137] 따라서 이러한 결점을 보완하기 위해 앞에서 살펴본 바와 같이 수레 벽돌 등 기예(技藝)의 이용과 징병제 대신 용병제를 주장하였다.

> 당면한 계책으로 급히 수레를 행하게 하고 벽돌을 만들며 목축을 잘하도록 하며, 각 지방에서 나는 재화(財貨)를 잘 사용토록 권장하며, 여러 가지 공업기술을 감독하여야 한다. 그런 다음 나라의 병정(兵丁) 수효를 감축하여 급료를 주며 그들에게 부세를 없애면, 전에 도망쳤던 자가 반드시 올 것이며 남에게 의탁했던 자도 반드시 자원해 올 것이다. 이렇게 되면 전일 열 사람을 보내던 중 오늘날에 한 사람만 뽑아도 정병(精兵) 7~8만 명은 될 것이니, 갑자기 천하에 뜻을 펼 수는 없을지라도 자기 나라를 지키기에 넉넉함이 있을 것이다.[138]

즉, 수레와 벽돌 등 과학기술에 기초한 부강책(富强策)과 정병(精兵) 양성을 주장한 것이다. 이처럼 박제가의 국방사상은 분명 선진 실학자들과 다른 면모를 보여주었다. 따라서 홍대용·박제가를 거쳐 북학파의 국방사상은 이전의 제도개혁 한계를 넘어 과학기술을 이용한 국방의 과학화·선진화를 꾀했다는데 큰 의의가 있다고 하겠다.

---

137) 같은 곳.

138) 『北學議』「兵論」, "爲今之計, 莫如急行車造甓, 善其牧畜, 勸其鄕財, 董其百工技藝. 然後減國之兵數, 有給而無徵, 向之逃者必來, 而托者必願. 以昔之十, 選今之一, 得精兵七八萬. 雖不可卒然得志於天下, 亦可以自守而有餘."

3. 북학사상의 근대적 성격

일반적으로 '근대' 혹은 '근대성'에 대한 규정은 다음과 같은 몇 가지 내용으로 요약할 수 있다. 철학적 의미에서 근대성은 이성적 주체에 의한 역사의 진보, 합리성, 과학을 상징하는 계몽주의적 시대의식을 지칭하는 것으로 이해된다. 그리고 경제 및 정치학적으로 자본주의적 경제 질서의 확립과 대의민주주의(代議民主主義)로 대변되는 근대적 정치제도의 확립을 의미하는 개념으로 이해되고 있다.[139)]

특히 철학적 의미에서 근대의 의미는 '이성과 합리성'을 근간으로 하며, 이는 본질적으로 개인의 자유와 해방을 의미하는 개념이다.

> 근대성의 철학적 개념은 계몽이며, 계몽은 이성의 계도하에 이루어진다. 그렇기에 근대성의 철학적 담론이 이성 및 이성비판을 중심으로 전개된 것은 우연이 아니다. (……) 계몽이란 자기 책임으로부터의 삶, 즉 자신의 삶을 자기의 책임으로 인수하는 것을 의미하며, 자기 책임은 자율적 이성의 기반 위에서 가능하다. 계몽은 인간에게 주어진, 그러나 적극적으로 계발하고 사용하기 이전에는 단지 가능성으로 있을 뿐인 이성을 계발, 사용하는 것이요, 또한 과거와 전통의 구속과 질곡으로부터의 해방이며 자유의 확보로 이해되었다.[140)]

근대성의 가장 큰 핵심은 전통의 불합리한 구속으로부터 개인을 자유롭게 해방하는 것이라는 것이다. '개인의 해방'이란 결국 한 인간을 자기

---

139) 김창호, 「탈근대론의 '근대' 인식의 실천적 함의」, 『근대성과 한국문화의 정체성』(철학연구회편), 철학과 현실사, 1998, 214쪽 참조.

140) 정호근, 「分化와 物化 - 긴장의 장으로서의 근대성」, 『근대성과 한국 문화의 정체성』, 철학연구회, 1998, 16쪽.

인생의 주체로 승인한다는 의미와 관용(寬容)의 정신을 함축하고 있는 것이다. 이러한 논리는 한 사회에 있어서 개인의 차원에만 국한되는 것이 아니라, 국제사회에 있어서 개별 민족의 주체성 확인에도 해당하는 것이다. 따라서 근대에 있어서 개인주의의 성립은 민족주의의 성립과 맥락을 같이 하는 것이다.

근대에 있어서 '개인의 해방' 이란 사유의 초점이 기존의 '전체중심' 에서 '개체중심' 으로 옮겨왔다는 것과 개인의 욕망에 대해서도 기존의 경건주의적 억압의 태도로부터 '합리적인 충족' 을 보장해 준다는 의미를 담고 있다. 이러한 사고방식의 변화는 사실 전근대적 세계관과 인간관의 본질적인 변화를 기반으로 하는 것이며, 무기는 '이성을 통한 계몽' 이었다.

특히 동아시아에서 '근대성' 의 문제는 18세기 산업혁명 이후 역사적 배경에서 성립되어 '서구의 충격(Western impact)' 이 동북아에 가해진 상황과 맞물려진다. 즉 서구의 힘에 동양(東洋)의 자존심이 꺾인 것에 대한 일종의 반성 논리가 주조를 이룬다고 할 수 있다. 이는 19세기 이래 계속된 서구의 자본과 문화가 가진 힘의 우위에 능동(能動)적으로 대처하지 못하고 종속적으로 끌려온 우리의 역사 속에서 나타난 논리다. 그리고 이러한 논리가 힘을 가지게 된 이면에는 제국주의의 역사적 경험이 짙게 배어 있다. 따라서 이 논리를 그대로 우리의 역사에 대입하게 되면 자조적인 역사인식을 가지게 되는 것은 당연하며, 단절적 역사해석이 필연적으로 수반된다 할 수 있다.[141]

이와 같은 '근대적 전환' 은 단연코 서구가 주도한 것이었지만, 우리는 우리의 사상사에서 분명히 그러한 전환의 맹아를 발견할 수 있다. 본서에서 이제까지 고찰한 북학파의 실학사상이 바로 여기에 해당한다. '근대사

---

141) 남상락, 『동서철학과 한국실학사상의 탐구』, 다운샘, 2000, 367쪽.

상의 맹아' 라는 관점에서 북학사상의 특징은 다음과 같이 몇 가지로 요약된다.

첫째, 개방적이고 실용적인 학문관이다. 북학파는 당시 주자학 일변도의 학문 풍토를 비판하고, 종래에 이단(異端)이라고 지목된 여러 학문 조류에 대한 관용적 태도와 서양과학에 대한 개방적인 태도를 보여주었다. '화이일야(華夷一也)' 나 '인물균(人物均)' 의 논리는 전통적으로 답습된 정통의식(正統意識)의 부정으로 연결되는 것이다. 이제 '정통과 이단' 의 문제는 쓸데없는 논란에 불과하며, 중요한 것은 그것이 인간의 삶에 얼마나 유용하게 기여하느냐 하는 것이다. 그리하여 학문의 목표를 실용성(實用性)에 두어, 학문이 현실의 개선에 적극적으로 기여해야 한다는 점을 강조하였다.

둘째, 과학적인 자연관이다. 북학파는 음양오행에 대한 형이상학적 인식을 벗어나 과학적으로 이해하였다. 북학파의 음양오행론에 대한 새로운 인식이 당시 중국을 통해 수용된 서양과학의 영향 하에 편협하게 이해한 점도 있지만, 이는 자연 이해의 새로운 틀을 모색하는 과정에서 표출된 것이며,[142] 무엇보다 근대 이전의 신비적인 자연이해로부터 과학적 자연이해라는 계몽적 성격을 띠고 있다 하겠다. 아울러 북학파에서 나타난 지구설(地球說) · 지전설(地轉說) · 무한우주설(無限宇宙說) 등 과학사상은 기존의 '중국중심주의' 를 극복하는 논리로 기능하여, 당시 조선 사회에

142) 이현구, 「근대 서구 문화 수용과 실학 전통」, 『근대성과 한국문화의 정체성』(철학연구회 편), 철학과 현실사, 1998, 198-204쪽 참조.

여기서 이현구는 북학파 이후의 실학자들이 음양오행론을 비판한 것을 『空際格致』와의 비교 분석을 통해 자세히 논하고 있다. 특히 홍대용 · 박지원 · 정약용에게서 공통으로 보이는, 金과 木을 行으로서의 자격을 비판한 것은 『공제격치』의 내용과 일치하고 있어 이에 대한 연구가 요청된다.

팽배해 있던 소중화의식(小中華意識)을 탈피하고 민족적 주체성을 확립하는 데 영향을 주었다.

셋째, 근대적 인간관이다. 북학파는 그들의 학문 연원인 낙학(洛學)의 인물성동론(人物性同論)을 넘어 인물균론(人物均論)을 확립하였다. 이는 학문관에서 '이천시물(以天視物)' 이라는 관점의 객관화와 밀접한 관계가 있다. 특히 이들은 기존 성리학의 핵심적 주장이었던 '이(理)의 주재성(主宰性)' 을 부정하고, '성선(性善)' 에 대해서 회의(懷疑)하였다. 그리하여 북학파는 인간에 대해 '불변성과 선(善)' 을 전제로 하는 본성론적 이해의 관점보다 오히려 기화(氣化) · 형화(形化)라는 발생론적 관점에 주목하였다. 북학파는 이러한 인식에서 욕망을 오히려 자연스러운 것으로 받아들이고, '합리적인 충족' 을 도모하였던 것이다. 이러한 맥락에서는 도덕률도 선험적 범주인 '천리(天理)' 에 근거한 것이 아니라, 현실의 문제를 지혜롭게 해결하기 위한 '사회적 요청' 의 소산으로 인식된다. 따라서 도덕률을 불변적이며 절대적인 측면보다는 가변적이며 상대적인 측면에서 보고자 하였다.

넷째, 상대적 자기중심성(自己中心性)의 확인을 통한 주체성의 확립이다. 북학파의 이러한 사상은 '화이일야(華夷一也)' 라는 한 마디에 집약되어 있다. 그들은 중국을 정통으로 삼아 화(華)와 이(夷)를 위계적으로 질서 지우려는 태도를 받아들이지 않았다. 객관적 관점에서 본다면〔以天視物〕, 모든 인간은 주체적 인간이요, 모든 국가는 주체적 국가로 새롭게 인식된다. 북학파는 사 · 농 · 공 · 상의 사민(四民)을 위계적이고 고정적인 신분으로서가 아니라 재능〔特技〕에 따른 가변적인 직분(職分)으로 이해하였으며, 화와 이의 본질적인 차이를 부정하고 상호 대등한 것으로 인식하였다.

마지막으로, 이용후생론이다. 욕망을 자연스러운 것으로 인식하고 합리적 충족을 꾀하는 북학파의 입장에서 이용후생이 당연한 과제로 대두하는 것이다. 북학파의 이용후생론은 근대적인 효율(效率)의 관념과 밀접하게 연결되어 있다는 점에 특성이 있다. 가치중심적 입장보다 효율중시적 입장에서 이용후생을 중시하였던 결과 청의 선진문물을 배우는 것, 나아가 서양의 과학자〔西士〕를 초빙하는 것은 당시의 시급한 과제로 인식되었다.

따라서 북학사상이 위와 같은 특성을 보인다면, 그것은 한국사상사에 있어서 근대성(近代性)의 맹아(萌芽)라고 규정하기에 충분할 것이다. 문제는 '근대'를 넘어 '탈근대(Postmodern)'를 지향하는 오늘날, 북학사상의 근대성이 어떠한 의미를 지닐 수 있는가 하는 점이다. 이에 대한 논의는 '근대성의 공과(功過)'에 대한 반성을 통해서 접근하는 것이 좋을 것이다.

근대성은 긍정적인 관점에서 보자면 '생활세계의 합리화'라는 점에서 중요한 기여를 하였다. 정치는 민주화되었고, 증대된 효율은 생활의 편리함과 함께 미증유의 부(富)를 선사하였으며, 많은 사람들이 자유와 평등을 향유하게 되었다. 그러나 이면에는 탈도덕화(脫道德化)로 인한 인간성의 상실, 사회적 갈등의 심화, 자원 고갈과 환경 파괴라는 생태학적 위기 등을 초래하였음도 사실이다. 이러한 근대성의 부정적인 측면은 오늘날 마침내 '탈근대'의 담론을 낳게 한 것이다.

그러나 분명한 것은 탈근대의 담론은 근대성의 일정한 성과를 전제로 할 수밖에 없다는 점이다. 근대의 성과인 자유와 평등, 민주와 풍요를 모두 부정하고 탈근대를 논한다는 것은 공허하고 무의미한 것이다. 요컨대 전근대의 여러 불합리한 폐단은 근대성을 낳게 하였으며, 근대성의 여러 폐단은 다시 탈근대를 논하게 하는 것이다. 전근대는 모든 것이 비합리적인 것이어서, 지금 우리가 취할 것이 없는 것이 아니다. 마찬가지로 근대도 모든 것이 문제 덩어리여서 우리가 취할 것이 없는 것이 아니다. 문제는 각 시대의 장단점을 정확히 인식하고 지양해 나가는 것이다.

이렇게 본다면, 북학파의 근대성은 민족사에 있어서의 전근대적인 제반 모순을 해결해 나가는 데 있어서 일정한 선구적인 역할을 하였다는 점에 긍정적 의의를 부여할 수 있을 것이다.[143)]

다만 여기서 강조하고 싶은 것은, 근대성의 가장 큰 오류가 '탈도덕화'에 있다고 한다면, 북학파는 결코 도덕성을 배제하지 않았다는 점이다. 물론 북학파의 도덕에 대한 이해는 성리학파의 이해와는 본질적인 차이가 있었다. 그러나 홍대용은 학문에 있어서 의리지학(義理之學)·경제지학(經濟之學)·사장지학(詞章之學)을 모두 중요한 것으로 인식하면서도 궁극적으로 의리지학을 근본으로 삼았으며, 박지원과 박제가는 이용후생을 강조하면서 그것은 결국 '정덕(正德)'을 실현하기 위한 것이라고 주장하였던 것이다.

이렇게 볼 때, 북학파가 전근대의 폐단을 적시(摘視)하고 근대성의 맹아를 보여 주었다는 것은 중요하게 평가하지 않을 수 없으며, 도덕성을 외면하지 않았다는 점에서 일정한 의의를 부여할 수 있을 것이다.

---

143) 그렇다고 하여 북학사상의 모든 것을 미화할 필요는 없다. 예를 들어 박제가는 "우리나라는 지역적으로 중국과 가깝고 聲音이 대략 같으니 온 나라 사람이 본국의 말을 버린다 해도 불가할 것이 없다.(『北學議』「漢語」)"고 하여, 국어 버리고 漢語을 사용하자는 주장을 펴기도 하였다.

제6장

결론
북학사상의 현대적 의의

이상에서 살펴본 바와 같이 북학파의 학적 연원은 당시 집권층인 서인(西人) 노론계(老論系)로 인물성동론(人物性同論)을 주장하는 낙론(洛論) 계열로 도시적인 분위기에서 성장하였다. 성호(星湖) 이익(李瀷)을 비롯한 성호학파(星湖學派)가 주로 농촌에 은거하며 토지제도를 비롯한 제도 개혁에 치중하였다면, 이들은 서울에 거처하면서 당시 급속히 성장하는 상공업의 발달에 큰 관심을 기울였다.

북학파의 학인들은 세계 인식에 있어서 개방적인 학문관을 가지고 성리학자들과 달리 사물인식에 있어 형이상학적인 해석을 지양하고 이천시물(以天視物)의 객관적이고 과학적인 방법으로 이해하고자 하였으며, 역사인식에서 주체성에 입각하여 우리의 번방의식(藩邦意識)을 탈피하고자 하였다. 따라서 청(淸)에 대한 인식도 치발(薙髮)을 하고 좌임(左衽)을 하는 야만 민족이 아니라 현재 중화(中華)를 차지하고 있는 그대로 인식하고자 하였다.

따라서 북학파 학인들은 당시 조선 사회의 여러 가지 내재적인 모순과 낙후성을 해결하기 위한 탈출구를 '북학(北學)'에 두고, 청(淸)을 더 이상 야만국이 아니라 선진문물을 겸비한 선진 문화국으로 보고 이들의 선진 문물을 적극적으로 수용해야 한다는 입장을 견지하고, 북학의 연원을 멀리 고운(孤雲) 최치원(崔致遠)과 중봉(重峯) 조헌(趙憲)에게 찾았다.

특히 북학사상이 형성된 계기는 내재적인 요인과 외재적인 요인으로 구분해 살펴볼 수 있는데, 내재적인 요인으로 당시 사변적 학문 경향에 대한 반성과 인물성동론(人物性同論)을 넘어서 인물균론(人物均論)으로의 사상적 전환을 들 수 있으며, 외재적 요인으로서 당시에 유입된 서양과학에 대한 이해와 연행(燕行)을 통한 청의 문물에 대한 새로운 인식을 들 수 있다.

북학파는 지구설(地球說)·지전설(地轉說)·무한우주설(無限宇宙說) 등 과학적 세계관을 통하여 기존의 화이론(華夷論)을 탈피하고, 이천시물(以天視物)의 객관적 태도로 인물균론(人物均論)을 정립하였다. 이제 천원지방설(天圓地方說)에 입각한 중국중심적 세계관, 음양오행론에 입각한 유기체적〔位階的〕 자연관, 성선설을 기반으로 한 인간관과 도덕관·가치관 등은 비판되었다. 자연과 인간은 과학적 관점에서 새롭게 이해되고, 도덕과 가치는 경험적 근거에 입각해 새롭게 인식되었다. 이러한 모든 사상적 변화는 이용후생론(利用厚生論)으로 귀결된다.

북학파의 이용후생론은 과학기술의 진흥, 농업기술의 개발, 상공업의 진흥, 해외통상의 장려 등을 통하여 생산성을 제고(提高)하자는 것과, 사민(四民)은 신분(身分)이 아니라 직분(職分)이라는 새로운 사민관(四民觀)의 정립, 신분을 탈피한 능력 있는 인재의 등용, 국방의 개혁 등 개혁사상을 골간으로 하는 것이었다. 이러한 주장을 통하여 우리는 북학파에 있어서 '근대성의 맹아'를 확인할 수 있었다.

따라서 북학사상은 다음과 같은 점에서 한국사상사에서 중요한 의미를 지닌다.

첫째, 과학적 사고방식이다. 북학파의 과학적 사고방식은 그들 나름대로 세계에 대한 합리적 인식을 추구하고자 하였으며, 모든 존재의 상대적 자기중심성을 인식하고자 노력하였다는 점이다.

둘째, 주체성의 확립이다. 북학파에 있어서 주체성의 확립은, 개인적 차원이나 민족적 차원에서 모두 확인할 수 있었던 것으로서, 그것은 모든 존재의 상대적 자기중심성에 대한 인식을 통해 확립되었다.

셋째, 이용후생론이다. 당시 피폐한 현실에서 이용후생(利用厚生)이 선결 과제였음은 분명하다고 하겠다. 북학파는 북학을 통하여 이용후생을 실현하려고 하였고, 이용후생을 통하여 부국강병을 꾀하고자 하였다. 이를테면 당시 배청론(排淸論)이 주류를 이루었던 시대상황 속에서, 이들은 북벌(北伐)은 공허한 외침만으로 가능한 것이 아니라 유민익국(裕民益國)을 전제로 해서 가능하다고 주장하였다.

넷째, 개화파(開化派)에 끼친 영향이다. 북학파는 화이관의 변용을 통해 청을 새롭게 인식하고자 하였다면, 개화파는 대상을 청에서 일본과 서구로 전환하였던 것이며, 북학파의 이용후생론을 비롯한 해외통상론은 개화파에 있어서 서구 근대과학기술의 수용과 개국통상론(開國通商論)으로 발전한 것이라 할 수 있다. 이러한 맥락에서 북학파의 주장은 개화파의 사상형성에 지대한 영향을 끼쳤던 점에 유의할 필요가 있다.

북벌론(北伐論)이 지배적 분위기였던 당시 상황에서, 북학파가 북학을 주장한 것은, 바로 개혁과 개방을 통해 당시 민족사적 과제를 올바로 해결하기 위한 것이었다. 북학론이 대두한 18세기 후반은, 내면적으로 청에 대한 복수와 배척의 감정이 백성들 심리 속에 잠재하고 있었지만, 외면적으로 조선과 청의 관계는 이미 유화국면(宥和局面)에 접어들어 상당히 안정되었던 시대였다. 따라서 조선의 입장에서 본다면 커다란 위험부담 없이 북학(北學) 즉 개혁과 개방을 통해 국가의 면모를 일신할 수 있었던 절호의 기회였던 셈이다. 그러나 이들의 주장은 기득권층의 무감각 등 당시 여러 가지 사정으로 인해 수용되지 못하고 사장되었다.

북학의 논리가 당시 현실에 수용되지 못한 것은 우리 민족이 서구의 근대화 조류에 보조를 같이할 수 없었던 한 원인(原因)이 되었다. 물론 19세기 후반에 개화파가 등장하여 근대화(서구화)를 추구하였으나, 그 때는 이미 서양의 군함(軍艦)이 우리 영해(領海)를 유린하기 시작한 다음이었다. 이후 우리 민족은 결국 '식민지화(植民地化)' 라는 정해진 경로를 밟을 수밖에 없었던 것이다. 이렇게 본다면 우리 민족의 근대사에서 '자주적 근대화의 실패' 는 이미 북학의 실패로부터 원인(遠因)을 찾을 수 있다.

본서에서 주장하는 바는, 북학사상이 당시 그 자체 완전한 적실성(適實性)을 지녔다던가, 또는 오늘날도 여전히 적실하다는 것은 아니다. 다만 정신문화와 물질문명의 고른 발전을 지향하는 점에서 본다면, 인간의 인격성 및 도덕성의 문제와 정신적 가치의 계발에서 전통가치에 대한 성찰이 적극적으로 요망될 것이다. 그러나 북학사상이 대두하였던 시대가 그러하였던 것과 마찬가지로, 오늘 우리는 개혁(改革)이라는 대내적 과제와 개방(開放)이라는 대외적 과제를 함께 짊어지고 있다는 현실을 유념할 필요가 있다. 따라서 북학사상에 대한 연구는, 지난 시대의 유물(遺物)을 되짚는 것으로 그치지 않고, 바로 오늘의 문제를 올바로 인식할 수 있는 길잡이가 될 수 있는 것이다. 따라서 북학사상의 제 측면에 대한 연구는 오늘의 교훈으로서 여전히 유효하다고 하겠다.

〈참고 문헌〉

1. 原典

『經書』, 『書經』, 『周易』, 『莊子』, 『國語』, 『辭海』, 『春秋繁露』, 『辭海』
『史記』, 『大漢和辭典』, 『二程全書』, 『朱子大全』, 『朱子語類』, 『性理大全』
『心經』, 『備邊司謄錄』, 『退溪全書』, 『陶山全書』, 『星湖全書』, 『湛軒書』
『燕巖集』, 『迂書』, 『貞蕤閣文集』, 『與猶堂全書』, 『金陵集』, 『湖岩全書』
『空際格致』, 『談天』
고전국역총서73～77, 『국역 담헌서』(I～V), 민족문화추진회, 1976.
고전국역총서18～19, 『국역 열하일기』(I～II), 민족문화추진회, 1989.
李翼成譯, 을유문고51, 『北學議』, 을유문화사, 1984.
崔洪奎 譯註, 『國譯 課農小抄』, 아세아문화사, 1987.

2. 單行本

1) 國內書籍

姜萬吉, 『朝鮮後期 商業資本의 發達』, 고려대 출판부, 1973.
姜萬吉, 『韓國近代史』, 창작과 비평사, 1984.
姜在彦, 『韓國의 開化思想』, 比峰出版社, 1981.
琴章泰, 『儒教와 韓國思想』, 成大出版部, 1984.
柳承國, 『韓國儒教의 再照明』, 展望社, 1982.
柳承國, 『東西交涉과 近代韓國思想』, 成大出版部, 1984.
柳承國, 『韓國實學思想史研究』, 집문당, 1987.
金容燮, 『朝鮮後期農業史研究』(I · II), 일조각, 1970, 1971.
김태준, 『洪大容評傳』, 민음사, 1987.
남상락, 『동서철학과 한국실학사상의 탐구』, 다운샘, 2000.
柳承國, 『한국의 유교』, 世宗大王記念事業會, 1978.
柳承國, 『東洋哲學研究』, 槿域書齋, 1983.
柳承國, 『韓國思想과 現代』, 東方思想研究院, 1988.
朴鐘鴻, 『韓國思想史論考』, 瑞文堂, 1974.
柳承國, 『韓國儒學史』, 亞細亞文化社, 1987.
朴忠錫, 『韓國政治思想史』, 三英社, 1982.
박충석 · 유근호 共著, 『조선조의 정치사상』, 평화출판사, 1980.
박종채 著, 박희병 譯, 『나의 아버지 박지원』, 돌베개, 1998.
宋贊植, 『朝鮮後期 手工業에 관한 研究』, 서울대 출판부, 1973.

愼鏞厦, 『朝鮮後期 實學派의 社會思想研究』, 지식산업사, 1997.
안방준 著, 이상익 · 최영성 譯, 『은봉야사별록』, 아세아문화사, 1996
유봉학, 『燕巖一派 北學思想 研究』, 一志社, 1995.
劉元東, 『朝鮮近代經濟史研究』, 일지사, 1977.
李基白, 『韓國史新論』, 一潮閣, 1984.
李東俊, 『유교의 인도주의와 한국사상』, 한울, 1997.
李相益, 『서구의 충격과 근대 한국사상』, 한울, 1997.
李相益, 『畿湖性理學研究』, 한울, 1998.
李佑成, 『韓國의 歷史像』, 創作과 批評, 1982.
李佑成 外, 『實學研究入門』, 一潮閣, 1973.
李乙浩, 『韓國改新儒學史試論』, 博英社, 1980.
정성철, 『실학파의 철학사상과 사회정치적 견해』, 한마당, 1989.
鄭玉子, 『조선후기 역사의 이해』, 一志社, 1994.
千寬宇, 『韓國史의 再發見』, 일조각, 1974.
철학연구회 편, 『근대성과 한국 문화의 정체성』, 철학과 현실사, 1998
최동희, 『서학에 대한 한국 실학의 반응』, 고려대학교 민족문화연구원, 1988.
崔英成, 『韓國儒學思想史』(I~V), 아세아문화사, 1995.
최익한, 『실학파와 정다산』, 청년사, 1989.
한국사상사연구회, 『인성물성론』, 한길사, 1994.
한국철학사연구회, 『한국철학사상사』, 한울, 1997.
한국철학사연구회, 『한국실학사상사』, 다운샘, 2000.
홍원식외, 『실학사상과 근대성』, 예문서원, 1998.

2) 國外書籍

勞思光, 『中國哲學史』, 鄭仁在 역, 탐구당, 1988.
唐君毅, 『中國哲學原論』, 學生書局, 1976.
徐復觀, 『中國人性論史』, 商務印書館, 1978.
야마다 케이지 著, 김석근 譯, 『朱子의 自然學』, 통나무, 1991.
양계초 外著, 김홍경 編譯, 『음양오행설의 연구』, 신지서원, 1993.
王 茂 外著, 김동휘 譯, 『청대철학』(1~3), 신원문화사, 1995.
熊十力, 『體用論』 學生書局, 1986.
錢 穆, 『宋明理學概術』 學生書局, 1992.
錢 穆, 『朱子新學案』, 三民書局, 1970.
陳 淳 著, 박완식 譯, 『性理學이란 무엇인가』(『性理字義』), 驪江出版社, 1993.
陳榮捷, 『朱子新學案』, 臺北, 學生書局, 1988.
馮友蘭 著, 郭信煥 譯, 『中國哲學의 精神』, 숭전대출판부, 1984.

馮友蘭 著,, 鄭仁在 譯, 『中國哲學史』, 형설출판사, 1986.
侯外廬 外, 박완식 譯, 『宋明理學史』 1, 이론과 실천, 1993.
金谷治 外, 조성을 譯, 『中國思想史』, 이론과 실천, 1986.
大濱皓 著, 李炯性 譯, 『범주로 보는 주자학』, 예문서원, 1983.
守本順一郎 著, 김수길 譯, 『東洋政治思想史硏究』, 동녘신서, 1985.
務內義雄 著, 李東熙 譯, 『中國思想史』, 驪江出版社, 1987.
조셉 니담 著, 이석호 外譯, 『중국의 과학과 문명』(I~III), 을유문화사, 1994.

3. 論文

1) 學位論文

金文鎔, 「洪大容의 實學思想에 관한 硏究」, 고려대 박사학위논문, 1995.
金文俊, 「尤庵 宋時烈의 哲學思想에 關한 硏究」, 성균관대 박사학위논문, 1995.
金容傑, 「星湖의 哲學思想에 關한 硏究」, 성균관대 박사학위논문, 1987.
文載坤, 「漢代易學硏究」, 고려대 박사학위논문, 1990.
朴洪植, 「朝鮮朝 後期儒學의 實學的 變容과 그 特性에 관한 硏究 - 星湖 · 湛軒 · 茶山 · 惠岡의 哲學思想을 中心으로」, 성대 박사학위논문, 1993.
安在淳, 「韓國近世史에 있어서 正祖의 統治哲學에 關한 硏究 - 그 傳統性과 開放性을 중심으로」, 성균관대 박사학위논문, 1990.
李東俊, 「16世紀 韓國性理學派의 歷史意識에 관한 硏究」, 성대박사학위논문, 1975.
李相益, 「韓末 節義學派와 開化派의 思想的 特性에 관한 硏究」, 성균관대 박사학위논문, 1994.
崔英辰, 「易學思想의 哲學的 探究」, 성균관대 박사학위논문, 1989.
許南進, 「朝鮮後期 氣哲學 硏究」, 서울대 박사학위논문, 1994.
金仁圭, 「洪大容 哲學의 近代志向的 性格에 關한 硏究」, 성균관대 석사학위논문, 1988.
南相樂, 「韓國實學思想의 哲學的 考察」, 성균관대 석사학위논문, 1971.

2) 一般論文

강동엽, 「80년대 이후 연암문학 연구경향과 그 전망」, 『한국한문학연구』 제11집, 1988.
姜萬吉, 「實學者의 商工業發展論」 대동문화연구원 제4회 『동양학국제학술회의논문집』, 1990.
姜在彦, 「朝鮮における實事求是學派について」, 『歷史學硏究』 제195집, 1956.
權榮翼, 「韓國 經營理念에 관한 史的考察 - 北學派의 商工業論을 中心으로」, 『成均館大論文集』 제12 · 13집, 1967.
琴章泰, 「明淸思想의 수용과 조선후기 실학의 양상」, 『종교학연구』 제13집, 서울대, 1994.
琴章泰, 「北學派의 實學思想」, 『정신문화』 제10집, 한국정신문화연구원, 1981.

琴章泰,「韓國實學派의 功利思想에 대한 考察」,『철학연구』 제14집 철학연구회, 1979.
김근수,「한국실학과 명물도수학」,『精神文化』 봄호, 한국정신문화연구원, 1983.
金萬圭,「李朝 實學期 政治思想의 變遷 - 理氣論을 중심으로」,『논문집』 제7집, 인하대 인문과학연구소, 1981.
金明昊,「『熱河日記』와 淸朝學藝」,『한국학보』 제53집, 일지사, 1988.
金文植,「朝鮮 後期 京畿學人의 漢宋折衷論」, 대동문화연구원 제5회 동양학국제학술회의 논문집, 1995.
金 泳,「燕岩의 士意識과 讀書論」,『동방학지』 제53집, 연세대 국학연구원, 1986.
金泳鎬,「實學과 開化思想의 聯關問題」,『한국사연구』 제8집, 한국사연구회, 1972.
金泳鎬,「實學에 있어서의 民概念의 새로운 展開」,『동양학』 제16집, 단국대 동양학연구소, 1986.
金泳鎬,「朝鮮後期 手工業의 發展과 새로운 經營形態」,『대등문화연구』 제9집, 성균관대 대동문화연구원, 1972.
金容傑,「朝鮮朝 後期 實學思想의 硏究 - 學派의 繼承的 性格을 中心으로」,『동양철학』 제2집, 한국동양철학회, 1991.
金龍德,「重峯 趙憲 硏究」,『亞細亞學報』 제1집, 고려대 아세아문제연구소, 1965.
金龍德,「北學派의 源流 硏究 - 重峯의 實學思想」,『東方學志』 제15집, 연세대 국학연구원, 1974.
金龍德,「兩班商人論考」,『人文學硏究』 제4 · 5집, 중앙대 인문학연구소, 1977.
金龍德,「朴齊家의 經濟思想」,『진단학보』 제52호, 진단학회, 1981.
金龍德,「朴齊家의 思想」,『한국사상』 제5집, 1962.
金龍德,「貞蕤 朴齊家硏究－第一部: 朴齊家의 生涯」,『중앙대논문집』 제5집, 중앙대학교, 1961.
金龍德,「貞蕤 朴齊家硏究－第二部: 朴齊家의 思想」,『사학연구』 제10집, 중앙대학교, 1961.
金龍德,「貞蕤와 燕巖」,『동양학』 제18집, 단국대 동양학연구소, 1988.
金容燮,「18 · 19世紀의 農業實情과 새로운 農業經營論」,『대동문화연구』 제9집, 성균관대 대동문화연구원, 1972.
金容燮,「朝鮮後期의 農業問題와 實學」,『동방학지』 제17집, 연세대 국학연구원,1976.
金容燮,「朝鮮後期의 社會變動과 實學」,『동방학지』 제58집, 연세대 국학연구원, 1988.
金容燮,「朝鮮後期 土地改革論의 推移」,『동방학지』 제62집, 연세대 국학연구원, 1989.
김인규,「性理學派와 實學派의 陰陽五行에 대한 認識」,『동양고전연구』 제1집, 동양고전학회, 1993.
김인규,「朝鮮後期 華夷論의 變容과 그 意義 - 北學派를 중심으로」,『동양고전연구』 제5집, 동양고전학회, 1995. 12.
김인규,「중봉 조헌 개혁사상의 실학적 특성」,『동양철학연구』 제41집, 동양철학연구회,

2005.
김인규, 「조선후기 신분제 개혁론의 새로운 지평 - 신분주의에서 직분주의로의 패러다임의 전환」, 『동양고전연구』 제30집, 동양고전학회, 2008.
김인규, 「조선후기 實學派의 華夷論과 철학적 含意 - 주자학파와의 비교를 중심으로」 『다산과 현대』 제2호, 연세대학교 강진다산실학연구원, 2009.
김인규, 「柳壽垣의 職分主義 신분제 개혁론 - 四民分業과 四民一致를 중심으로」, 『동방학』 제16집, 한서대학교 동양고전연구소, 2009.
김인규, 「星湖 李瀷의 修養論 - 學問態度와 窮理 涵養工夫를 中心으로」, 『퇴계학논총』 제22집, 사단법인 퇴계학부산연구원, 2012.
김인규, 「조선후기 실학파의 '民'에 대한 인식과 정치권력론의 새로운 지평 - 民本主義에서 民權主義로의 새로운 패러다임의 전환」, 『온지논총』 제31집, 온지학회, 2012.
김인규, 「김원행의 학문과 석실서원에서의 강학활동」 『동방학』 제22집, 한서대 동양고전연구소, 2012.
김인규, 「순암 안정복의 학문과 역사인식」, 『온지논총』 제36집, 온지학회, 2013.
金晋均, 「朴趾源의 社會學的 眼目에 대하여」, 『진단학보』 제44집, 진단학회, 1984.
金泰俊, 「熱河日記」를 이루는 洪大容의 화제들 - 18세기 실학의 성격과 관련하여」, 『동방학지』 제44집, 연세대 국학연구원, 1984.
金漢植, 「實學의 政治思想에 나타난 人性論」, 『고대 대학원 논문집』 1980.
金漢植, 「政治思想面에서 본 實學의 의미규정」, 『한국학보』 제19집, 일지사, 1980.
金炫榮, 「實學研究의 反省과 展望」, 『韓國中世社會 解體期의 諸問題(상)』, 한울아카데미, 1987.
金血祚, 「過庭錄을 통해 본 燕岩 형상」, 『민족문화논집』 제6집, 영남대, 1984.
金惠婉, 「'毉山問答'을 통해서 본 洪大容의 新學問觀」, 『수선논집』 제11집, 성대, 1987.
羅逸星, 「18世紀 韓國學者들의 太陽系에의 理解」, 『동방학지』 제22집, 1979.
南明鎭, 「畿湖 實學의 形成과 展開」, 『유학연구』 제2집, 충남대, 1994.
南明鎭, 「朝鮮朝 後期實學에 있어서 近代精神의 形成과 展開」, 『유학연구』 제1집, 충남대 유학연구소, 1993.
南相樂, 「楚亭 朴齊家 實學思想의 社會哲學的 意義」, 『대동문화연구』 제27집, 성균관대 대동문화연구원, 1992.
南相樂, 「韓國實學思想의 哲學的 考察」, 『문화비평』 제10호, 1971.
류인희, 「洪大容 哲學의 재인식」, 『동방학지』 제73집, 연세대 국학연구원, 1991.
閔泳圭, 「十七世紀 李朝學人의 地動說」, 『동방학지』 제16집, 연세대 국학연구원, 1975.
朴性奎, 「許生傳研究 - 許生의 近代的 性格을 中心으로」, 『韓國學論集』 제12집, 啓明大, 1985.
朴星來, 「마테오 릿치와 韓國의 西洋科學受容」, 『동아연구』 제3집, 서강대, 1983.

朴星來, 「韓國近世의 西歐科學 受容」, 『동방학지』 제18집, 연세대 국학연구원, 1978.
朴星來, 「洪大容의 科學思想」, 『한국학보』 제23집, 일지사, 1981.
朴鍾鴻, 「韓國에 있어서의 近代的인 思想의 推移」, 『대동문화연구』 제1집 성균관대 대동문화연구원, 1963.
朴忠錫, 「楚亭의 思想史的 位置」, 『진단학보』 제52호, 진단학회, 1981.
박홍식, 「담헌 실학사상의 이해」, 『동양철학연구』 제9집, 동양철학연구회, 1988.
박홍식, 「朝鮮朝 後期 實學思想에 나타난 人間觀의 特徵」, 『東洋哲學硏究』 제15집, 동양철학연구회, 1995.
步近智, 「明淸 교체기 實學의 발흥과 朝鮮朝 實學 흥성기의 공통특징 一考」 碧史 李佑成교수 정년기념논집, 『민족사의 전개와 그 문화』, 1990.
小川晴久, 「氣의 哲學과 實學 - 洪大容의 경우」 碧史 李佑成교수 정년기념논문집 『민족사의 전개와 그 문화』, 1990.
小川晴久, 「實學과 哲學」 대동문화연구원 제4회 『동양학국제학술회의논문집』, 성균관대 대문화연구원, 1990.
小川晴久, 「地動說에서 宇宙無限論으로-金錫文과 洪大容의 世界」, 『동방학지』 제21집, 연세대대학교 국학연구원, 1979.
孫承喆, 「北學議의 尊周論에 대한 性格分析」, 『인문학연구』 제17집, 강원대학교, 1982.
孫承喆, 「北學의 中華的 世界觀 克服 - 그 展開過程 理解를 위한 序說」, 『강원대논문집』 제15집 1981.
宋錫球, 「貞蕤의 實學思想」, 『동양학』 제18집, 단국대 동양학연구소, 1988.
송영배, 「홍대용의 상대주의적 思惟와 변혁의 논리 - 특히 『莊子』의 상대주의적 문제의식과의 비교를 중심으로」, 『한국학보』 제74집, 일지사, 1994
宋柱永, 「燕巖 朴趾源의 經濟思想」, 『아세아연구』 10-1, 고려대, 1967.
愼鏞廈, 「湛軒 洪大容의 社會身分觀과 身分制度 改革思想」, 『한국문화』 제12집, 서울대, 1991.
愼鏞廈, 「燕巖 朴趾源의 社會身分觀과 社會身分改革思想」, 『한국문화』 제10집, 서울대, 1989.
辛泰洙, 「『熱河日記』 제에 나타난 燕巖의 黃敎觀과 世界認識」, 『한국의 철학』 제17집, 경북대, 1989.
安在淳, 「朝鮮後期 實學派의 思想的 系譜 - 性理學派와 관련하여」, 『동양철학연구』 제12집, 동양철학연구회, 1991.
吳世昌, 「趙憲의 社會經濟思想」, 『大邱史學』 제7 · 8집, 대구사학회, 1973,
吳鍾逸, 「實學思想의 近代的 轉移」, 『한국학보』 제35집, 일지사, 1984.
兪奉學, 「北學思想의 形成과 그 性格」, 『한국사론』 제8집, 서울대, 1982.
유봉학, 「朝鮮後期 開城知識人과 北學思想」, 『東洋學』 제24집, 단국대 동양학연구소, 1994.

劉元東, 「實學思想의 近代的 特色」, 『한국학보』 제6집, 일지사, 1977.
尹絲淳, 「實學思想의 哲學的 性格」, 『아세아연구』 19-2, 고려대, 1976.
尹絲淳, 「實學的 經學觀의 特色」, 『李乙浩停年紀念 實學論叢』, 전남대학교, 1975.
尹在根, 「許生傳에 나타난 朴趾源의 社會意識 考察」, 『弘益語文』 제6집, 弘益大, 1987.
李東歡, 「朴趾源의 哲學思想 摸索」, 『태동고전연구』 제8집, 한림대 태동고전연구소, 1992.
李東歡, 「燕巖思想의 理念的 範疇와 反朱子主義」, 『문학사상』 1975년 2월호.
李東歡, 「燕巖의 思惟樣式」, 『한국한문학연구』 제11집, 한국한문학회, 1988.
李相斗, 「實學에 나타난 民本主義의 人性論에 관한 연구」, 『창원전문대논문집』 제7집, 1989.
李相玉, 「實事求是의 學風」 동교 민태식고희기념 『儒教學論叢』, 1972.
李相殷, 「實學思想의 形成과 展開」, 『創造』 26-1 · 2, 1972.
李龍範, 「李朝實學派의 西洋科學受容과 그 限界」, 『동방학지』 제58집, 1988.
李乙浩, 「實學概念論辨의 是非」, 『다산학보』 제2집, 1979.
李乙浩, 「實學思想의 哲學的 側面」, 『한국사상』 제13집, 1975.
李賢九, 「조선후기 철학에 반영된 자연과학 지식에 대한 검토」, 『인문논총』 제11집, 호서대 인문과학연구소, 1992.
李熙鳳, 「한국의 실학과 근대화」, 『학술원논문집』 제28집, 대한민국학술원, 1989. 12.
林基中, 「燕行錄의 對淸意識과 對朝鮮意識」, 『淵民學志』 제1집, 연민학회, 1993.
林熒澤, 「朴燕巖의 認識論과 美意識」, 『한국한문학연구」 제11집, 한국한문학회1988.
林熒澤, 「燕巖의 主體意識과 世界認識 - '熱河日記' 分析의 視角」, 『第3回 東洋學國際學術會議論文集』, 성균관대 대동문화연구원, 1986.
全海宗, 「釋實學」, 『진단학보』 제20호, 1959.
全海宗, 「實學概念의 史的考察」, 『학술원논문집』 제17집, 대한민국학술원, 1978.
全海宗, 「淸朝實學과 李朝後期 實學의 比較小論」, 제1회 한국학 국제학술회의 논문집, 정신문화연구원, 1980.
鄭良婉, 「朴齊家의 生涯에 영향을 미친 몇몇 분에 대하여」, 『研究論文集』 제15집, 誠信女大, 1982.
정옥자, 「정조대 대명의리론의 정리작업」, 『한국학보』 제69집, 일지사, 1992.
趙 珖, 「洪大容의 政治思想 研究」, 『민족문화연구』 제14호, 고려대, 1979.
趙 珖, 「조선후기 실학의 발전」, 『한국사』(35), 국사편찬위원회, 1998.
趙東一, 「조선후기 人性論의 혁신에 대한 문학의 반응」, 『한국문화』 제12집, 서울대, 1991.
池斗煥, 「朝鮮後期 實學研究의 問題點과 方向」, 『泰東古典研究』 제3집, 한림대 태동고전연구소, 1987.
千寬宇, 「磻溪 柳馨遠研究」, 『歷史學報』 제19호, 역사학회, 1958.
최소자, 「18세기 후반 조선 지식인 박지원의 대외인식」, 『한국문화연구원논총』 제61집,

이화여대, 1992.
한국철학사연구회, 「星湖 思想의 綜合的 檢討」, 한국철학사연구회 창립10주년 기념논문집, 1998.
韓沽劤, 「李朝 實學의 槪念에 대하여」, 『震檀學報』 제19호, 진단학회, 1958.
韓永愚, 「柳壽垣의 身分改革思想」, 『한국사연구』 제8집, 1972.
허종은, 「金錫文의 宇宙論과 그 思想史的 位置」, 『동서철학연구』 제11호, 동서철학연구회, 1994.

〈부록 1〉

조선 후기 한역서학서가 실학파의 자연관 형성에 끼친 영향

– 『공제격치』와 『담천』을 중심으로

1. 머리말

조선 후기 실학사상에 대한 연구가 본격화된 지 반세기가 지나, 이제 많은 연구 성과가 축적되었으나 여전히 해명되지 않은 부분이 많이 있다. 그중 하나가 실학파의 자연관 형성에 지대한 영향을 끼친 한역서학서(漢譯西學書)에 대한 연구라 하겠다.

지금까지 학계의 조선 후기 실학에 대한 연구 성과는 제도개혁과 관련된 사회사상(社會思想)이 주류를 이루고 있다. 근래에 실학의 사유체계와 관련된 철학(哲學) 및 과학사상(科學思想)에 대한 연구가 활발하게 이루어지고 있는 것은 다행한 일이라 할 수 있다. 그러나 철학적 측면의 연구도 성리학(性理學)과의 차별성을 주목한 논문이 대부분이며, 과학사상과 관

* 이 논문은 2002년도 한국학술진흥재단의 지원에 의하여 연구되었음(KRF-2002-003-A00063)

련된 연구에서도 성리학자들의 자연관과의 차별성을 부각하는 데 초점이 있었다.

특히 실학파의 자연관에 있어 근대 이전의 '형이상학적 자연이해' 로부터 '과학적 자연이해' 라고 하는 전환의 이면에 당시 중국을 통해 수용된 서양과학의 영향이 일정한 역할을 했다는 것이 학계의 통설(通說)이다. 특히 지구설은 '천원지방(天圓地方)' 의 천체구조론을 무너뜨렸을 뿐 아니라, 새로운 세계 지리의 인식과 더불어 중국 중심주의에서 벗어나 자주 의식을 확립하는 이론 근거로 기능하였다 하겠다.

따라서 본 연구에서 먼저 실학파의 자연관의 특성을 명확히 살펴보고, 다음으로 '한역서학서' 에 실린 근대 서구과학사상의 주요 내용과 그것이 실학파의 자연관에 끼친 영향을 고찰하며, 마지막으로 서양과학사상과 실학파 자연관 사이의 동이점(同異點)을 해명하고자 한다. 이를 통해 우리는 한편으로 실학사상의 형성과정을 연원적으로 해명할 수 있을 것이고, 다른 한편으로 전통 성리학이나 서양근대사상과 구별되는 실학사상의 근대성의 성격을 제대로 해명할 수 있을 것이다. 이러한 연구는 한국 근대사상사의 전개과정 자체에 대한 해명을 위해서도 긴요할 것이며, 한국적 근대성의 보편성과 독자성의 해명을 위해서도 긴요할 것이다.

2. 한역서학서 전래의 배경

한역서학서가 우리나라에 도입된 것이 기록에 나타나는 것은 1603년 북경에 사신으로 다녀온 이광정(李光庭, 1552~1627)이 세계 지도를 가져온 것이 처음이고,[1] 다음 해인 1604년에는 황중윤(黃中允)이 「양의현람도(兩儀玄覽圖)」를 가져 왔다고 한다.[2] 그러나 초기 서학관계 연구에 관심을 보인 인물로 1610년과 1614년 두 차례 중국을 다녀온 허균(許筠, 1569~1618)을 들 수 있으나, 실질적인 인물은 『지봉유설(芝峰類說)』을 쓴 이수광(李睟光, 1563~1682)이라 하겠다. 특히 1614년에 이수광이 쓴 『지봉유설』「제국부」, '외국' 조에 『천주실의(天主實義)』의 핵심 내용이 요약되어 있을 뿐 아니라 저자인 마테오리치에 대해 자세히 기록되어 있는 것으로 보아 『천주실의』가 조선에 유입된 것이 1614년 이전이었던 것으로 추증할 수 있다.[3] 이는 마테오리치가 북경에서 활약한 것이 1601년 이후라는 점을 감안할 때 조선에 서학이 도입하기 시작한 것은 10년 정도밖에 차이가 나지 않는 비교적 빠른 편이었다는 것을 알 수 있다. 그 뒤 1630년에 진주사(陳奏使)로 가서 선교사 로드리게스를 만나기도 한 정두원(鄭斗源)에 의해 『치역연기(治曆緣起)』와 마테오리치의 천문서(天文書) 및 원경서(遠鏡書), 천리경설(千里鏡說), 알레니의 『직방외기(職方外紀)』, 『서양국풍속기(西洋國風俗記)』, 『만국전도(萬國全圖)』, 홍이포(紅夷砲), 자명종(自鳴鍾) 등이 도입되었다. 그리고 소현세자(昭顯世子, 1612~1645)가 1645년에 귀국하면서 아담 샬로부터 천문, 산학, 천주교 서적과 지도, 천주상 등을 선물로 받아 귀국하였고, 숙종 연간의 노론 4대 신의 한 사람인 이이명(李頤命, 1658~1722)이 1704년 연행사로 북경에 가서 예수회 선교사 수우레즈, 쾨글러와 천문 역법을 토론하고 귀국하면서 마테오리치와 알레니의 천주교 · 천문 · 역산 관련 학술 서적을 들여왔다.

특히 청나라에서 1645년에 서양 역법인 시헌력(時憲曆)을 채택한 이래 조선 왕조는 1645년 5월에 봉림대군과 함께 귀국한 한흥일(韓興一, 1587

---

1) 이수광, 『芝峰類說』, 권2, 「諸國部」, '外國' , 36-37쪽 참조.

2) 최동희, 『서학에 대한 한국 실학의 반응』, 18쪽 참조.

3) 이 외에도 柳夢寅이 1621년에 쓴 『於于野談』에 『천주실의』의 내용이 요령있게 요약되어 있다.

~1651)이 인조에게 글을 올려 서양의 역법을 받아들일 것을 공식적으로 요청하였고,[4] 같은 해 12월에 관상감(觀象監) 제조(提調)인 김육(金堉) 역시 인조에게 새로운 역의 필요성을 역설하고 있다.[5] 이처럼 다년간 노력 끝에 1653년(효종 4년) 서양 역법에 따른 달력을 만들어 다음 해부터 공식적으로 사용하기에 이르렀다. 이러한 서양 역법의 수용으로 인해 서양 과학의 우수성은 이미 국가적인 차원에서 인정받은 셈이었으므로, 실학파 학자들은 서양의 과학적 성과를 흡수하는 데 적극적이었다. 그러므로 이익은 "지금 시행하고 있는 시헌력은 서양인 아담 샬이 만든 것으로 역도의 극치를 이룬다. 해와 달의 교차 및 일식과 월식에 있어서 조금도 틀리지 않는다. 성인이 다시 태어난다 해도 반드시 따를 것이다"[6]라고 하여, 서양의 천문·역법에 대해 얼마나 신뢰하고 있는지 잘 보여주고 있다고 하겠다. 이로 미루어 볼 때 17세기 초부터 한역서학서가 우리나라에 유입되었음을 알 수 있다.[7]

당시 실학파들이 즐겨 본 서적으로는 『천주실의(天主實義)』와 『직방외기(職方外紀)』를 비롯해, 종교 및 윤리서에 해당하는 『교우론(交友論)』, 『변학유독(辨學遺牘)』, 『기인십편(畸人十篇)』, 『칠극(七克)』, 『성세추요(盛世芻蕘)』, 『영언려작(靈言蠡勺)』과 자연철학 및 과학사상을 다룬 『만물진원(萬物眞原)』, 『동문산지(同文算指)』, 『태서수법(泰西水法)』, 『천문략(天問略)』, 『건곤체의(乾坤體義)』, 『기하원본(幾何原本)』 등이었다.

---

4) 『仁祖實錄』, 23년 6월 甲寅조 참조.

5) 『仁祖實錄』, 23년 12월 丙辰조 참조.

6) 『星湖僿說』 「天地門」 〈曆象條〉, "今行時憲曆, 卽西洋人湯若望所造, 於是乎, 曆道之極矣. 日月交飾, 未有差謬. 聖人復生, 必從之矣."

7) 17세기에 이미 김만중(金萬重, 1637~1692)은 지구 구형설을 옹호하기 시작했으며, 김석문(金錫文, 1568~1735)은 『오위역지(五緯曆指)』 등을 통해 접한 서양의 우주설을 주체적으로 수용하여 지구 자전설을 포괄하는 새로운 우주관을 구성하기까지 했다.(金容憲, 「최한기의 서양 우주설 수용와 기학적 변용」, 『실학의 철학』, 예문서원, 1996)

이익은 『천주실의』를 비롯해, 『태서수법』, 『천문략』, 『건곤체의』, 『기하원본』, 『직방외기』, 『방성도해』, 『치력연기』, 『주제군징』 등의 한역서학서를 통해 서양의 과학·기술에 대해 적극적으로 수용하려고 한 개명한 사상가였다. 이러한 단적인 예는 이익의 『성호사설』의 「천지문」 223항이 모두 천문·역법·지리·수리 등 서양의 과학·기술에 대해 언급한데서 알 수 있다.[8)]

홍대용은 연행사를 따라 북경에 가서 세 차례에 걸쳐 흠천감(欽天監)의 감정(監正) 할러슈타인(A. Hallerstein, 劉松齡), 부감(副監) 고가이슬(A. Gogeisl, 鮑友管) 등 서양 성직자들을 만나서 역법(曆法)에 대해 물은 적이 있다. 이때 필담을 적은 「유포문답(劉鮑問答)」에 "지금 서양의 법은 산수를 근본으로 하고 기구를 도구로 하여 만물을 헤아리고 만상을 살핀다. 천하의 멀고 가까움, 높고 깊음, 크고 작음, 가볍고 무거움을 모두 눈 앞에 모아 손바닥 위에서 가리키는 것과 같으니, 한나라나 당나라에 없었던 것이라고 해도 망언이 아니다"[9)]라고 하여 서양의 과학 기술을 높이 평가하였으며, 반정균(潘庭筠), 엄성(嚴誠) 등 중국 학자들과의 필담에서 "논천(論天), 역법(曆法)에 있어서 서양의 법이 고원하여 전에 밝히지 못한 것을 밝혔다"[10)]고 하였다. 무엇보다 홍대용은 사설 천문대인 농수각(籠水閣)를 설치하여 혼천의(渾天儀), 후종(候鐘), 혼상(渾象), 측관의(測觀儀), 구고의(勾股儀) 등을 갖추고 천문학을 연구하였을 정도였으며, 『수리정온(數理精蘊)』을 참고해 『주해수용(籌解需用)』을 저술했을 만큼 수학에 조예가 있었다.

최한기는 지금까지 알려진 120여 권의 저술 가운데 절반가량이 자연과

8) 이광래, 「한국의 사양사상 수용사」(열린책들, 2003) 137쪽 참조.

9) 『湛軒書』 外集 卷7, 「燕記」, 〈劉鮑問答〉, 270쪽.

10) 『湛軒書』 外集 卷2, 「杭傳尺牘」 〈乾淨衕筆談〉

학 분야에 해당될 만큼 과학사상에 관심이 많았다. 이미 1936년에 쓴 『추측록』에서 지구회전설을 시작으로 1857년 『지구전요』, 1967년 『성기운화』에 이르기까지 태양중심설은 물론이고 뉴턴의 만유인력의 법칙도 받아들였을 만큼, 서구의 천문학과 지리학에 대한 수용 의지는 남달랐으며, 이러한 그의 지적 호기심은 서양 근대 과학의 수용은 의학의 분야에서도 이루어졌다. 그는 음양오행설이 기저를 이루고 있는 동양의학에 대해 회의적인 시각으로 바라본 반면에 해부학을 근간으로 하는 서양의학에 대해 찬사를 보냈던 것이다.[11)]

이처럼 한영서학서를 통해 서학을 이론적으로 분석하기 시작한 사람은 이익(李瀷)을 필두로, 홍대용(洪大容), 박지원(朴趾源), 정약용(丁若鏞), 최한기(崔漢綺) 등으로 서학 연구가 본격적으로 이루어졌다. 이들은 공통으로 주자학의 반경험론적 경향과 형이상학적 심성론의 천착에 반대하였으며, 초기 유교의 경세론을 바탕으로 이론을 세우고 과학 기술 분야에 깊은 관심을 가졌다. 과학 기술 분야에 관심을 기울인 태도는 구체적인 생산 기술에 대하여 군자의 일이 아니라고 생각했던 초기 유학의 입장에서 벗어난 태도라 하겠다.[12)]

그러나 무엇보다 홍대용을 비롯한 실학파의 자연관 형성에 지대한 영향을 끼친 한역서학서(漢譯西學書)로 『공제격치(空際格致)』와 『담천(談天)』을 들 수 있다.[13)]

---

11) 최한기의 자연관과 관련된 선행 연구로는 李賢九, 「崔漢綺 氣學의 成立과 體系에 관한 硏究」(성균관대 박사학위논문) ; 辛源俸, 「惠岡의 氣化的 世界觀과 그 倫理的 含意」(정문연 한국학대학원 박사학위논문) ; 權五榮, 「惠岡 崔漢綺의 學問과 思想 硏究」(정문연 한국학대학원 박사학위논문) ; 金容憲, 「崔漢綺의 西洋科學 受容과 哲學 形成」(고려대 박사학위논문) 등이 있다.

12) 이현구, 「서양 과학과 조선 후기 실학」, 『실학사상과 근대성』(예문서원, 1998) 123-125쪽 참조.

『공제격치』(1633년 간행)는 17세기 초반 바뇨니(Alphonsus Vagnoni, 高一志, 1566～1640)가 저술한 것으로 아리스토텔레스의 『기상학(*Meteorologica*)』을 저본으로 해서 천둥 · 번개 · 지진 · 폭풍 · 해류 등과 같은 지상계에서 여러 가지 자연 현상들을 설명해 놓은 일종의 지구과학 개설서다. 특히 이 책의 전반부인 「원행성론(元行性論)」과 「지론(地論)」 부분은 우주 중심에 정지해 있는 구형의 지구를 전제로 기독교적 신의 섭리가 조화롭게 펼쳐져 있음을 입증하기 위하여 사원소(四元素)설에 뿌리를 둔 서양의 중세적인 우주론을 논증하는 내용으로, 서양과학의 소개를 통해서 기독교적 신의 섭리를 전파하려는 예수회 선교사들의 의도가 다분히 깔려 있다. 『공제격치』 전반부에 담긴 가장 핵심적인 내용은 흙(土), 물(水), 공기(氣), 불(火) 네 가지 원소의 본질적인 성질을 기술하고, 그것에 절대적인 무게라는 본성과 그에 상응하는 우주 내에서의 본연의 위치를 본성으로 부여하였다. 가장 무거운 본성을 지닌 흙은 본연의 위치가 우주의 중심이며, 가장 가벼운 불은 우주의 중심에서 먼 바깥이 본연의 위치가 된다. 그리고 상대적으로 중간 정도 무거움과 가벼움을 지닌 물과 공기는 각각 중간의 위치를 본연의 위치로 가진다 하였다. 그러므로 무거운 흙으로 이루어진 땅은 우주의 중심에서 사방으로 흙이 몰려들어 뭉쳐진 곳이므로 당연히 구형일 수밖에 없는 것이다.[14]

특히 『공제격치』에서 사원행 이론을 통해 의도했던 하나의 중요 내용은 기(氣)가 지니는 전통적인 기능과 의미를 부정하고 단지 물질적인 것에 지나지 않는다고 규정하였다. 「기행유무(氣行有無)」에서 기가 없으면 새가 날 수 없는 것과 채찍을 휘두르면 소리가 나는데 이것은 채찍과 기

13) 물론 이들 책 외에도 여러 저서들이 있지만, 이 논문의 전개상 두 책을 중심으로 고찰하고자 한다.

14) 권오영, 『최한기의 학문과 사상 연구』, 집문당, 1999. 296-298쪽 참조

(氣)라는 두 물질이 부딪혀서 소리가 나는 것, 양쪽이 문이 있는 경우 한쪽 문을 닫으면 반대쪽 문이 열리는 것 등 모두 물질적인 기에 의해 그러하다는 것이다. 이러한 기에 대한 인식이 홍대용이나 최한기에 있어서 기에 대한 인식을 새롭게 하게 된 연유가 된다고 하겠다.

『담천』(1859년 간행)은 허셸(J. F. W. Herschel, 候失勒)의 『천문학개요(*The Outlines of Astronomy*)』(1849)의 한역서학서로, 이전에 중국에서 번역 간행된 서양 천문학 서적은 코페르니쿠스, 티코 브라헤, 케플러의 천문학 수준을 벗어나지 못했던 것에 비하면, 『담천』은 뉴턴의 근대역학을 기초로 코페르니쿠스의 태양중심설을 비교적 체계적으로 소개했고, 칸트의 성운가설을 상세히 논증했으며, 서구 과학자들의 근대적 관측 기록에 근거한 천체 배치와 별들에 관한 내용을 담고 있다. 특히 『담천』 제8권에서 "뉴턴에 의하면 하늘에 있는 모든 물질은 서로 섭인(攝引)하는 힘이 있는데, 질(質)의 중량에 정비례하고 떨어진 거리의 제곱에 반비례한다"고 하여, 뉴턴 역학(만유인력법칙)의 원리를 기초로 천체를 설명하였다. 이 외에도 18·19세기에 발견된 천왕성과 해왕성에 관한 내용과 달의 분화구와 오행성, 및 태양흑점의 상세한 모양, 화성과 목성 사이에 존재하는 소행성대에 관한 내용, 항성의 시차, 관행차, 혜성의 생성원인, 항성계·변성·쌍성·성단·성운 등등 최한기를 비롯한 19세기 조선의 학자들이 이전에 전혀 접해보지 못한 새로운 지식들이 수록되어 있었다.[15)]

『담천』에 수록되어 있는 "옛사람들이 은하수를 논할 때, 모두 기라고 하였으나, 근대에 망원경이 나와 수많은 별들이 모여있는 것임을 알았다. (……) 더욱 정밀한 망원경으로 관찰하여 은하도 한계가 있고, 텅 빈 공간에 펼쳐진 것이 아님을 알았다. 한계 밖에 다시 수많은 성기(星氣)가 있으

15) 이현구, 「최한기의 기학과 근대과학」(『계간 과학사상』 1999, 가을) 82쪽 참조 ; 박권수, 「최한기의 천문학 저술과 기륜설」(『계간 과학사상』 1999, 가을) 94쪽 참조.

니, 은하도 하나의 성기며, 무수한 성기는 곧 무수한 은하인 것이다."[16], "뉴턴(柰端)은 천공에 있는 모든 물질은 각 점이 모두 서로 끌어당기며, 끌어당기는 힘은 질량에 정비례하고 서로 떨어진 거리의 제곱에 반비례한다고 하였다."[17]라고 하여, 이미 전통 천문학이 공박할 수 없는 수준의 지식과 자료를 토대로 이루어졌을 뿐만 아니라, 망원경에 의한 관측 결과를 증거 자료로 제시했기 때문에 당시 최신의 천문학 서적이었다고 하겠다.

3. 실학파의 자연관과 한역서학서

1) 음양오행론과 한역서학서

음양오행론의 본래 의미는 햇볕의 변화와 연관된 음양론과 수·화·목·금·토의 다섯 가지를 물질의 근원적 성질로 본 오행론이 결합한 것이다. 이러한 음양오행론이 후대로 내려오면서 본래적 의미는 점차 사라지고 가치개념으로 파악하거나, 우주의 원리 또는 우주의 구조로 설명하기에 이르렀다. 음양오행론이 한대(漢代) 초기에 '양존음비(陽尊陰卑)'의 가치개념으로, 말기에 천인감응설(天人感應說)과 결합한 신비주의적 사상으로 발전하였으며, 송대(宋代)에 이르러서 태극-음양-오행이라는 우주의 생성원리로 파악하였던 것이다.

그러나 실학파는 음양오행을 우주의 생성원리라는 형이상학적 개념으

16) 『談天』 序, "古人論天河, 皆云是氣, 近代遠鏡出, 則知爲無數小星. (……) 而測以更精之遠鏡, 知天河亦有盡界, 非布滿虛空也. 而其界外別有無數星氣, 意天河亦爲一星氣, 無數星氣卽無數天河."

17) 『談天』 권8, 「動理」, "柰端言, 天空諸有質物, 各點具互相攝引, 其力與質之多少有正比例, 而與相距之平方有反比例"

로 이해하지 않고, 본래의 의미로 이해하였다. 홍대용은 "음양에 얽매이고 의리에 집착하여 천도를 살피지 않는 것은 선유(先儒)의 허물이다"[18] 라고 하여, 성리학자들이 기존의 음양론이나 의리론에 얽매여 천도를 관찰하지 못했다고 비판하고, 다음과 같이 말했다.

> 만물이 봄과 여름에 화생하는 것을 교(交)라 하고, 가을과 겨울에 거두어 저장하는 것을 폐(閉)라 했으니, 옛사람이 말을 세움에 각각 까닭이 있다. 그러나 근본을 미루어 본다면 실상 태양 빛의 얕음과 깊음에 속할 뿐이다. 천지 사이에 별도로 음양 두 기가 있어서 때에 따라 나타나기도 하고 숨기도 하여 조화를 주장한다는 것은 후세 사람의 말이다.[19]

홍대용은 음양을 형이상학적 원리로 보는 것에 반대하고, 단순히 태양 빛과 연관된 본래적인 의미로 파악한다. 따라서 홍대용에 있어서 음양이론은 성리학파가 말하는 만물의 생성원리로서 존재하지 않는다. 또 박지원은 "음과 양이란 것은 한 기운의 줄어듦과 자라남"[20]이라고 하여, 음양을 한 기운의 줄어듦과 자라남으로 파악하였다.

이러한 음양에 대한 인식은 정약용에서도 볼 수 있다. 그에 의하면 음양은 단지 '빛과 그늘'로 이해하였다. 『중용』의 '天命之謂性'에 대하여 주희는 "하늘이 음양오행으로써 만물을 화생(化生)하는데 기(氣)에 의해 형체를 이루고 이(理)가 또한 부여된다"[21]고 주석하여, 인간이나 사물의

---

18) 『湛軒書』 內集 卷4, 27b 「毉山問答」, "拘於陰陽, 泥於義理, 不察天道, 先儒之過也."

19) 『湛軒書』 內集 卷4, 30a 「毉山問答」, "萬物化生於春夏, 則謂之交. 萬物收藏於秋冬, 則謂之閉. 古人立言, 各有爲也. 究其本, 則實屬於日火之淺深, 非謂天地之間, 別有陰陽二氣, 隨時生伏, 主張造化, 如後人之說也."

20) 『燕巖集』 卷12, 42a 「熱河日記」 〈虎叱〉, "陰陽者, 一氣之消息也."

21) 『中庸』 제1장, 〈天命之謂性〉 朱子註, "天以陰陽五行, 化生萬物. 氣以成形而理亦賦焉."

형질을 구성하는 질료로서 음양과 오행을 제시하였었다. 이에 대해 정약용은 다음과 같이 말했다.

음양이란 이름은 햇빛을 비추고 가리는 데서 비롯된다. 해가 숨은 것을 음이라 하고, 해가 비추는 것을 양이라 이른다. 본래 체질(體質)이 없고 단지 명암(明暗)만 있을 뿐이니, 이것을 가지고 만물의 근원이 된다고 할 수 없을 것이다.[22)]

정약용은 음양(陰陽)이라고 하는 것은 해가 비추느냐 그렇지 않으냐에 달려 있다 하여, 음양을 자연현상으로 보고 만물의 근원으로 여기지 않았다.

오행(五行)에 대해서 실학파 학자들은 단지 우리의 실생활에서 접할 수 있는 다섯 가지 요소(要素)로 본다. 대표적인 문장을 열거하면 다음과 같다.

① 『서경(書經)』의 「우서(虞書)」와 「하서(夏書)」에 육부(六府)라 말하였으니, 수 · 화 · 금 · 목 · 토 · 곡이 이것이요, 역(易)에 팔상(八象)을 말하였는데 천 · 지 · 화 · 수 · 뇌 · 풍 · 산 · 택이 이것이며, 「홍범(洪範)」에 오행이라 말하였으니 수 · 화 · 목 · 금 · 토가 이것이고, 불가(佛家)에서 사대(四大)를 말하였으니 지 · 수 · 화 · 풍이 이것이다. (……) 오행의 수는 원래 정론(定論)이 아니다. 그런데 술가(術家)에서 이를 조종으로 삼아 하도(河圖)와 낙수(洛數)로써 억지로 맞추고, 역의 상수로 파고 들어가, 생극(生克)이니 비복(飛伏)이니 하여 지리하게 얽어매고 여러 술수를 장황하게 이야기하나, 끝내 그런 이치는 없다. 대저

22) 『與猶堂全書』 第2集, 第4卷 「中庸講義補」, "陰陽之名, 起於日光之照掩. 日所隱曰陰, 日所映曰陽. 本無體質, 只有明闇, 原不可以爲萬物之父母."

화(火)는 태양이요, 수(水)와 토(土)는 땅이다. 목(木)과 금(金)은 해와 땅의 기(氣)로 말미암아 생성하는 것이니 당연히 삼자(火 · 水 · 土)와 더불어 병행될 수 없는 것이다.[23]

② 오행이란 하늘이 부여하고 땅이 축적한 바로서 사람이 힘입는 것이다. 우(禹)가 차례를 매기고 무왕(武王)과 기자(箕子)가 문답한 바, 일인즉 정덕 · 이용 · 후생의 도구에 불과하고, 쓰임인즉, 세상이 잘 다스려지고 만물이 이루어지는 공능(功能)에서 벗어나지 않을 따름이다.[24]

③ 혹은 오행이라고 말하며, 혹은 육부라고 말하나, 모두 재료가 되는 사물〔材物〕임을 말한 것이요, 일찍이 천지를 생성하는 이치가 다섯 가지에 근본 한다는 것은 아니다.[25]

④ 천지는 넓고 물리는 은미하여 쉽게 추측할 수 없다. 하물며 오행은 만물 가운데 다섯 가지 사물에 불과한 데 다른 사물과 동일한 오행으로서 만물을 낳는다 함은 또한 어렵지 않겠는가? 『예기』「예운」에서 이르기를 '인간은 오행의 빼어난 기운을 받았다' 하니 선유(先儒)들이 종지로 삼는 바는 모두 이 한마디 말이다. 이제 혈기를 가진 부류를 해부해 보아도 금(金) · 목(木) 등의 물건

23) 『湛軒書』 內集 卷4, 30b 「毉山問答」, "虞夏言六府, 水火金木土穀是也. 易言八象, 天地火水雷風山澤是也. 洪範言五行, 水火木金土是也. 佛言四大, 地水火風是也 (……) 五行之數, 原非定論. 術家祖之, 河洛以傅會之, 易象以穿鑿之, 生克飛伏, 支離繚繞, 張皇衆技, 卒無其理. 夫火者, 日也. 水土者, 地也. 若木金者, 日地所生成, 不當與三者, 竝立爲行也."

24) 『燕巖集』 卷1, 6b 「洪範羽翼序」, "夫五行者, 天之所賦, 地之所蓄, 而人得以資焉. 大禹之所第次, 武王箕子之所問答, 其事則不過正德利用厚生之具, 其用則不出乎中和位育之功而已矣."

25) 『與猶堂全書』 第2集 第24卷, 「尙書古訓」 〈洪範〉, "或稱五行, 或稱六府, 總認爲材物, 未嘗云天地生成之理, 本於此五也"

을 찾아볼 수 없으니 장차 어디에서 이러한 이치를 징험할 수 있겠는가?[26)]

⑤ 금·목·수·화·토 오행은 백성이 살아가면서 날마다 쓰고 늘 사용하는 물건이다. 오직 이 다섯 가지가 가장 많아서 대략 뽑아 이름을 달리하였을 뿐 별다른 뜻은 없다. 금·목·수·화·토를 쓰고 사용하는 절도와 조작하는 방법에 이르러서 모두 경험이 있는데 권징취사(勸懲取捨)가 모두 일기(一氣)의 순역위합(順逆違合)에서 벗어나지 않는다. 그러나 기를 보기가 쉽지 않고 연구가 너무 깊어 견강부회가 여러 가지여서 상생상극이 제화(制化)한다는 설과 천지 운화가 분배한다는 논의가 있기에 이르렀다. 이와 같이 옳지 못한 이론을 처음 만든 사람은 망설이고 꺼리는 것이 없었다 하더라도 경험을 한 사람이 어찌 비판이 없겠는가?[27)]

홍대용은 인용문 ①에서 오행이란 육부·팔상·사대 등과 같이 다만 옛사람들이 각자의 관점에 따라 사물 전체를 분류하여 설명하고자 한 방식에 불과하다 하였으며, 박지원은 인용문 ②에서 오행을 상생(相生)·상극(相剋)의 원소로 보지 않고 실생활에서 이용·후생할 수 있는 다섯 가지 물질로 보았다. 그리고 정약용은 인용문 ③, ④에서 홍대용과 같은 입장을 취하고 있으며, 천지만물의 생성 이치가 오행에 있지 않다고 하였으며, 최한기는 인용문 ⑤에서 박지원과 같이 오행을 일상생활에서 사용하

---

26) 『中庸講義補』「天命之謂性節」, "天道浩大, 物理眇隱, 未易推測. 況五行不過萬物中五物, 則同是物也, 而以五生萬, 不亦難乎. 禮運曰, 人者, 五行之秀氣, 先儒所宗, 皆此一言. 今夫血氣之論, 剞而視之, 不見金木等物, 將於何驗得此理."

27) 『運化測驗』 卷2, 「五行四行」, "金木水火土五行, 乃民生日用常行之物. 惟此五行者最多, 略擧其概, 而別名目而已, 別無他義. 至於金木水火土, 行用之節, 制和之方, 皆有經驗, 而勸懲取捨, 摠不外於一氣之順逆違合. 而見氣未易, 究索大深, 傅會多端, 至有相生相剋制化之說, 天地運化分配之論. 作俑者, 縱無顧憚, 經驗者, 豈無訾毁也."

는 물건으로 보았다. 즉, 이들 실학파에 있어서 오행은 궁극적 요소도 아니요, 상생 상극하여 만물의 변화를 낳는 것도 아니다. 보는 관점에 따라 현상의 세계를 다섯 가지의 요소로도 설명할 수 있고, 넷 · 여섯 · 여덟으로 설명할 수 있다는 것이다. 그리고 홍대용은 우주만물의 궁극적 구성요소로 화(火) · 수(水) · 토(土)를 들고 있다.[28] 특히 최한기는 오행설을 부정할 뿐만 아니라 서양의 사행설(四行說)도 부정하였다. 오행이든 사행이든 그것은 형질의 기이고, 그러한 만큼 운동 변화하는 기의 파생물에 불과하다는 것이다. 그리고 존재론에 있어서 기와 기의 운동변화만 근원적 존재로 여기고, 오행에 대해서 그것이 구체적 사물일 뿐 만물의 근원이 될 수 없다 하였다.[29]

이처럼 실학자들이 오행론을 비판한 글은 1633년에 간행된 한역서학서(漢譯西學書)인 『공제격치(空際格致)』의 내용과 긴밀한 연관이 있다.

> 중국의 선비는 말하기를, "우리 중화에 예로부터 오행(五行)의 설이 있으니, 토 · 수 · 화 삼행(三行)에 금 · 목을 더하여 오행을 이룬다. 이 설이 서학과 같은지 모르겠다."고 한다. 나는 이렇게 생각한다. (……) 앞에서 논한 이른바 '행'이란 것은 만물이 거기서부터 나오는 것이다. 더욱이 '원행'은 지극히 순수한 것이다. 이미 순수하므로 반드시 서로 섞임이 없다. 한번 만물을 살펴보면, 쇠와 나무는 만물의 원행이 될 수 없다. 금과 목이 실은 수 · 화 · 토가 섞인 것임을 누가 모르겠는가? 섞인 것은 원행이 될 수 없다. 가령 섞인 것도 원행이 될 수 있다면 풀과 돌 따위도 마땅히 원행의 대열에 넣어야 할 것이다. 그러면

---

28) 『湛軒書』 內集 卷4, 30b 「毉山問答」, "夫火者, 日也. 水土者, 地也. 若木金者, 日地之所生成, 不當與三者竝立爲行也.".

29) 김용헌, 「최한기의 자연관」, 『동양철학연구』 제18집, 동양철학연구회, 1998, 123쪽 참조.

오로 끝나지 않을 것인데, 어째서 쇠와 나무만 선택했는가? 옛날 대우는 진모하기를 수 · 화 · 금 · 토와 곡을 나열하여 육부(六府)로 삼았으니, 단지 민생에 절실한 것을 말했다. 『홍범』도 그러하여, 일찍이 원행이나 만물의 근본을 말한 적이 없다.[30)]

위의 문장에서 알 수 있듯이, 홍대용 · 박지원 · 정약용 등이 금(金)과 목(木)이 '행(行)' 이 되기에 부적당하다고 비판한 이유가 나와 있는 것이다. 최한기가 서양의 4원행은 만물을 구성하는 근원적 재료라고 한 이유도 나와 있다.[31)]

이처럼 실학파의 학자들은 음양오행을 우주만물의 생성원리라는 관점에서 보지 않고, 단순히 자연현상이나 실생활에서 흔히 대하고 유익하게 이용할 수 있는 다섯 가지 물질로 보았다. 이러한 점이 성리학파와 구별

---

30) 『空際格致』 卷上, 「問金木爲元行否」, "中士曰, 吾中華, 從古有五行之說, 卽于土水火三行, 便加金木, 以成五行. 未知此說, 同于西學否. 余曰 (……) 諸前論所謂五行者, 乃萬物之所從出也, 則 惟元行爲至純也, 旣純必無相雜矣. 試觀萬物之成, 槪不以金木, 如人蟲鳥獸諸類 是也. 則金木不得爲萬物之元行也. 又誰不知, 金木者實有水火土之雜乎. 雜則不能爲元行矣. 設雜者可爲元行則, 草石等物, 宜寘之于元行之列, 則又不止于五矣. 何獨取金木也, 昔大禹陳謨, 特以水火金木土與穀, 列之爲六府. 只云其切于民生者, 洪範亦然, 未嘗謂爲元行及萬物之本也."

31) 이러한 내용은 비단 『공제격치』에서 볼 수 있는 것은 아니다. 마테오리치가 저술한, 『건곤체의』에서 '중국에서 오행의 원래 의미는 『서경』 「대우모」에 나오는 것으로, 거기에서 생활에 절실한 재료로 金 · 木 · 水 · 火 · 土에 穀을 덧붙여 六府를 말하고 있다. 육부를 말할 때 후대의 유학들이 말하는 유기체적 관계나 상생의 설은 없었다.(『乾坤體義』, 「四元行論」. "吾觀古唐虞開物大禹陳謨, 特以與穀列之爲六府, 只云其切於民生者, 未嘗謂水火金木土爲元行, 質萬物之本也. 後儒言水而木, 木而火, 火而土, 土而金, 夫乃曰木由水生, 火由木生, 土由火生, 金由土生, 水由金生耳.)' ; 또한 '金과 木은 만물의 근본적인 원질이 될 수 없다는 하고, 이는 사람 · 동물 · 곤충 등에 金과 木의 요소가 들어 있지 않기 때문이라고 하였다(『乾坤體義』, 「四元行論」. "故謂水火土爲行則可, 如以金木爲元行則不知何義矣. 試觀萬物之成多不以金木焉. 如人蟲鳥獸諸類是也, 則金木不得爲萬物之達行也)' 라고 하였다.

되는 실학파의 특성이라 하겠다. 따라서 이들은 성리학파의 주된 관심이었던 사변적인 학문을 배제하고, 물질적으로 이용·후생할 수 있는 실용적인 학문을 제창하였던 것이다.

2) 천문학과 한역서학서

앞에서 살펴본 바와 같이 실학파는 음양오행을 형이상학적인 관점에서 파악하지 않고 물리적인 현상으로 파악하였다. 따라서 그들은 자연에 대해 차츰 형이상학적 관점에서 벗어나 과학적으로 인식하고자 하였다. 특히 홍대용은 서양과학사상을 적극적으로 수용하여 과학적 사유에 의한 새로운 자연관을 보여 주었다. 그는 우주의 시원과 천지자연의 생성과 운동은 기(氣)에 의해 이루어진다는 형이상학적 자연관에 기초하면서, 보다 구체적인 서양자연과학적 지식을 접목해 상호 보완적 체계를 이루고자 하였다. 이러한 내용은 그의 「의산문답」을 통해 살펴볼 수 있다. 우선 홍대용은 우주에 대해 다음과 같이 설명한다.

> 태허(太虛)는 본래 텅 비고 끝없이 넓은데, 가운데 가득히 차 있는 것이 기(氣)다. 안도 없고 바깥도 없으며 시작도 끝도 없다. 쌓인 기가 일렁거리고 엉겨 모여서 형체를 이루어, 허공에 두루 펴져 돌기도 하고 멈추기도 하나니, 곧 땅과 달과 해와 별이 이것이다. 대저 땅이란 바탕이 물과 흙이며, 모양은 둥근데 공계에 떠서 쉬지 않고 돈다. 온갖 사물은 표면에 의지하여 사는 것이다.[32]

---

32) 『湛軒書』 內集 卷4, 19a 「毉山問答」, "太虛寥廓, 充塞者氣也. 無內無外, 無施無終, 積氣汪洋, 凝聚成質, 周布虛空, 旋轉停住, 所謂地月日星, 是也. 夫地者, 水土之質也, 其體正圓, 施轉不休, 渟浮空界, 萬物得以依附於其面也."

홍대용은 우주만물의 생성을 기의 운동으로 설명하고, 일월성신(日月星辰)뿐만 아니라 지구도 허공에 떠 있으며 운동하는 것이라는 점을 분명히 하였다. 홍대용은 천(天)을 기가 가득 차 있는 허공으로 보았으며, 만물의 궁극적 구성요소는 화(火)·수(水)·토(土)라고 보았다. 그는 다음과 같이 말했다.

> 하늘은 기(氣)뿐이요, 해는 불(火)뿐이고 땅은 물(水)과 흙(土) 뿐임을 안다. 만물이란 기의 찌꺼기〔糟粕〕이고 불의 거푸집〔陶鎔〕이며 땅의 군살〔疣贅〕인 것이다. 화(火)·수(水)·토(土) 세 가지 중 하나만 없어도 조화가 이뤄질 수 없다는 것을 어찌 의심할 수 있겠는가? (……) 그러므로 말하기를 "땅은 만물의 어머니요, 해는 만물의 아버지요, 하늘은 만물의 할아버지"라고 하였다.[33]

홍대용은 목과 금은 화·수·토에 필적할 수 있는 궁극적 요소가 되지 못한다고 보아 기존의 오행론을 부정하고, 화·수·토 세 가지만 궁극적 요소라고 보았다. 수와 토는 생명체를 이루는 질료인 바, 홍대용은 이것을 '만물의 어머니' 라고 하였다.

홍대용은, 당시 지식인들이 전통적인 천원지방설(天圓地方說)을 믿고 있었는데 반하여, 이를 전면적으로 부정하고 지구설(地球說)과 함께 지전설(地轉說)과 무한우주설(無限宇宙說)을 주장하였다.

홍대용은 지원설에 대해 세 가지 논거를 제시하여 설명한다. 첫째는 "만물의 형체가 모두 원형이므로 지구도 예외일 수 없다."[34]는 것이다. 이

33) 『湛軒書』 內集 卷4, 30b 「毉山問答」, "知天者氣而已, 日者火而已, 地者水土而已. 萬物者, 氣之糟粕, 火之陶鎔, 地之疣贅, 三者闕其一, 不成造化, 復可疑乎. (……) 故曰 地者, 萬物之母, 日者, 萬物之父, 天者, 萬物之祖也."

34) 『湛軒書』 內集 卷4, 19a 「毉山問答」, "萬物之成形, 有圓而無方, 況於地乎."

것은 단순한 유비추리로서 논거가 과학적이라고 볼 수 없다. 둘째는 월식과 일식 때 나타나는 현상을 가지고 추론한 것이다. 이는 매우 과학적인 관점임이 틀림없다.

> 달이 해를 가릴 때 일식이 되는데 반드시 가려진 체가 둥근 것은 달의 체가 둥글기 때문이다. 땅이 해를 가릴 때 월식이 되는데 가려진 체가 둥근 것은 땅의 체가 둥글기 때문이다. 그러므로 월식은 땅의 거울이다. 월식을 보고 땅이 둥근 줄 모른다면 이것은 거울로 자기 얼굴을 비추면서 얼굴을 분별하지 못하는 것과 같으니 어리석지 않으냐.[35)]

홍대용은 이처럼 일식과 월식 때 비친 그림자로 달이 둥글고 지구가 둥글다고 하는 근거를 제시하여 지원설을 과학적으로 설명하고 있다. 셋째는 조감(鳥瞰) 및 일출(日出) · 일몰(日沒) 현상에 의한 추론이다. 만약 지구가 육면체이고 위쪽의 평면 한 곳에 강과 산, 사람을 비롯한 만물이 모여 있다면, 높은 곳에 올라가면 태산과 같은 외국의 땅도 한눈에 볼 수 있어야 한다는 것이다.[36)] 이에 대해 우리는 먼 곳이 보이지 않는 것은 시력의 한계 때문이라고 반박할 수도 있다. 먼 곳이 보이지 않는 것은 시력의 한계 때문이지만, 궁극적으로 지구가 둥글기 때문이라는 것이다. 그것은 장애물이 없는 바다나 들판에서 관측으로 더욱 확실히 알 수 있다는 것이다. 시야를 가리는 아무런 장애물도 없는 바다나 들판에서 보면, 해와 달은 분명히 바다나 들판에서 나와 바다나 들판으로 들어간다는 것이다. 물

35) 『湛軒書』 內集 卷4, 19b 「毉山問答」, "月掩日而蝕於日, 蝕體必圜, 月體之圜也. 地掩日而蝕於月, 蝕體亦圜, 地體之圜也. 然則月蝕者, 地之鑑也. 見月蝕, 而不識地圜, 是猶引鑑自照, 而不辨其面目也."

36) 『湛軒書』 內集 卷4, 21a 「毉山問答」, "且曰河海之水, 人物之類, 萃居一面也, 是夷夏數萬里遠近均平, 夫泰山巨嶽海外國土, 升高測望, 可以一覽而盡之, 其果然乎.

론 실제로 일출과 일몰이 해가 바다나 들판으로부터 나와 다시 바다나 들판으로 들어가는 것은 아니다. 그러나 지구가 평면이 아닌 곡면(曲面)이기 때문에 그렇게 보인다는 것이다. 마찬가지로 지구가 곡면이기 때문에 높이 올라가도 먼 곳이 보이지 않는다는 것이다. 홍대용의 이러한 추론은 매우 과학적이라고 하겠다.[37)]

이러한 홍대용의 입장과 마찬가지로 최한기도 지구설을 설명할 적에 카노의 세계 일주에 대해 여러 번 언급하고 있다는 점이다. 그는 지구설에 대해 카노의 예를 들어 아래와 같이 더욱 자신 있게 말했다.

> 땅이 둥글고 그것을 둘러싸고 있는 대기는 햇빛을 받아 구슬처럼 빛난다. 그러므로 그것을 지구라고 한다. (……) 대지는 바다와 함께 본래 하나의 구를 이루고 있다. (정덕 연간 이전에 포르투갈 사람 카노가 처음으로 지구를 빙 돌아왔는데, 이로부터 땅이 둥글다는 것이 밝혀지기 시작한 이후 백여 년 만에 지도가 중국에 들어왔다) 지도가 중국에 들어오자 처음에 의심을 하다 다음에 믿게 되었고, 점차 그것이 바꿀 수 없는 이론임을 알게 되었다.[38)]

최한기는 위의 인용문에서 본 바와 같이 카노(J. S. Cano, 嘉奴)의 세계 일주를 소개한 것은 세계 일주야말로 지구가 둥글다는 것을 직접 입증해 준다고 믿었기 때문이다. 그러므로 지구가 둥글다는 것을 홍대용과 마찬가지로 다음 몇 가지로 증명하였다. 첫째, 월식 때 달을 가린 지구의 그림자가 둥근 것을 보고 지구가 둥글다고 하였으며, 둘째, 북으로 갈수록 북

---

37) 『湛軒書』 內集 卷4, 21a 「毉山問答」, "實翁曰, 人視固有限也. 雖然海行則日月出於海, 而入於海, 野望則日月出於野, 而入於野, 天接於海野, 無所障礙, 視限之說, 不可行矣."

38) 『推測錄』 卷2, 「地球右旋」, "地體圓, 而所包蒙氣, 隨日光而生耀如珠, 姑謂之地球. 大地同海, 本一圓球(正德以前, 葡萄牙人嘉奴, 始圜地而返, 則地球之明, 自此始, 而後百餘年, 圖入中國), 自是圖入中國, 始疑而次信之, 漸知其爲不易之論."

극이 더 높아지고 남으로 멀리 갈수록 남극이 땅 위로 떠올라 북극과 다름이 없으므로 몸체가 남북으로 둥글다는 것을 알 수 있으며, 셋째, 해가 뜨고 지는 것이 동서에 따라 이르고 늦은 차이가 있는 것으로 보아 지구의 몸체가 동서로 둥글다는 것을 알 수 있다고 하였다.[39)]

이처럼 홍대용과 최한기는 과학적인 근거로 지구설을 설명하였을 뿐 아니라 지전설(地轉說)도 주장하였다. 그러나 조선조에서 지전설에 대한 믿음을 가장 먼저 가졌던 사람은 『역학도해(易學圖解)』를 지은 대곡(大谷) 김석문(金錫文, 1658~1735)을 들 수 있다. 그는 "천체가 지구의 둘레를 도는 것이 아니고 지구가 회전함으로써 낮과 밤의 하루가 이루어진다."고 하고, "지금 지상으로부터 보면 모든 별은 왼쪽으로 돌고 있는 것처럼 보이나 별의 실제 운행은 아니다. 별에는 주야로 하늘을 한 바퀴 도는 운행은 없고, 지구와 대기와 불이 합쳐져서 일구(一球)를 이루고, 서에서 동으로 매일 일주할 뿐이다. 마치 사람이 배에 타고 있으면서 강 언덕이나 나무들을 보면 자기가 움직이고 있다고 생각하지 않고 강 언덕이 움직이고 있는 것처럼 생각하는 것과 같다. 지상의 사람들이 별이 움직이고 있는 것처럼 생각하는 것도 이 같은 이치다. 이와 같이 (지구가 자전하고 있다고) 생각하면 지구 하나를 움직이게 할 뿐 천상의 별은 모두 움직이지 않아도 되고, 지구의 작은 회전만으로 천상의 대회전이라는 난사를 회피할 수 있는 것이다"[40)]라고 하여, 『오위역지(五緯曆指)』를 인용하여 지전설을 주장하였다. 따라서 홍대용은 이전 선배들의 사상적 영향과 함께 자신의 지원설을 바탕으로 지전설(地轉說)을 주장하였다. 홍대용은 다음과 같이 말했다.

---

39) 權五榮, 『崔漢綺의 學問과 思想 硏究』(집문당, 1999) 313쪽 참조.

40) 『易學二十四圖解』, 3면.

대저 땅덩어리는 빙빙 돌아 하루에 한 바퀴를 돈다. 지구 둘레는 9만리이고 하루는 12시간(오늘날의 24시간)인데 9만리의 넓은 둘레를 12시간에 도니, 운행의 빠름은 천둥보다 빠르고 포환보다 빠르다.[41]

여기서 홍대용이 지구가 하루에 한 바퀴를 돈다고 한 것은 지구의 자전(自轉)을 의미하는 것이다. 홍대용은 지구가 이렇게 빨리 자전하지만 사물이 쓰러지거나 넘어지지 않는 이유는 지구의 기(氣)가 사물을 감싸고 있기 때문이라고 설명하였다. 홍대용은 상하지세(上下之勢)라는 개념과 '근본이 같으면 서로 감응한다' 는 사물의 이치를 도입해서 둥근 지구의 표면 어디에서도 사람이 추락하지 않고 살 수 있는 것에 대해 설명한다.[42] 그는 다음과 같이 무한우주설(無限宇宙說)을 주장하였다.

은하란 여러 세계를 묶은 한 세계로 공계(空界)에 두루 돌아 큰 테두리를 이룬 것이다. 그 속에 많은 세계의 수효가 몇천몇만이나 되는 바, 해와 지구 등의 세계도 그중 하나일 뿐 하늘의 큰 세계이다. 그러나 지구에서 볼 때 이와 같을 뿐, 지구에서 보는 이 외에도 은하 세계 같은 것도 몇천몇만몇억이나 되는 줄 알 수 없으니, 나의 자그마한 눈에 의하여 갑자기 은하가 가장 큰 세계라 할 수 없을 것이다.[43]

---

41) 『湛軒書』 內集 卷4, 20b 「毉山問答」, "夫地塊旋轉, 一日一周, 地周九萬里, 一日十二時. 以九萬之闊, 趨十二之限, 其行之疾, 亟於震電, 急於炮丸."

42) 같은 글, 330-331쪽. "지구가 매우 빠른 속도로 돌므로 허공의 기가 세차게 부딪쳐 허공을 막으면서 땅으로 모여든다. 그래서 上下之勢가 있게 되니 이것은 지면의 세이다. 땅에서 멀리 떨어진 곳에는 세가 없다. 또 자석이 철을 끌고 호박이 티끌을 당기는데, 근본이 같은 것은 서로 감응하는 것이 사물의 이치다. 그러므로 불이 위로 타오르는 것은 해가 근본이기 때문이고, 조수가 솟아오르는 것은 달이 근본이기 때문이며, 만물이 아래로 떨어지는 것은 땅이 근본이기 때문이다."

43) 『湛軒書』 內集 卷4, 23a 「毉山問答」, "銀河者, 叢衆界以爲界, 旋規於空界, 成一大環. 環中

하늘에 가득한 별치고 세계 아닌 것이 없다. 해와 달 지구도 그중의 하나일 뿐이다. 지구 밖에는 수를 알 수 없을 정도로 많은 은하계가 존재한다는 것이다.[44] 기존에 '구중천(九重天)'이니 '십이중천(十二重天)'이니 하는 등의 유한우주설(有限宇宙說)을 믿고 있었으며, 그것을 배경으로 지구가 우주의 중심이라는 지구중심설을 견지하였다. 그러나 홍대용은 무한우주설을 배경으로 하여 지구중심설을 부정한다.

> 하늘에 가득 찬 별치고 세계로 되지 않은 것이 없으니, 성계(星界)로부터 본다면 지계(地界)도 한 개의 별이다. 한량없는 세계가 공계(空界)에 흩어져 있는데 오직 지계만이 바로 중심에 있다는 말은 있을 수 없다.[45]

지계로 본다면 지구가 중심이 될 수 있지만, 성계로 본다면 지계는 단지 하나의 별에 불과하다는 것이다. 이러한 지구중심설의 부정은 이른바 '이천시물(以天視物)'의 관점과 밀접한 관계가 있는 것이다. 홍대용은 이러한 과학적 세계관을 바탕으로 종래의 화이론을 비판하기에 이른다. 화(華)와 이(夷), 내(內)와 외(外)의 구분은 상대적 관점에서 성립될 수 있을 뿐, 절대적 진리는 될 수 없는 것이다. 이렇게 볼 때 홍대용의 과학적 자연관은 결국 종래의 중국 중심적 세계관을 타파하는 데 지대한 구실을 한 것으로 평가할 수 있다.[46]

多界, 千萬其數. 日地諸界, 居其一爾. 是爲太虛之一大界也. 雖然地觀如是, 地觀之外, 如河界者, 不知爲幾千萬億. 不可憑我渺眼遽, 以河爲第一大界也."

44) 특히 홍대용의 무한우주설과 함께 제기한 다른 우주의 知的 存在 가능성은 1600년 부루노(Giordano Bruno)를 火刑받게 한 주장과 일치한다고 한다(朴星來, 「홍대용의 과학사상」, 『한국학보』 제23집 175쪽 참조).

45) 『湛軒書』 內集 卷4, 22b 「毉山問答」, "滿天星宿, 無非界也. 自星界觀之, 地界亦星也. 無量之界, 散處空界, 惟此地界, 巧居正中, 無有是理."

천문학에 대한 이러한 일련의 과정을 거쳐 최한기에 이르면, 서양의 과학사상을 매우 정치한 이론으로 구성하여 지구구형설·지구자전설·태양중심설을 설명하고 있다. 무엇보다 최한기의 자연관에 있어서 주목해야 할 것은 지구자전설과 지구공전설, 그리고 태양중심설을 들 수 있다. 그는 지구의 자전에 대해 확신을 하고 다음과 같이 말했다.

> 훌륭하도다. 지구에 대한 설이여! 천지의 정체를 밝혔고, 천 년의 몽매를 일깨웠다. 역술가가 천체는 왼쪽으로 돈다고 한 것은 역(曆)의 계산을 간편하게 하기 위해 그랬을 뿐이니, 학자는 반드시 지구가 오른쪽으로 돈다는 것을 알아야 천체 운행의 연관성을 알게 된다. (……) 지구가 날마다 돌고 있다는 것은 실로 정당한 이치이다. 이는 조석(潮汐)의 이치에서 더욱 단적으로 드러난다.[47]

그는 지전설에 있어서 자전한다는 증거로 세 가지를 들었다. 첫째, 조수(潮水)와 석수(汐水)는 항상 지구를 끼고 왼쪽에서 끌고 오른쪽에서 밀어 달과 상응하는데, 달이 높은 곳에 이르면 조수가 감소하고, 달이 낮은 데 이르면 석수가 넘친다. 둘째, 해·달·별들 중에 낮은 것은 운행이 빠르고 높은 것은 운행이 느리다. 셋째, 바다에 뜬 돛단배가 서쪽으로 향하면 운행이 쉽고 동쪽으로 향하면 어렵다. 이 세 가지 증거로서 지구가 둥글다는 것뿐 아니라 자전한다고 하였던 것이다.[48]

---

46) 이에 대해서는 김인규, 『북학사상의 철학적 기반과 근대적 성격』(다운샘, 1999). 제4장 참조.

47) 『推測錄』 卷2, 「地球右旋」, "至哉, 地球之論, 明天地之正體, 晢千古之長夜. 曆家, 雖謂天體左旋, 特爲入算之簡便, 學者, 須知地球右旋, 乃見斡運之連綴. (……) 地球日周之論, 實爲理勝也. 且於朝汐之理, 其動尤爲端的"

48) 權五榮, 『崔漢綺의 學問과 思想 硏究』, 집문당, 314쪽.

최한기는 『공제격치』를 참고하여 저술한 『운화측험(運化測驗)』의 서문에서 "자전으로 인해 밤낮이 생기고 공전으로 인해 사계절이 생긴다."[49] 라고 하여, 지구의 자전뿐만 아니라 지구의 공전에 대해서 확신을 가지고 있었다. 그는 처음에 지구를 중심으로 달, 태양, 화성, 토성, 항성이 회전하고, 금성, 수성은 태양을 중심으로 회전한다고 하여 지구중심설을 주장하였으나,[50] 『지구전요(地球典要)』와 『기학(氣學)』이 완성된 1857년을 전후로 지구중심설에서 태양중심설로 바뀌기 시작하여, 1867년에 쓴 『성기운화(星氣運化)』에 이르러서 "항성과 태양은 움직이지 않고 지구와 다섯 행성이 함께 태양을 돈다. 그러므로 1년이라는 것은 지구가 태양을 일주하는 것이고, 하루의 밤낮이라는 것은 지구가 한 번 자전하는 것이다"고 완전히 태양중심설로 굳어졌던 것이다.

특히 최한기는 기륜설(氣輪說)을 고안하여 전통적 기철학과 근대 천문학을 혼합하여 자신의 우주관을 제시하였다. 최한기는 서구 근대과학의 성과를 활동운화(活動運化)하는 신기(神氣)의 철학, 즉 기학(氣學)의 입장에서 해석하였다.

'기륜(氣輪)' 이란 글자 그대로 기의 바퀴이다. 지구의 회전에 따라 지구를 둘러싸고 있는 기도 돌기 때문에 거대한 기의 바퀴, 기륜이 형성된다고 보았다.[51] 그러나 무엇보다 최한기가 기륜설을 고안하게 된 가장 근본적인 이유는 『담천』에 소개된 뉴턴의 역학이론에 중대한 문제점이 있다고 여겼기 때문이다. 즉 『담천』의 저자가 '만유인력이 어떠한 이유에서 생기는가?' 라는 의문에 대해 명쾌하게 답하고 있지 않다고 보았으며, 자신의 기륜설을 동원하면 만유인력이 생기고 작용하는 원인을 밝힐 수 있

49) 『運化測驗』 序, "自轉爲晝夜, 輪轉爲四時"

50) 『推測錄』 卷2, 「諸曜遲疾可測所以然難知」 참조.

51) 김용헌, 「최한기의 자연관」, 『동양철학연구』 제18집, 동양철학연구회, 1998. 참조.

다고 생각하였다.

> 만약 기륜이 없다면 멀리 있는 두세 별의 체질이 어떻게 이어져서 끌어당기고 밀고 배척하겠는가? 대개 바로 기륜이 있어 그러한 것이니 (기륜의) 표면이 서로를 문지르고 껍데기가 접하게 되면, 풀무질을 하는 것과 같이 되어 운화에 이른다.[52]

> 섭동이라는 것은 끌어당기면서 움직이는 것이다. 뭇 행성들 상호 간의 거리는 비록 멀고 가까움과 높고 낮음이 있지만 각자 기륜을 가지고 있어 서로 접촉하고 서로 간섭하여 밀고 당기는 세(勢)를 이룬다. (……) 단지 뭇 별들이 빛나고 넓게 나열된 것만을 보고 운화하는 기륜의 활동과 밀고 당김을 보지 못하면 어찌 만물운화의 맥락을 알 수 있겠는가?[53]

최한기는 행성과 행성 사이에 아무것도 없이 서로 영향을 미친다는 것은 생각할 수 없다고 보았으며, 서로 떨어져 있는 두 물체가 서로에게 어떤 작용을 하기 위해서 어떤 형태로든 연결되어 있어야 한다는 것이 그의 기본적인 생각이었다. 그러므로 최한기는 행성과 행성들 사이에 작용하는 중력이 각 별들이 둘러싸고 있는 기륜(氣輪)에 의해 형성된다고 보았다. 그러나 『담천』의 저자는 단순히 섭력(攝力=만유인력)에 집착하고, 섭력의 근본이 되는 기륜의 작용에 대해서 모르고 있다는 것이다. 담천에 기술되어 있는 천체역학 이론들이 단순히 수학적 계산과 도식의 차원에

52) 『星氣運化』 권10, 「氣輪攝動」, "若無氣輪, 則在遠之二三星體質緣何而牽引推拒哉. 蓋有此氣輪, 而肥膚相切, 郛郭相接, 以囊籥運化."

53) 『星氣運化』 卷首, 「凡例」, "攝動者, 引持而動也. 諸行星相距, 雖有遠近高低, 各自有氣輪, 相切相攝, 因成推挩之勢. (……) 但見諸星光暎色耀, 寥廓羅列, 不見運化氣輪之活動推挩, 何能知萬物運化之脈絡."

머물러 있어 천인(天人)의 운화(運化)를 온전히 드러내고 있지 못한 것으로 생각하였던 것이다.[54]

그러나 최한기가 비록 뉴턴의 만유인력을 제대로 이해하지 못했다 하더라도 『담천』을 바탕으로 저술된 『성기운화』에 나타난 그의 천체관은 우주의 만물이 기(氣)로 통일되어 있고, 기가 없는 빈 공간은 없다는 관념은 절대적이었다. 결국 최한기는 서양의 천문학, 특히 뉴턴의 이론을 근간으로 하는 천체역학을 수용하면서, 한 걸음 더 나아가 기(氣)로써 천체역학의 원인까지 해명하려고 하였던 것이다.[55] 이러한 시도가 비록 성공적이지 못했다 하더라도 단순히 서양 과학을 수용하는 것에 그치는 것이 아니라 자신의 확고한 철학적 입장에 근거하여 창조적으로 수용하고자 한 사상가였던 것이다.

4. 맺음말

이상에서 고찰한 바와 같이 실학파의 자연관 형성에 있어서 한역서학서(漢譯西學書)가 끼친 영향이 매우 컸음을 알 수 있다. 이는 음양오행론에 대한 인식과 지구설, 지전설, 공전설에서 알 수 있다. 그리고 한역서학서 중에서 초기에 『공제격치』가 많은 영향을 끼쳤으며, 최한기에 이르러 천문학에 있어서 『담천』에 영향을 받은 바가 많았음을 알 수 있다.

예를 들면 홍대용의 「의산문답(毉山問答)」의 논지와 전개 방식은 한역

54) 박권수의 「최한기의 천문학 저술과 기륜설」(『계간 과학사상』 30호, 1999. 가을호) 100-106쪽 참조.

55) 金容憲, 「최한기의 서양 우주설 수용와 기학적 변용」, 『실학의 철학』(예문서원, 1996) 520쪽 참조.

서학서인 『공제격치(空際格致)』와 매우 흡사하며, 최한기도 『운화측험(運化測驗)』에서 이 책을 많이 참고하였다. 또 최한기가 『성기운화(星氣運化)』에서 지구공전설을 주장하게 된 것도 태양중심설과 케플러의 타원궤도설이 반영된 『담천(談天)』에 크게 의지한 것이었다.

그러나 이들은 이들 사상을 전적으로 수용하는 것은 아니다. 이들은 한역서학서(漢譯西學書)를 수용하면서 기철학(氣哲學)이라는 체계 내에서 수용하고 있음을 알 수 있다. 먼저 홍대용은 "천지에 가득 차 있는 것은 다만 기일 뿐이다.(塞于天地者, 只是氣而已)"[56]라고 하여, 여전히 기를 우주의 근본적인 것으로 보는 동양의 전통적 관념을 버리지 않고 있다. 이러한 예는 단적으로 최한기에서 찾을 수 있다. 그는 서양의 사행설은 동양의 오행설보다 진전된 것이라 볼 수 있지만 제대로 된 이론은 아니라고 판단하였다. 그러므로 그는 화 · 수 · 토를 기의 하부구조로 말하고, 만물을 기 · 화 · 지로 설명하고자 하였다.

> 기는 우주 안에서 모이고 흩어지는데, 물체에 붙으면 물체가 된다. 기가 물에 있으면 물이 되고, 기가 흙에 있으면 흙이 되고, 기가 불에 있으면 불이 된다. 물체에 붙지 않는 기라면, 그것은 운화기(運化氣)이다. 그러니 어떻게 기를 수 · 토 · 화에 한정할 수 있겠는가?[57]

그의 견해로 氣는 모든 우주의 근원으로 화 · 수 · 토보다 상위 개념이어서, 이것들과 같은 등급으로 볼 수 없다. 이런 점에서 일기(一氣)를 만물

---

56) 『湛軒書』 內集 권1, 「心性問」

57) 『明南樓全書』, 「運化測驗」, 「五行四行」. "氣之爲物, 聚散宇內, 偶之物則爲物. 氣在水則爲水, 氣在土則爲土, 氣在火則爲火, 氣不偶之于物, 則是運化氣也. 豈可以氣分界限於水土火也."

의 근원으로 삼겠다는 것이 최한기의 생각이었다.[58] 그가 서양 과학사상을 받아들이고 그것을 이용해 거대한 철학체계를 세웠지만, 여전히 동양의 전통적 우주론의 기반인 기(氣)를 포기하지 않았음을 말해 준다. 최한기는 서구의 최신 이론을 수용하면서 자신의 기륜설(氣輪說)에서 '기로 가득 찬 우주'를 상정한다든지, '기의 운동성'에 근거해서 각 별들 사이의 작용을 설명하는 점에서 여전히 전통철학의 기일원론적인 천체이론의 내용을 강하게 함축하고 있다. 비록 그가 뉴턴의 만유인력의 법칙을 정확히 이해하지 못하고, 자신의 기륜설로서 전체의 운행과 다양한 현상들을 원리적으로 설명하고자 하였던 그의 지적 작업은 '지식의 수용과 자기화'라는 관점에서 본다면 긍정적으로 평가할 수 있을 것이다.

이처럼 한역서학서(漢譯西學書)가 실학파의 자연관 형성에 지대한 영향을 끼쳤음에도 불구하고, 이를 전적으로 수용하지 않고 이를 자신의 철학 체계 내에서 용해하고자 했던 이들의 지적 작업은 한계성에도 불구하고 의의가 매우 크다 하겠다. 특히 이들은 지구설을 통해 주자학의 한 축을 이루고 있던 화이적 세계관 내지 중화적 세계관을 극복하는 계기가 되었다는 데 큰 의미가 있다. 이들은 과학적 사유를 통해 그들 나름대로 세계에 대한 합리적 인식을 추구하고자 하였으며, 모든 존재의 상대적 자기중심성을 인식하고자 노력하였다는 점이다. 모든 존재의 상대적 자기중심성에 대한 인식을 통해 세계를 바라보는 주체성을 확립하는데 일정 부분 기여했던 것이다.

58) 『明南樓全書』, 「運化測驗」, 「五行四行」.

〈참고 문헌〉

『經書』, 『書經』, 『周易』, 『二程全書』, 『朱子大全』, 『朱子語類』, 『性理大全』,
『星湖全書』, 『湛軒書』, 『燕巖集』, 『貞蕤閣文集』, 『與猶堂全書』, 『明南樓全集』,
『空際格致』, 『談天』, 『天學初函』
權五榮, 『崔漢綺의 學問과 思想硏究』, 集文堂, 1999.
金容運 · 金容國, 『東洋의 科學과 思想』, 일지사, 1998
金仁圭, 『북학사상의 철학적 기반과 근대적 성격』, 다운샘, 2000.
朴星來, 『中國科學의 思想』, 전파과학사, 1978.
李相益, 『서구의 충격과 근대 한국사상』, 한울, 1997.
李賢九, 『崔漢綺의 氣哲學과 西洋科學』, 성균관대 대동문화연구원, 2000.
全相運, 『韓國科學技術史』, 과학세계사, 1966.
崔韶子, 『東西文化交流史硏究』, 삼연사, 1987.
崔英成, 『한국유학사상사』(IV, V), 아세아문화사, 1995.
홍원식외, 『실학사상과 근대성』, 예문서원, 1998.
大濱皓 著, 李炯性 譯, 『범주로 보는 주자학』, 예문서원, 1983.7
藪內清저, 兪景老역, 『中國의 天文學』 전파과학사, 1985.
야마다 케이지 著, 김석근 譯, 『朱子의 自然學』, 통나무, 1991.
조셉 니담 著, 이석호 外譯, 『중국의 과학과 문명』(I~III), 을유문화사, 1994.
金文鎔, 「洪大容의 實學思想에 관한 硏究」, 고려대 박사학위논문, 1995.
金容憲, 「최한기의 서양 우주설 수용와 기학적 변용」, 『실학의 철학』, 예문서원, 1996
金容憲, 「서양 과학에 대한 홍대용의 이해와 그 철학적 기반」, 『철학』 제43집, 1995.
金容憲, 「최한기의 자연관」, 『동양철학연구』 제18집, 동양철학연구회, 1998.
金仁圭, 「北學思想硏究」, 성균관대 박사학위논문, 1999.
金仁圭, 「性理學派와 實學派의 陰陽五行에 대한 認識」, 『동양고전연구』 제1집, 동양고전학회, 1993.
金仁圭, 「朝鮮後期 華夷論의 變容과 그 意義 - 北學派를 중심으로」, 『東洋古典硏究』 제5집, 동양고전학회, 1995. 12.
羅逸星, 「18世紀 韓國學者들의 太陽系에의 理解」, 『동방학지』 제22집, 1979.
閔泳圭, 「十七世紀 李朝學人의 地動說」, 『동방학지』 제16집, 1975.
박권수, 「최한기의 천문학 저술과 기륜설」, 『계간 과학사상』 30호, 1999. 가을.
朴星來, 「韓國近世의 西歐科學 受容」, 『동방학지』 제18집, 1978.
朴星來, 「洪大容의 科學思想」, 『한국학보』 제23집, 1981.
小川晴久, 「地動說에서 宇宙無限論으로 - 金錫文과 洪大容의 世界」, 『동방학지』 제21집, 1979.
安在淳, 「朝鮮後期 實學派의 思想的 系譜 - 性理學派와 관련하여」, 『동양철학연구』 제12집

1991.
이면우,「『지구전요』를 통해 본 최한기의 세계 인식」,『계간 과학사상』 30호, 1999 가을..
李龍範,「李朝實學派의 西洋科學受容과 그 限界」,『동방학지』 제58집, 1988.
李賢九,「최한기의 기학과 근대과학」,『계간 과학사상』 30호, , 1999. 가을.
許南進,「朝鮮後期 氣哲學 硏究」, 서울대 박사학위논문, 1994.
허종은,「金錫文의 宇宙論과 그 思想史的 位置」,『동서철학연구』 제11호, 동서철학연구회, 1994.

〈부록 2〉

조선 후기 신분제 개혁론의 새로운 지평

– 신분주의에서 직분주의로의 패러다임의 전환

1. 머리말

'조선 후기의 신분제개혁론' 에 대한 연구는 반계(磻溪) 유형원(柳馨遠, 1622~1673)을 비롯하여, 농암(聾菴) 유수원(柳壽垣, 1694~1755), 담헌(湛軒) 홍대용(洪大容, 1731~1783), 연암(燕巖) 박지원(朴趾源, 1737~1805), 초정(楚亭) 박제가(朴齊家, 1750~1805), 다산(茶山) 정약용(丁若鏞, 1762~ 1836) 등을 중심으로 그동안 많이 이루어져 왔다. 이는 조선 후기 실학연구에 있어서 접근하기 용이한 분야가 바로 이들의 사회사상에서 엿볼 수 있는 신분제 개혁론이었기 때문이다.

그러나 개개인의 개혁론에 대한 연구이다 보니 실학파의 신분제 개혁론을 특징 지울만한 연구 성과가 없었다는 것이 현재의 실정이다. 더구나

* "이 논문은 2005년 정부(교육인적자원부)의 재원으로 한국학술진흥재단의 지원을 받아 수행된 연구임" (KRF-2005-041-A00155)

철학적 관점에서 해명된 것은 더욱 빈약한 실정으로, 이들 연구에 있어서 가장 아쉬운 점은 '조선 후기 신분제 개혁론의 정체성(正體性)의 문제'와 '개화파(開化派)에 끼친 영향'이라 하겠다.

동아시아 전근대의 유학사상은 신분에 따라 사람을 차별하는 것이 특색이다. 유교사상을 정치이념으로 수용한 조선 왕조는 양반(兩班)·중인(中人)·양인(良人)·천인(賤人)이라고 하는 전형적인 신분적 계층사회를 이루었다. 그러나 조선 후기 실학파에 와서 조심스럽게 신분에 대한 기존의 관념을 뛰어넘어 새로운 신분관이 제시되었다. 조선 후기 신분제 개혁론에서 가장 큰 핵심은 바로 신분주의(身分主義)에서 직분주의(職分主義)로의 패러다임 전환이라고 하겠다. 기존의 신분제에서 중시되던 양반·중인·양인·천인의 사회신분론을 벗어나 사·농·공·상의 직분주의에 입각한 사민제도(四民制度)로서 조선 사회의 근간을 새롭게 편성하고자 하였던 것이다. 사·농·공·상의 직분주의에 입각하여 사민제도의 확립을 주장했던 사람들은 한결같이 사민분업(四民分業)의 확립과 함께 모든 백성들에게 동등한 초등교육의 기회를 제공하고, 이들의 학업능력에 맞게 사·농·공·상의 직업을 선택하게 하는 능력본위제를 주장하였던 것이다.

이에 본 연구에서 먼저 신분제의 기원과 의미에 대해 살펴본 후, 조선 전기 신분제의 특징을 삼봉(三峰) 정도전(鄭道傳, 1342~1398)을 중심으로 살펴보고, 다음으로 실학파의 신분제 개혁론의 특징과 의의에 대해 고찰하고자 한다.

2. 신분제의 기원과 그 의미

신분제가 언제, 어떻게 시작되었는지 정확히 단정할 수는 없을 것이다. 다만 일반적으로 추론해 보자면, 인간이 모여 사회생활을 영위하면서 분업의 필요성이 대두하고, 특히 분쟁을 조정하고 질서를 바로잡기 위해 치자(治者)와 피치자(被治者)를 구분할 필요가 대두함으로써 신분제가 시작되었을 것이다. 특히 사회가 복잡해지면서 신분을 더욱 구체적으로 나눌 것이 요구되고, 이를 통치 도구로 활용되면서 사회신분이 확립되었던 것이다. 이중환은 『택리지(擇里志)』에서 다음과 같이 신분의 분화 과정을 설명한 바 있다.

> 옛날에 사대부란 것이 따로 없고 모두 민(民)이었다. 그런데 민이 네 가지로 분류되었다. 사(士)로서 그중에 어질고 덕이 있으면 임금이 벼슬을 시켰고, 벼슬하지 못한 자는 농 · 공 · 상이 되었다. (……) 세계가 생긴 지 오래되고 보니, 예도(禮度)가 점점 번잡해지면서 명호(名號)가 달라지고, 명호가 달라질수록 등급이 많아졌다. 그와 함께 성인(聖人: 임금)의 의장(儀章)과 도수(度數: 官爵의 등급)도 지극히 많았다. 삼대 때 제후가 많았으며, 그들에 딸린 세경(世卿)과 세대부(世大夫)도 각자 예도로서 부귀를 누렸다. 그리고 선비로서 벼슬하지 못한 자도 비록 귀함은 누리지 못하였으나, 옛 성인의 법을 지켰다. 집안을 다스리고 자신을 수양하는 데 진실로 힘이 미치고 예도에 참람함이 없으면 경대부와 동등한 신분이었다. 외우는 것은 『시경(詩經)』과 『서경(書經)』이었고, 행하는 것은 인의(仁義)와 예악(禮樂)이었다. 이리하여 사대부라는 명호가 생겼으며, 명호가 생기면서 지향(志向)하는 바가 달랐다. 이런 까닭으로 농 · 공 · 상은 드디어 천한 신분으로 되고 사대부라는 명호는 더욱 높아졌다.[1)]

이중환에 의하면 애초에 신분의 구분 없이 모두 사(士)였는데 세상이 오래되고 사회가 복잡해지면서 예도(禮度)가 번잡해지고, 명호(名號)가 달라지면서 신분의 등급이 생겼다는 것이다. 이중환은 사회가 복잡하지 않았던 상고시대에 농 · 공 · 상의 일을 수치로 여기지 않았는데, 명호가 달라진 후세에서 농 · 공 · 상의 일을 업신여기게 되었다는 것이다. 따라서 이중환은 농 · 공 · 상의 신분으로서 사대부를 부러워한다면, 이것은 근본을 모르는 것이라고 하였다.[2]

유가의 신분에 대한 구분은 이미 오래전에 시작되었다. 『주역(周易)』에서 "하늘은 높고 땅은 낮으니 건곤(乾坤)이 정해지고, 낮은 것과 높은 것이 이로써 베풀어지니 귀천(貴賤)이 자리를 잡는다."[3]라고 하였다. 자연의 세계에 고 · 하(高下)가 있듯이, 인간의 세계도 상 · 하(上下)와 존 · 비(尊卑)의 위계가 있다는 것이다. 이를 유가에서 모든 것에 정해진 자리가 있다는 정위(定位)의 관념과, 자리들 사이에 존비(尊卑)와 귀천(貴賤)이 있다는 위계(位階)의 관념으로 설명한다. 그리고 정위의 관념과 위계의 관념은 유가 사회 구조론의 근원적 토대가 되었다.[4]

특히 유가에서 정위와 위계를 '불역(不易)'으로 설정한 것은, 정위와 위계를 동서고금(東西古今)을 막론하고 변할 수 없는 모든 사회의 근본 구조로 인식했다는 것을 의미한다. 이에 대해 주자는 다음과 같이 말했다.

1) 李重煥, 『擇里志』 권1, 「四民總論」, "古無士大夫, 皆民也. 民有四, 士賢而有德 國君仕之, 不仕者, 或爲農爲工爲商. 世界之生久矣, 夫禮繁而名殊, 名殊而等級多. 聖人之儀章度數, 至衆矣. 三代之詩, 諸侯多, 其世卿世大夫, 各以禮治富貴. 而二之不仕者, 雖不貴, 又守古聖人之法. 其治家修身, 苟力可及而無害於僭, 則與卿大夫同. 所誦詩書, 而所業仁義禮樂也. 於是, 士大夫之名出焉. 名立而途異. 故農工賈遂賤, 而士大夫之名, 益尊."

2) 『擇里志』, 같은 곳.

3) 『周易』 「繫辭上傳」에 제1장, "天尊地卑, 乾坤定矣, 卑高以陳, 貴賤位矣."

4) 이상익, 『유가사회철학연구』, 심산, 2001. 111-112면 참조.

군신(君臣)과 부자(父子)는 정해진 자리로서 바뀔 수 없으니〔定位不易〕, 일에 있어 정상적인 것〔事之常〕이다. 임금이 명령하면 신하가 행하고, 아버지가 전해주면 아들이 계승함은 도에 있어서 날줄〔道之經〕이다.[5)]

주자는 군신과 부자 관계 등 정위와 위계의 구조는 정해진 자리로서 영원히 변할 수 없으며, 임금과 부모의 명령을 받드는 것은 지극히 당연하다고 하였다. 그러나 명령은 일방적인 것이 아니라 정당성을 얻을 때 가능하다. 이를 단적으로 나타낸 것이 공자의 "군군신신 부부자자(君君臣臣父父子子)"[6)]다. 공자는 정위(定位)와 위계(位階)를 인정하였지만, "임금은 임금답고, 신하는 신하답고, 아버지는 아버지답고, 자식은 자식다워야 한다."고 하여, 모든 사회적 지위인 '명(名)'에 그에 '합당한 몫'인 '분(分)'이 따른다고 하였다.[7)] 공자가 볼 때 군신과 부자의 명분과 질서, 나아가 사회 질서는 각자가 자기 명분에 해당하는 역할을 실현함으로써 이루어진다는 것이다. 이 점에서 공자가 말하는 정명(正名)은 단순히 '직위의 고수'를 의미하는 것은 아니라 직위에 부합되는 역할이 요구되고, 그렇지 못할 때 이를 시정해야 한다는 것이다. 공자는 상·하(上下)를 명령과 복종의 관계로 설정하기 이전에, 서로 인간의 정(情)이 통하는 감응의 관계로 설정하고, 이러한 감응을 가능하게 하려면 정명(正名)이 필요함은 물론 윗사람의 솔선수범이 요구된다고 보았던 것이다.[8)]

사실 정위와 위계란 '사회적 지위'와 관련된 것으로, 사회적 지위란 신분(身分)과 직분(職分)에 의해 성립된다. 맹자는 인간 사회의 직분을 크게

5) 『朱子大全』 卷14, 頁11, "君臣父子, 定位不易, 事之常也. 君令臣行, 父傳子繼, 道之經也."
6) 『論語』 「顔淵」 제11장, "齊景公, 問政於孔子. 孔子對曰, 君君臣臣, 父父子子."
7) 김인규, 「『논어』의 정치사상」, 『논어의 종합적 고찰』(심산, 2003), 163면 참조.
8) 이상익, 『유가사회철학연구』, 심산, 2001. 111면 참조.

노심자(勞心者)와 노력자(勞力者)로 나누어 설명하였다.

> 옛말에 '어떤 자는 마음을 수고롭게 하고〔勞心〕, 어떤 자는 힘을 수고롭게 한다〔勞力〕. 마음을 수고롭게 하는 자는 남을 다스리고, 힘을 수고롭게 하는 자는 남에게 다스림을 받는다' 고 하였다. 남에게 다스림을 받는 자는 남을 먹여 주고, 남을 다스리는 자는 남에게 얻어먹는 것이 천하에 공통된 의리〔通義〕다.[9)]

맹자는 직분을 정신노동을 하는 노심자와 육체노동을 하는 노력자로 구분하고, 노심자인 통치자는 사회질서를 유지시켜, 그 대가(代價)로 백성들로부터 세금을 받아먹고 사는 데 반해, 노력자인 백성들은 재화를 생산하고 그중 일부를 세금으로 바쳐 통치자를 먹여 살린다는 것이다. 맹자는 정신노동과 육체노동의 분업을 인간 사회 보편적인 삶의 방식〔通義〕으로 인식하였던 것이다. 순자도 인간의 사회생활 자체를 분업과 협동의 체계로 이해하였다. 그는 "잘 다스려진 나라는 직분이 이미 정해져 있다. 군주와 재상, 신하와 백관들이 각각 자기가 들은 바에 삼가하고, 듣지 않은 바에 들으려고 힘쓰지 않으며, 각각 본 바에 삼가고 보지 않은 바에 보려고 애쓰지 않는다. 듣고 본 바에 진실로 노력한다면, 비록 잘 보이지 않는 벽지에 사는 백성이라도 본분을 공경하고 제도에 안착하여 윗사람에게 감화되지 않는 사람이 없을 것이니, 이것이 다스려지는 나라의 증거다."[10)]라고 하여, '직분이 지켜지는 나라' 가 '잘 다스려지는 나라' 라고

---

9) 『孟子』, 「滕文公上」, 4장, "故曰, 或勞心, 或勞力. 勞心者治人, 勞力者治於人, 治於人者食人, 治人者食於人, 天下之通義也."

10) 『荀子』, 「王霸」, "治國者, 分已定. 則主相臣下百吏, 各謹其所聞, 不務聽其所不聞, 各謹其所見, 不務視其所不見. 所聞所見, 誠以齊矣. 則雖幽閒隱辟, 百姓莫敢不敬分安制, 以化其上, 是治國之徵也."

보았던 것이다. 그는 직분을 다음과 같이 구체적으로 설명하였다.

> 농부(農夫)는 밭을 구분하여 경작하고, 상인(商人)은 재화를 구분해서 판매하고, 백공(百工)은 일을 나누어서 힘쓰고, 사대부(士大夫)는 관직을 구분해서 일하고, 나라를 세운 제후(諸侯)는 영토를 구분해서 지키고, 삼공(三公)은 모든 정사를 총괄해서 의결하면, 천자(天子)는 팔짱을 끼고 앉아 있으면 그만인 것이다. 그리하면 나가든 들어오든 천하가 균평하지 않음이 없고 다스려지지 않음이 없으니, 이것은 백왕(百王)이 함께 하였던 바요, 예법의 대분(大分)인 것이다.[11]

순자에 의하면, 농부와 공인은 생산을 담당하고, 상인은 생산된 물자의 유통을 담당하며, 공경 · 대부는 농 · 공 · 상을 관리하는 일을 맡고, 군주는 공경 · 대부를 관리하는 등 각각의 직분에 합당한 일을 맡는 것이다. 이를 순자는 '예법의 대분' 이라고 하였는데, 이는 앞에서 맹자가 말한 '천하의 통의' 와 같은 맥락이다.[12] 그러나 순자는 정위와 위계를 '직분' 으로만 인식한 것이 아니라 '신분' 으로 인식하고, 사회통제의 중요한 수단으로 이해하였다.

> 성왕(聖王)은 남는 재물을 마름질하여 (身分의) 차이(差異)를 분별하니, 위로 현량(賢良)한 사람을 꾸며 귀함과 천함을 밝히고, 아래로 장유(長幼)를 꾸며 친함과 소원함을 밝혔다. 그리하여 위로 왕공(王公)의 조정으로부터 아래로 백성

---

11) 『荀子』, 「王霸」, "農分田而耕, 賈分貨而販, 百工分事而勸, 士大夫分職而聽, 建國諸侯之君, 分土而守, 三公總方而議, 則天子共己而止矣. 若出若入, 天下莫不平均, 莫不治辨, 是百王之所同, 而禮法之大分也."

12) 이상익, 『유가사회철학연구』, 심산, 2001, 118-120면 참조.

의 집에 이르기까지, 천하의 사람들이 모두 환하게 자기 자리를 알게 되었으니, 다른 무엇을 위한 것이 아니라 장차 분(分)을 밝혀서 두루 다스림으로써 만세(萬世)를 보전하기 위한 것이었다.[13]

위에 보이듯이, 순자는 성왕이 재물을 나눌 적에 신분의 차이를 설정하여 몫의 크기를 다르게 하고, 현량(賢良)함을 따져 상 · 하의 위계를 설정한 것을 불가피한 것으로 인식하였으며, 위계에 의한 통치를 '만세를 보전하기 위한 것' 으로 이해하였다. 아울러 순자는 '하늘이 있고 땅이 있어 상하의 차등이 있고, 총명한 임금이 비로소 섬에 나라를 다스리는 제도가 있게 되었다. 무릇 둘 다 귀하면 서로 섬길 수 없고, 둘 다 천하면 서로 부릴 수 없으니, 이것은 자연의 이치다. 세력과 지위가 균일하고 좋아하고 싫어하는 것이 같은데 재물이 풍족하지 못하면 반드시 다툰다. 다투면 어지러워지고, 어지러워지면 막힌다. 선왕이 어지러움을 싫어하여, 예의(禮義)를 제정하여 나누고, 빈부(貧富)와 귀천(貴賤)의 등급이 있게 하여, 서로 임하기에 충분히 하였으니, 이것이 천하를 기르는 근본이다."[14]라고 하여, 예(禮)는 한편으로 상 · 하(上下)의 욕망을 합리적으로 규제하는 것이면서, 다른 한편으로 상 · 하의 몫의 크기를 다르게 설정함으로써 상 · 하의 위계를 정당화하여 위계질서를 하나의 통치 수단으로 인식하였던 것이다.[15]

비록 유가에서 정위와 위계를 정당한 것으로 인정하였다 하더라도, 이

---

13) 『荀子』, 「君道」, "聖王財衍以明辨異, 上以飾賢良而明貴賤. 下以飾長幼而明親疎. 上在王公之朝, 下在百姓之家, 天下曉然皆知其所, 非以爲異也, 將以明分達治. 而保萬世也."

14) 『荀子』, 「王制」, "有天有地, 而上下有差, 明王始立, 而處國有制. 夫兩貴之不能相事, 兩賤之不能相使, 是天數也. 執位齊, 而欲惡同, 物不能澹, 則必爭. 爭則亂, 亂則窮矣. 先王惡其亂也, 故制禮義以分之, 使有貧富貴賤之等, 足以相兼臨者, 是養天下之本也."

15) 이상익, 『유가사회철학』, 심산, 2001, 113면 참조.

는 고정된 것이 아니라 자신의 노력과 능력에 의해 성취할 수 있는 가변적인 것이었다. 『서경(書經)』에서 "정치가 잘되고 못됨은 오직 관리들에게 달려 있으므로, 관작(官爵)은 사사로이 친한 자에게 줄 수 없고, 오직 능력 있는 자에게 주어야 하며, 악한 자에게 줄 것이 아니라 어진 자에게 주어야 한다."[16]고 하였다. 공자도 "얼룩소의 새끼라 하더라도 붉고 뿔이 반듯하면, 비록 사람들이 내버려 두고 희생(犧牲)으로 쓰지 않으려 해도 산천(山川)이 그것을 내버려 두겠는가?"[17]라고 하여, 미천한 출신이라 하더라도 덕성과 능력이 있으면 중히 써야 함을 강조하였다. 아울러 맹자도 '어진 자를 우대하고 능력 있는 자를 등용할 것〔尊賢使能〕'[18]을 주장하였으며, 순자도 "사람의 덕을 헤아려 직위의 순서를 정하고, 능력을 헤아려 관직을 주어, 어진 자와 불초한 자가 모두 지위를 얻게 하고, 능력 있는 자와 능력이 없는 자가 모두 벼슬을 얻게 한다."[19]고 하여, '현자와 불초자가 모두 지위를 얻게 하고, 능자와 불능자가 모두 직분을 얻게 한다.' 고 한 것은, 덕(德)의 유무와 능력에 따라 차등을 두어 '모든 사람에게' 직분을 배분하라는 것이었다. 그러므로 순자는 "비록 왕공(王公)과 사대부(士大夫)의 자손이라도 예의(禮義)를 실천하지 않으면 서인(庶人)으로 돌리고, 비록 서인의 자손이라도 문학(文學)을 쌓고 행실(行實)을 바르게 하여 예의를 실천하면 경상(卿相)과 사대부로 돌린다."[20]라고, 하여, 비록 왕공(王公)의 자식일지라도 신분이 세습되는 것이 아니라 덕과 능력이 없으면 서인(庶人)이 될 수 있으며, 비록 서인의 자식이라도 덕과 능력이 있으면

16) 『書經』, 「商書」, '說命中', "惟治亂在庶官, 官不及私昵, 惟其能, 爵罔及惡德 惟其賢."

17) 『論語』, 「雍也」, 4장, "子謂仲弓曰, 犁牛之子騂且角, 雖欲勿用, 山川其舍諸."

18) 『孟子』, 「公孫丑上」, 5장 참조.

19) 『荀子』, 「儒效」, "若夫譎德而定次, 量能而授官, 使賢不肖, 皆得其位, 能不能, 皆得其官."

20) 『荀子』, 「王制」, "雖王公士大夫之子孫也, 不能屬於禮義, 則歸之庶人, 雖庶人之子孫也, 積文學, 正身行, 能屬於禮義, 則歸之卿相士大夫."

경상(卿相)이 될 수 있다고 하였다.

이처럼 선진(先秦) 유학(儒學)에선 신분제에서 존현사능(尊賢使能)을 가장 우선시했던 것이다.

3. 조선 전기 신분제의 특징

조선 왕조는 건국과 함께 통치이념으로 유학, 그것도 주자학의 강상명분론(綱常名分論)을 수용하였다. 명분론은 사회구성원을 위계적 질서로 파악하는데, 이는 공자의 정명론(正名論)에서 유래한 것이다. 주자는 공자의 정명론을 바탕으로 인간 보편의 윤리규범 체계를 강상론으로 구체화하였다. 강상명분론에 따르면 양인(良人)과 천인(賤人), 양반(兩班)과 상민(常民) 사이에 결코 침범할 수 없는 위계가 존재하며, 이로부터 발생하는 지배와 복종의 불평등 관계는 마땅히 받아들여져야만 하는 것이다.[21]

조선시대의 신분은 크게 양인(良人)과 천인(賤人)으로 구별되었다. 양인은 국가의 관리가 될 수 있는 권리와 국가에 조세와 국역을 부담해야 하는 자유민이었는데 비해, 천인은 국가와 양인에 예속되거나, 예속되지 않더라도 인격적인 대우를 받지 못하는 부자유민으로 혈통이나 범법자, 채무로 인해 편입된 경우가 대부분이다. 양인 중에서 오랫동안 관직·문벌·토지소유·노비소유의 경쟁에서 우세한 독점적 지배신분층이 나타나게 되었다. 이러한 특권적 지배신분계층은 그들이 차지한 각종 특권을 유지·강화하기 위해 국가의 권력을 장악하고 이를 통해 법제적으로 피지배신분을 더욱 속박했다. 이것이 바로 양반·중인·양인 등의 구분이

---

21) 원재린, 「조선전기 良賤制의 확립과 綱常名分論」, 『조선건국과 경국대전체제의 형성』, 혜안, 2004, 223면 참조.

다.[22] 아울러 양인 내의 이차적 신분분화는 성취적인 면이 작용하고 이것이 혈통으로 세전되고 고착화 되어, 사 · 농 · 공 · 상(士農工商)의 직분(職分)으로 분화된 것이 사민제도(四民制度)다.

특히 조선 왕조 건국을 사실상 기획 · 연출한 삼봉(三峰) 정도전(鄭道傳, 1342~1398)은 신분제에서 기본적으로 맹자(孟子)의 '노심(勞心)과 노력(勞力)에 의한 분업과 협동' 에 대해 다음과 같이 의미를 부연한 바 있다.

> 『맹자』「등문공상」에 '야인(野人)이 없으면 군자를 봉양할 수 없고, 군자가 없으면 야인을 다스릴 수 없다' 고 하였다. 옛날 성인(聖人)이 부세(賦稅)의 법을 만든 것은 한갓 백성으로부터 수취하여 자기를 봉양하자는 것이 아니었다. 백성들이 서로 모여 살게 되면, 음식과 의복에 대한 물욕(物欲)이 밖에서 공격하고, 남녀에 관한 정욕(情欲)은 안에서 공격하여, 차지한 것이 서로 대등할 경우 서로 다투게 되고, 힘이 대등할 경우 싸우게 되어, 서로 죽이는 데까지 이른다. 통치자는 법을 가지고 그들을 다스려서, 다투는 자와 싸우는 자를 평화롭게 해 주어야 민생(民生)이 편안해진다. 그러나 그 일은 농사를 지으면서 병행할 수 없는 것이므로, 백성은 (수확량의) 10분의 1을 세(稅)로 바쳐 통치자를 봉양하는 것이다. 통치자가 백성으로부터 수취하는 것이 큰 만큼, 자기를 봉양해 주는 백성에 대한 보답도 역시 중한 것이다.[23]

정도전은 맹자(孟子)가 군자(君子: 통치자)와 야인(野人: 피치자)으로 구

---

22) 이성무, 『조선의 사회와 사상』(개정판), 일조각, 2004, 172-173면 참조.

23) 『三峰集』 卷13, 「朝鮮經國典」, '賦典', 賦稅, "孟子曰, 無野人, 莫養君子, 無君子, 莫治野人, 古之聖人, 立賦稅之法, 非徒取民以自奉. 民之相聚也, 飲食衣服之欲攻乎外, 男女之欲攻乎內, 在醜則爭之, 力敵則鬪之, 以至於相殘. 爲人上者, 執法以治之, 使爭者平, 鬪者和, 而後民生安焉. 然不可耕且爲也, 則民之出乎什一, 以養其上, 其取直也大, 而上之所以報其養者, 亦重矣."

분한 것은 사람들이 부락을 이루어 사회생활을 할 때 물욕(物欲)과 정욕(情欲)이 사람의 본성을 가려 서로 다투게 되자 이를 합리적으로 해결하기 위해 통치자와 피치자로 나눈 것이지 서로 해치기 위한 것이 아니라고 하였다. 이어 정도전은 "후세 사람은 부세법을 만든 의의를 모르고, '백성들이 나를 공양하는 것은 직분상 당연한 것이다' 라고 말한다. 그리하여 가렴주구(苛斂誅求)를 자행하면서 오히려 부족하다 걱정하는데, 백성들 또한 이를 본받아 서로 일어나 다투고 빼앗으니 화란(禍亂)이 일어나게 되었다."[24]라고 하여, 서로가 서로를 구제하기 위해 나누어진 신분제도가 본래의 취지를 망각하고, 통치자가 피치자에 대한 부세만 수취함으로써 사회적 혼란이 가중되었다는 것이다. 따라서 이러한 혼란을 방지하기 위해 정도전은 다음과 같이 사회의 직분(職分)을 보다 더 구체화했다.

> 위로 천자(天子)와 공경대부(公卿大夫)는 백성을 다스림으로써 먹고, 아래로 농부(農夫)·공장(工匠)·상인(商人)은 힘써 일함으로써 먹고, 중간인 사(士)는 집안에서 효도하고 집 밖에서 공경하여 선왕(先王)의 도(道)를 지켜 후학을 가르침으로써 먹었으니, 이는 옛 성인들이 하루도 구차스럽게 먹고 살 수 없음을 알았기 때문이다. 위로부터 아래에 이르기까지 각각 직분이 있어, 하늘의 양육을 받았으니, 백성이 구차해지지 않도록 방지함이 지극하였던 것이다. 이 반열에 속하지 않은 자는 간사한 백성이다.[25]

24) 『三峰集』 卷13, 「朝鮮經國典」, '賦典', 賦稅, "後之人, 不知立法之義, 乃曰民之供我者, 乃其職分之當然也. 聚斂掊克, 猶恐不勝, 而民亦效之, 起而爭奪, 禍亂生焉."

25) 『三峰集』 卷5, 「佛氏雜辨」, '佛氏乞食之辨', "上而天子公卿大夫 治民而食, 下而農工商賈, 勤力而食, 中而爲士者, 入孝出悌, 守先王之道, 以待後之學者而食, 此古之聖人, 知其不可一日而苟食. 故自上達下, 各有其職, 以受天養, 其所以防民者, 至矣. 不居此列者, 姦民也."

정도전은 사회의 직분(職分)을 크게 '천자'와 '공경대부'인 상위계층과 '사'의 중간계층, '농·공·상' 등 생산에 종사하는 하위계층으로 구분하고, 상위계층은 백성을 다스리고, 중간계층은 교육을 담당하며, 하위계층은 육체노동을 통해 재화를 생산하거나 유통함으로써 먹고 산다고 하였다. 그러나 어느 계층에도 속하지 않는 자는 간민(奸民)이라고 하여 사회 구성원으로서 자격이 없다고 하였다.

조선초기 사회신분은 양신분과 천신분으로 나뉘고, 양신분은 다시 양반·중인·양인으로 분화되어 사실상 사회신분은 양반·중인·양인·천인으로 구분되었다. 그리고 이들 신분 중에 조선 사회의 운영에 결정적인 영향을 끼친 것은 양반, 즉 사대부였다. 사대부가 될 수 있는 족속을 사족이라 하는데, 사족이란 '사대부지족(士大夫之族)'의 준말로, 조선초기에 양반이라는 용어 못지않게 사족이라는 용어가 많이 사용되었다. 이는 양반이라는 용어가 관직 제도상의 문·무반이라는 의미와 지배 신분층이라는 의미를 동시에 내포하고 있어 혼동되기 쉬운 데 반해 사족은 양반 신분층을 지칭하는 일반적인 용어였기 때문이다.

특히 양반은 유교 교양을 바탕으로 하는 각종 시험제도를 강화하여 그들 스스로 관료기구를 구성하고 세부적인 인사규정을 제정하여 비양반 신분의 진출을 합법적으로 제한했다. 물론 『경국대전』에 양인신분을 가진 자는 ① 국가 관료가 될 자격을 박탈당한 범죄자, ② 국가 재정을 축낸 자의 아들, ③ 재가녀·실행녀의 자손, ④ 서얼자손 외에 누구나 문·무과와 생원·진사시에 응시할 수 있는 자격이 주어졌지만, 현실적으로 양인이 20여 년 이상 소요되는 과거시험을 준비한다는 것은 경제적인 문제로 인해 사실상 불가능했으며, 설사 과거에 응시한다 하여도 시험에 합격하기란 더욱 불가하였다. 이는 과거시험의 합격 사정에 재능뿐만 아니라 가세(家世)와 문지(門地)가 선발의 주요 기준이 되었기 때문이다.[26)]

따라서 과거는 단지 재주와 능력을 시험하는 것만 아니라 족속(族屬)을 분별하는 것이라 했다. 태종 17년(1417) 12월에 사간원이 올린 치도수조(治道數條) 중에 "우리나라 과거법은 재주만 시험하는 것이 아니라 족속을 분별합니다. 원컨대 지금부터 생원 동당 향시에 응시하는 자는 각각 살고 있는 군현의 신명색(申明色: 지방 수령의 부정과 불의를 견제하기 위해 品官 중에서 뽑은 향촌자치 임원)이 족속을 상고하여 응시할 수 있는 자는 이름을 적어 수령에게, 수령은 감사에게 올리고, 감사가 다시 상고하여 시험 보게 하소서."[27]라고 하여, 신명색으로 하여금 지방 과거응시생들의 족속을 변별케 하였던 것이다. 또 세조 13년(1467) 9월 28일, 대사헌 양성지(梁誠之)와 대사간 김지경(金之慶) 등의 상소(上疏)에서도 다음과 같이 말하였다.

> 적첩(嫡妾)의 분수는 하늘이 세우고 땅이 세운 것과 같아서 어지럽힐 수 없습니다. 존비(尊卑)와 귀천(貴賤)이 각각 차서(次序)를 얻어서 서로 분수에 넘지 않은 다음이라야, 상하(上下)가 분변(分辨)되고 백성들의 뜻이 안정(安定)되어, 국가(國家)가 다스려져 편안할 것입니다. 옛날부터 사람을 쓸 즈음에 오로지 재주만으로 하지 않고 반드시 가세(家世)의 출신(出身)을 먼저 참고하였습니다. 이제 중외(中外)에서 인재(人才)를 천거(薦擧)할 때 반드시 이르기를, '안팎으로 허물이 없다.' 고 하는 것은, 서얼(庶孼) 출신 사람이 쓸 만한 재주가 없다는 까닭이 아니라, 진실로 상하(上下)를 분변(分辨)하고 백성의 뜻을 정하고 존비(尊卑)를 밝히고 귀천(貴賤)을 구별하려는 것으로, 바로 왕정(王政)의 선무(先務)인 것입니다.[28]

---

26) 이성무, 전게서, 202-203면 참조.

27) 『大典後續錄』 권3, 「禮典」 〈諸科〉

28) 『朝鮮王朝實錄』, 世祖 13年 9月 28일 庚寅條. "嫡妾之分, 猶天建地設, 不可亂也. 尊卑貴

위의 인용문에 의하면, 사람을 등용(登用)할 때 재주만 살필 것이 아니라, 가세(家世)와 문지(門地)는 물론이고 같은 양반 내에서 적첩(嫡妾)의 구분을 매우 엄하게 해야 한다는 것이다.

그뿐만 아니라 조선 사회는 출신 문벌 외에 출신 지역에 의한 차별도 심하였다. 사람들은 출신 신분이나 지역에 따라 권리, 의무에 커다란 차별을 받았다. 토지소유, 관직 등용의 기회, 군역과 납세, 형벌 등 모든 생활영역에 걸쳐 철저한 차별이 이루어졌다. 이러한 신분사회의 확립은 관료국가의 질서를 유지하고 사회 안정을 확보하는 데 기여했음에도 불구하고, 정도가 심해짐에 따라 그로 인한 사회적 갈등이 노정되고 경제발전을 저해하는 독소로 작용했다.

4. 실학파의 신분제 개혁론

조선 사회의 사회신분을 양반 · 중인 · 양인 · 천인으로 구분한다면, 직분은 사 · 농 · 공 · 상으로 구분된다. 그런데 이전의 성리학에서 중요시되던 '사회신분으로서의 신분제' 는 실학파에 이르러 '직분으로서의 신분제' 로 변모되기 시작했다. 반계(磻溪) 유형원(柳馨遠)은 주자학에서 강조하는 차등적 신분 인식을 반대하고, 분(分)을 규정하는 요소로 상하 · 귀천 · 존비 등 생래적인 것보다 인품(人品)과 자질(資質)의 높고 낮음이나 현우(賢愚)에 주목해야 한다고 하였다.[29] 특히 양란(兩亂) 이후 조선의 사

賤, 各得其序, 而不相踰分, 然後上下辨民志定, 而國家治安矣. 自古用人之際, 不專以才, 而必先考其家世門地. 今中外薦擧之時, 必曰: '內外無咎者.' 非以庶孽之人, 盡是無才可用, 誠以卞上下定民志, 明尊卑等貴賤, 乃王政之所先務也."

29) 『磻溪隨錄』 卷10, 「敎選之制下」 〈貢擧事目〉, "夫所謂名分者, 本出於貴賤之有等, 貴賤本

회경제는 그야말로 피폐할 대로 피폐한 상태였다. 그러나 이러한 원인을 임진왜란과 병자호란의 양란(兩亂)에서 찾지 않고 사·농·공·상 직분의 미분화에서 찾았던 인물이 바로 농암(聾菴) 유수원(柳壽垣)이다. 그는 다음과 같이 말했다.

> 우리 왕조(王朝)가 고려의 제도를 답습하여 나라를 세운 지 3백 년에 이르렀으나, 사민(四民)이 제대로 나누어지지 않고 있으니, 나라가 허약하고 백성이 가난한 것은 오로지 이에 빚어진 것이다. 우리 왕조는 국초(國初)로부터 임진년에 이르기까지, 또 병자년으로부터 오늘에 이르기까지 두 차례 구란(寇亂: 임진왜란과 병자호란을 말함)을 겪기는 했으나, 한 자의 영토도 잃지 않고 인구도 날로 증가하여 왔다. 그리고 국가에서 받아들이는 것도, 공세(貢稅) 이외 별로 더 부과된 일이 없었다. 따라서 간혹 천재(天災)로 상해를 입는 일이 있다 하더라도 오랜 세월을 휴양(休養)하여 온 끝이니, 어찌 민산(民產)이 오늘날처럼 물로 씻은 듯 바닥을 드러낼 수 있겠는가. 우리나라 이른바 부잣집을 말하더라도, 대개 사부(士夫)와 훈척(勳戚)과 상인(商人)·역관(譯官)들을 여유 있다고 하는 데 불과할 뿐, 농가를 보면, 비록 삼남(三南)의 비옥한 지역이라 할지라도, 햅쌀과 묵은쌀이 이어지는 집이 거의 없다. 지난날 역사를 두루 살펴보아도 우리나라처럼 민산(民產)이 심히 메말랐던 나라는 없으리라. 그러면 그 까닭은 무엇인가? 그것은 실로 사민(四民)이 분별되지 못했으므로, 각자가 제 직업에 힘을 다할 수 없었기 때문이다.[30]

出於賢愚之有分耳. 今欲莫卞其人之善惡貴賤, 專差先世之職秩華楚, 而曰嚴名分, 於義何所當乎, 而况鄕黨學校. 乃序長幼敦風化之所, 尤不可以門閥爲序也. 曰然則貴者之世, 若無才德, 則卽爲凡庶乎, 曰古語不云乎. 公卿之子爲庶人, 貴賤之不以世, 古之道也."

30) 『迂書』 권1, 「四民總論」, "我朝, 沿襲麗制, 立國三百年來, 四民之業, 尙未分別, 國虛民貧, 專出於此. 自國初至壬辰, 自丙子至今, 雖經二次寇亂, 然尺土無損, 生齒日增. 國家所捧貢稅之外, 亦無別樣加賦. 則雖或間有災傷, 累世休養之餘, 民產豈至罄竭如洗, 如今日之甚

유수원은 당시 조선의 경제적 궁핍의 근본 원인이 임병양란에 있는 것이 아니라 "사민이 제대로 나누어지지 않고 있으니, 나라가 허약하고 백성이 가난한 것은 오로지 이에 빚어진 것"이라고 하였다. 그는 국허(國虛) · 국빈(國貧)의 원인을 외세(外勢)나 자연재해에서 찾지 않고 사 · 농 · 공 · 상의 미분화에서 찾았던 것이다.

그렇다면 사민의 미분화는 어디에서 근원하는가? 유수원은 양반(兩班)=문벌(門閥)의 발달에 있다고 보았다. 양반=문벌이 되어야만 출세와 면역의 길이 트이고, 농 · 공 · 상을 하게 되면 평민으로 간주되어 출세의 길이 막힐 뿐 아니라 군역을 지게 되므로 사람마다 농 · 공 · 상을 수치로 여기고 이를 기피하게 되었다는 것이다.[31] 따라서 유수원은 신분문제를 국가와 백성의 빈부를 좌우하는 기본요인으로 간주하여 다음과 같이 말했다.

> 농(農) · 공(工) · 상(商)에 각기 법도가 있다. 그런데 오늘날 그 법도가 없어서 백성이 직업을 잃고, 직업을 잃기 때문에 백성이 가난하게 되며, 백성이 가난한 까닭에 나라가 허약하게 되는 것이다. 이제 법도를 세우고 제도를 마련하는 것은 사민(四民)을 본업(本業)으로 이끌어가려는 것인데, 이것이 어찌 이익만 취하려는 뜻이겠는가.[32]

乎. 以國中所謂富家言之, 不過士夫勳戚及商譯輩, 略有饒裕之稱, 而至於農家, 則雖三南土厚處, 新舊穀相繼之家, 絶無僅有, 歷攷往史, 未有如我國民產之枵然特甚者也, 此其故何哉. 其源實出於四民不分, 故不能務其業而然也."

31) 『迂書』 권1, 「金相堉甲申上疏」, "班之農工商, 國家何嘗禁制之乎, 渠自不爲之耳. 答曰, 兩班爲賤業, 則國家永錮之此, 非禁制者乎. 今使士族, 果爲農工商, 則交游婚宦, 其無妨碍之理乎. 人必首稱曰, 彼漢已夷於平民矣. 鄙而絶之, 唯恐不嚴, 其爲禁錮, 孰甚於此."

32) 『迂書』 권8, 「論魚鹽征稅」, "士農工商, 各有其法. 今無其法, 故民失其職. 失職故民貧, 民貧故國虛. 立法定制, 乃所以敺四民於本業也, 此豈征利之意乎."

유수원은 양반=문벌 중심의 신분제 모순은 사민의 미분화를 초래하고, 이는 백성들의 실업(失業)과 농・공・상의 피폐를 초래하여, 백성의 빈곤을 가져오며, 결국 수세원(收稅源)의 부족으로 이어져 국빈(國貧)이라는 인과적 순환논리를 이룬다고 하였다.[33] 따라서 유수원은 삼대(三代)의 성왕(聖王)이 천하를 다스린 요체도 사민의 직업분화와 육관제도의 원만한 운영에 있다 하였다.

> 비록 삼대(三代)의 성왕(聖王)들이 천하를 다스린 것으로 말하더라도, 사민(四民)이 각자 직업에 힘쓰고, 육관(六官)이 각자 직책에 충실하게 한 데 불과하다. 그리고 사민이 직업에 힘쓰고, 육관이 직책에 충실하게 된 기본은 가장 공평하고 바른 마음으로 모든 사람에게 평등한 정치를 행한 데 불과하였을 뿐이다. (……) 이제 사민(四民) 가운데 사(士)를 우선 정돈하고 이치에 맞게 하면, 나머지 농・공・상은 권장하지 않아도 자연히 각자 직업에 힘쓰게 될 것이다. 사민이 본업에 힘쓴 뒤에야 육관(六官)도 직책을 수행할 수 있다. 참으로 이것을 시행한다면, 세상에서 말하는 고질적인 병폐와 뿌리 깊은 장애로 변동할 수 없는 폐해들이 얼음이 녹고 안개가 흩어지듯 저절로 플려서, 구제하기 어려울 염려가 조금도 없게 될 것이다.[34]

유수원은 효율적인 관제운영보다 직분제도의 개혁이 부국안민(富國安民)의 선결과제라고 여겼던 것이다. 뿐만 아니라 유수원은 "무릇 천하와

33) 韓永愚, 「柳壽垣의 身分改革思想」, 『한국사연구』 제8집, 1972, 28면 참조.

34) 『迂書』 권2, 「論救門閥之弊」, "雖以三代聖王所以治天下者言之, 不過曰四民務其業, 六官述其職而已. 四民務業, 六官述職之本, 又不過曰以大公至正之心. (……) 今就四民中, 只取一箇士字, 先加整頓理會, 則其餘農工商, 自然不待勸勉, 各務其業必矣. 四民旣務本業, 然後六官可修其職, 苟能行此, 則世所謂痼弊巨瘼, 深根固蔕, 決難動搖之類, 自當迎刃縷解, 氷消霧釋, 少無難捄之慮矣."

국가를 경영하는 데 인재의 현명 여부만 따져야 마땅한데, 지금은 먼저 문벌을 따지니, 이것이 무슨 의리인가? 옛날에 귀하게 여긴 것은 충신과 효자의 자손인데, 지금은 조상의 관직과 문벌만 귀히 여기고 있다."[35]고 하여, 당시의 문벌 폐단을 지적하고, 대안으로 다음과 말했다.

> 사(士)·농(農)·공(工)·상(商)은 다 같은 사민(四民)이다. 만일 사민의 아들이 한 모양으로 행세하게 한다면 높고 낮을 것도 없고 저 편이나 이 편의 차이가 없어서, 고기는 강호(江湖)에서 서로를 잊고 사람은 도술(道術)에서 서로를 잊듯이 허다한 다툼이 없어지게 될 것이다. 그런데 오늘날 실정은 그렇지 아니하여, 조정(朝廷)에서 사람을 취사(取捨)하거나 세상에서 사람을 접대하는 것이 오직 문지(門地) 두 글자에서 차별되어 있으니, 안으로 부러운 마음이 생기고 밖으로 수치와 분노가 나타나게 되며, 온갖 이해(利害)가 신상에 긴절하고 교사한 꾀가 마음에 생기게 된다. 그리하여 상인은 장사하는 것을 부끄럽게 여기고, 장인(匠人)은 공업을 부끄럽게 여기며, 농민은 농사짓는 것을 부끄럽게 여기고, 선비는 선비인 것을 부끄럽게 여겨 온 나라에 분수를 지키는 사람은 없고, 온 세상에 부지런히 일하는 사람이 없는 것이다. 그리하여 조정에서 쟁투가 날로 심해지고, 시골에서 포악함이 날로 심해지고 있는 것이다. 슬프다, 옛 임금들이 사민(四民)을 만든 것은 각기 본분을 지키게 하려고 한 것인데, 이제 이처럼 본분에 안정하고자 하지 않으니, 어찌 나라의 근심이 아니겠는가.[36]

35) 『迂書』 권2, 「論門閥之弊」, "凡爲天下國家者, 只當問人才之賢不肖, 而今則先問其門地. 此何義理. 且古之所貴者, 忠臣孝子之子孫, 而今之所貴者, 祖先之官閥而已."

36) 『迂書』 권2, 「論門閥之弊」, "噫. 士農工商, 均是四民. 若使四民之子, 一樣行世, 則無高無下, 無彼無此, 魚相忘於江湖, 人相忘於道術, 決無如許爭端矣. 今乃不然, 朝廷所以用舍人, 世俗所以接待人者, 只就門地二字爲之間隔, 歆羨動於中, 恥憤形於外, 利害切於身, 機關生於心. 商恥商而工恥工, 農恥農而士恥士, 擧一國無守分之人, 擧一世無勤業之人. 爭鬩日甚於朝廷, 鬪狠日甚於鄕里. 噫. 先王設四民, 使各守其分, 而今乃不安分如此, 此非國家之憂耶."

유수원은 선왕이 사민을 구분한 것은 각기 그 본분을 지키게 하려고 한 것인데, 조정에서 문벌에 집착함으로써, 사 · 농 · 공 · 상 도두 자신의 본분을 부끄럽게 여기는 혼란이 초래되었다고 보았다. 그리고 이러한 폐단을 해결하기 위해서 사민의 자손들이 동등하게 대접받는 사민평등의 일양행세(一樣行世) 밖에 없다고 하였다.

이러한 신분주의에서 직분주의로의 패러다임 전환에 북학파가 자리하고 있다. 주지하다시피 북학파의 실학자들은 신분제 개혁에 있어 매우 진보적인 입장을 취하고 있다. 이는 학파 구성원 중에 이덕무(李德懋) · 유득공(柳得恭) · 박제가(朴齊家) 등 서얼(庶孼) 출신이 많은 데서 예견되는 바이다.

홍대용은 양반 · 중인 · 양인 · 천인의 신분제도가 '명분(名分)'에 집착하는 폐단을 낳는다고 보고, '직분(職分)'에 따르는 사 · 농 · 공 · 상의 분업제도를 제안하였다. 그는 먼저 "우리나라는 본래부터 명분을 중히 여겼다. 양반들은 아무리 심한 곤란과 굶주림을 겪더라도 팔짱 끼고 편케 앉아 농사일을 하지 않는다. 간혹 실업에 힘써 몸소 천한 일을 달갑게 여기는 자가 있으면 모두들 나무라고 비웃기를 노예처럼 무시하니, 자연히 노는 백성이 많아지고 생산하는 자는 줄어든다. 재물이 어찌 궁핍하지 않을 수 있으며, 백성이 어찌 가난하지 않을 수 있겠는가?"라고 하여, 명분을 중히 여기는 사회모순을 지적하고, 사 · 농 · 공 · 상의 사민제도를 '직분'으로 보아 긍정적인 관점에서 이를 고찰하고 있다.

마땅히 규정을 엄격히 세워 사 · 농 · 공 · 상에 관계없이 놀고먹는 자에 대해서 관에서 벌칙을 마련하여 세상에 용납할 수 없도록 하여야 한다. 재능과 학식이 있다면 비록 농부나 장사치의 자식이 낭묘(廊廟)에 들어가 앉더라도 참람스러울 것이 없고, 재능과 학식이 없다면 비록 공경의 자식이 하인으로 돌아간다 할지라도 한탄할 것이 없다. 위 아래가 힘을 다하여 함께 그 직분을 닦는데, 부지런함과 게으름을 상고하여 상벌을 베풀어야 한다.[37)]

홍대용은 모든 백성이 직업을 가져야 한다는 만민개로(萬民皆勞)를 주장한 뒤, 사 · 농 · 공 · 상을 '신분(身分)'에 의해 결정할 것이 아니라 학식과 재능에 의해 결정해야 한다고 보았던 것이다. 홍대용이 '위아래가 힘을 다하여 직분(職分)을 닦는다.' 고 한 표현에서 '상하(上下)' 란 사민의 위계적 질서를 말하는 것은 아니다. 어느 사회 어느 계층이든 간에 상하관계는 있기 마련이므로, 그 자체가 직분의 평등을 해치는 것은 아니다. 홍대용의 사민관은 궁극적으로 노동을 천시하여 무위도식(無爲徒食)하는 사람들을 양산하는 신분제도를 해체해, 사민(四民)이 제 각기 직분을 다하는 일종의 분업적인 사민관으로 대체하고자 한 것이다. 이러한 사민관의 대체는 결국 신분 세습의 인습(因襲)까지 폐지하려는데 그 목적이 있었던 것이다.[38)]

홍대용은 직분제도인 사 · 농 · 공 · 상의 분배 기준도 '재능과 학식' 으로 설정하였다. 농부나 장사치의 자식이 재능과 학식이 있으면 의정부에 들어가 벼슬할 수 있으며, 공경의 자제라 할지라도 재능과 학식이 없으면 하인이 될 수 있다는 것이다. 홍대용은 신분에 의해 직업이 결정되는 것이 아니라, 능력에 따라 직업을 선택하는 능력본위〔尊賢使能〕를 내세우고 있다. 이러한 사민론은 본질적으로 신분세습의 폐지와 능력 본위의 직업 배분을 주장한 것이다. 신분에 의한 직업의 선택이 아니라 능력에 따른

37)『湛軒書』內集 卷4, 頁9「林下經綸」, "當嚴立科條, 其不係四民, 而遊衣遊食者, 官有常刑, 爲世大戮. 有才有學, 則農賈之子, 坐於廊廟, 而不以爲僭. 無才無學, 則公卿之子, 歸於輿儓, 而不以爲恨. 上下戮力, 共修其職, 考其勤慢, 明施賞罰."

38) 신용하,『조선후기 실학파의 사회사상연구』, 지식산업사, 1997, 292-293면 참조.

직업의 선택이라는 직분주의(職分主義)는 사민평등의 출발점이 된다고 하겠다.

연암(燕巖) 박지원(朴趾源)도 홍대용과 마찬가지로 기본적으로 사회는 사 · 농 · 공 · 상의 사민으로 구성되어 있다고 보았다. 그러나 박지원은 "천자로부터 서인에 이르기까지 모두 사(士)다."[39], "사는 아래로 농 · 공들과 대열을 이루고, 위로 왕 · 공과 벗하여, 지위에 있어서 하등의 차이가 없다."[40]고 하여, 사민을 모두 사(士)라고 보고 사민평등을 제기하였다. 그는 다음과 같이 말했다.

> 천자도 원사(原士)이다. 원사란 생인(生人)의 근본이다. 벼슬인즉 천자이고 신분인즉 사이다. 그러므로 벼슬에 고하가 있으나 신분은 변화가 없다. 지위에 귀천(貴賤)이 있으나 '사' 라고 하는데 있어서 변함이 없다.[41]

사민(四民)은 이론적으로 원사(原士)의 신분은 동등한데 관직에 나아갈 때 지위에 고하(高下)가 있다는 것이다. 벼슬은 종9품으로부터 천자에 이르기까지 고하가 있고, 관의 직위는 귀천(貴賤)이 있지만 신분은 모두 '원사로서의 사' 라는 것이다. 하나의 신분으로서 전체적으로 신분화한 것이 사족(士族)이고, 그중에서 특히 독서에 전념하는 사람을 지칭한 좁은 의미로서의 사라고 보았던 것이다.

특히 박지원은 "우리나라 선비들은 한 모퉁이 지역에서 났으므로 치우친 기질을 타고났다. (……) '예는 차라리 야(野)해야 한다' 말하고, 누추

39) 『燕巖集』 卷5, 「答蒼厓」, "自天子, 達於庶人, 皆士也."

40) 『燕巖集』 卷10, 頁12 「雜著」 〈原士〉, "夫士下列農工, 上友三公, 以位則無等也."

41) 『燕巖集』 卷10, 頁12 「雜著」 〈原士〉, "天子者, 原士也. 原士者, 生人之根本也. 其官則天子也. 其身則士也. 故爵有高下, 有非變化也. 位有貴賤, 士非轉徙也."

한 것을 검소한 것인 줄만 안다. 소위 사 · 농 · 공 · 상의 사민(四民)이라는 것은 겨우 명목만 남았고, 이용하고 후생하는 도구에 이르러서 날로 곤궁해지기만 한다."[42]라고 하여, 선비들이 우물 안 개구리처럼 편협하고 고루해서 이용후생(利用厚生)할 줄 모른다고 혹평하였다. 따라서 박지원에게 있어서 사(士)의 역할은 매우 중요하다. 박지원은 "사(士)의 학문은 농 · 공 · 상의 이치를 실제로 겸하는 것으로, 세 가지 실업은 반드시 모두 사를 기다린 이후에 이루어진다."[43]고 하여, 사(士)의 사회적 역할을 강조하였다. 따라서 박지원은 사 · 농 · 공 · 상의 사민(四民)을 본질적으로 하나의 분업 체계로 본 것임이 틀림없다. 다만 그는 분업을 횡적으로 평등한 분업이 아니라 '사'와 '농 · 공 · 상' 사이에 종적인 위계적(位階的) 분업이었고, 농 · 공 · 상은 실리를 연구하는 사의 지도를 받아야 한다고 보았다.[44]

북학파 중에서 당시 신분제도의 모순과 문제를 누구보다 잘 알고 있었던 사람은 서얼 출신인 초정(楚亭) 박제가(朴齊家)였을 것이다. 그는 "오늘날 조정에서 문벌을 보고 사람을 등용하니, 여기서 벗어난 자는 모두 태어난 후 천한 자가 된다."[45]라고 하여, 문벌제도의 폐해를 비판하고, 서얼차별제도 및 노비제도 등 신분제도에 대해 다음과 같이 비판하였다.

> 아비를 아비라 부르지 못하는 자가 있으며, 형을 형이라 부르지 못하는 자가 있다. 같은 집안의 친척을 서로 노비로 삼는 자가 있으며, 머리가 희고 등이 굽

42) 『燕巖集』 卷7, 5ㅠ 「北學議序」, "吾東之士, 得偏氣於一隅之土. (……) 謂禮寧野, 認陋爲儉, 所謂四民, 僅存名目, 而至於利用厚生之具, 日趨於困窮."

43) 『燕巖集』 卷16, 22b 「課農小抄」 〈諸家總論〉, "士之學, 實兼包農工賈之理, 而三者之業, 必皆待士而後成."

44) 신용하, 『조선후기 실학파의 사회사상연구』, 지식산업사, 1997, 355면 참조.

45) 『北學議』 「科擧論 二」, "今朝廷, 旣以門閥用人, 則此外者, 皆生而賤者也."

은 노인을 어린아이의 아랫자리에 앉게 하는 자가 있다. 할아버지 아버지의 항렬이건만 절하지 아니하며, 손자뻘 조카뻘 되는 자가 어른을 꾸지람하는 자도 있다. 이러한 버릇이 오래되어 점점 교만해지면서 온 세상을 이적이라고 하고 자신의 행실은 예의(禮義)며 소중화(小中華)라고 하는 바, 이는 습속을 스스로 기만하는 것이다.[46]

박제가는 위에서 먼저 적서차별의 비인륜성을 신랄하게 비판하고, 이어 이러한 행실을 일삼는 사대부들이 예의(禮義)와 소중화(小中華)를 운운하는 것은 자기기만이라고 꼬집었다. 당시 사대부들을 "다만 농사일을 하지 않을 뿐 아니라 모두 농민을 역사(役使)하는 자들이다. 동등한 백성〔等民〕으로서 한 쪽은 부리고 한 쪽은 부림을 당하게 되니, 자연히 강하고 약한 세력이 이미 이루어졌다. 강약의 세가 이루어지니 농사일은 날로 가벼이 여기고 과거는 날로 중하게 여기게 되었다."[47]라고 하여, '동등한 백성〔等民〕으로서 한 쪽은 부리고, 한 쪽은 부림을 당하는 것' 은 잘못이며, 이로 인해 산업이 침체하게 되었다고 주장하였다.

박제가는 유식양반층을 생업으로 복귀시킬 수 있는 신분제 개혁안으로 양반상인화(兩班商人化)를 주장하였다. 그리고 상업에 종사한 양반 중에서 좋은 성과를 얻은 자에게 높은 벼슬을 줌으로써 유식양반의 생업에로의 복귀를 강력히 추구하였던 것이다.[48] 이는 사민(四民)을 일종의 분업

---

46)『北學議』「丙午所懷」, "父不呼父者有之, 兄不呼兄者有之. 司堂之親, 而相奴者有之. 黃髮鮐背, 而席於童丱之下者有之矣. 祖行父行而不拜, 則其孫與姪, 誚長者有之矣. 猶沾沾硏驕天下而夷之, 自以爲禮義也中華也, 此習俗之自欺也."

47)『北學議』, 「應旨進北學議疏」, "非特不農, 皆能役使農民者也. 等民也 而至於役使, 則强弱之勢已成, 則農日益輕, 而科日益重."

48)『北學議』, 「丙午所懷」, "水陸交通販貿之事, 悉許士族入籍. 或資裝以假之, 設廛以居之, 顯擢以勸之. 使之日趨於利, 以漸殺其遊食之勢, 開其樂業之心. 而消其豪强之權, 此又轉移之一助也,"

적인 제도로 보았던 바와 같이 사민평등의 출발점이 된다고 하겠다.

특히 이들은 누구나 직분을 선택하기 이전에 초등교육을 받아야 하며, 이러한 교육을 통해 자질이 우수한 자는 승급시켜 사(士)가 되게 하고, 비록 사의 자식이라도 자질이 우둔한 자는 농 · 공 · 상으로 돌려야 한다고 하였다.[49] 아울러 "사 · 농 · 공 · 상은 국가에서 나누어 주거나 권장 또는 저지하는 것이 아니다. 오직 자기 마음에 따라 하고 하지 않을 뿐이다."[50] 라고 하여, 각자의 자율적 선택을 역설하였다.

이처럼 북학파 실학자들은 한결같이 신분(身分)에 의한 직업의 선택이 아니라 능력과 자유의지에 의한 직업 선택을 주창하였다. 이들의 분업적 사민관과 능력주의 · 자율주의는 다분히 근대적 성격이 농후하다고 하겠다.

5. 맺음말

신분제의 기원은 신분에 따라 사람을 차별화하여 통치의 한 도구로 활용한 것에 있었다. 이는 『주역(周易)』에서 언급한 바와 같이 자연의 세계

---

49) 『迂書』 권8, 「論商販事理額稅規制」, "自古興作之法, 莫非於三代, 其法, 不過曰凡民之子, 八歲入小學, 學書計, 十五入大學, 學禮樂, 其有秀異者, 移于庠序, 庠序之異者, 移于國學, 國學之異者, 諸侯貢于天子, 學於太學, 命之曰造士. 造者成也. (……) 是以, 至今中國之人, 則雖農工商賈之屬, 亦皆自小入學, 材不足而學無成, 然後去而爲他業. 未嘗有蠢蠢無識, 全昧文字之人也." ; 『湛軒書』 內集 卷4, 頁8 「林下經綸」, "面中之敎, 其志高而才多者, 升之於上, 而用於朝. 其質鈍而庸鄙者, 歸之於下, 而用於野. 其巧思而敏手者, 歸之於工. 其通利而好貨者, 歸之於賈. 其好謀而有勇者. 歸之於武. 瞽者以卜, 宮者以閽, 以至於喑聾跛躄, 莫不各有所事."

50) 『迂書』 권2, 「論學校選補之制」, "士農工商, 非國家所可分付勸沮者也. 唯在自己之心, 爲與不爲而已."

에서 고 · 하(高下)가 있듯이, 인간의 세계에도 상 · 하(上下)와 존 · 비(尊卑)의 위계가 있다는 것에 근거한 것이다. 특히 유가에서 이를 모든 것에 정해진 자리가 있다는 정위(定位)의 관념과 자리들 사이에 존비(尊卑)와 귀천(貴賤)이 있다는 위계(位階)의 관념으로 설명하였는데, 사실 정위와 위계란 '사회적 지위' 와 관련된 것으로, 사회적 지위란 신분(身分)과 직분(職分)에 의해 성립되었다. 그러나 능력에 의해 선택되는 유가 본래의 정위와 위계 개념은 사라지고, 고정불변의 사회신분으로 고착화되어 사회 갈등의 요인으로 작용하게 되었던 것이다.

조선 왕조는 건국과 함께 주자학을 통치이념으로 삼았는데, 주자의 명분론은 사회구성원을 위계질서로 파악한다. 따라서 양인(良人)과 천인(賤人), 양반(兩班)과 상민(常民) 사이에 결코 침범할 수 없는 위계가 존재하며, 이로부터 발생하는 지배와 복종의 불평등 관계는 마땅히 받아들여져야만 하는 것이었다.

조선 사회의 특권적 지배신분계층은 그들이 차지한 각종 특권을 유지 · 강화하기 위해 국가의 권력을 장악하고 이를 통해 법제적으로 피지배신분을 더욱 속박했다. 특히 양반은 유교 교양을 바탕으로 하는 각종 시험제도를 강화하여 그들 스스로 관료기구를 구성하고 세부적인 인사규정을 제정하여 비양반 신분의 진출을 합법적으로 제한하였다. 이를 통해 한편으로 각종 특권을 유지 · 강화할 수 있었으며, 다른 한편으로 관료국가의 질서를 유지하고 사회의 안정을 확보할 수 있었다. 그러나 신분제의 고착화 정도가 심해짐에 따라 치자(治者)와 피치자(被治者) 사이의 간격이 심화되고 그로 인해 사회적 갈등과 사회경제적 발전을 저해하는 독소로 작용하게 되었던 것도 사실이다.

이러한 사회의 여러 모순에 대해, 실학파 학인들은 양반 · 중인 · 양인 · 천인의 신분제도를 탈피하고, '직분(職分)' 에 입각한 사 · 농 · 공 ·

상의 분업제도인 사민제도를 제안하였던 것이다. 이는 기존의 양반 · 중인 · 양인 · 천인의 신분 차별을 타파하고, 모든 사람이 신분과 관계없이 사 · 농 · 공 · 상의 직분을 선택할 수 있도록 하자는 것이었다. 이들은 직업의 선택에 있어서 각자의 능력과 자유의지를 강조하고, 사민제도(四民制度)로 조선 사회의 근간을 새롭게 편성하고자 하였던 것이다.

결론적으로 말하면 조선 후기 신분제 개혁론의 가장 큰 특징은 신분주의(身分主義)에서 직분주의(職分主義)로의 패러다임 전환이라고 하겠다. 실학파 학인들은 누구나 신분에 따른 차별을 받지 않고, 각자 능력이 발휘되며, 자유의지가 실현되는 사회를 꿈꾸었던 것이다. 이러한 실학파의 직분주의는 이후 개화파에 연결되어 만민평등론의 이론적 토대가 되었음은 주지의 사실일 것이다.

〈참고 문헌〉

『周易』, 『書經』, 『論語』, 『孟子』, 『荀子』, 『朱子大全』, 『三峰集』

『迂書』, 湛軒書』, 『燕巖集』, 『貞蕤閣文集』, 『與猶堂全書』, 『大典後續錄』

김영호 외, 『논어의 종합적 고찰』, 심산, 2003.

金仁圭, 『북학사상의 철학적 기반과 근대적 성격』, 다운샘, 2000.

신용하, 『조선후기 실학파의 사회사상연구』, 지식산업사, 1997.

오영교 편, 『조선건국과 경국대전체제의 형성』, 혜안, 2004.

유봉학, 『燕巖一派 北學思想 硏究』, 一志社, 1995.

이동준, 『유교의 인도주의와 한국사상』, 도서출판 한울, 1997.

이상익, 『儒家 社會哲學 硏究』, 심산, 2001.

이성무, 『조선의 사회와 사상』, 일조각, 2004.

최영성, 『한국유학통사』, 심산, 2006.

金泳鎬, 「茶山의 身分制 改革論」, 『한국사론』 10, 한국정신문화연구원, 1989.

김인규, 「北學思想硏究」, 성균관대 박사학위논문, 1999.

김인규, 「북학파의 신분제 개혁론 연구」, 『한국사상과 문화』 제19집, 한국사상문화학회,

2003. 3.
宋俊浩,「身分制를 통해서본 조선후기사회의 性格의 一面」,『역사학보』 제133집, 1992.
李培鎔,「茶山의 身分觀에 대한 再檢討」,『梨花史學硏究』 제16집, 1985.
趙誠乙,「丁若鏞의 身分制改革論」,『동방학지』 제51집, 1986.
崔永浩,「朝鮮王朝前期의 科擧와 身分制度」,『국사관논총』 제26집, 1991.
韓永愚,「聾菴 柳壽垣의 身分改革思想」,『한국사연구』 제8집 1972.
朴洪植,「朝鮮朝 後期儒學의 實學的 變容과 그 特性에 관한 硏究」, 성균관대 박사학위논문, 1993.
李賢九,「조선후기 철학에 반영된 자연과학 지식에 대한 검토」,『인문논총』 제11집, 호서대 인문과학연구소, 1992.

〈부록 3〉

조선 후기 실학파의 '민'에 대한 인식과 정치권력론의 새로운 지평

– 민본주의에서 민권주의로의 새로운 패러다임의 전환

1. 머리말

조선 후기 정치제도 개혁론에서 가장 큰 핵심은 바로 '민(民)'에 대한 인식과 정치권력이 '군주에게 있느냐' 아니면 '백성에게 있느냐' 하는 문제일 것이다. 즉 단순히 백성을 근본으로 하는 민본주의냐 아니면 백성을 근본으로 여기되 어느 정도 권력을 백성에 위임하는 민권주의냐가 관건이라고 할 것이다.

주지하다시피 유학(儒學)에 있어 '민본(民本)', '위민(爲民)'의 전통은 이미 공자(孔子) 이전 시기인 『시경(詩經)』과 『서경(書經)』에서 유래되었으며, 맹자(孟子)의 '민귀군경(民貴君輕)'[1] 의식에 이르러 유학의 중요한

* 이 논문은 2009년 정부(교육과학기술부)의 재원으로 한국연구재단의 지원을 받아 수행된 연구임(KRF-2009-327-A00174).

1) 『孟子』「盡心下」 제14장, "民爲貴, 社稷次之, 君爲輕."

사회사상으로 자리를 차지하게 되었다. 따라서 중국은 물론 고려, 조선조의 유학자치고 민본사상(民本思想)을 말하지 않은 학자가 없을 것이다. 그러나 실학파 이전의 민본사상과 실학파의 민본사상은 일정한 간격이 있다고 하겠다.

조선조의 경우 창업 이래 유교, 특히 주자학(朱子學)을 국교로 하여 민본 · 위민을 표방하였으나, 본질적으로 사대부 중심의 국가 운영체제였다. 양난 이후 예학적(禮學的) 사회 질서의 재편에 있어서 그러한 신분 질서가 더욱 강화되었다. 이러한 경직화의 원인은 근본적으로 조선 사회의 변화에 대한 당시 집권층의 경직된 반응에서 원인을 찾아야 할 것이다. 즉, 전기 이래 농업 중심의 생산 구조가 점차 변화하고, 계급 구조가 해체되던 시기에 이전 시기의 사회 안정 논리만 강화하려고 하였던 데 원인이 있었던 것이다.

정약용을 비롯한 조선 후기 실학자들은 중세 사회의 해체기에 새롭게 '백성' 을 위한 구체적 제도개혁의 대안을 제시하였다. 그는 당시 성리학(性理學)의 형해화(形骸化) 속에서 원시유교부터 강조되었던 민본 · 위민사상을 더욱 발전시켜, 백성의 주체성과 자율성을 확보하고자 하였다. 그리고 목(牧)과 민(民)의 관계 설정도 목(牧)을 위해 민(民)이 존재하는 것이 아니라 민(民)을 위해 목(牧)이 존재함을 분명히 하였다. 이러한 백성에 대한 인식의 단초는 명말청초(明末淸初)의 황종희(黃宗羲)에서 엿볼 수 있다. 황종희는 일찍이 "저 넓은 천하는 한사람이 다스릴 수 있는 것이 아니기 때문에, 많은 관리를 두어 나누어서 다스리는 것이다. 그러므로 우리가 나가서 벼슬을 하는 것은 천하를 위한 것이며 군주를 위한 것이 아니다. 만민을 위한 것이고 한 성〔一姓〕을 위한 것이 아니다. 우리는 천하 만민(萬民)의 견지에서 보는 것이므로 도(道)에 어긋나면, 비록 군주가 태도나 말로써 우리에게 강요하더라도 감히 따를 수 없다."[2]고 하여, 기본

적으로 치자(治者)의 의무가 백성을 위하는 것이므로 백성들과 함께해야 한다는 것이다.[3)]

특히 조선 후기 실학파의 민에 대한 인식은 민본사상에서 민권사상으로 이행하는 과정이라 하겠다. 이러한 현상은 다산(茶山) 정약용(丁若鏞, 1762～1836)과 혜강(惠岡) 최한기(崔漢綺, 1803～1877)에서 두드러지게 나타난다. 정약용은 국가 조직의 구성권뿐만 아니라 소환권 마저 백성에 있다고 천명하였으며, 최한기도 정치참여의 주체를 군왕과 사대부에서 민(民) 일반으로까지 확장했으며, 위정자란 민(民)의 이해를 대변하기 위해 선출된 자들이며, 나아가 일국의 군왕〔君長〕조차 백성의 추대(推戴)로 만들어진 존재라는 점을 분명히 밝혔다.[4)] 즉 정약용과 최한기의 민권사상은 서구 근대의 민권사상과 많은 유사점(類似點)을 보여준다 하겠다.

본 연구에서 먼저 민본의 기원과 의미에 대해 살펴본 후, 조선 후기 실학파 이전의 민본사상에 대해 간략히 살펴보고, 다음으로 조선조 후기 실학파의 정치제도 개혁에 나타난 민본, 민권사상에 대해 살펴보고자 한다.

2. 민본의 의미와 연원

'민본(民本)' 이란 말은 『서경(書經)』「하서(夏書)」의 "백성은 가까이 사

---

2) 黃宗羲, 『明夷待訪錄』 제2, 「原臣」, "夫天下之大 非一人之所能治 而分治之以群工 故我之出而仕也 爲天下 非爲君也 爲萬民 非爲一姓也 吾以天下萬民起見 非其道 卽君以形聲强我未之敢從也 (……) 盖天下之治亂 不在一姓之興亡 而在萬民之憂樂 是故桀紂之亡 乃所以爲治也"

3) 남상락, 「다산의 민권사상 - 근대성의 문제와 관련하여」, 『유교사상연구』 제10집, 유교학회, 1998. 240-241쪽 참조.

4) 백민정, 「최한기 정치론에서 民의 위상에 관한 문제」 『대동문화연구』 제67집, 성균관대 대동문화연구원, 265쪽 참조.

랑하여야 할 것이다. 하대(下待)하여서는 안 된다. 백성은 나라의 근본이니, 근본이 견고해야 나라가 편안하니라."[5]라고 한데서 유래한 말로, 민본사상은 당연히 백성들을 사랑하고 존중하는 애민(愛民)과 중민(重民)을 강조한다. 특히 『서경(書經)』「주서(周書)」에 "백성들이 하고자 하는 바는 하늘도 반드시 그것을 따른다."[6]고 하여 민심(民心)을 천심(天心)이라고 하였다. 이러한 민본사상은 『논어』의 정신이기도 하다. 공자는 정치의 목표는, 무엇보다 모든 백성이 편안하게 살 수 있어야 하며〔養民〕, 궁극적으로 모두가 인간답게 살 수 있어야 한다〔敎民〕고 보았다.[7] 즉 '백성은 먹는 것을 하늘로 삼는다(民以食爲天)' 는 말이 있듯이, 의 · 식 · 주(衣食住)의 해결은 모든 사람(백성)들의 일차적인 관심사일 것이다. 따라서 정치는 무엇보다 백성의 의 · 식 · 주를 해결해 주어야 한다는 것이 공자의 생각이었다. 그러므로 공자는 "백성 부리기를 큰 제사 받들 듯이 하라."[8]라고 한데서도 명확히 알 수 있다.

이러한 공자의 사상을 이은 맹자(孟子)는 "백성이 가장 귀(貴)하고, 사직(社稷)이 그다음이며, 임금은 가장 가벼운〔輕〕 존재"[9]라고 하여, '민귀군경(民貴君輕)' 을 주장하였다. 이러한 맹자의 '민귀군경' 의식은 유학사회사상의 중요한 지위를 차지하게 되었다. 그러나 비록 그가 백성을 정치의 주체로까지 승격시키지는 못하였다 하더라도 더 이상 강조할 수 없는 애민(愛民)과 여민동락(與民同樂)을 강조한 점은 높이 사야 할 것이

5) 『書經』「夏書」, "民可近 不可下 民惟邦本 本固邦寧."

6) 『書經』「周書」, "(民之所欲 天必從之."

7) 『論語』「子路」 13장, "子適衛, 冉有僕. 子曰 庶矣哉. 冉有曰 旣庶矣, 又何加焉. 曰 富之. 曰 旣富矣, 又何加焉. 曰 敎之."
김인규 「공자의 정치사상」 『한국철학논집』 제14집, 한국철학사연구회, 2004.

8) 『論語』「顏淵」 제12장, "仲弓問仁. 子曰 出門如見大賓, 使民如承大祭."

9) 『孟子』, 「盡心章下」 제14장, "民爲貴 社稷次之 君爲輕."

다.[10] 특히 한대(漢代) 이후 '오덕종시설(五德終始說)'로 정권의 흥망을 설명하여 '백성(民)'이 정권 교체의 기준이 될 수 없음을 보여 주었고, 우주론적 철학에 있어서 '군(君)'을 중심으로 하는 국가관에서 군권(君權)이 더욱 높아지고 '민의(民意)'는 점차 가벼워져, 선진(先秦) 이래 방본(邦本)으로서의 '백성'이라는 관념은 한대 이후 사실상 퇴색하고 말았다.[11)]

특히 안병주 교수는 일찍이 『유교의 민본사상』에서 『서경』에서 연원한 '민유방본(民惟邦本)'의 민본사상이 "공자에서는 위민의식으로, 맹자에서는 민본의식으로"라는 인간관을 형성시켰다고 하였다.[12] 따라서 민본사상의 특성을 한마디로 말하면, 결국 민심(民心)을 근본으로 하는 사상이라 할 수 있다. 예로부터 우리에게 '민심이 천심'이라는 의식이 잠재해 왔다. 따라서 민본사상은 유교 정치사상의 핵심이며 본질로, 어디까지나 백성과 더불어 하며(天人相與), 이념적으로 모든 사람이 선(善)에 이르도록 지향하고, 조직적으로 천하를 통일된 대일가(大一家)로 체계화하려는데 목적을 가진다.

이때 하늘과 상대자인 백성의 화합, 즉 "하늘이 보고 듣는 것을 백성이 보고 듣는 것"으로 삼아, 결국 상하가 통달되는 천민합일의 새로운 매개자가 요구되며, 여기서 군주라는 새로운 개념이 도입된다. 따라서 '군주는 하늘이 주는 자리요, 동시에 백성이 주는 자리'[13]라고 맹자가 언명한 바와 같이, 하늘과 백성이 화합해 양자의 중간자로서 설정된 것이다. 군주에게 하늘을 대신해 천하를 다스리도록 천명이 내려지고, 그로 하여금

10) 안병주, 『유교의 민본사상』, 성균관대학교 대동문화연구원, 1987, 83-84쪽 참조.

11) 勞思光, 『中國哲學史』(III), 第7章 明末淸初之哲學思想(下), 644쪽 참조.

12) 안병주, 『유교의 민본사상』, 성균관대학교 대동문화연구원, 1987, 45-56쪽 참조.

13) 『孟子』「萬章」上, 제5장, "萬章曰 堯以天下與舜, 有諸. 孟子曰 否. 天子不能以天下與人. 然則舜有天下也, 孰與之乎. 曰 天與之. (……) 昔者, 堯薦舜於天, 而天受之, 暴之於民, 而民受之."

백성의 부모가 되게 하여 만민을 통치하도록 한 것이다. 이런 맥락에서 하늘〔天〕·군주〔君〕·백성〔民〕은 통일된 한집〔一家〕의 체계로 형성된 이른바 '천하국가(天下國家)'로, 이러한 세계의 이상적 모습이 『대학(大學)』에서 말하는 '평천하(平天下)의 세계'다. 이러한 이념에 입각해 민본주의를 가장 명확하게 드러낸 사람이 맹자다. 맹자는 "백성이 가장 귀(貴)하고, 사직(社稷)이 그다음이며, 임금은 가장 가벼운〔輕〕 존재"[14]라고 하여, 백성을 가장 귀한 존재로 인정하고 가장 귀한 존재인 백성의 마음인 민심(民心)을 잃으면 천하(天下)를 잃게 된다고 다음과 같이 걸·주(桀紂)의 예를 들어 말했다.

> 걸·주(桀紂)가 천하를 잃은 것은 백성을 잃은 까닭이다. 백성을 잃은 까닭은 민심을 잃은 까닭이다. 천하를 얻는 데 방법이 있다. 백성을 얻으면 곧 천하를 얻을 수 있다. 백성을 얻는 데 방법이 있다. 민심을 얻으면 곧 백성을 얻을 수 있다. 민심을 얻는 데 방법이 있다. 백성이 갖고 싶어 하는 것을 모아다 주고, 백성이 싫어하는 것을 베풀지 않도록 할 뿐이다.[15]

맹자는 민심을 얻으면 천하를 얻을 수 있고, 민심을 잃으면 천하를 잃게 된다고 하고, 민심을 얻는 방법은 다름 아니라 '백성이 갖고 싶어 하는 것을 갖게 해주고, 백성이 싫어하는 것을 하지 않는 것'이라고 하였다. 따라서 천(天)과 민(民)의 중간자인 군주(君主)가 민심(民心)과 천심(天心)을 거역하고 학정(虐政)을 일삼으면 하늘과 백성이 자리를 빼앗고 다른 유덕

---

14) 주1) 참조.

15) 『孟子』, 「離婁章上」 제9장, "孟子曰 桀紂之失天下也, 失其民也, 失其民者, 失其心也. 得天下有道, 得其民, 斯得天下矣. 得其民有道, 得其心, 斯得民矣. 得其心有道, 所欲, 與之聚之, 所惡, 勿施爾也."

자(有德者)에게 왕위를 넘겨주게 된다. 이는 곧 민본사상에 입각한 혁명사상이다. 그러므로 맹자는 탕왕(湯王)과 무왕(武王)이 일으킨 혁명에 대해 다음과 같이 말했다.

> 탕왕이 걸을 쫓아내고 무왕이 주를 정벌했다는데, 그런 일이 있습니까? 전해 내려오는 글에 그 일이 실려 있습니다. 신하가 자기 임금을 살해해도 괜찮습니까? 인(仁)을 해치는 자를 적(賊)이라 말하고, 의(義)를 해치는 자를 잔(殘)이라 말하고, 잔적(殘賊)을 일삼는 자를 한 사람의 필부라고 하니, 한 사람의 필부인 주(紂)를 베었다는 말은 들었어도 임금을 죽였다는 말은 듣지 못했다.[16]

맹자에 의하면 인(仁)과 의(義)를 해치는 자는 일개 필부에 지나지 않음으로 이는 임금을 죽인 것이 아니라, 잔악한 도적에 불과한 한 사람의 필부를 죽인 것에 지나지 않는다는 것이다. 그러나 '임금이 임금답지 않다' 하여, 누구나 임금을 죽일 수 있는 것이 아니라 귀척지경(貴戚之卿)만이 이를 할 수 있다고 하였다. 그는 대신을 귀척지경과 이성지경(異姓之卿)으로 구분하고, 성이 다른 대신인 '이성지경' 은 임금에게 큰 잘못이 있을 때 간하는데, 여러 번 간해도 듣지 않으면 나라를 떠나 버리는 데 비해,[17] '귀척지경' 은 그렇지 못하다는 것이다. 즉 맹자는 "왕에게 큰 잘못이 있으면 간하고, 여러 번 간해도 듣지 않으면 왕을 갈아 치웁니다."[18]라고 하였다. 성(姓)이 다른 대신은 임금이 큰 잘못을 했을 때 몇 번이고 간하다가

16) 『孟子』 권2, 「梁惠王下」 제8장, "齊宣王 問曰 湯放桀, 武王伐紂, 有諸. 孟子對 曰 於傳有之. 曰 臣弑其君 可乎. 曰 賊仁者, 謂之賊, 賊義者, 謂之殘, 殘賊之人, 謂之一夫, 聞誅一夫紂矣, 未聞弑君也."

17) 『孟子』 권10, 「萬章下」 제10장, "君有過則諫, 反覆之而不聽則去."

18) 『孟子』 권10, 「萬章下」 제10장, "君有大過則諫, 反覆之而不聽則易位."

그래도 듣지 않으면 나라를 떠나면 그뿐이지만, 성이 같은 대신인 경우 종묘(宗廟)와 사직(社稷)을 부식(扶植)해야 할 책무가 있으므로 그대로 나라가 망하기를 바랄 볼 수 없다는 것이다. 따라서 임금을 바꾸어서라도 나라를 제대로 다스려야 한다는 것이다.

특히 맹자는 이윤(伊尹)의 경우를 들어 신하의 도리를 설명하고 있다. "태갑(太甲)이 정당한 도리를 따르지 않자 그를 동(桐) 땅으로 추방했는데, 백성들이 크게 기뻐했고, 뒤에 태갑이 자신의 잘못을 뉘우치고 어진 사람이 되자 그를 다시 복귀시켰는데, 백성들이 크게 기뻐했다' 고 하는데, '어진 자가 남의 신하노릇 하면서 임금이 어질지 못하다고 하여 추방해도 되느냐' 는 질문"[19]에 대해, 맹자는 "이윤(伊尹)과 같은 마음이 있으면 괜찮지만, 이윤과 같은 마음이 없으면 그것은 찬탈이 된다."[20]고 하였다. 비록 맹자가 방벌(放伐)을 주장하였지만 이는 제한적인 범위 내(內)에서의 방벌이었지, 누구나 방벌할 수 있는 것은 아니다. 다만 맹자가 방벌을 주장한 것은 임금의 폭정을 견제하려는 방편으로서, '임금은 임금답고 신하는 신하다운' 정명(正名)을 확립하고, 아울러 이를 통해 군주의 덕치(德治)를 실현하고자 한 것이다.[21]

이처럼 민본사상은 정치적 행사가 백성들이 하고자 하는 바를 하늘이 반드시 따른다는 사상이므로, 학문과 교육을 중시하는 교학정치(敎學政治)와 근본을 지키고 백성과 더불어 즐기려는 예악정치(禮樂政治)를 내포하는데, 이것은 왕도(王道)의 내용이기도 하다.

---

19) 『孟子』 권13, 「盡心上」 제31장, "伊尹曰 予不狎于不順, 放太甲于桐, 民大悅, 太甲賢, 又反之, 民大悅, 賢者之爲臣也, 其君不賢, 則固可放與."

20) 『孟子』 권13, 「盡心上」 제31장, "孟子曰 有伊尹之志則可, 無伊尹之志則簒也."

21) 김인규, 「孟子의 政治行政思想 硏究」, 『東方學』 제14집, 한서대학교 동양고전연구소, 2008, 219-220쪽.

3. 조선 전기 주자학파의 민에 대한 인식

여말선초(麗末鮮初) 지식인들의 사회인식에 있어서 먼저 이곡(李穀, 1298~1351)은 "국가에 사고가 많은 뒤로 일이 예전과 달라 염치의 도가 없어져 상하가 서로 이익만 다투니 호가(豪家)는 겸병하고 혹리(酷吏)는 지나치게 거두어 토지는 송곳 세울만한 곳도 없고 집에 아무것도 없어 탄식만 있을 뿐이다. 수령(守令)된 자는 좌시하며 모르는 척 민(民)을 학대하여 자봉(自奉)할 따름이니 민(民)의 곤고(困苦)하고 의지할 데 없음이 지금보다 심한 적이 없다."[22]고 하여, 무신집권과 이어진 원과의 전쟁과 같은 국가적 혼란을 거치는 과정에서 염치의 도가 없어졌기 때문에 호가(豪家)의 겸병과 혹리(酷吏)의 수탈로 인해 민생이 곤궁해졌다는 것이다. 이처럼 당시 사회문제에 대한 책임을 혹리와 수령의 직무유기 등 관인층(官人層)인 자신들에게 돌리고 있다. 특히 이러한 인식은 이곡과 동시대 사람이었던 최해(崔瀣, 1287~1340)에게서도 보인다.

> 무릇 수기(修己)와 치인(治人)은 집안에서 시작하여 국가에 이르는 것이니 유자(儒者)가 배워야 할 것이다. 맹자가 이르기를 어려서 배우는 것은 장성하여 행하기 위함이라 하였다. (……) 근년에 토전(土田)은 거의 개간되었는데 국가의 수입은 늘어난 것이 없고 생민은 점차 번성하는데 거처할 곳은 없으며 토전은 고갈하여 녹봉이 부족한 형편이다. 사(士)로서 염치를 닦은 이는 드물고 집집마다 겸병을 다투어 풍속은 혼탁해지고 사람들은 원통한 마음이 있어도 이를 풀어줄 곳이 없다.[23]

---

22) 『稼亭集』 권8, 「序」 〈送鄭參軍序〉, "豪家得以兼幷, 酷吏因而掊克, 地無立錐之閑, 室有懸罄之嘆. 爲守令者, 坐視莫敢言, 厲民自奉而已. 民之困且無聊, 未有甚於此時也."

즉, 수기와 치인은 유자가 배워 장성해서 국가를 위해 봉사하기 위함인데 불구하고 당시 선비들이 염치를 닦는데 소홀히 하고 오로지 겸병을 다툼으로 풍속이 혼탁해지고, 토지가 많이 개간되었음에도 국가 재정은 고갈되고 백성들은 거처할 곳이 없을 정도로 국가가 피폐했다는 것이다. 그리고 이러한 상황을 초래한 책임은 당연히 유교를 배운 유자(儒者)들에게 있었다.

특히 여말선초 관인층의 경세의식이 국가 차원으로 확대되고 현실 정치에서 구체성을 가지게 되면서 이들의 민에 대한 인식도 점차 바뀌었다. 민생을 구하는 것이 경세의 최종적인 목표가 된 이상, 과거와 같이 민을 외면 할 수 없었던 것이다. 이러한 논지는 여말선초의 문인들에게서 널리 보인다.[24)]

> 신이 듣건대, "천민(天民)을 잘 기르는 자는 흥하고 천민을 못살게 하는 자는 망한다." 하였으니, 이는 임금으로서 천명(天命)을 받아서 천위(天位)에 섰으니만큼, 반드시 위로 천심(天心)에 순종하여 천민을 기르기를 마치 부모가 적자(赤子)를 사랑함과 같이하여야 민심(民心)이 붙여지고 천명(天命)이 굳게 될 것입니다.[25)]

> 인군(人君)의 지위는 높은 것으로 말하면 높고, 귀한 것으로 말하면 귀하다.

23) 『拙藁千百』 권1, 「文」, 〈問學業諸生策二道〉, "夫修己治人, 自家而國, 儒者之學也. 孟子曰, 幼而學之, 壯而欲行之也. (……) 然而比年土田盡闢, 而國無加入, 生齒漸繁, 而民無定居, 府竭其財, 官不足俸. 士罕修於廉耻, 家爭效於兼幷, 俗致混淆, 人懷怨讟, 雖有其冤, 伸之無處."

24) 이석규, 「麗末鮮初 新興儒臣의 民에 대한 인식」 『조선시대사학보』 제31집, 조선시대사학회, 2004. 20쪽 참조.

25) 『東文選』 권53, 「奏議」 〈上恭愍王書〉, "臣聞養天民者興, 殘天民者亡. 是以人主受天命而立天位, 則必上順天心, 以養天民, 如父母之愛赤子, 然後民心, 附而天命固焉."

> 그러나 천하는 지극히 넓고 만민은 지극히 많다. 한번 마음〔心〕을 얻지 못함이 있으면 대개 크게 우려할 만한 일이 있을 것이다. 하민은 지극히 약하지만 힘을 위협할 수 없고, 지극히 우매하지만 지혜로 속일 수 없다. 마음을 얻은 즉 그들이 복종할 것이고, 마음을 얻지 못하면 그들이 떠날 것이니 거취(去就) 사이는 터럭만큼도 용납되지 않는다.[26]

> 당우(堂宇)는 비유하면 군주이고, 동량(棟樑)은 비유하면 재상이며, 터는 비유하면 백성이다. 터가 견고하고 두터워 동량이 안전하게 우뚝 선 후에 당우가 튼튼하고 치밀해질 수 있는 것이다. 동량은 위로 집을 받들고 아래로 터를 의지하니 마치 재상이 군부를 받들고 민서(民庶)를 위무하는 것과 같다.[27]

첫 번째 인용문은 천심(天心)에 순종하여 천민(天民)을 잘 길러야 천명을 보존할 수 있다는 것이며, 두 번째 인용문은 '군주의 지위가 아무리 높고 귀해도 지극히 약하고 우매한 백성의 마음을 얻지 못하면 안 된다'는 점을 단적으로 보여 주고 있다. 그리고 세 번째 인용문에서 재상의 역할을 집에 비유한 것으로, 집터에 해당하는 백성이 견고해야 동량인 재상이 안전하고, 결국 군주에 해당하는 집도 튼튼해진다는 것이다. 민과 재상, 그리고 군주로 이루어진 국가에서 삼자 관계는 어느 누구도 없어서는 안 될 상호 유기적으로 연결되어 있다.

특히 관인층(官人層)과 민(民)의 관계에 대한 정도전의 인식은 유교정

---

26) 『三峰集』 권7, 「朝鮮徑國典上」 〈正寶位〉, "人君之位, 尊則尊矣, 貴則貴矣. 然天下至廣也, 萬民至衆也, 一有不得其心, 則蓋有大可慮者存焉. 下民至弱也, 不可以力劫之也, 至愚也, 不可以智欺之也. 得其心則服之, 不得其心則去之, 去就之間, 不容毫髮焉."

27) 『三峰集』 권4, 「記」 〈高麗國新作都評議使司廳記〉, "堂宇譬則君也, 樑棟譬則相也, 基譬則民也. 基當堅厚, 樑棟當安峙, 然後堂宇得以固緻矣. 樑棟, 上以承其宇, 下以藉其基, 猶宰相奉君父而撫民庶也."

치사상사에서 대단히 의미 있는 진전을 이룬 것으로 생각된다. 사실 고려는 건국 초부터 유교를 통치이념으로 삼았다. 이에 따라 민을 위한 위민의 정치가 적어도 선언적으로 행해졌다. 그러나 의민(爲民)의 정치는 군주나 관인층의 일방적인 '혜시(惠施)' 의 성격을 지닌 것으로, 군주는 천(天)과 같은 절대적 권위를 지니면서 백성에게 일방적인 시혜와 함께 위엄을 드러내는 존재로 묘사되고 있다. 백성을 위해 은택을 베푸는 위민(爲民) 정치를 행하지만, 그것은 어디까지나 군주의 시혜로 인식되었던 것이다. 이 같은 '군위민천(君爲民天)' 의 인식에서는 군주와 민의 관계가 일방적인 지배와 피지배의 관계일 수밖에 없다.[28] 그러나 양자를 상보(相報)의 관계로 보는 삼봉(三峰) 정도전(鄭道傳, 1342~1398)의 시대에 이르면 '군위민천(君爲民天)' 의 인식은 '민위군천(民爲君天)' 의 인식으로 전환된다.

> 대개 임금은 나라에 의존하고 나라는 백성〔民〕에 의존하는 것이니, 백성이란 나라의 근본이며 임금의 하늘인 것이다. 그러므로 『주례』에서 인구수를 왕에게 바치면 왕은 절하면서 받았으니, 이것은 하늘을 존중하기 때문이었다, 임금 된 사람이 이러한 뜻을 안다면 백성을 사랑함에 지극하지 아니할 수 없을 것이다.[29]

이러한 '군위민천' 의 인식에서는 군주의 시혜를 강제할 수단이 없었기 때문에 백성이 외면될 수 있었다. 그렇지만 '민위군천' 의 인식에서 백성

28) 이석규, 「麗末鮮初 新興儒臣의 民에 대한 인식」『조선시대사학보』 제31집, 조선시대사학회, 2004. 21쪽 참조.

29) 『三峯集』 권13, 「朝鮮經國典上」〈賦典 · 版籍〉, "蓋君依於國, 國依於民. 民者, 國之本而君之天. 故周禮獻民數於王, 王拜而受之, 所以重其天也. 爲人君者, 知此義, 則其所以愛民者, 不可不至矣."

이 국가의 근본이면서 군주의 천(天)이기에 결코 외면해서 안 되며, 외면했을 경우 '민위군천'의 인식은 '혁명사상(革命思想)'으로까지 발전할 수 있고, 실제로 고려의 멸망과 조선의 건국은 이를 증명하는 것이라고 하겠다. 따라서 이제 위민의 정치는 시혜가 아니라 군주를 포함한 관인층이 민으로부터 세금을 거둔 대가로 마땅히 행해야 할 사회적 책무가 되었다. 관인층에게 민은 국가의 유지를 위해 외면해서 안 되는 정치적 실체로 인식되었고, 이로써 마침내 민은 현실 정치의 장에 그 모습을 드러내게 되었던 것이다.[30)]

조선의 경우 창업 이래 유교, 특히 주자학을 국교로 하고 민본과 위민을 표방하였으며, 통치의 객체로서의 민(民)은 왕을 비롯한 유교 관인층에 의하여 천(天)과 같은 존재로 인식하였다. 이러한 인식은 앞에서 언급한 바와 같이 『서경』 이래 유가의 오랜 전통으로 이러한 전통은 조선초기에도 그대로 이어졌다.

> 하늘과 사람은 한 이치여서 적은 것도 드러남이 다를 것이 없사옵니다. 인사(人事)가 아래에서 감동되면 천변(天變)이 위에서 감응하므로, 감동하고 응하는 이치는 진실로 속이지 못하는 것이옵니다. 이제 우리 주상 전하께서 어지신 마음으로 어지신 정치를 행하시어, 백성들이 하고자는 하는 것을 허락하여 모아주고, 싫어하는 바를 시행하심이 없사오니, 백성의 곤궁함을 불쌍히 여기시고 하늘의 경계하심을 삼가시는 것이 지극하시매, 마땅히 아름다운 상서가 날마다 이르게 되어서 성상께서 밤낮으로 근심하시는 것을 풀어드려야 할 것인데, 근년 이래로 수재·한재가 서로 잇따르고 기근이 연거푸 이르오며, 금년에 이르러서 봄·가을에 몹시 가물다가 뒤이어 큰 장마가 닥쳐 여러 달 개이지 아

30) 이석규, 「麗末鮮初 新興儒臣의 民에 대한 인식」 『조선시대사학보』 제31집, 조선시대사학회, 2004. 23-24쪽 참조.

니하였고, 일양 내복(日陽來復)하는 절기를 당해 숨은 천둥이 우르르 치고 밤 번개가 번쩍번쩍하니, 어찌 하늘의 견책이 여러 번 나타나기를 이같이 하는 것이옵니까?[31]

즉, '백성들이 하고자 하는 것을 허락하여 모아주고 싫어하는 바를 시행하지 않는 것' 이 애민정신의 발로라는 것이다. 민본사상에서 지배층이 백성에게 '온정적 배려' 를 애민(愛民) 정치 또는 인정(仁政)이라고 한다. 다시 말하면 천(天)이 만물을 낳고 기르는 마음을 인(仁)이라 하고, 천명을 받아 백성을 통치하는 군주가 인(仁)을 체득하여 백성들에게 인정을 베푸는 것을 인정(仁政)이라 한다. 즉, 민심(民心)을 따르는 정치가 천심(天心)인 인(仁)을 실현하는 정치인 것이다. 그리고 이러한 정치가 행해지면 백성은 원억(冤抑)이 생기지 않고 자연재이(自然災異)도 발생하지 않을 것이라 하였다.

백성은 하늘이니, 백성의 마음이 편안한 뒤에 하늘의 마음도 편안하여지는 법이다. 나라를 다스리는 도리는 마땅히 백성을 편안하게 하는 것을 우선으로 삼아야 하는 것인데, 백성들이 어질지 못한 관리〔無良〕로부터 괴로워하면 제어할 방법이 없게 된다. 분하고 독한 마음이 날로 자라나고, 화이(和易)한 덕은 날로 없어져서 효제(孝弟)와 충신(忠信)이 생겨날 길이 없게 되는 것이다. 그러므로 왕자(王者)가 법(法)을 세우고 형(刑)을 제정하는 것은 백성을 편안하게 하려는 까닭이다. 형(刑)의 중대함이 이와 같은데 지금 경외(京外)의 관리들이

---

31) 『世宗實錄』 권83, 20년 11월 23일(계묘) 2번째기사. "天人一理, 顯微無間. 人事感於下, 則天變應於上, 感應之理, 固不可誣也. 今我主上殿下以仁心而行仁政, 民之所欲, 與之聚之, 所惡, 罔或施焉, 其恤民隱而謹天戒者至矣. 當休徵日臻, 以弛聖上宵旰之憂矣. 近年以來, 水旱相仍, 飢饉荐臻, 逮于今年, 春夏亢陽, 繼以淫霖, 連月不霽. 又當一陽來復之節, 隱雷轟轟, 震電曄曄, 何譴告之屢彰若是乎?"

근본 뜻을 체득하지 못하고, 위엄을 나타내는 도구로 삼아 함부로 휘둘러 법도가 없이 구는 자가 있으나, 위에서 알지 못하고 말하기를, '작은 일은 유사(有司)에서 처리하고 있으니, 내 어찌 거기에 참견하겠는가?' 한다면 어찌 부모가 자식을 기르는 덕이라 할 수 있겠는가?[32]

이는 민(民)과 천(天)을 동격으로 보면서 관념적인 천의 의지를 판단하는 객관적 기준으로 민심(民心)으로 제시하고, 정치의 최우선 과제로 안민(安民)을 설정하고 있다. 아울러 민심이 편해야 화이(和易)한 덕이 생기고 효제충신(孝悌忠信)의 마음도 생겨날 것이라 하였다. 그리고 민심을 편안하게 하는 것은 '관리가 자식을 기르는 부모의 마음으로 해야 한다' 는 애민(愛民) 정신을 강조하고 있다. 이처럼 15세기 민본사상에서 내세우는 인정(仁政)은 '백성이 바라는 것을 모아 주고 백성이 싫어하는 것을 베풀지 않는 정치' 이며, '백성을 편하게 해주는 정치' 가 민본정치였던 것이다.

이러한 민본사상은 율곡(栗谷) 이이(李珥, 1536~1584)에서도 보인다. 이이는 "백성은 나라의 근본"[33]이라고 하고, "백성은 나라의 근본이므로 근본이 튼튼해야 나라가 편안하다."[34]고 하였다. 즉 이이는 '나라에 있어서 가장 중요한 근본은 백성' 이라는 것이다.

---

32) 『世祖實錄』 권4, 2년 5월 19일(정해) 2번째기사, "傳旨議政府曰: "民者天也, 民心安, 然後天心安. 治國之道, 當以安民爲先, 而民苦無良, 無法以制. 忿毒之心日長, 和易之德日喪, 孝弟忠信無由而生, 故王者之立法制刑, 所以安民也. 刑之重大如是, 而今京外官吏, 不體本意, 以之爲現威之具, 以之爲遂私之具, 濫弄無紀者有之, 而上莫之知曰, '小事有司爲之矣, 予何與焉? 豈父母子育之德耶."

33) 『栗谷全書』 권5, 「疏箚三」 〈玉堂陳戒箚〉, "百姓者, 有邦之根本."

34) 『栗谷全書』 권7, 「疏箚五」 〈陳時弊疏(壬午)〉, "民爲邦本, 本固邦寧."

백성은 먹는 것에 의존하고 나라는 백성에 의존하는 것이어서, 먹을 것이 없으면 백성도 없고, 백성이 없으면 나라도 없는 법이니, 이것은 필연의 이치입니다.[35]

종묘와 사직은 전하가 주관하는 것이요, 백성은 전하가 하늘처럼 받들어야 할 바입니다.[36]

임금은 나라에 의존하고, 나라는 백성에 의존한다. 훌륭한 임금은 백성을 하늘로 삼고, 백성은 먹는 것을 하늘로 삼는다. 백성이 먹을 것을 잃으면 나라가 의존할 바를 잃는다. 이것은 불변의 진리다.[37]

위의 인용문을 정리해 보면, 백성은 나라의 근븐으로 백성이 없으면 나라도 존재할 수 없으므로 임금은 하늘처럼 받들어야 할 존재이다. 그러나 백성은 먹는 것을 하늘처럼 여기므로 훌륭한 임금은 백성들의 먹는 것을 최우선적으로 해결해 주어야 한다는 것이다. 이이(李珥)는 이에 한 걸음 더 나아가 "백성을 편안히 해줌으로써〔安民〕 나라의 근본을 굳건히 하라"[38]고 하여, 현실적이고 구체적인 안민 개념을 정립하였다. 그리고 이어 "소위 안민이라는 것은 이를 일으키고〔興利〕, 해를 없애어〔除害〕 삶을 즐겁게 해주는 것을 말한다."[39]고 하여, 안민은 흥리(興利)라는 경제의 문

35) 『栗谷全書』 권4, 「疏箚二」 〈擬陳時弊疏〉, "民依於食, 國依於民, 無食則無民, 無民則無國. 此必然之理也."

36) 『栗谷全書』 권3, 「疏箚一」 〈論尹元衡疏〉, "宗社者, 殿下之所主, 而百姓者, 殿下之所天也."

37) 『栗谷全書』 권25, 「聖學輯要」七 〈爲政第四下〉 '安民章第八', "君依於國, 國依於民, 王者以民爲天, 民以食爲天, 民失所天, 則國失所依, 此不易之理也."

38) 『栗谷全書』 권3, 「疏箚一」 〈諫院陳時事疏丙寅〉, "安民以固邦本"

39) 『栗谷全書』 권25, 「聖學輯要」七 〈爲政第四下〉 '安民章第八', "所謂安民者, 爲之興利除害, 使樂其生之謂也"

제와 제해(除害)라는 혁폐(革弊)의 문제로 전개시켰다. 특히 이이는 “훌륭한 왕의 정치는 백성의 부모 된 마음으로써 민력을 펴게 해주고, 민산(民產)을 풍족하게 해주어 백성들의 먹을 것을 풍요롭게 하고, 본연의 착한 마음을 보존하게 하는 데 불과하다.”[40]고 하여, 이른바 이이가 주장한 선정(善政)은 ‘백성들을 자식처럼 대해야 함’은 물론 ‘백성들에게 먹을 것을 풍족하게 해야 한다’는 ‘양민(養民)’과 더불어 ‘본연의 착한 마음을 보존하게 하는’ ‘교민(敎民)’이 조화를 이룬 것임을 알 수 있다.

이상에서 조선전기의 주자학자와 율곡 이이에 있어서 민본사상을 종합해 보면, 먼저 조선전기의 주자학자들은 민(民)을 천(天)과 동격시하면서 민심(民心)을 얻는 것이 천심(天心)을 얻는 것으로 이해하면서 기본으로 정치(政治)의 주체는 어디까지나 지배층으로, 백성은 이들의 통치에 절대적으로 복종해야 하는 대상이며, 지배층이 백성들에게 온정을 베풀어야 하는 인정(仁政)을 강조하였다. 이어 이이는 민(民)을 나라의 근본으로 인식함과 더불어 자식처럼 보호해야 할 대상으로 먼저 ‘먹을 것을 풍족’하게 한 연후에 ‘가르쳐야 할 대상’으로 인식하였던 것이다.

4. 조선 후기 실학파의 민에 대한 인식

이제 조선 후기 실학파의 민에 대한 인식을 살펴보자. ‘경세치용학파’의 종장(宗匠)인 성호(星湖) 이익(李瀷, 1681～1763)의 민(民)에 대한 인식을 살펴보면, 그는 먼저 “임금이란 모든 백성의 마음을 자기 마음으로 생각해야 한다.”[41]고 하고, 다음과 같이 말했다.

---

40) 『栗谷全書』 권25, 「聖學輯要」 七 〈爲政第四下〉 ‘安民章第八’, “王者之政, 不過以父母斯民爲心, 紓民之力, 厚民之產.”

나라가 나라로 되는 것은 임금이 있고 백성이 있어야 하는데 임금과 백성도 모두 사람이다. 그러나 백성만 있고 임금은 없을 수 있으나 백성 없는 임금은 있지 않았다.[42]

임금으로서 백성이 없다면 필부(匹夫)에 지나지 않는데, 필부의 양육도 보답하지 못하면 오히려 부끄러운 일이거든 하물며 억조창생의 양육에 있어서랴? 임금은 항상 필부의 마음으로써 마음을 삼고 억조창생들도 임금의 마음으로써 마음을 삼아 서로 은혜에 보답하면 부끄러움이 없을 것이다.[43]

위의 인용문에서 알 수 있듯이 이익은 임금의 존립 근거를 백성에 두고 있다. 이는 앞에서 살펴본 본 이이(李珥)가 "임금은 나라에 의존하고, 나라는 백성에 의존한다."는 것과 그 의미가 다르다. 이이는 '백성이 있어야 나라가 있고, 나라가 있은 다음에 임금이 있다'는 구도로 '백성이 나라의 근본'인데 비해, 이익(李瀷)은 '임금과 백성은 같은 사람으로 나라는 백성과 임금으로 구성되며, 나라에 임금은 없을 수 있어도 백성이 없는 임금은 있을 수 없다'고 하여, 왕에 앞서 민의 존재를 인정하고 있다. 특히 유교정치는 민본을 바탕으로 '임금에 의한 덕화(德化)'를 강조하는데, 이익은 임금이 실제로 근거하고 있는 것은 다름 아닌 '민력(民力)'임을 직시하였다. 이는 생존의 바탕이 되는 재화(財貨)의 생산주체인 백성은 자력으로 생존할 수 있지만, 임금으로 상징되는 통치 체제는 백성의 힘에 의지하지 않을 수 없음을 드러낸 것으로, 임금의 존재 의의는 생산

41) 『星湖僿說』 권1, 「天地門」〈災異〉, "人主以億兆之心爲心."

42) 『星湖僿說』 권19, 「經史門」〈得民得人〉, "國之所以爲國者, 有君有民也. 君與民, 皆人也. 然容有有民而無君, 未有無民之君."

43) 『星湖僿說』 권14, 「人事門」〈一年兩秋〉, "君而無民, 亦匹夫. 匹夫之養無以報, 尙猶可耻, 況億兆之養乎. 爲人上者, 常以匹夫之心爲心, 億兆亦將以君心爲心, 兩相報惠而無愧也."

의 주체인 백성의 보호와 안정을 도모함에 있다고 본 것이다.[44] 그러므로 이익은 "백성을 이롭게 하는 것은 바로 나라를 이롭게 하는 일인데, 오로지 자기만 이롭고자 하면 나라가 망한다 해도 돌보지 않을 것이다."[45]라고 하여, 백성을 이롭게 하는 것이 나라를 이롭게 하고, 임금 자신을 이롭게 하는 것임을 자각해야 한다고 보고, 그렇지 않고 오로지 자신만 이롭게 하면 나라가 망하더라도 백성은 거들떠보지 않을 것이라고 하였다.

그러나 소박하게나마 백성을 정치의 주체로 인식한 사람은 다산(茶山) 정약용(丁若鏞)과 혜강(惠岡) 최한기(崔漢綺)이다. 주지하다시피 정약용은 조선 후기 중세사회의 해체기에서 새롭게 '민(民)'을 위한 구체적 제도개혁안을 제시하였다. 그는 유가의 민본, 위민사상을 더욱 발전시켜 민(民)의 주체성과 자율성을 확보하고자 하였다.

> 하늘이 인간에게 자주권을 부여하여, 선을 하고자 하면 선을 하게 되고, 악을 하고자 하면 악을 하게 된다. 선과 악 사이에 옮겨다녀 고정되어 있지 아니하며, 선이나 악을 행하는 권능은 자기에게 있으니 금수에게 고정된 마음이 있는 것과 다르다. 그러므로 선을 행하면 실로 자기의 공이 되는 것이며, 악을 행하면 실로 자기의 죄가 되는 것이니, 이것은 심의 권능으로서 이른바 성이 아니다.[46]

정약용에 의하면, 상제가 인간에게 동물과 달리 선・악(善惡)을 결단할

44) 한예원, 「星湖 李瀷의 經世사상에 관한 일고」 『민족문화연구』 제40호, 고려대학교 민족문화연구원, 2004. 386쪽 참조

45) 『星湖僿說』 권10, 「人事門」 〈崔震瞻〉, "利民便是利國, 利專乎己則國亡不邺也."

46) 『與猶堂全書』 第二集, 卷5, 『孟子要義』 「滕文公第三」, "天之於人, 予之以自主之權, 使其欲善則爲善, 欲惡則爲惡. 游移不定, 其權在己, 不似禽獸之有定心. 故爲善則實爲己功, 爲惡則實爲己罪, 此心之權也, 非所謂性也."

수 있는 능력을 주었기 때문에 인간은 선과 악 중 자율적으로 행할 수 있고, 그에 따른 공 · 과(功過)는 자신이 책임져야 한다고 하였다. 이처럼 정약용은 선 · 악을 스스로 결정할 수 있는 능력인 자주권능은 사실상 서학의 개념을 수용한 것으로, 이러한 자주권능(自主權能)은 인간과 동물의 결정적 차이점이다. 동물은 결코 선과 악을 자체적으로 결정할 수 없기 때문에 어쩔 수 없이 그러한 자연의 세계에 포함되어 있는 존재인 반면에 인간은 선악을 판단할 수 있는 능력을 갖추고 있기 때문에 선악의 세계에 존재한다고 하였다.[47] 이처럼 정약용은 인간은 누구나 자주권을 천부적으로 부여받고 있어 자신의 자유의지에 의해 현실을 타개할 수 있다는 인간관을 보여주었으며, 이러한 사상이 바로 정약용의 민권에 대한 철학적 해명이기도 하다. 아울러 그는 천자를 비롯한 계급의 발생이 천부적인 것이 아니라 민의 선택으로 이루어진다고 보고 있다.

> 천자(天子)의 지위는 어떻게 해서 생긴 것인가. 하늘에서 떨어져 천자가 된 것인가, 아니면 땅에서 솟아 천자가 된 것인가. 생긴 근원을 더듬어보면 이러하다. 다섯 집이 인이 되는데 다섯 중에서 장을 추대한 것이 인장이 되고, 다섯 인이 리가 되는데 다섯에서 장을 추대한 이장이 되고, 다섯 리가 현이 되는데 다섯 중에서 장은 추대한 것이 현장이 되고, 모든 현장들이 함께 추대한 것이 제후가 되고, 제후들이 함께 추대한 것이 천자가 된다. 천자라는 것은 대중이 추대하여 이루어진 것이다.[48]

---

47) 한국철학사연구회, 『한국실학사사상사』, 심산, 2008, 258쪽 참조.

48) 『與猶堂全書』 第1集 第11卷, 「湯論」, "夫天子, 何爲而有也. 將天雨天子而立之乎. 抑湧出地爲天子乎. 五家爲隣, 推長於五者爲隣長, 五隣爲里, 推長於五者爲里長, 五里爲縣, 推長於五者爲縣長, 諸縣長之所共推者爲諸侯, 諸侯之所共推者爲天子, 天子者衆推之而成者也."

정약용은 인간에게 자주지권(自主之權)이 있음을 철학적으로 해명하고, 그러한 권리를 바탕으로 정치적 공동체인 국가(國家)의 탄생을 설명하였으며,[49] 천자의 탄생도 하늘로부터 부여된 왕권신수설(王權神授說)을 거부하고 자연 발생적으로 대중의 추대로 탄생한 것으로 인식하였다. 아울러 목(牧: 목민관)과 민(民: 백성)의 관계 설정도 목민관을 위해 백성이 존재하는 것이 아니라 백성을 위해 목민관이 존재함을 분명히 하였다.

> 옛날에야 백성만이 있었을 뿐, 어찌 백성을 다스리는 자가 있었겠는가? 백성은 자연스럽게 무리를 지어 살았다. 그러나 어떤 사람이 이웃과 다투다 해결을 보지 못하였는데 그들 중에 참된 말〔公言〕을 잘하는 한 장로(長老)가 있어 그에게 가서야 바른 판결을 받았다. 이에 온 마을 사람들이 그에게 모두 복종하여 그를 추대하고 모두 존경하여 이정(里正)이라고 일컬었다. (……) 이에 몇 주(州)의 어른들이 한 사람을 추대하여 어른으로 모시고 국군(國君)이라 불렀고, 몇 나라의 임금들이 한 사람을 추대하여 어른으로 모시고 방백(方伯)이라고 불렀으며, 사방의 방백들이 한 사람을 추대하여 우두머리로 삼고 황왕(皇王)이라고 불렀다. 황왕의 근원은 이정에서 시작한 것이다. 따라서 목민자(牧民者)는 백성을 위하여 있었던 것임을 알 수 있다.[50]

이처럼 통치자인 목(牧)은 이정으로부터 시작된 것으로, 갈등과 분쟁의 '조정능력' 으로 말미암아 민(民)에 의해 '추대' 된 것임을 밝히고 있다.

---

49) 남상락, 「다산의 민권사상 - 근대성의 문제와 관련하여」, 『유교사상연구』 제10집, 유교학회, 1998. 244쪽 참조.

50) 『與猶堂全書』 第一集, 卷10, 「原牧」. "邃古之初, 民而已, 豈有牧哉. 民于于然聚居. 有一夫與鄰鬩莫之決, 有叟焉善爲公言, 就而正之. 四鄰咸服, 推而共尊之, 名曰里正. (……) 於是數州之長, 推一人以爲長, 名之曰國君, 數國之君, 推一人以爲長, 名之曰方伯, 四方之伯, 推一人以爲宗, 名之曰皇王. 皇王之本, 起於里正. 牧爲民有也."

그러므로 이정(里正)·당정(黨正)·주장(州長)·국군(國君)·방백(方伯)·황왕(皇王)은 민의 갈등과 분쟁을 조정하는 '백성의 대표자로서 지위' 를 받은 것에 불과한 것이다. 그러므로 통치자인 목이 조정능력이 없을 경우, 당연히 민은 그 목의 지위를 바꿀 수 있다는 것이 정약용의 생각이었다.

> 천자라는 것은 대중이 추대하여 이루어진 것이다. 대중이 추대하면 이루어지고 대중이 추대하지 않으면 이루어지지 않는다. 그러므로 다섯 집이 화협(和協)하지 않으면 다섯 집이 상의하여 인장(隣長)을 바꾸고, 다섯 인(隣)이 화협하지 않으면 스물다섯 가구가 상의하여 이장(里長)을 바꾸고, 구후팔백(九侯八伯)이 화협하지 않으면 구후팔백이 상의하여 천자를 바꾼다. 구후팔백이 천자를 바꾸는 것은 다섯 집에서 인장을 바꾸고, 스물다섯 가구가 이장을 바꾸는 것과 같으니, 이를 누가 신하가 임금을 친 것이라고 할 수 있는가.[51]

민(民)에 의한 목(牧)의 '추대' 는 백성의 갈등과 분쟁을 조정하는 목자의 조정능력을 전제로 한 것이다. 목은 갈등과 분쟁을 조정함으로써 백성을 편안하게 해야 할 의무를 지닌다. 그러나 목이 조정능력이 없으면 민은 '합의' 에 의해 목을 바꿀 수 있다. 특히 정약용은 이정에서 황왕까지 모두 민의 '추대' 에 의해 이루어지는 과정을 본래적인 군민(君民) 관계로 파악하고, 이를 아래로부터 위로 향하는 하이상(下而上)을 '순(順)' 이라고 하였다. 이처럼 정약용은 「탕론」에서 국가 조직의 구성권만 아니라 소환권 마저 백성에 있다는 민본을 넘어 민권을 주장하였다.

---

51) 『與猶堂全書』 第1集 卷11, 「湯論」, "子者, 衆推之而成者也. 衆推之而成, 亦衆不推之而不成. 故五家不協, 五家議之, 改隣長, 五隣不協, 二十五家議之, 改里長, 九侯八伯不協, 九侯八伯議之, 改天子. 猶五家之改隣長, 二十五家之改里長, 誰肯曰臣伐君哉."

이러한 정약용의 민에 대한 인식과 궤를 같이하는 사람이 바로 혜강(惠岡) 최한기(崔漢綺)이다. 최한기는 "사람은 누구나 먹고 마시는 일을 하며, 누구나 먹고 마실 욕망을 갖고 있다. (……) 만약 남의 음식을 돌보아 그로 하여금 편안하게 누리도록 해주면, 그 사람도 또한 반드시 나로 하여금 편안히 음식을 누리도록 할 것이다. 그런데 하물며 남의 밥을 빼앗아 나의 밥을 풍성하게 함이랴. 반드시 원한을 갚고 분함을 씻을 것이다."[52]라고 하여, 인간의 기본권인 최소한 자신의 생명과 기본적인 욕구를 충족시킬 수 있는 인간의 기본권을 인정하였다. 이러한 바탕 위에서 그는 먼저 "국가의 큰 정사는 마땅히 위로 운화에 순응해야 하고 아래로 백성의 소원에 협조해야만 천하를 치평할 수 있다."[53]고 하여, 정치의 근거로 운화(運化)와 민원(民願)을 설정하고 민원(民願), 즉 만백성이 요구하는 것을 들어주는 것이 인정(仁政)으로 이해하였다. 그러므로 그는 "만약 운화에 위배됨이 있을 경우 위배된 단서를 밝혀서 그에 승순(承順)할 방법을 열어야 하고, 백성의 소원에 어긋남이 있을 경우 어긋남의 옳지 않은 점을 자세히 진술, 화협(和協)할 수 있는 방략에 대해 간언하여 바로잡는 것이 곧 인도(人道) 학문의 원법(元法)이 된다."[54]고 하였다. 그리고 민심(民心)에 순응하는 것이야말로 운화(運化)에 순응하는 것이라 하여 다음과 같이 말했다.

> 민심을 순응(順應)하는 것은 바로 운화(運化)를 순리로 이끄는 것이 되므로 한 사람을 진출시키는 데에도 민심을 순(順)히 하는 데에서 나오고, 한 사람을

---

52) 『氣測體義』 「神氣通」 第2卷 口通 〈饑飽與人同〉.

53) 『人政』 권17, 「言事之選卽選人」, "國家大政, 當上順運化, 下協民願, 乃可治平."

54) 『人政』 권17, 「言事之選卽選人」, "若有運化之違越, 明其違越之端, 開其承順之方, 又有民願之拂戾, 詳陳拂戾之不可, 諫正和協之方畧, 乃人道學問之元法也."

퇴출시키는 데에도 민심을 순히 하는 데에서 나오게 되며, 민심을 거스르는 것은 바로 운화(運化)를 거스르는 것이 되므로, 한 사람을 진출하는 데에도 민심을 거스르는 데에 있고, 한 사람을 퇴출하는 데에도 민심을 거스르는 데에 있으니, 민심의 순역(順逆)으로 선거(選擧)의 선악(善惡)이 결정되는 것이다. (……) 국가의 명맥은 백성에게 있으며 국가의 사력(事力)도 백성에게 있으므로 동정(動靜)과 시위(施爲)에 있어서 의뢰할 바는 백성들뿐이다. 그러므로 조정에서 백성에게 보답해 줄 것은 현준(賢俊)을 선거하여, 그들로 하여금 운화(運化)하는 천칙(天則)을 순응하게 하는 것뿐이다. 실제로 백성에게 얻어 백성을 다스리는 것이지, 전혀 근거 없이 일을 행하는 것은 아니다.[55]

특히 최한기는 민심에 순응하는 것이 곧 운화에 순응하는 것이 되므로 민심에 따라 현명한 관리를 선발하여 그들로 하여금 운화의 천칙(天則)에 순응하는 것이야말로 '백성에게서 얻어 백성을 다스리는' 자연스러운 방식이라고 하였다. 이처럼 최한기가 민원(民願)과 민심(民心)을 중시한 것은 맹자(孟子)의 '여민동락(與民同樂)' 론을 계승[56]한 것으로 이는 유학의 왕도정치론에서 '민심이 곧 천심' 이라는 위민정치와 민본정치의 틀을 완전히 벗어난 것은 아니다. 그러나 다음 글은 이보다 진일보한 민에 대한 의식을 보여주고 있다.

가령 넓고 큰 섬에 백성들이 꽉 들어찼다고 가정해보자. 법제(法制)와 직관

55) 『人政』 卷16, 「運化選擧」, "蓋順民心, 卽順運化也, 進一人, 出於順民心, 退一人, 亦由於順民心, 逆民心, 卽逆運化也, 進一人, 在於逆民心, 退一人, 亦以逆民心, 以民心順逆, 爲選擧之善惡. (……) 國家之命脈在民, 事力在民, 動靜施爲, 所依賴惟民. 則朝廷之報於民者, 選擧賢俊, 俾順運化之天則, 其實, 乃得於民, 而治其民, 非駕虛翼僞, 而行其事也."

56) 안외순, 「유가적 군주정과 서구 민주정에 대한 조선 실학자의 인식 - 혜강 최한기를 중심으로」, 『한국정치학회보』 35-4, 한국정치학회, 2001. 67-83쪽 참조.

(職官)이 있기 전에는 강자는 약자를 약탈하고 어른은 어린이를 겁주어 날로 분난(憤難)만 일삼는다면, 인민들은 모두 이를 제치(制治)할 방법을 생각하게 될 것이다. 그래서 자기들 중 천품(天稟)과 식량(識量)이 백성을 안정시킬 만한 자를 추대하여 군장(君長)으로 삼는다. 다음으로 그를 보좌하여 함께 다스릴 사람을 민망(民望)이 있는 자 중에서 열이고 백이고 골라내어, 기능(器能)에 따라 전례(典禮) 교화(敎化) 문산(文算) 기술(記述) 공과(功過) 형률(刑律) 농(農) 병(兵) 공(工) 상(商) 등을 지도하는 방법을 맡긴다.[57]

최한기는 정약용과 마찬가지로 처음 백성들이 모여 살 때 강자가 약자를 약탈하는 등 분난(憤難)이 심했으므로 법제할 방법을 생각하고, 그들 중에 천품(天稟)과 식량(識量)이 백성들을 안정시킬 만한 사람을 추대하여 군장(君長)으로 삼았으며, 그리고 민망(民望)이 있는 사람 중에 군장을 보필할 관리를 선발하여 능력에 맞게 일을 분장시켰다는 것이다.

특히 최한기가 생존했던 당시 전국에서 수많은 민란이 발생하였다. 그러나 이러한 민란에 대해, "침학하는 정치를 하지 않았다면 민이 어찌 이런 난역(亂逆)까지 하겠는가? 포학(暴虐)에 견디지 못하여 군중이 일어나는 것이니, 이는 생민(生民)의 대원(大願)과 천칙(天則)의 순세(順勢)에서 나오는 것이다."[58]라고 하여, 민(民)의 입장해서 민중의 봉기를 변란(變亂)이 아니라 '천칙(天則)' 이라고 하여 당연한 결과로 인식하였을 뿐 아니라,[59] "치안(治安)하는 덕(德)이 있는 사람이 백성에게 추대되어 왕업

57) 『人政』 권18, 「別界選人」, "假如饒廣大島, 人民林總. 未有法制職官, 彊奪弱壯惕幼, 日事憤難, 人民皆思制治之方. 自其中, 共推天稟識量可安人民者, 尊爲君長. 抑其次, 輔佐共理之人, 推拔於民望之中, 十百人, 隨其器能分任, 典禮敎化文算記述功過刑律農兵工商, 導率之方."

58) 『人政』, 卷23, 用人門4,〈用人大勢〉(全集, 二-466 下面) 若無厲虐之政, 而民到于此亂逆也. 若不堪侵暴而有此羣動, 寔出於生民之大願, 天則之順勢.)

(王業)을 이룬다면, 이것이 천칙이 사람을 등용하는 것이다. 만약에 치안하는 덕이 없는 자가 권위를 빌어 찬탈(篡奪)을 한다면, 이것은 사람을 잘 등용하지 못한 남은 재앙이 다하지 않은 것이니, 난을 다스려 세상을 구제하는 사람을 기다려야 한다."[60]고 하여, 기회를 타 치안(治安)의 덕을 가진 자를 추대해서 그로 하여금 왕업(王業)을 이루도록 해야 한다고 주장하였다. 이러한 관점에서 본다면 최한기는 정약용과 마찬가지로 관리 선발도 백성의 원망(民願)에 따라 관리를 추천 · 선발하고 평가하는 문제뿐만 아니라, 군왕(君王) 추대도 민에 의해 이루어져야 함을 강력히 주장하였던 것이다.

5. 맺음말

이상에서 살펴본 바와 같이 민본이라는 말은 『서경(書經)』 「하서(夏書)」에 있는 '민유방본(民惟邦本)' 이라는 말에서 유래한 것으로, 이러한 민본사상을 공자(孔子)에 의해 위민의식(爲民意識)으로, 맹자(孟子)에 이르러 민귀군경(民貴君輕)의 중민의식(重民意識)으로 자리 잡아 유가 민본사상의 중핵을 이루었다.

유가의 민본사상의 특징을 세 가지로 요약할 수 있다. 첫째, 『서경』에 보이는 "백성이 하고자 하는 바는 하늘이 반드시 따른다."는 말과 맹자(孟子)가 "천자의 자리가 하늘이 준 것이요, 백성이 준 것이다."고 한 말에

---

59) 이행훈, 「崔漢綺 政治思想의 近代的 性格 硏究」 『한국철학논집』 제11집, 한국철학사연구회, 2002, 162-163쪽 참조.

60) 『人政』 권23, 「用人大勢」, "有治安之德者, 爲民所推, 以成王業, 卽天則之用人也. 若無治安之德, 而借權假威, 以行簒奪, 乃不善用人之餘厄, 未盡, 留待撥亂濟世之人."

근거하여 '백성이 모든 정치 행위의 주체' 라는 것이다. 둘째, "하늘이 백성을 낳고 왕을 세워 그로 하여금 통치를 대행하도록 했다."는 데 근거하여 백성을 위한다는 위민사상(爲民思想)은 바로 '백성을 정치적 대상으로 객체화' 한 것이다. 셋째, 맹자는 국가의 요소를 토지 · 인민 · 정사(政事)라 했을 뿐만 아니라 백성과 국가와 군주 가운데 백성을 가장 존귀한 존재로 인식하고 군주를 가장 가볍게 평가하였다. 백성 없이 국가가 없고 정치적 목적 또한 실현되지 않는다고 하여, '백성을 국가 구성의 기반이요 목적이며 본질' 이라는 것이다.

이러한 민본사상은 조선조 주자학파에 있어서 공통적인 요소로 누구하나 민본사상을 주장하지 않은 학자는 없다. 그러나 이러한 민본사상이 이익(李瀷)에 의해, '임금과 백성은 같은 사람으로 나라는 백성과 임금으로 구성되며, 나라에 임금은 없을 수 있어도 백성이 없는 임금은 있을 수 없다' 고 하는, '임금에 의한 덕화(德化)' 의 대상으로서의 민(民)이 아니라 임금이 실제로 근거하고 있는 민력(民力)을 직시하였다. 이러한 관점이 정약용(丁若鏞)과 최한기(崔漢綺)에 이르러 '민본을 넘어 민권' 으로의 사상적 전환을 이루었다. 앞에서 언급된 바와 같이 정약용은 '왕권신수설' 을 부정하고 군왕(君王)에 대한 민(民)의 소환권을 인정하였으며, 최한기도 천품(天稟)과 식량(識量)이 백성들을 안정시킬 만한 사람을 추대하여 군장을 삼고, 민망(民望)이 있는 사람을 관리로 선발하나 제대로 일을 처리하지 못하면 교체해야 한다고 하였다. 특히 최한기는 당시 전국에 걸쳐 발생한 민란(民亂)에 대해 포학(暴虐)을 견디지 못해 군중이 일으킨 것으로 이는 생민(生民)의 대원(大願)과 천칙(天則)의 순세(順勢)에서 나오는 것으로 이해했다. 이처럼 조선 후기 실학파의 민(民)에 대한 관점은 '민본을 넘어 민권' 이라는 패러다임의 전환이라고 하겠다.

〈참고 문헌〉

『論語』, 『孟子』, 『書經』, 『禮記』, 『周禮』, 『三峰集』, 『栗谷全書』
『星湖全書』, 『與猶堂全書』, 『明南樓全集』
安炳周, 『儒教의 民本思想』, 성균관대학교 대동문화연구원, 1987.
이상익, 『儒家 社會哲學 硏究』, 심산, 2001.
崔英成, 『韓國儒學思想通史』 I~V, 아세아문화사, 1995.
金仁圭, 「北學思想硏究」, 성균관대학교 박사학위논문, 1998.
김인규, 「조선후기 實學派의 自然觀 형성에 끼친 漢譯西學書의 영향 - 『空際格致』와 『談天』을 중심으로」, 『한국사상과 문화』 제24집, 한국사상문화학회, 2004.
김인규, 「조선후기 신분제 개혁론의 새로운 지평 - 신부주의에서 직분주의에로의 패러다임의 전환」, 『동양고전연구』 제30집, 동양고전학회, 2008.
남상락, 「다산의 민권사상 - 근대성의 문제와 관련하여」, 『유교사상연구』 제10집, 유교학회, 1998.
백철현, 「정약용의 민권의식과 국민주권론으로의 이행 가능성에 관한 연구」, 『한국행정사학지』 제12호, 한국행정사학회, 2003.
安外順, 「조선 유학자의 민주주의에 대한 인식 - 崔漢綺의 정치사상을 중심으로」, 한국정치외교사학회 1999년 5월 학술대회논문집.
안외순, 「茶山 丁若鏞의 정치권력론의 성격」, 『동방학』 제7집, 한서대학교 동양고전연구소, 2001.
李相益, 「丁若鏞 社會思想의 새로운 地平」, 『哲學』 제48집, 한국철학회, 1996 가을.
이석규, 「여말선초 신흥유신의 민에 대한인식」, 『조선시대사학보』 제31집, 조선시대사학회, 2004.
장승구, 「유교의 민본주의 사상과 그 현대적 의미」, 김형효 외, 『민본주의를 넘어서』, 청계, 2000.
한예원, 「星湖 李瀷의 經世사상에 관한 일고」 『민족문화연구』 제40호, 고려대학교 민족문화연구원, 2004.

〈찾아보기〉

ㄱ

가치상대론 166
감응설 107
개국통상 225
개국통상론 226, 272
개물성무 80~82
개신유학 18
개화파 226, 272, 273, 313, 338
건곤체의 98, 285, 286
건연집 33
격물치지 90
경국제민 52
경세유표 38
경세치용학파 17, 356
경제지학 20, 81, 269
고가이슬 98, 286
고증학 12
공자 72, 156~158, 160, 161, 163, 175, 176, 182, 183, 316, 320, 321, 340, 343, 344, 365
공제격치 99, 100, 287, 288, 295, 305, 307, 308
과농소초 203, 212, 214, 215
권근 13
권상하 32, 162
균역법 58, 59
균전론 16
근대성 264, 265, 268, 269, 271, 283
금난전권 26, 27
기상학 100, 288
기인십편 97, 285
기질변화론 146
기축봉사 161
기하원본 98, 285, 286
기학(氣學) 134, 305
기호학파 21, 31
기화(氣化) 149, 150, 267
김상헌 31
김석문 124, 125, 165, 166, 301
김용섭 18
김용헌 21
김원행 31, 32
김육 97, 285
김장생 31
김정희 19
김창협 31, 32
김창흡 32

ㄴ

낙론 20, 21, 31, 32, 135~137, 143, 146, 147, 270
낙하(洛下) 21, 32
낙학(洛學) 21, 267
난전(亂廛) 26, 27
남공철 29
논어 84, 157, 343
농수각 98, 286
뉴턴 99, 101, 102, 287, 289, 290, 305, 307, 309

ㄷ

담천 99, 101, 287, 289, 305~308
당쟁 11

대명의리 164
대의민주주의 264
대일통 157, 161
대중화 157
대학 90, 345
동문산지 97, 285
동중서 106, 107
동호문답 47
동환봉사 38, 39, 46, 52, 53, 59

ㄹ

로드리게스 96, 284

ㅁ

마테오리치 96, 284
만국전도 96, 284
만물진원 97, 285
만민개로 224, 243, 252, 332
만언봉사 53
맹자 35, 163, 192, 316~318, 320, 322, 340, 342, 344~348, 363, 365, 366
맹자문의 135
명분 240, 241, 248, 252, 316, 331
무한우주설 112, 123, 126~128, 166, 173, 266, 271, 298, 302, 303
문일평 12, 16
문장지학 34
물성 137

ㅂ

바뇨니 100, 288
박명원 30
박사근 32
박세당 19
박윤원 32
박제가 19, 22, 28~30, 33, 35~39, 46, 63, 68, 69, 75, 82, 88~90, 117~119, 181, 185~187, 192, 193, 199, 201, 202, 206~209, 212, 215, 216, 220, 222~226, 240, 248, 249, 254, 257, 258, 260~263, 269, 312, 331, 334, 335
박지원 15, 19, 22, 28, 30, 32, 33, 74, 77, 78, 82, 88, 89, 95, 99, 112, 113, 115~117, 128~131, 144~146, 149, 153, 172, 173, 176~178, 181~185, 188~192, 199, 202~206, 209, 212~221, 226, 244~247, 253, 254, 260, 269, 287, 291, 294, 296, 312, 331, 333, 334
박필주 32
박희립 52
반정균 30, 85, 98, 286
발해고 178, 180
병농일치제 258~260
병자호란 11, 327
복수설치 160, 188
봉림대군 96, 284
북벌 22, 160~162, 188, 189, 272
북벌대의 164
북벌론 160, 183, 185, 188, 272
북학 20~22, 31, 35~39, 69, 135, 152, 182, 185, 188, 189, 271, 273
북학론 21, 23, 180, 181, 185, 272
북학사상 19~23, 69, 183, 264, 268, 271, 273
북학의 35~38, 82, 192, 206, 216

ㅅ

사기 156
사단칠정론 31
사민 189, 190, 223, 226, 227, 229, 230, 234~240, 243~247, 249, 250, 267, 271, 327~335

사민분업 227, 236, 239, 313
사민일치 236, 239
사민제도 240, 242, 250, 252, 313, 322, 331, 338
사장지학 14, 269
사화 11
삼국사기 177
삼전도 160, 161
상수학 20
서경 15, 43, 114, 115, 190, 196, 292, 314, 320, 340, 342~344, 352, 365
서기 59
서사초빙론 202, 209, 226
서양국풍속기 96, 284
서학 45, 46, 87, 96, 99, 135, 284, 287, 295, 359
석실서원 71
선말후본 190, 202
선본후말 190, 202
선상팔조소 52
설치복수 187
성기운화 99, 134, 287, 305, 307, 308
성리학 12~14, 17~20, 31, 33, 36, 103, 107, 135, 143, 146, 147, 149, 197, 198, 267, 282, 283, 326, 341
성리학파 71, 111, 121, 152, 269, 291, 296, 297
성의 13, 80, 81
성학집요 14
성호사설 96, 286
성혼 59
소우주 139, 140
소중화 157, 172, 248, 335
소중화의식 157, 160, 170, 171, 267
송시열 31, 160~164
송익필 59
수리정온 98, 286
수아레즈 96
시무육조소 49
시무이십팔조 68
시전 27, 56
시헌력 96, 97, 284, 285
신분 59~61, 63, 224, 238, 239, 241~245, 249, 250, 267, 271, 313~316, 318~321, 324, 332, 333, 336~338
신채호 180
실사구시 16
실사구시학파 17
실용 16, 34, 74, 75, 82
실정 16
실증 16
실학 11~19, 30, 33, 247, 282
심성론 32, 33, 99, 287

ㅇ

아담 샬 96, 97, 284, 285
아리스토텔레스 100, 288
안방준 52
안재순 20
안정복 19
알레니 96, 284
양명학 85~87
양이사상 159, 160
양존음비 103, 107, 290
양현전심록 164
어유봉 32
억음존양 111
엄성 30, 85, 98, 286
여씨춘추 105
역외성인론 168, 169
역외춘추 169, 176
역학도해 125, 166, 301

연행 21, 85, 135, 139, 149, 191, 271
열하일기 88, 129, 203, 206, 215
영언려작 97, 285
예기 42, 119, 293
예악문물 163
예악형정 82
오덕종시설 105, 344
오행 103, 105~110, 112~120, 122, 150, 199~201, 290, 293~295
오행골진 118, 200
오행론 102, 122, 200, 290, 295, 298
오행설 19, 120, 295, 308
왕도 44, 158, 210, 241, 347
왕수인 86
우정규 28
월식 97, 115, 123, 124, 130, 132, 285, 299, 300
유득공 22, 33, 179, 180, 240, 331
유민익국 34, 206, 247, 272
유봉학 20, 21
유송령 30
유수원 28, 224, 226~231, 233~240, 312, 327~329, 331
유식양반층 222, 223, 249, 335
유한우주설 127, 303
유형원 16, 19, 53, 312, 326
육롱기 191
육비 30, 85
육의전 26, 27
윤근수 31
윤봉구 32, 162
윤사순 19
윤증 14
음양대대론 110, 111
음양론 102~104, 106, 111~113, 290, 291
음양오행 103, 106, 107, 109, 111, 113, 120, 121, 266, 290, 291, 296, 297
음양오행론 102, 103, 105, 107, 112, 113, 115, 266, 271, 290, 307
의리지학 269
의리학 81
의산문답 72, 77, 91, 93, 94, 121, 135, 139, 143, 146, 149, 153, 154, 297, 307
의상십육조소 52
이간 32, 124
이광정 95, 283
이광지 191
이기백 42
이단상 31
이덕무 30, 33, 240, 331
이도관물 93
이동기이론 143
이물시인 142, 143
이보천 32
이상익 21
이서구 33
이수광 19, 96, 284
이앙법 23, 24
이용 15, 115, 121, 189~200, 205, 246, 293, 294, 297, 334
이용감 38
이용후생 30, 37, 187~190, 192, 201, 202, 208, 216, 246, 261, 268, 269, 272, 334
이우성 17
이을호 19
이이 13, 14, 31, 47, 49, 53, 56, 59, 65, 143, 146, 354~357
이이명 96, 284
이익 16, 19, 23~26, 97~99, 168, 169, 213, 270, 285~287, 356~358, 366
이인시물 142, 143, 172
이재 31, 32

이제현 12
이조원 30
이지함 59
이천시물 91, 93~95, 128, 143, 145, 146, 166, 172, 267, 270, 271, 303
이통기국론 143
이황 13, 31, 156
인물균 141, 142, 144, 173, 266
인물균론 20, 21, 135, 139, 143, 146, 267, 271
인물성동론 20, 21, 31~33, 135, 136, 139, 143, 267, 270, 271
인물성동이 31
인물성이론 32, 143
인성 137
인심도심설 31
일식 97, 115, 123, 124, 285, 299
임백호 144
임오봉사 159
임진왜란 11, 17, 160, 327
임하경륜 240, 260

ㅈ

자명종 96, 284
자전설 112, 128
장자 166
재부론 187, 193
재조지은 160, 170
정구복 19
정덕 15, 80, 82, 115, 190, 192, 193, 195~197, 199, 201, 202, 269, 293
정덕관 79
정두원 96, 284
정명사상 156
정몽주 164
정심 13, 80, 81
정약용 19, 22, 37, 99, 113, 119, 120, 169, 170, 287, 291, 292, 294, 296, 312, 341, 342, 358~362, 364~366
정옥자 20
정이 149, 150, 197, 198
정인보 12
정전법 210~212
정조 17, 27, 164
정주학 14, 16, 17
정철 58, 59
조광조 47
조선중화주의 160, 165
조선학 12
조양율음 111
조헌 38, 39, 46~54, 56~63, 65, 66~69, 271
존왕양이 164
존왕양이정신 161
존주대의 181
존주론 185
존화양이 176, 183
주도이 71
주돈이 103, 107, 108
주역 103, 105, 110, 125, 197, 246, 315, 336
주자학 11, 19, 71, 73, 89, 99, 287, 309, 321, 326, 337, 341, 352
주해수용 95, 98, 286
주희 88, 90, 108~111, 113, 143, 146, 149, 150, 159~161, 291
중용 79, 113, 233, 291
중화 93, 155, 156, 158, 160, 163, 165, 171~173, 182, 183, 186~188, 270, 295
중화주의 160
즉물궁리 87
지구구형설 132, 304
지구설 112, 123, 124, 128, 129, 266, 271,

283, 298, 300, 301, 307, 309
지구자전설 132, 133, 304
지구전요 99, 134, 287, 305
지구중심설 127, 128, 134, 166, 303, 305
지동천정설 166
지두환 19
지방설 125
지봉유설 96, 284
지원설 123, 125, 126, 128, 130, 166, 173, 298, 299, 301
지전설 123, 125, 126, 128~131, 133, 166, 173, 266, 271, 298, 301, 304, 307
지정천동설 166
지행론 75
지행병진 75
직방외기 96~98, 284~286
직분 228, 234~236, 240, 242, 243, 250, 252, 267, 271, 316~318, 320, 322~324, 326, 327, 331, 332, 336~338
직분제도 243, 329, 332
직분주의 226, 227, 313, 331, 333, 338
질정관 38, 52, 194, 195

ㅊ

채제공 26, 27, 30
천관우 16~18
천문략 97, 98, 124, 285, 286
천문학 21, 98, 99, 102, 112, 115, 132, 165, 168, 286, 287, 290, 297, 304, 307
천원지방설 123, 165, 166, 271, 298
천인감응설 101, 290
천주실의 96~98, 284~286
최남선 12
최승로 42, 68
최치원 38~43, 46, 68, 69, 271
최한기 19, 22, 99, 101, 120, 132~135, 286, 287, 289, 294~296, 300, 301, 304~309, 342, 358, 362~366
추연 105
추측록 99, 287
춘추 156, 160, 161, 175, 176, 182, 183
춘추대의 160, 162, 164, 184, 186
춘추존양 173
치양지 86, 87
칠극 97, 285

카노 132, 133, 300
칸트 101, 289
케플러 101, 289, 308
코페르니쿠스 101, 289
쾨글러 96, 284

ㅌ

태극도설 105, 107, 108
태서수법 97, 98, 285, 286
태양중심설 99, 101, 132~134, 287, 289, 304, 305, 308
토지개혁 17, 209~211
통감 177
통공정책 27
티코 브라헤 101, 289

ㅍ

포우관 30
풍신수길 49 51

한역서학서 95, 97~99, 101, 282, 283, 285~287 289, 295, 307~309
한우근 16~18
한원진 32

한전제 213
한치응 169
한홍일 96, 284
할러슈타인 98, 286
항의신편 52
해외통상론 220, 225, 226, 272
허균 96, 284
허남진 21
허생전 183, 245
허셸 101, 289
형화 149~151, 153, 241, 267
호락논쟁 32
호론 32, 137, 138, 143
호안국 158, 159
호질 112, 146, 149, 153, 154
혼천의 94, 98, 286
홍경래 28
홍대용 15, 19, 22, 30~33, 70~81, 83~88, 91~95, 98, 99, 101~115, 119, 121~124, 126~132, 135~153, 165~167, 169~178, 185, 209, 210, 212, 216, 224, 240~244, 250~252, 258~260, 263, 269, 286, 287, 289, 291, 294~303, 307, 308, 312, 331~333
홍범우익서 115
홍억 30
화이관 23, 163, 173, 180, 181, 272
화이론 128, 166, 168, 170, 171, 173, 185, 271, 303
화이일야 144, 167, 175, 266, 267
화이지분 167
화하 38, 155, 156, 159, 163, 172, 186
황경원 164
황윤석 124, 125
황준량 13
황중윤 95, 283
후생 15, 115, 121, 189, 190~199, 202, 209, 211, 246, 293, 294, 297, 334
흠천감 30, 98, 208, 286

■ **著者 略歷**

김인규(金仁圭)
1961년 경남 합천 출생
성균관대학교 유학대학 유학과 졸업
동 대학원 동양철학과 수료(철학박사)
社團法人 儒道會 附設 漢文硏修院 수료
한국사상사학회 제2회 논문상 수상(1999년)
현 영산대학교 교수

〈저서 및 논문〉

저서: 『한국철학사상사』(공저, 한울, 1997)
『한국실학사상사』(공저, 다운샘, 2000)
『논어의 종합적 고찰』(공저, 심산, 2003)
『민족주의의 장벽을 넘어』(공저, 성균관대출판부, 2005)
『홍대용 - 조선시대 최고의 과학사상가』(성균관대출판부, 2008)
『대학의 종합적 고찰』(공저, 심산, 2013)

역서: 『譯註 槿域書畵徵』(공역, 시공사, 1998)
『유학 제3기 발전에 관한 전망』(공역, 아세아문화사, 2007)

논문: 「北學思想硏究」(박사학위 논문)
「순암 안정복의 학문과 역사인식」
「淸 雍正帝의 통치기반과 통치철학」
「조선 후기 실학파의 '民'에 대한 인식과 정치권력론의 새로운 지평 - 民本主義에서 民權主義로의 새로운 패러다임의 전환」
「김원행의 학문과 석실서원에서의 강학활동」
「조선 후기 노론 학맥의 분화와 그 세계관 - 18세기 호락학파의 형성과 현실인식을 중심으로」 외 다수